产业园"社区化"
进程中区域教育功能发挥研究
——基于"新市民"学习需求

徐文新 著

九州出版社
JIUZHOUPRESS

图书在版编目（CIP）数据

产业园"社区化"进程中区域教育功能发挥研究 ：基于"新市民"学习需求 / 徐文新著. -- 北京 ：九州出版社，2023.8

ISBN 978-7-5225-2153-4

Ⅰ．①产… Ⅱ．①徐… Ⅲ．①地方教育－研究－中国 Ⅳ．①G527

中国国家版本馆CIP数据核字(2023)第175209号

产业园"社区化"进程中区域教育功能发挥研究
——基于"新市民"学习需求

作　者	徐文新　著
责任编辑	姬登杰
出版发行	九州出版社
地　址	北京市西城区阜外大街甲35号（100037）
发行电话	（010）68992190/3/5/6
网　址	www.jiuzhoupress.com
印　刷	河北赛文印刷有限公司
开　本	710毫米×1000毫米　16开
印　张	22
字　数	340千字
版　次	2023年8月第1版
印　次	2024年1月第1次印刷
书　号	ISBN 978-7-5225-2153-4
定　价	98.00元

前　言

　　经过 40 余年的发展，我国的产业园已经成为国家经济的"引擎"和新型城镇化的重要推手。同时，伴随着产业园开发建设耸立起来的高楼大厦、拓展出来的各种功能"园区"，加剧了产业园周边传统农村社区的变迁，悄悄地转变着"转居"农民——即本书所定义的"新市民"的就业形态、生活形态，还有更为深层次的心态转型。在这一大的变局中，由于这些变化产生的新需要及由此引发的新的学习需求，是本书开展研究的基点。而充分发挥区域教育功能提升"新市民"的综合素质能力而达成产业园高质量发展并实现"社区化"转型升级则是本书研究最终要实现的目标。以产业园开发建设推进的新型城镇化为背景，以"人的城镇化"为核心，本书展开了学术研究之旅。

　　本书将区域教育功能的发挥提升到促进"产城人"有机融合的高度，创新性地将新型城镇化置于产业园"社区化"的进程之中，以产业园"社区化"再造的产业集聚、人际交往、文化涵养"三位一体"的新型空间为载体，基于"新市民"因生存、归属、发展三个层次需要而引发的对应的学习需求，从"产教融合"助推区域主导产业发展、"人教融合"构建区域共同行动网络、"文教融合"涵养区域主体文化精神三个方面展开对区域教育功能发挥的相关研究，进而为"新市民"提供符合其内在学习需求的学习项目和支持服务以及能够接受和参与的教育形式，还提出政府的政策建议和办学主体的办学指导。

　　总体上看，本书在以下几个方面体现出一些新意：

第一是体现在价值追求上。本书所设定的"社区化"不是单单从地域和产业角度考虑产业园，而是从"人""社群"角度提升到"产城人"有机融合的高度，与新型城镇化"人的城镇化"为核心的目标追求相统一。秉持这一价值追求，区域教育功能的发挥除了兼顾引导和培养"新市民"学习适应城市生活的本领、习惯和为产业园建设提供配套服务的能力等，还要更多关注其作为一个"人"本身的全面发展的教育，这也许是区域教育功能发挥的最主要着力点，也是新科技带来的生产力极度丰富和社会形态转型影响下，提供给区域教育兼顾成人受教育者需要和现实经济社会发展而实现自身本真功能的机会。

第二是体现在研究的总体框架设计上。结合一些社会学、经济学、教育学的经典理论而提出来的几个"三"，即：基于空间社会学理论的"三大空间"、"人的需求"理论的"三大需求"、各种资本的相关经典理论的"三大资本"、教育功能发挥"落地生根"的"三大融合"……这些分析和理解的框架设计和视角选择多多少少都有自身的独到之处，它们构成了一个有机的整体，展现了本书的学术品质。

第三是体现在"理实互动"上。本书的研究是伴随着著作者及研究团队的理论研究和办学实践的。首先，以骨干身份参与全国哲社重点课题和主持北京市教育科学规划立项重点课题，积累了相关研究资料，历练了学术能力，为本研究奠定了深厚的理论根基。而作者所在区域——北京市海淀区即中关村科学城和所在单位——中关村学院（北京市海淀区职工大学）作为研究的典型区域和案例，一些实验性教育项目的实际操作使作者对现实有深切的"肉身"体验，能够将实践的总结反思和理论的梳理研磨互相促进、印证，使典型案例既有区域特色，又具有一定的普适性，一定程度能达成"以一斑窥全豹"的效果。

本书的完成得益于团队合作，在研究及写作的过程中得到了区域各级领导、作者单位的领导及社会各界的大力支持，因此，它不仅是作者个人学术成果的体现，也是集体智慧的结晶。

由于将产业园发展与区域教育功能发挥联系起来的研究当下还比较鲜见，可资借鉴的理论和资料都比较缺乏，再加上著作者能力和精力所限，本书的研究必定会存在很多缺点和不足，比如，研究过程需要进一步精细、相关的理论需要进一步研讨、研究的适切性需要进一步加强、研究成果需要进一步凝练……这些留下了需要下一步努力的空间，希望能够在今后的工作和研究中继续伴随中关村这块持续创新发展、极具活力的"热土"，紧贴国家新型城镇化的推进，深入观察，认真总结，不断丰富扩展相关研究。

著者

2023 年 5 月

目　录

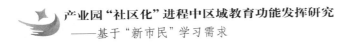

第一章 绪 论

第一节 研究背景与意义

一、研究背景

伴随着国家工业化与城镇化的同步推进，作为一种有效的组织形式及重要载体，我国产业园得到了极大的发展。截至 2019 年 10 月，我国有各类产业园区 15000 多个，其中国家级开发区 628 家、省级开发区 2053 家，对整个中国经济的贡献达到 30% 以上[①]。它的开发建设已经成为带动地区经济发展的强力引擎，助推了中国的经济增长。另一方面，它的开发建设顺应了工业化与新型城镇化协同发展的时代趋势，又成为城镇化的重要"推手"。产业引进带来的包括产业、技术、人口等方面的要素集聚、土地等资源的集约化使用，新的社群在产业园的"大社区"内形成，在多元主体的共同努力下构建起一座座"新城"，形成产业与城市的协同发展。

各级政府主导的产业园的建设规划一般是与当地城镇化的推进叠加在一起，这导致城市地域不断向周边农村地区推进，加剧了产业园周边传统农村社区变迁。周边原有农村的土地被拆迁征用，失地后就地转居安置的农民大量出现，据考证，20 世纪 90 年代以来，由于工业化、城市化过程中大量农用

---

① 2019 年中国产业园区市场现状分析区域分布明显、已成为中国经济增长助推器，https://www.sohu．com/a/366069796_114835.

土地转为非农用地，全国每年至少有 300 万农民成为失地农民，累计失地农民可能已达 4000 万~5000 万。前几年也有研究者曾预测，2020 年我国失地农民总数将超过 1 个亿[①]。

按照贾小兵的观点，1998 年的《土地管理法》规定农地变成建设用地只能通过征收的方式，而且城市的用地者使用土地，只能用国有土地。从此以后，中国工业化模式进入由政府主导土地供应的园区工业化的模式，企业只能在政府提供的园区里面搞工业。因此，可以说，20 多年来，农民失去耕地和宅基地（村落），大部分是因为当地政府以产业园形式推进工业化和城镇化、"以地谋发展"的园区工业化模式对园区周边农区施加的影响，使其改变了原有的生产生活方式，从传统农业种养殖到从业于现代农业和园区配套的生产生活性服务业、从过去居住的村落到产业园周边的转居安置新型社区，原有的熟人社会关系网络断裂，乡村社区文化传统无法延续。另一方面，随着园区产业及配套服务集聚引进了大量外来人才与劳动者，带来了人口集聚。比如，郑州航空港区，2015—2017 年度棚户区改造项目共涉及实验区 75 个行政村，共征用集体建设用地 40196 亩，拆除集体自建房 589 万平方米，异地安置 29029 户，共 147495 人。一共有 12 个办事处，常住人口 40 多万人，流动人口 20 多万人[②]。再比如，2021 年，武汉东湖高新区常住人口达到 118.38 万，比 2020 年增加 16.77 万，是 2010 年的 3 倍，2021 年，光谷新增留汉就业创业大学生超 11 万人[③]，对人才的吸引力可见一斑。

当今时代，在我国加快推进工业现代化和新型城镇化的大背景下，产业园与新城在发展过程中边界越来越模糊，功能越来越融合。那么，从产业园这一经济社会高质量发展的助推器角度关照新型城镇化，产业园"社区化"就成了新时代推进新型城镇化的重要手段，其中最关键的要素是"人"。当下的产业园开发建设不管是自愿还是被迫都必须和城市的发展和建设相融合，这

① 吴成骏，范水生. 城市化进程中失地农民再就业问题研究：以漳州招商局经济技术开发区为例 [J]. 台湾农业探索. 2014(5)：69.

② 李冰. "以人民为中心"视角下拆迁安置社区的协商治理研究：以郑州航空港区拆迁安置社区为例 [D]. 河南农业大学，2021.

③ 李霞，武汉东湖高新区全力打造创新高地、产业高地、人才高地 不断塑造发展新动能新优势 [N]. 人民日报，2022–10–31.

也是工业化和城市化同步发展的现实要求。政府在规划和建设产业园时，统筹考虑土地、资金、产业、人口的集聚，出台各种优惠政策招揽外来人才时，也会花很多精力布局本地人才的挖潜、提升，特别是因为产业园集中用地而"转居"的本地农民，也就是本书所研究的"新市民"。这一个群体既是区域和谐稳定的关键因素、也是产业园发展的"硬服务"和"软环境"的重要组成部分。认真调研并细致分析"新市民"因为产业园开发建设带来的处境变化而造成的工作技能、人际交往、文化生活、精神依托等方面的"差距"，进而满足其由此产生的新需要以及因这些新需要而引发的学习新需求，政府需要出台组合政策，区域办学机构应积极配合实践，更好地发挥教育功能，不断提升"新市民"的获得感、幸福感、安全感。这样，既满足"以人为本"的新型城镇化的要求，也能促进产业园"社区化"转型升级、改善营商环境、提升创新能力，实现"新市民"与产业园的和谐共生、共同发展。

由本地农民"转居"的"新市民"要实现真正的"城镇化"，除了身份、居住空间的转变，还需要在思维意识、价值理念、文化素质、工作技能等方面完成全方位的转变，这就需要深入了解本地农民"转居"的"新市民"在市民化过程中的学习需求，紧贴所在区域产业园"社区化"转型的实际，整合区域资源，发挥教育功能，提供有针对性的教育服务，使"新市民"在前面所列的包括深层次的思维模式到外显的新工作岗位所需技能等方面实现全面的转变与提升。

本书把研究对象聚焦在由本地农民转居的"新市民"这类人群上，在认真分析本地"新市民"在产业园"社区化"进程中产生的新的学习需求的基础上，结合产业园"社区化"进程中的产业集聚、人际交往、文化涵养"三大空间"的"一体化"再造，从三个方面论述区域教育功能得以充分发挥的新内容、新途径和新形式以及相应的具体举措。

第一是基于再造的"产业集聚空间"，通过"产教融合"开展高等继续教育及职业教育提升其学历层次和职业技能，满足其因生存需要而产生的学习需求，传授个人发展及园区"社区化"转型升级提供的新就业岗位所需要的知识、技能，提升区域的人力资本，服务园区主导产业发展。

第二是基于再造的"人际交往空间"，通过"人教融合"开展各类社区教育培训和活动，建立各种"学习共同体"，增加"新市民"与园区外来人才的交流互动，满足其因交往、受尊重的归属需要而产生的学习需求，达成一种区域共识，积累区域的社会资本，服务区域共同行动网络建设。

第三是基于再造的"文化涵养空间"，通过"文教融合"开展各种形式的文明市民教育，将区域原有优秀传统文化遗存的创新继承融入产业园"社区化"的文化涵养中，引导"新市民"积极参与区域价值观体系的重构，在共同建设的实践中不断完善自我，寻找到生活的精神依托，在满足其因自我实现的发展需要而产生的学习需求的同时，涵养以区域主导价值观为核心的主体文化精神，提升区域文化资本水平，优化区域整体营商环境。

产业园"社区化"承载着经济高质量发展和整建制"农转居"推进新型城镇化的历史使命，这一使命的完成需要集聚和调动整个产业园区包括"新市民"在内的所有人的积极性和主动性，需要提升其整体素质。现实的发展需要理论的跟进，因此本书将研究的基点放在了对"新市民"学习需求的了解和把握上，提供符合内在愿望的学习项目和支持服务，采取能够接受和参与的教育形式，这些是区域教育功能充分发挥的关键；而进一步提出政府的对策建议和区域教育"主力军"——区域高等继续教育院校的办学建议是本书理论研究对现实的关照，以上是本书研究的现实背景。

本研究的重心在区域教育功能发挥，现有的关于教育对"新市民"所起作用的理论研究多局限在从个人功能角度关注人的转型和发展，少有结合社会功能展开论述，更少结合产业园发展特别是产业园"社区化"转型升级对区域教育社会功能的发挥进行研究，因此，亟须借鉴其他学科的成熟理论，以全新的理论视角，兼顾局部和全局、微观和宏观、理论性与应用性，不仅从"新市民"个体角度，还努力将"新市民"的学习需求和园区"社区化"转型升级的空间重构结合起来，立足区域整体发展，研究区域教育的个人功能和社会功能结合的内部机理，将教育功能提升到促进"产城人"有机融合的高度，扩展研究视野，增加学术诠释力。这是本书研究的理论背景。

结合上述的现实和理论背景，本书基于"新市民"学习需求展开对产业园"社区化"进程中区域教育功能发挥相关问题的较为系统的研究。

二、研究意义

本书的研究从理论和实际两个方面为今后的理论研究和具体实践提供了有益的启示，研究的意义主要有：

（一）理论研究方面

本书以空间社会学理论、"人的需要"理论、资本理论构建起一个科学严谨的研究框架，将基于"新市民"学习需求的区域教育功能发挥置于产业园"社区化"所再造的产业集聚、人际交往、文化涵养的"一体化"融合的"三大空间"中，分别从区域人力资本、社会资本、文化资本三个维度将教育的个人功能和社会功能有机统一，体现了对教育功能分析和理解的一种新的理论视角和研究设计。本书以"人的城镇化"为核心，将产业园"社区化"与新型城镇化紧密联系起来，结合所研究区域的特点创新性地从产业园"社区化"的角度，将新型城镇化置于产业园"社区化"的进程之中，以空间社会学理论为分析工具，提出产业园"社区化"再造了产业集聚、人际交往、文化涵养"三位一体"的新型空间，并以这样的新型空间中"新市民"因各种"差距"而导致的新的需要及其引发的新的学习需求为"基点"展开对区域教育功能发挥的相关研究。对学习需求进行系统化梳理是以马克思主义经典理论家和西方哲学家、心理学家的"人的需要"理论为依据，为在研究的重点区域——海淀北部新区（中关村科学城北区）四镇以及北京市乃至全国范围内组织的各类调研中获得的有效信息资料的系统梳理提供了整理框架和工具。将理论梳理和实践观察相结合，总结归纳出产业园"社区化"进程中的"新市民"生存、归属、发展三层次的新学习需求的模型。在系统研究学习需求的基础上，又以各种资本的相关经典理论为研究工具，把教育功能的发挥拓展为人力资本、社会资本、文化资本三个相互联系、互相转化的有机整体，克服了一些研究中过分强调人力资本和"工具人"视角的弊端，以各种资本理论为研究视角对区域教育功能发挥进行综合论述，同时兼顾了个体功能和社会功能等。这些新的研究设想都是一种创新的努力，希望对相关研究有一定的借鉴价值。

（二）实践指导方面

本书从现实的要求出发，又落脚到现实的政策建议和体系构建。在研究中特别重视对现实实践的关照，植根现实土壤，引领实践发展。坚持理论与实践相结合的研究取向，遵循"从实践中来、到实践中去"的"理实互动"的研究路径。立足区域整体发展，通过对典型区域的创新实践的深入剖析，总结其中的规律，以达成"窥一斑而见全豹"的研究实效。以对现实的深度观察和思考，将区域教育功能发挥提升到促进"产城人"有机融合的高度，符合国家的政策要求，从而使成果能够给同类区域提供一定的参考借鉴。从国家、区域和办学机构多个层面提出的对策建议和办学指导，为区域教育功能发挥提供了一种路径与框架的选项。

1. 政策建议方面

本书的相关研究以现实问题为导向，紧贴研究区域，立足产业园发展中的"瓶颈"，可以说是一篇针对性极强的"命题作文"。立足中国发展现实，基于丰富的文献和权威的统计数据，对典型区域全面深入地调研，这些都为提出操作性极强的对策建议提供了现实支撑。注重总结提炼典型地区在产业园"社区化"进程中对产业园周边传统农民转居为"新市民"进行系统教育培养、激发其新的生产力和生活力的"人的城镇化"的实践经验，并进行比较研究。从国家层面思考的政策和体系构建的建议，既关乎国家、区域的高质量发展，也关乎个人的生存发展。在研究和实践的基础上，给区域政府提供一系列涉及政策扶持、人力和资金投入、资源有效整合等方面的政策建议，促成政府建立一套服务"新市民"学习需求的配套制度，以便于区域教育功能更好地发挥，对类似区域有一些借鉴和辐射带动的作用。

2. 办学指导方面

著者供职于所研究典型区域所属的唯一一所区域高等继续教育院校，研究主体团队、研究调研资源、研究的实践项目大多数来自该单位，而且在研究中主研团队也坚持理论研究与教育服务项目实践的同步推进，研究团队的主要成员也是教育服务项目的具体实施者，将一些研究结论运用于区域成人、职业、社区和文明市民教育的办学实践，使研究更好地立足实践、服务实践。在实践中不断总结、明晰研究思路，固化研究成果，指导办学主体在体制机制创新、功能拓展的一些举措，特别是注意将理论成果转化为实际项目，在教育服务项目的设计和实施方面，指导项目的实施，提升教育服务项目的运作水平。本研究的成果对该单位紧贴区域经济社会发展、了解学习需求、调动区域现有资源构建起一套区域教育服务体系、有针对性地发挥教育功能、规划自身工作路径、提高教育功能发挥的精准度和有效度、实现功能拓展和转型发展有较好的指导作用。

第二节 相关研究及评价

一、产业园"社区化"的相关研究

新型城镇化、产城融合、产业园"社区化"在本书的研究设定中是一个从宏观到微观、从国家全局到区域局部不断深化细化的概念。共同的愿景是通过工业化和城市化的协同发展推进国家的现代化转型。在此进程中，实现"人的现代化"是基础、核心和关键，"人的城镇化""农民的市民化"是对农业人口转移过程中知识、技能、素质的全面提升或者"差距"的补充。

由于产业园"社区化"与新型城镇化、产城融合的目标同一性，加之本概念是结合本书研究设定针对实际场景提出的操作性概念，在知网上少有研究文献，故文献梳理时，一方面尽量对产业园"社区化"的已有文献进行核心要素的借鉴；另一方面，将产业园"社区化"作为"产城融合"的"升级版"，以"产城融合"这个更为宽泛的概念来佐证，进而系统梳理新型城镇化、产城融合以及二者关系的文献，并力求落实到产业园"社区化"的现实层面。

"产城融合"在产业、城市、人三者中强调产业与城市融合发展，以城市为基础，承载产业空间和发展产业经济，以产业为保障，驱动城市更新和完善服务配套。产业园"社区化"不仅仅是地理空间，更多地强调"以人为中心"的生产劳动、社群交往、精神文化追求，更加贴近人的需求，是在"产城融合"基础上推进产业园更加人性化的"产城人融合"发展，符合新型城镇化的政策要求。

本书提出的产业园"社区化"是一个结合研究设定实际场景的新概念，相关研究较少。截至 2022 年 3 月 28 日，以产业园"社区化"为主题在知网进行检索，找到 9 条结果，其中博硕士论文找到 4 条结果。

张馨月、陈析浠都立足"产城融合"从物理空间角度来定义"社区化"，前者提出"产城联动""功能完善"和"社区氛围营造"三方面的社区化设计策略[①]，后者首先分析了产业园区与产业社区的异同，接着由宏观到微观概括出产城空间脉络的联通架构、社区空间边界的软化融合、公共场域情境的互动营造的社区化设计逻辑[②]。两者都超越了原有单一的产业生产空间发展观念，更多地面向城市和人性的需要，延展出生活交往空间、文化涵养空间，从人性化和多元化的角度优化传统产业园的空间布局，增加了产业园空间的"社区化"属性。虽然这两篇论文更多的是从产业园的建筑布局上思考"社区化"，但综合的设计策略和逻辑、人性化和多元化需求的立足点对本书的研究都有较大的借鉴价值。

另一个将产业和社区结合的研究进路是针对产业园区转型升级途径的相关研究。

陈广汉以产业链升级为主线，将打造产业社区作为我国类似珠三角这样的经济发达地区推进产业结构升级、转变园区发展方式的一种模式[③]。赵民等则以西宁市为例，探讨通过适度集聚打造不同的功能片区以实现就业、居住、服务三者平衡的，以"产城融合"为导向的产业社区发展策略[④]。郭勇基于广东省佛山市南海区桂城街道产业社区的实践经验，提出产业社区是城市与产业、产业与人才、人才与城市协调共融的发展新模式，认为产业社区是产业升级与城市升级协同推进的有效载体，提出要以完善产业链和生活圈为建设内容，打造产业社区[⑤]。

虽然国内学者们提出打造产业社区需要发展产业链和生活圈，以实现就

---

① 张馨月. 产城融合模式下新型产业园社区化设计策略研究 [D]. 华南理工大学，2020.

② 陈析浠. 产城融合理念下的产业社区布局设计研究 [D]. 哈尔滨工业大学，2016.

③ 陈广汉. 产业升级和发展方式转变的一种模式：基于南海都市型产业社区的研究 [J]. 学术研究，2010(11)：52—56+2.

④ 赵民，钟睿，吴志城. 以"产城融合"为导向，促进新时期的产业社区发展：以西宁市为例 [J]. 西部人居环境学刊，2014，29(05)：1—6.

⑤ 郭勇. 产业发达地区建设都市型"产业社区"的新探索：以广东省佛山市南海区为例 [J]. 中共银川市委党校学报，2015，17(01)：69—72.

业、居住、服务的平衡，但相关研究成果主要停留在理论层面，关于传统产业园区转变为产业社区的具体实施路径尚不明确。

二、"产城融合"与新型城镇化的相关研究

（一）有关"产城融合"的研究

产业园区在创造巨大经济效益的同时，也面临着人气不足、公共服务设施短缺、城镇化动力不强、对周边地区带动有限等发展瓶颈。这些都是因为快速发展的产业经济和滞后发展的城市建设之间的矛盾所引发的产城分离。为此，政府提出了"产城融合"的概念，为产业园未来的发展指明了方向。早期国内学者对于"产城融合"的理解大多基于"产业"和"城市"两个维度，而党的十八大提出"以人为本"作为新型城镇化的内在要求，因此必须将"人口"维度作为核心要素考虑在内，并且结合产业聚集理论、城市空间理论、人口聚集效应等理论机制，更加科学、全面地分析产业园"产城融合"的问题。

"产城融合"的概念是相对于产城分离、产城脱节的问题提出的，具有一定的政策话语属性，以政策文件为依据的偏多。2012 年党的十八大提出要推动"工业化和城镇化良性互动"，2013 年中共十八届三中全会将"产业和城镇融合发展"与"推进以人为核心的城镇化"相联系，2014 年《国家新型城镇化规划（2014—2020）》中针对"产城融合不紧密"的发展问题提出应该"推进功能混合和产城融合"，表明政策思路越来越清晰。随着政策的不断强化，学术界更多的学人在这一问题上投入研究精力，并不断深化认识，逐步达成共识。截至 2021 年 8 月 23 日，以"产城融合"为主题，在知网上检索找到 2848 条结果。

张道刚最早提出"产城融合"概念并首先将"产城融合"与"产业社区"相联系，认为产业化和城市化不应该脱节发展，需要相互匹配，在发展过程中还要将产业园区逐步打造成城镇社区，要经历"工业园区—产业集中区—产业社区—城市特色功能区"的转变过程[①]。李光辉、谢呈阳等、张琳、安瑞瑞都

---

① 张道刚.“产城融合”的新理念 [J]. 决策，2011(1)：1.

认为"产城融合"是相对于"产城分离"提出的一种思路和要求，其目标是完善城市配套设施，优化产业布局，促进城市经济和社会的发展，做到"以产促城，以城兴产"，最终实现"产""人""城"三者的融合协调发展①②③④。这一理念将"人"作为连接点、一切服务于"人"的需求，本质上体现了从功能主义向人本主义的一种导向回归。

李鑫、阳镇等则从产业园角度，认为"产城融合"要积极调整和升级产业结构、提升区域的整体服务功能、完善区域公共配套设施，使其最终成为配套完善且功能复合的独立新城区，这样才能实现产业定位和功能与城市定位和功能耦合，人口结构与就业结构匹配，产业发展与人的发展、人口聚居、城市生态环境承载相融合⑤⑥。

因此，"产城融合"这个概念可以从三个角度来进行解析。第一是学术角度，西方发展经济学理论中一直将城镇化和产业结构产业的演进和城市化的进程结合到一起，在理论分析和实证研究方面都有很多研究成果。第二是政策角度，因为在园区发展过程中，发现有很多地方过度发展城市而造成"鬼城"现象。以房地产方式推进城镇化，城镇化变成只盖房子，产业没有带进来，人没有进来，没有支撑和依托。另一个现象是有些地方有产业，但是空转。只有一个工厂，一块"飞地"，没有提供相应的公共事业和服务配套，外来务工人员只是进工厂，还没有彻底地融入城市，只是工人身份没有转变成市民。第三是实践角度。这个概念本来是为了解决园区开发过程中遇到的一些产城不匹配的情况而提出的一个解决策略，进而写进中央文件，成为国家层面的一种推进新型城镇化或者园区发展的理想路径。

上述研究，不论是从理念角度还是园区的具体实践角度提出的观点都聚

① 李光辉. 我国产城融合发展路径研究 [D]. 安徽大学，2014.

② 谢呈阳，等. 新型城镇化背景下"产城融合"的内在机理与作用途径 [J]. 财经研究，2016(1)：72—82.

③ 张琳. 新型城镇化背景下产城融合发展研究 [D]. 浙江师范大学，2017.

④ 安瑞瑞. 基于产城融合视角的新型城镇化高质量发展研究：以郑州市为例 [D]. 河南财经政法大学，2019.

⑤ 李鑫. 国家级开发区产城融合发展问题研究：以南昌市为例 [D]. 江西财经大学，2017.

⑥ 阳镇，许英杰. 产城融合视角下国家级经济技术开发区转型研究 [J]. 湖北社会科学. 2017(4)：79—87.

焦在"产城融合"是新型城镇化的理想目标这一研究定位上，其核心目标是为了"人的城镇化""人的发展"，这也正是本书研究的基点。

（二）有关新型城镇化的研究

1. 有关城镇化的研究

大部分人认为，城镇化模式是一个地区在特定阶段、特定环境背景中城镇化基本特征的模式化归纳、总结。吕然综合社会学、人口学、地理学等学科的研究，总结出各类城镇化的 5 个共同点：第一是农村地区向城镇地区转化；第二是农村人口向城镇人口转化；第三是第一产业为主转变为二、三产业为主；第四是市民为主的社会结构产生；第五是不同层级的政治、经济、文化、教育中心产生[①]。结合以上几种城镇化的特点进行定义，他认为，"城镇化是一个国家或地区在特定的地域范围内，实现人口、财富、技术和服务等资源聚集以形成不同层级的政治、经济、文化、教育中心的过程，并由此导致人口结构由农业人口向非农业人口转变，产业结构由第一产业向第二、三产业为主进行转变，居民的生产生活方式、思维方式和行为习惯以及价值观念等发生转变，社会文明由低级向高级阶段发展演进的过程"。在此基础上，他还重点界定了农民就地城镇化，即：通过对农村环境的改善、基础设施的完善、收入水平的提高来统筹城乡发展，使农村的精神和物质生活向城市靠拢。因此农民的就地城市化，就是农村人口在地域上不进行流动，只在原有的居住地区，凭借大力发展经济，完善基础设施，直接实现由"农民"到"市民"的身份改变；实现农业产业化以及产业工业化、非农化等产业结构的改变；实现市场经济体制的改革；实现生产生活方式、思维方式和行为习惯以及价值观念等的转变[②]。虽然这种"就地城镇化"模式已经基本接近了本书研究所界定区域——因为产业园开发建设而引发的就地城镇化，但是本书研究的区域是以政府行为为主导的，为了实现产业升级和区域经济高质量发展、对产业园周边农村地区的行政村进行整体拆迁腾退，用外在力量和行政手段使具有一定规模的农村人口实现城镇化的模式，因此，还是有其特殊性，能够直接借鉴的资料也就比较匮乏，需要本书对特殊性进行深入研究和仔细分析。

---

① 吕然. 城镇化背景下的农村职业教育的新使命 [D]. 陕西师范大学，2014.

② 吕然. 城镇化背景下的农村职业教育的新使命 [D]. 陕西师范大学，2014.

关于城市化的发展规律，一些研究者基于不同的视角归纳了许多有创见的结论。其中，李清娟对高新技术产业"聚集效应"和信息产业对城市化的作用做了比较精辟的论述，与本研究区域的特点高度相关。她指出"与传统集聚特点不同，新的产业空间集聚又称'再集聚'，尤其是高新技术产业集聚，并不是集中在城市的中心区，而是群集在亚中心或城市边缘地区"[1]。她还提出了"信息都市"的概念，认为"在信息时代开始时，信息都市的崛起成为必然。在这个过程中，城市失去了原来的城区概念，突破了原有的物理空间，向郊区拓展，由信息网络构成的流动空间正逐渐取代原有的城市空间。在流动空间中，新的产业和新的服务性经济根据信息部门带来的动力运行，然后通过信息交流系统重新组合，新的专业管理阶层控制了城市、乡村和世界之间相互联系的专用空间，生产和消费、劳动和资本、管理和信息之间发生着新的联系"；这种"信息都市"的动力来自以信息技术为基础工具的技术革新和产业升级[2]。

2. 有关新型城镇化的研究

新型城镇化和"产城融合"一样是国家政策的提法。2013年的中共十八届三中全会将"推进以人为核心的城镇化"作为新型城镇化的主要标志，2014年《国家新型城镇化规划（2014—2020）》提出了新型城镇化的一整套具体实施措施。

在总结国内外城镇化的发展历程和规律基础上，新型城镇化被提出来，确定其核心是"人的城镇化"，从强调物的城镇化转向到人的城镇化的重大飞跃，是对城镇化本质更准确的认识，体现了对"重物轻人""重指标轻人本""重速度轻质量"的传统城镇化模式的扬弃，为实现更高水平的城镇化、更好推动经济社会协调发展奠定了基础。王新越等认为，以人为本的城镇化才是新型城镇化的核心，新型城镇化不是根据单纯城镇化率来衡量的，而是城镇化质量的全面提高，只有城镇化质量的提高才能带动人们生活质量的改善，从而可以促进经济的可持续发展[3]。赵永平认为，"以人为本"的新型城镇化的核

① 李清娟. 产业发展与城市化 [M]. 上海：复旦大学出版社，2003：119.

② 李清娟. 产业发展与城市化 [M]. 上海：复旦大学出版社，2003：132.

③ 王新越，秦素贞，吴宁宁. 新型城镇化的内涵、测度及其区域差异研究 [J]. 地域研究与开发，2014，33(04)：69—75.

心内容包括经济方面、人口发展、社会功能和环境质量。宋连胜认为，新型城镇化应该是涵盖居民的生活和就业的方式以及城市需要提供相应的公共服务构建宜居宜业的城市环境。通过对已有文献的回顾发现，新型城镇化的内涵是全面的，总结起来可以分为三个方面，"以人为本"的城镇化、基础设施完善的城镇化和生态宜居的城镇化也就是绿色城镇化。新型城镇化的"新"在注重"以人为本"还有绿色可持续发展，新型城镇化的理念符合城市和产业的发展要求，所以新型城镇化进程必定会带动城市和产业的发展，将会促进城市和产业的融合。

3. 有关新型城镇化与教育的研究

2014 年以后有许多与"新型城镇化"以及在此背景下教育的转变与对策的相关研究，反映出教育对新型城镇化具有更为重要的作用。

刘奉越等认为，"新型城镇化是解决我国农业、农村和农民问题、缩小城乡差距、促进城乡发展一体化和城乡融合的必经之路。新型城镇化以'以人为本'、可持续发展和质的提高为内涵，核心是'人的城镇化'，目标不只是实现农村人口在身份上转变为城镇居民，从单一的、分散的生活方式向多样的、集中的生活方式转变，更为重要的是在文化水平、文明素养等方面要有质的飞跃"。[①] 孙文杰认为，新型城镇化是以民生、可持续发展和质的提高为内涵，追求平等、健康、幸福城镇化的过程[②]。新型城镇化在党的十八大报告中被首次明确提出，成为我国实现城乡一体化发展和城乡融合的必经之路。它的实质是"人的城镇化"，以关注民生、可持续发展和质的提高为内涵，以城乡统筹发展、节约集约、生态宜居、和谐发展为基本特征，更注重人们生活质量的提高和幸福感的提升。其发展目标不仅仅是实现农业转移人口在身份上的转变——市民身份，从平房向楼房，从分散、单一向多样、集中的生活方式的转变，更为重要的是使他们在生活方式、价值观念、职业技能和文化水平等方面要有质的飞跃。吴成万认为，新型城镇化与传统城镇化的片面重"土地城镇化"、追求 GDP 的高速增长等不同，新型城镇化在把"人作为城镇化的核心"的同时，特别强调要"注重生活方式、行为方式和价值观的转变，其最终

---

① 刘奉越，孙文杰. 新型城镇化视域下成人教育的功能及其实现育[J]. 职教论坛，2015(12)：43.

② 孙文杰. 新型城镇化视域下成人教育促进失地农民城市融入研究[D]. 河北大学，2016.

目标是消除城乡二元隔阂、降低区域发展不平衡的程度，提高社会整体的生活质量，使城市文明的价值观念深入人心，实现经济、社会、环境和谐发展，从整体上增加人民的幸福感，真正实现人的城镇化"。[①] 著者在 2018 年聚焦实施乡村振兴战略的 5 项总要求基础——"产业兴旺"，对为农业劳动力提供精准培训的策略进行系统研究，从另一个视角对"新型城镇化"及配套的人才培养提供了解读和建议[②]。

综上所述，产业园"社区化"相关内涵正好符合以上新型城镇化的规定。

（三）有关"产城融合"与新型城镇化的研究

有关这方面的研究涉及"城市化"这一国内外研究的热点。中共十八届三中全会通过的《中共中央关于全面深化改革若干重大问题的决定》明确提出要"推进以人为核心的城镇化"，推动"产业和城镇融合发展"。"产业和城镇融合发展"与"推进以人为核心的城镇化"互为因果，相互促进，是城市实现可持续发展的基本要求。学术界对很多基层实践的成功做法和经验也进行了总结。其中交织着政策、实践话语，需要细致梳理。

1. 国外研究综述

通过梳理相关文献，可以看到国外学者的研究中几乎没有直接针对"产城融合""新型城镇化"这些概念的，但国外研究很早就关注城市化进程中的一系列问题，集中在城市化中城市与乡村的关系、城市化过程中产业发展及两者相互协调发展的途径等，这些研究比较早且成体系，内容丰富，相关理论也较为成熟，对各国城市化的发展具有重要的指导意义。城市化是 Sreda1867 年在其著作《城市的概论》中提出的，目前已经被国内外理论界广泛接受[③]。

在产城互动方面，英国社会活动家霍华德提出了"田园城市"的构想[④]。他

---

① 吴成万. 新型城镇化进程中提高农民素质的对策研究 [D]. 江苏大学 2017.

② 徐文新，等. 乡村振兴战略背景下农业劳动力精准培训策略研究 [J]. 职教论坛，2018(07)：40—45.

③ 安瑞瑞. 基于产城融合视角的新型城镇化高质量发展研究：以郑州市为例 [D]. 河南财经政法大学，2019.

④ Ebenezer Howard. *Garden Cities of Tomorrow* [M]. London:S. Sonnenschein & Co., Ltd. PaternosteSquare, 1902.

认为需要"建立新城解决城市问题",并指出城市不仅要为产业提供载体,也要为居民带来美好的生活环境,其中可见"产城融合"理论的端倪。

在产业与城镇发展关系研究上,有关以产促城的研究,美国经济学家钱纳里和以色列经济学家赛尔昆指出,工业化的不断演进会随着人均收入水平而逐步提高,从而导致产业结构的转型优化,带动城镇化程度的上升,工业化与城镇化是协同发展的[①]。美国城市地理学家诺瑟姆根据英、美等国工业化进程中城镇化率变化趋势进行分析,并于 1979 年提出城市化发展的三个阶段[③]:第一阶段是工业化初期,农业经济起主导作用,城市化发展缓慢,城市化率一般在 30% 以下;第二阶段工业经济起主导作用并快速发展,农业人口向城市转移,城市化率不断推进;第三阶段工业化逐步稳定或有所下降,第三产业发展兴盛,城市化率一般达到 60% 以上。

关于产业集聚与城市发展,佩鲁在 20 世纪 40—50 年代提出"增长极"理论,后来由布代维尔、弗里德曼等经济学家不断发展,这一理论认为,占重要地位的工业部门在某一地方会形成一个极点,通过"增长极"的吸引和辐射作用,不但可以使自身实现经济增长,还能带动其他地区的经济增长,快速地将生产要素聚集起来,有助于实现城市化。20 世纪 80—90 年代,经济学家克鲁格曼、藤田昌久等在"增长极"理论和经济地理学理论基础上,创立了新经济地理学,其城市发展和自组织理论观点是,在规模报酬递增的作用下,产业和人口不断向城市聚集和迁移,从而推动城市边界向外扩展,同时导致中心城市腹地向外延伸,形成众多新城市和以大城市为中心的都市群[④]。可以看出,其空间经济学理论反映了"产兴城,城促产"的思想。

2. 国内研究综述

截至 2022 年 3 月 28 日,以农村城镇化及"产城融合"为主题,找到 14 条结果,其中博硕士学术论文找到 2 条结果;以"产城融合与新型城镇化发展"为主题,找到 132 条结果,其中博硕士论文找到 15 条结果;以产业园

① Chenery H B, Syrquin M. *Patterns of Development*, 1950—1970[M]. London: Oxford University Press, 1975.

③ 李清波. 新型城镇化下的产城融合评价研究 [D]. 天津大学,2016.

④ 殷广卫. 新经济地理学视角下的产业集聚机制研究 [D]. 南开大学,2011.

"社区化"与新型城镇化为主题，显示"暂无数据"；以"产业社区与新型城镇化"为主题，找到 54 条结果，其中博硕士论文找到 3 条结果。

山东大学的王乾猛将"新型农村社区"和"农村产业园区"这"两区"的同建作为一种一线实践的典型做法进行深度剖析，认为它是各地根据自身实际情况选择的城镇化模式的一种代表，试图给搬迁农民的就业问题找到一种可操作的答案①。其中，提出的搬迁农民就业技能匮乏、园区产业就业支撑能力不足以及镇内服务业发展滞后等深层次原因，值得借鉴。

姜玉砚从"四化同步"②，张琳、吴穹等从区域产业发展与相关城市功能的关系来分析"产城融合"与新型城镇化的关系③④。

王政武从最终目标是保障人的生存和发展⑤，许德友从各种设施全面发展⑥，徐春祥从全面提高质量等方面来阐释产城融合对新型城镇化的作用⑦。

研究者普遍认为，从解决各种开发区、工业园区、高科技园区发展中的矛盾，到成为中央文件中解决新时期产业发展和城镇建设的关系、推进新型城镇化过程中必须坚持的一种发展模式，"产城融合"是将"传统城镇化"的发展模式转换为"新型城镇化"、解决当前发展中存在问题的重要手段。

综上所述，学者们从各方面研究了"产城融合"和城镇化的互相作用，这些全面深入的研究值得本书借鉴。

三、产业园"社区化"进程中农民学习需求的相关研究

截至 2021 年 10 月 28 日，以"产业园'社区化'进程中的农民的学习需求""产业园'社区化'农民的学习需求"为主题在中国知网进行检索，显示

---

① 王乾猛. 新型城镇化"两区同建"模式由搬迁农民就业问题研究 [D]. 山东大学，2018.

② 姜玉砚. 四化同步进程中的产城融合研究 [D]. 山西财经大学，2016.

③ 张琳. 新型城镇化背景下产城融合发展研究 [D]. 浙江师范大学，2017.

④ 吴穹，仲伟周，张跃胜. 产业结构调整与中国新型城镇化 [J]. 城市发展研究，2018(01)：37—47.

⑤ 王政武. 中国新型城镇化建设应通过产城融合来保障人的生存和发展 [J]. 改革与战略，2013(12)：7—12.

⑥ 许德友. 以"产城融合"推进中国新型城镇化 [J]. 长春市委党校学报，2013(05)：34—37.

⑦ 徐春祥. 加快产城融合，全面提升辽宁省新型城镇化质量 [J]. 沈阳工业大学学报（社会科学版），2016(06)：557—562.

"暂无数据"。以"农民的学习需求"为主题，找到 61 条结果，其中博硕士论文找到 24 条结果。

周利利从学历教育、职业培训、企业内部员工培训、社区学习活动 4 个维度展现了失地农民的学习需求，并以失地年限为参考因素分析了这些学习需求的动态性[①]。贾凡从不同角度对城市化进程中农民学习需求进行了分类，包括不同时空背景下，长期与近期、低层级与高层级、正式与非正式、内隐与外显、个体与群体、匮乏性与自主性、积极与消极等维度，并总结出学习需求的心理体验性、驱动性、指向性、无意识性等特点[②]。汤海明以宁波江北姚江社区为个案，探讨"村转居新市民"的社区教育研究[③]。这三篇论文都是从城市化进程中农民学习需求展开论述，与本书研究的有关农村城镇化后特别是产业园"社区化"进程中农民在向市民转化的过程中产生的学习需求相关性较高，研究视角和取向基本相同，对本书的研究有比较大的借鉴价值。另一个研究视角是"新生代农民工的教育需求"角度，比如，西南大学周彦兵的博士论文《生命历程理论视域下新生代农民工继续教育需求与供给研究》、华中师范大学白正府的博士学位论文《经济转型期新生代农民工教育培训研究》等，虽然与"就地转居"这种类型的农民学习需求及教育功能发挥问题有些不同，但作为高层次的博士论文，其理论基础和有些观点还是值得借鉴的。

周彦兵认为新生代农民工的市民化需要在综合素质、价值观念、生活方式、行为习惯等多个方面贴近或者达到市民标准[④]。相应地，至少需要完成 4 个方面的蜕变：一是职业身份变化，从农民工变为产业工人，即从次属的、非正规劳动力市场上流动劳力转变为首属的、正规的劳动力市场上的有专业技术的工人；二是自身素质变化，即通过不断学习，实现文化知识和人文素养提升；三是社会身份变化，即由农民转变成潜在市民；四是生活方式、行为方式和意识形态的变化。这些转变需要继续教育的参与，从教育者角度产

---

① 周利利. 城市化进程中失地农民学习需求研究：基于上海市闵行区浦江镇的调查 [D]. 华东师范大学，2010.

② 贾凡. 城市化进程中农民学习需求研究：以上海郊区 B 村为个案 [D]. 华东师范大学，2007.

③ 汤海明. 宁波"村转居新市民"的社区教育研究：以江北姚江社区为个案 [D]. 宁波大学，2009.

④ 周彦兵. 生命历程理论视域下新生代农民工继续教育需求与供给研究 [D]. 西南大学，2016.

生"教育需求"。

白正府分析了经济转型对新生代农民工教育培训的需求，认为在产业结构升级的背景下，各项技能和能力需要一定的文化知识，这些知识是相应能力形成的基础，同时也会帮助新生代农民工提升技能和能力，而这则是经济转型最为重要的促进力量[①]。这种将教育需求与经济转型升级的要求结合起来的研究取向，对本书以高移产业集聚为主、实现"高精尖"经济结构转型的"社区化"产业园的"新市民"教育相关问题的研究有一定的借鉴作用。

吕然以马斯洛需求理论为依据，根据马斯洛将人的需求分为生理、安全、社会、尊重和自我实现由低到高的 5 个层次，认为"处于城镇化过程中的劳动力会在不同阶段产生不同的个人需求，而这些需求将会主导他们产生不同的行为，也会使他们产生对职业教育的不同需求"[②]，本书认为，马斯洛需求理论同样适合本书研究的特殊区域和特殊人群——"社区化"产业园周边农民"转居"的"新市民"的特殊性学习需求，这些对应着不同层次的人的需要会产生相应层次的学习需求，而且随着新型城镇化和产业园高移的产业形态对人才的吸纳和辐射带动，这些"转居"的"新市民"将会不断产生比较高的需求层次即自我实现、价值认可、有尊严生活的需要，相应的学习需求和由此而产生的教育功能发挥的内外在条件和体制机制转变也正是本书研究的特殊点、创新点所在，也会对转型升级、"动能切换"大趋势下全国同类地区作为"新型城镇化"重要推手的产业园"社区化"的进程中区域教育发挥功能推进"人的城镇化"的实现起到一定的借鉴作用。

赵静从显性需求和隐性需求两个方面，对海淀区北部新区城镇化中农民的学习需求进行了分析，总结出提高精神文明质量、保证自身利益、新环境中提高生活水平的学习需求等"新市民"能够自我意识到的显性学习需求，同时还有现代化生活观念对现代化适应能力的学习需求、确立现代化职业意识和提高城镇化所需职业技能的学习需求、新环境中提高生活水平的学习需求等"新市民"还没有意识到的隐性学习需求，并认为这些"隐性学习需求"是

---

① 白正府. 经济转型期新生代农民工教育培训研究 [D]，华中师范大学，2014.
② 吕然. 城镇化背景下的农村职业教育的新使命 [D]. 陕西师范大学，2014.

城镇化中农民的关键性学习需求，满足关键性学习需求"只能依赖教育服务，特别是观念的转变只能依赖社区教育的实施""更为关键的是，通过社区教育服务提升他们的学习能力"①。该文总结提炼出"新市民"学习需求的"谱系"，一定程度上弥补了对城镇化特别是与产业园"社区化"进程有关的"新市民"学习需求研究的不足以及"接地气"的实证性研究和不同的城镇化模式中"新市民"学习需求的分类研究的欠缺，为产业园"社区化"进程推进的城镇化中发挥教育，特别是区域成人继续、职业与社区教育的功能提供了针对性较强的需求依据，使教育功能的发挥能够更加精准。

在系统梳理了有关农民学习需求的研究状况后，本书又回到"人的需要"这个"学习需求"的基本层面概念的研究梳理，主要是通过对牟新云、张锴、罗道友、周丽娟等博硕士学位论文的研究，对马克思、恩格斯和马林诺夫斯基、马斯洛等西方哲学家、心理学家"人的需要"理论较为系统的总结整理，归纳出来的人的生存、归属、发展这三个层次的需要作为基础，提出"新市民"对应的生存、归属、发展这三个层次"学习需求"，丰富了本研究在"学习需求"方面的学术根基②③④⑤。

四、产业园"社区化"进程中的农民素质转变的相关研究

截至 2021 年 11 月 12 日，以"产业园'社区化'进程中的农民素质转变""产业园'社区化'农民素质转变"为主题在中国知网进行检索，显示"暂无数据"；以"农民素质转变"进行检索，找到 230 条结果，其中博硕士论文找到 118 条结果，有 20 篇博士论文。这么多的高层次研究论文说明城镇化进程中农民市民化转变、素质或思想意识的变迁等问题得到了学术界的广泛关

---

① 赵静. 城镇化中农民的学习需求分析：以北京市海淀区北部新区为例 [J]. 职业，2013(15)，120—122.

② 牟新云. 基于需要理论的进城农民工行为分析与管理研究 [D]. 西南交通大学，2007.

③ 张锴. "人的需要"的"实践人本质论"解读：兼评马斯洛的需求层次理论 [D]. 西南大学，2010.

④ 罗道友. 需要——人的发展的内在动力：从马斯洛需求理论看人的发展 [D]. 湘潭大学，2007.

⑤ 周丽娟. 马斯洛需要层次理论视野下的企业职工体面劳动研究 [D]. 南京师范大学，2008.

注。博士论文的研究聚焦点基本上在新型职业农民的素质上。

吴成万认为农民存在科技文化素质水平相对较低、法律意识淡薄、经营管理能力匮乏、道德标准模糊、参政意识不强等方面的素质问题[1]。张桃林指出，我国农民的整体素质偏低，学历层次不高，参加技能培训少，"我国农民平均受教育年限仅为 7.3 年，务农农民中，小学、初中文化程度占到 70% 以上，每年参加实用技术培训的比例不到 10%，参加过一年以上技能培训的仅占 3.7%"[2]。

综上所述，城镇化进程中农民市民化转变，其素质和思想意识的变迁，现有的研究成果在给我们提供多维度借鉴的同时，也给我们留下了综合研究和再深入探索的可能，而其疏漏之处，更给我们以开拓的空间。比如，现有的研究鲜见从人口城镇化能力的角度，立足农民生产、生活的实际需要和农民对社会规则变化的适应等方面论述农民市民化转变中思想意识的衔接。因为这方面的研究不具体、不细致，施教内容不明确，在此基础上建构的教育运行机制存在瑕疵。据此，倡导以"新市民"教育为主要对象、以成人职业和社区教育为主要形式，立足网络环境，以乡村为本位，以农民为主体，以实际生产、生活为导向，兼顾人本主义和实证主义的研究，具有一定的理论意义和实践价值。

基于这些文献的研究和一些调研的总结，著者认为，在新型城镇化进程中发挥教育功能的作用是要转变包括农民工、"转居"来的"新市民"在内的劳动者的整体素质，这些素质包括现代生活知识、现代生存技能、市民素养、道德情操、精神文化生活 5 个方面[3]。

五、产业园"社区化"进程中教育功能发挥的相关研究

截至 2021 年 11 月 12 日，以"产业园'社区化'进程中如何发挥教育功

---

[1] 吴成万. 新型城镇化进程中提高农民素质的对策研究 [D]. 江苏大学，2017.

[2] 张桃林. 集团发展：现代农职教的新路 [N]. 光明日报，2015-02-17 (15).

[3] 徐文新. 提升农民工素质的职业教育创新策略探析：基于对近 5 年《全国农民工监测调查报告》的分析 [J]. 中国职业技术教育，2016(9)：36—37.

能""产业园'社区化'发挥教育功能"为主题在中国知网进行检索，显示"暂无数据"。以"城镇化中如何发挥教育功能"为主题在"中国知网"上检索有 3 个结果，但都是论述职业教育在新型城镇化过程中功能发挥问题的；以"新型城镇化社区教育功能"为主题有 34 个结果，其中硕士论文找到 2 条与本书研究无关联的结果，32 篇论文其中与本书研究高度相关的文章只有不足 10 篇，以"新市民教育功能发挥"为主题检索找到 2 条与本书研究无关联的结果。可以看到，对城镇化中教育功能发挥这一论题的研究还比较少，特别是在与本书研究有关的"新市民"教育的功能发挥的研究更少。其中，苏州大学王文林的硕士学位论文虽然研究对象是农村地区的普通中小学，而且分类上将"农民市民化"作为和"社区文化建设"并列的学校教育功能拓展的两个方面，但是从一个角度还是为区域性院校发挥自身教育的综合功能促进"农民市民化"方面提供了比较好的研究借鉴。该文提出："现代教育是向社区开放的教育，促进个体自身发展的同时，促进个体社会适应性发展也是教育的应有之义。拓展教育的服务功能有利于社会形成一种正确的价值观、提高人们的可行能力、增加全社会的人力资本。教育服务的真正功能是提高全民族的素质。农村学校教育服务功能的发挥应面对农村小城镇化的现实；农村学校教育服务功能的拓展应立足于农村小城镇化中社区文化建设及农民市民化两大问题。"[1] 从这篇硕士论文中，可以看出教育功能发挥的前提条件是学校教育要向社区开放、实现学校教育与社区教育的融通融合、构建一个区域的学习服务体系，而功能发挥不仅仅局限在提升知识、培养技能的人力资本层面，开始关注"社区文化建设"（即区域文化资本的涵养）和"新市民"的"社会参与"等与社会资本积累有关的功能实现上，而且从农民需求角度来看也不只是通过学习技能和知识多挣些钱的"生存"层次，而研究也开始涉足与"社会参与""生活质量"有关的更高层次的需求[2]。

　　总体来说，已将学校教育功能拓展置于满足"农民市民化"也就是"新市民"的全面需求上。安继磊运用文献法和案例分析法等研究方法对新型城镇化视角下县域高等教育的发展问题进行分析和探讨，通过对"发展县域高等教

[1]　王文林. 农村城镇化与学校教育服务功能的拓展 [D]. 苏州大学，2008.

[2]　王文林. 农村城镇化与学校教育服务功能的拓展 [D]. 苏州大学，2008.

育，建设县域高级专门人才的培训基地，构建县域科技研发与推广中心，形成高校与新型城镇化互动发展的格局，必将为新型城镇化建设提供强大的人才支持、科技支撑及思想引领和文化引导"。[①] 他通过文献研究了"正规县办大学""县办社区学院""县办广播电视大学"等县域高等教育的办学情况及配套的研究情况，这些研究虽然立足的是县域，但是对产业园"社区化"进程中的区域高等继续教育院校的发展是有参考价值的，特别是从产业发展、人口对专业化的需求等方面阐述了县域高等教育对新型城镇化发展的助推功能[②]，这些同样适应产业园"社区化"进程中、以区域高等继续教育为主的区域教育功能的充分发挥。同时，他在论述了这种助推功能"在提高人口素质，传播先进文化，提升城镇的文化品质等方面"发挥的巨大作用，这种营造区域文化环境、积累区域文化资本的功能是在新型城镇化进程中教育社会功能的一种表现。

本书著者基于《全国农民工监测调查报告》，从报告反映的农民工数量和质量"双降"的问题入手，将通过开展内容丰富、形式多样的职业教育提升农民工的素质摆在支撑"新常态"下经济社会全面发展的重要一环的位置[③]，强调了区域教育的重要形式——职业教育的重要功能。

这类研究在新型城镇化提出以"人的城镇化"为核心后，需要实现教育对人的转变和服务人的成长的功能，使相关方面的地位得以充分肯定，也使相关研究更加集中。王晓雪指出，在新型城镇化背景下，农村人口的素质提升与技能培养已不同于传统的方式，二者集合于一体，统一于农村职业教育过程中[④]。农村职业教育通过促使潜在的劳动力变成现实劳动力，提高劳动力的科学文化水平，促使劳动力结构从简单到复杂的转变，不断提升凝结在农村劳动力身上的知识、技能进而为其带来丰厚的资本，从而改善其生存、就业状况。从现实生产角度来讲，农村职业教育在推动农村富余劳动力转移，为

---

① 安继磊. 新型城镇化视角下县域高等教育的发展研究 [D]. 渤海大学，2016.
② 安继磊. 新型城镇化视角下县域高等教育的发展研究 [D]. 渤海大学，2016.
③ 徐文新. 提升农民工素质的职业教育创新策略探析：基于对近 5 年《全国农民工监测调查报告》的分析 [J]. 中国职业技术教育，2016(9)：36—37.
④ 王晓雪. 新型城镇化背景下农村职业教育目标定位及功能定向的个案研究 [D]. 陕西师范大学，2017.

城镇建设培养合格的劳动力，以及为农村当地经济的建设和发展培养新型的职业农民、管理者和经营者等方面都发挥着重要的作用。农村职业教育对于农村地区人力资源的开发，不仅能够改善其生活方式、行为方式，提高生活质量，而且能够在精神文化建设方面满足人们对于现代文明的追求。

李丽认为，"除了对农民进行专业知识和技能培训外，还应对其进行思想教育、职业道德以及心理素质等全方位的继续教育，在产业融合的大背景下，农村现有劳动力逐渐向二、三产业转移也是一种必然的发展趋势。但由于受农民素质、专业技能以及资金投入能力等因素的影响，在产业融合过程中第一产业向二、三产业转移就业难度较大。因此，地方高校应加强对农民的创业培训，传授给他们就业、创业需要的知识技能，为当地农民实现顺利就业和自主创业创造必要的条件"。[1] 该研究不再停留在传统的培养技能促进就业层面，而是上升到培养创业意识、鼓励自主创业的境界。

武国丽认为，通过社区教育可以帮助失地农民在职业技能、思想道德、民主法治、文明礼仪、生活方式等方面尽快融入新环境、新生活[2]，同时指出，对失地农民开展社区成人教育培训，不仅能够满足失地农民的精神需求，更能够提高其物质方面的需求，保障其生存和发展，对于推进我国城镇化进程，维护社会稳定和构建学习型社会具有特殊的重要意义。

由此可见，农村城镇化进程中教育功能的现有研究成果是值得借鉴的，同时也给我们留下了一些研究思考与实践探索的空间。因此，进一步研究农村城镇化，特别是产业园"社区化"进程中区域教育如何发挥功能是有价值的。

在已有研究的基础上，本书在设计区域教育功能发挥研究时考虑到个体功能与社会功能也就是"新市民"培养和促进产业园"社区化"转型升级两项功能的统一，并引进人力资本、社会资本、文化资本三个概念，以这三个互相关联、分出层次的概念来系统分析在产业园"社区化"进程中的区域教育

---

① 李丽. 农业地区地方高校开展农民继续教育研究：以黑龙江省绥化学院为例 [J]. 成人教育，2019(5)：60.

② 武国丽. 城镇化进程中失地农民的社区成人教育研究：以昆明市呈贡区吴家营乡为例 [D]. 云南师范大学，2018.

功能发挥的相关问题。白涛提出"将文化资本理解为精神资本与结构资本的总和，包括价值观、精神、态度、认同等因素"[①]。他将文化资本的积累聚焦于"企业家精神"，认为"企业家就是拥有文化资本的人，文化资本通过教育的方式或通过影响管理者而提供不同的制度安排影响企业家精神"[②]。培育这种以"企业家精神"为主的区域文化资本，也是在产业园"社区化"进程中区域教育发挥功能的一个方面。具体到本书选取的典型区域——海淀北部新区（中关村科学城北区）就是围绕高科技园区和园区内的高科技企业将创新创业精神作为企业家精神的重要部分，即区域文化资本的重要组成部分，对其进行重点培育。白涛论文在论述文化资本对地区经济的作用时，还将文化界定为"主体在实现其需要的社会活动过程中体现出来的内化在人们内心深处的价值观、信念、态度、取向以及一个社会中人们普遍持有的见解"，并指出文化"包括人类社会最基本的价值信念、伦理规范、道德观念、宗教、思维方式、人际交往方式、风俗习惯等内容，是人们行为的根源"，从而将"文化赋予不同人群或个人不同的特性"带来的这些主体的不同经济行为作为地区的经济发展的重要影响因素[③]。丁红玲从社会资本角度对"社区学习共同体"进行了界定，同时也对教育对区域社会资本的积累功能做了肯定。她指出，"社会资本是通过民众自主组织所建立起来的以信任、互惠、规范、公共精神为内核的社会关系网络。这种特定的关系网络存在于一定的群体关系、组织关系中，是一种现实的或潜在的资源。当它被行为者调动或利用时，便以某种能量或资源的形式发挥作用，从而能够创造价值。其作用在于规范人们之间的相互关系，增强人与人之间的信任程度，减少信息成本和信息的不确定性"[④]，区域社会资本也是产业园"社区化"进程中需要着力积累的。该文将个人专业能力（个人的人力资本）和社群的社会资本关系做了比较明确的表述："每个个体身上携带有经过长期习得积淀而成的专业资本（知识、经验、技能），个体在组织文化（共同体精神文化）的浸淫下引发自觉行为，生发出公益心和奉献

---

① 白涛. 文化资本与经济发展：理论分析与实证研究 [D]. 复旦大学，2013.

② 白涛. 文化资本与经济发展：理论分析与实证研究 [D]. 复旦大学，2013.

③ 白涛. 文化资本与经济发展：理论分析与实证研究 [D]. 复旦大学，2013.

④ 丁红玲. 社区学习共同体的社会资本属性与社区治理 [J]. 中国成人教育，2018(23)：132.

精神，自愿结成志愿者团队，面向社区居民提供专业化服务，包括开展文化、体育、科普、健康等公益性专业化服务，将其专业资本投入到社区建设和社区服务中去。同时，基于社会资本的公共精神性，社区专业共同体具有赋权增能的特点。赋权增能，即民主地参与社区生活，表现为作为社区成员的责任意识和行动承担，包括关爱集体、批判性反思、自我效能感、发挥自身能力等"[①]，这也是体现了"新市民"的社会属性和社会需求，同样是教育功能发挥的又一个着力点。在传统的"熟人社会"在产业园开发建设推进的新型城镇化过程中被逐步消解后，重构社区新型关系、积累区域社会资本、形成区域行动网络当然也是需要区域教育发挥其功能的一个重要的作用点。

第三节　研究思路与创新

一、研究思路

（一）研究对象

本书的研究区域从宏观层面看是全国的各个产业园及其周边地区，这一部分主要是通过对文献的收集、整理、分析开展的；微观层面的典型案例区域主要是指海淀北部新区（中关村科学城北区）4 个镇，约占海淀区全区总面积的 53%，已经"转居"的"新市民"和"待转居"的农民在 10 万人左右，虽然只是一个区域的基数不大的人群，但是由于处在大城市郊区、所在区域以高新技术产业为发展新动能，代表着推进以"人的城镇化"为核心的新型城镇化以及高质量经济发展战略的中国"新型城镇化"的现实追求和发展趋势，具有典型性和代表性。而且该区域城镇化主要为政府行为的推动，村落拆迁腾退土地，集中规划发展高科技产业，原居民整建制进入"农转居"社区，这种模式将成为中国农村（特别是在大城市的郊区）城镇化的主要模式之一。当然也正是需要区域教育发挥功能推动"人的城镇化"的区域和人群。因此，本书

[①]　丁红玲. 社区学习共同体的社会资本属性与社区治理 [J]. 中国成人教育，2018(23)：134.

选取这一类特定区域，以产业园"社区化"推进的城镇化过程中转居的"新市民"作为研究对象，基于这些"新市民"的学习需求，研究在产业园"社区化"作为重要推手的新型城镇化进程中，以重构的"一体化"的"三大空间"为载体，区域教育应发挥哪些功能、如何发挥这些功能等问题。

（二）研究假设

本书的研究基于三个研究假设：第一是处于城市郊区以高科技产业为支撑的产业园在"社区化"进程中区域城镇化形成了其自身的特点，即城乡一体化的深度融合、产业聚集和城市发展深度融合、高科技产业与现代服务业及现代生态休闲农业并存、产业园区其周边的"转居"安居社区交错、"新市民"和以高科技企业员工为主的各类从业人员混居等；第二是按照马克思主义创始人和其他西方哲学家、心理学家的"人的需要"理论，产业园周边的城市郊区"转居"的"新市民"的需要将体现为生存、归属、发展的从低到高相互依存并有机统一的三个层次，并由此引发与生存、归属、发展需要相关的三个层次的学习需求；第三是区域教育功能发挥比较适合的载体是以区域高等继续教育院校为主要力量构建一个区域终身学习服务体系，以成人、职业、社区和文明市民教育为主要形式，对区域人力资本提升、社会资本积累、文化资本涵养等层面施加影响。本书在研究中将产业园周边的城市郊区的农民分为以下三个年龄段：第一类是年轻人（初步定为40岁之前），他们一般转到城市群就业创业、生产和生活，离开了原有的生产生活环境；第二类是中年人（也就是所谓的40岁后、50岁后），他们就地"转居"上楼，还有一定的就业能力，就地以和本地主导产业有关的生产生活性服务类的就业岗位为主，比如"农转居"社区的物业管理岗位、社区及园区环境相关的公益性岗位以及一些可以服务产业园"社区化"的园区各类人才休闲娱乐的农业（生产）和乡村旅游业；第三类是老年人（按照现在的年龄定义为"60岁"以上），他们还会从事一些休闲农业（生产）和乡村旅游业。生活在"农转居"社区的"新市民"，除了生产岗位的变化，生产生活在城市郊区带来的最大转变是闲暇时间的文化体育活动（精神文化生活）的增加。

这些研究假设是在理论文献学习梳理、基层调研和实践项目开展中逐步形成，也一个个加以印证的。研究前期，著者和研究团队认为由于产业园开发建设而"转居"的农民的学习需求基本上分为显性和隐性两大类。并将显性学习需求基本分为提高生活质量、保护自身利益、保证新环境中提高生活水平这三类，而将隐性学习需求锁定在提高现代化适应能力和提高职业技能的学习需求上。总体看来，这样的研究假设在一定程度上限制了研究的视野，主要集中在教育的个人功能层面，没能将个人功能置于教育服务区域全面发展这一社会功能上。另外，也感觉这种学习需求的假设不够系统，无法找到相应的理论之"根"。在完成相关课题中期检查以及更加深入的文献研究和实际调研后，研究团队运用自身的前期研究成果指导了与海淀区农委合作的"推进社区农民市民化试点工作"系列活动、著者所在单位在研究的主要区域开展的学历教育和非学历教育培训特别是物业管理、酒店管理专业的申办和获批，在理论上还系统地学习梳理了"人的需要"理论、各种相关资本理论、空间社会学理论，完善了研究假设，开阔了研究视野，进一步明确了研究方向和学术支撑。

二、研究内容与研究框架

本书以产业园开发建设推进的新型城镇化为背景进行区域教育功能发挥研究，以"人的城镇化"为核心，将区域教育功能提升到促进"产城人"有机融合的高度，创新性地将新型城镇化置于产业园"社区化"的进程之中，以产业园"社区化"再造的产业集聚、人际交往、文化涵养"三位一体"的新型空间为载体，基于"新市民"因生存、归属、发展三个层次需要而引发的对应的学习需求，从"产教融合"促进区域主导产业发展、"人教融合"助推区域共同行动网络形成、"文教融合"涵养区域主体文化精神三个方面展开对区域教育功能发挥的相关研究，进而为"新市民"提供符合其内在学习需求的学习项目和支持服务以及能够接受和参与的教育形式，还提出政策建议和对办学主体的办学指导。

（一）研究内容

1. 城镇化的历史演进及"新型城镇化"，特别是作为当前"新型城镇化"重要推手的产业园"社区化"的内涵及趋势。

2.基于空间社会学理论构建的分析框架开展的产业园"社区化"再造的"一体化"的三大空间研究。

3.典型区域在产业园"社区化"进程中"新型城镇化"的现状研究。

4.基于有关"人的需要"的经典理论和现实调研的"新市民"学习需求研究。

5.基于各种资本理论的区域教育功能发挥研究。

6.政策建议和对办学主体的办学指导研究。

（二）研究框架

本书主要包括 7 个部分，大致的框架如下。

第一章绪论，第二章理论基础与研究方法，第三章产业园"社区化"：新型城镇化的现实要求，第四章"一体化"的三大空间：产业园"社区化"的空间生产，第五章"新市民"学习需求：教育功能发挥的着力点，第六章"三大融合"：区域教育功能发挥的"落地生根"，第七章对策建议及研究结论。

三、研究可能的创新点

基于现有国内外文献资料的研究和梳理，本书可能存在的研究创新点主要有以下几点。

（一）研究视角创新

本书基于空间社会学理论提出的分析框架，将"社区化"的产业园空间再造为产业集聚、人际交往、文化涵养"三位一体"的新型空间；基于马克思主义创始人和西方哲学家、心理学家的"人的需求"理论的分析整理，提出生存、归属、发展三层次的学习需求结构；基于各种相关经典资本理论将人力资本、社会资本、文化资本作为三个相互联系、互相转化的有机整体来拓展教育功能的发挥，兼顾了教育的个体功能和社会功能。在现有的相关研究中鲜有这些研究设计。因此，本书的相关研究应该是一种对产业园"社区化"进程中区域教育功能发挥分析和理解的新的研究视角和框架设计。

（二）研究内容创新

本书涉及内容更加完整广泛，既包括理论梳理，也涉及现实分析，在两者的基础上进行实证研究。我国作为一个大国，各地产业园差别比较大，如果没有广泛而深入的实证研究，不可能对我国产业园特别是产业园"社区化"的现状有一个真实的判断。不仅如此，在实证研究的基础上，也为产业园"社区化"进程中区域教育功能发挥的理论框架提供坚实基础，在此基础上提出的相关对策，既具有深度，又具有前瞻性和现实针对性。因此本书紧密结合中国现实，对当前国家产业园政策、各地产业园"社区化"演进的现状以及区域教育功能发挥的现状进行了较为全面的分析，特别是结合各地实际的"原生态"的现实创新实践，为产业园"社区化"进程中区域教育功能发挥的政策设计和实践操作提供了丰厚的现实土壤，符合理论研究服务实践的应用研究的要求。

（三）研究方法创新

本研究综合运用多种实证研究方法，注重将实证的经验材料进行抽象处理，使其结构化，从而具有理论学术上的意义。在研究中，注重国际经验引入，并进行比较研究，既总结共同特点和演进趋势，又梳理和把握每个比照案例所各具的特色，从中吸取需要的"养料"。在比较研究中，主要是将这些共同的经验和各自的特色有机地融入相关的论述，使整个论著紧凑有序，浑然一体。还注意用国内外鲜活的案例为抽象的理论演绎提供实证支持，将理论研讨与个案佐证、共性特征与个性特色有机结合。

第二章　理论基础与研究方法

第一节　本书操作性概念的界定

一、新型城镇化与产业园"社区化"

本书中这两个概念在内涵和目标追求上是一致的，就是"人的城镇化"。

（一）新型城镇化

城镇化是中国学者创造的一个新词汇。国内很多学者主张用"城镇化"而不用"城市化"，应该是更符合中国国情，因为，中国更多地方的农村实现城镇化需要依赖现有的乡镇发展为城镇，而且从我国统计部门的习惯来看，也是以"城镇化率"来统计相关数据的，为了方便借鉴相关数据说明问题，选择"城镇化"这一概念也是一个明智之举，所以，使用城镇化的概念更确切和方便。出于研究的需要，本书中的城镇化又有农民不远离原生存环境、因产业园开发建设而被城镇化的内涵，即在产业园周边就地城镇化。城镇化是指农村人口不断向城镇转移，二、三产业不断向城镇聚集，从而使城镇数量增加、规模扩大的一个历史过程。它主要表现在农村人口居住地点向城镇的迁移和农村劳动力所从事的职业向城镇二、三产业的转移。新型城镇化作为一种全新的城镇化模式在党的十八大报告中被首次明确提出，中共中央、国务院发布的《国家新型城镇化规划（2014—2020年）》（以下简称《规划》）进一步提出了发展目标以及推进的机制和举措。其核心是实现"人的城镇化"，基本特征表现为坚持以人为本，全面提高城镇化质量，以城乡统筹、产城互动、节约集约、生态宜居、和谐发展，即大中小城市、小城镇、新型农村社区协调发展、互促共进。

城镇化不是简单的人的身份的改变和生活地的位移，不是简单地让农民转居"上楼"，也不是城镇建设规模的简单扩张，更不是"房地产化"和"造城"运动。城镇化最根本是对人的城镇化的过程，目的是让生活在以社区为基本单元的一定区域内的社群，能够满足生存、归属、发展等需要，具有幸福感、成就感、安全感。

（二）产业园"社区化"

本书所指的"产业园"是指由国家或地区政府批准设立，并为之制定长期发展规划和特殊优惠政策，综合运用经济、法律、行政、市场等各种调控手段，以吸引和汇聚各种生产要素的产业聚集区域。它一般具有明确的地域范围，开发土地面积较大。产业园产业结构高移、能级提升，促进了生产服务业和住宿、餐饮、休闲娱乐等城市功能性第三产业的发展，由产业集聚带动而吸引外来人口和产业园开发建设就地"转居"的农民在产业园及其周边集聚，形成了产业园新的空间结构、社会结构、就业结构，也加快了产业园公共基础设施的完善和规模的扩张，最终形成产业集聚和城镇化高度融合的以产业社区、新城形式呈现的产业园"社区化"的转型升级。

近些年，各地政府主导的产业园开发建设和推进城镇化中的"农转居"逐步"合二为一"，成为区域发展的主动力，一改过去本地经济发展缺乏整体规划、人口流动无序化的局面。在政府的总体规划设计下，以某一两个优势产业为主导，适当集中布局，集聚产业、土地、资金、人口等要素，实现规模化、整建制的产业布局和农业人口的"转居"，促进了产业升级和城市化进程。在政府主导下，按照城市发展规划，产业园的开发建设伴生的是大规模的拆迁工程，带动本地农民的"城镇化"。这种"城镇化"不只是停留在身份和居住区域的改变，而是在更深层次实现思维方式、生活方式、行为方式、价值观念、文化素质等的全面改善和提高，产业园的"社区化"转型升级为这种"人的城镇化"提供了宏大背景和支持条件。

产业园"社区化"是顺应我国经济和社会的深度转型需要，针对产业园出现的"孤岛""飞地""鬼城"等不和谐现象，对传统产业园的一种开发升级和功能扩容。它改变了将生产功能作为最重要甚至是唯一功能的发展方式，将产业功能与生活功能融合，使产业园同时具备"产业"和"社区"的双重属性，将园区周边的生活空间纳入产业园的"社区化"整体布局中，在产业园打造产业生态圈层的同时构建和谐生活圈，通过搭建产业主体和就业/创业人才的社群平台，强化了产业园对人才的吸引力，又依托产业园的产业、技术、人才优势促进周边"新市民"素质的全面提升，营造出生态舒适的生活环境与和谐共处的文化氛围。

总之，产业园"社区化"转型升级符合"以人为本"的新型城镇化理念，是在特定区域以产业发展带动新型城镇化的一种成功路径。

二、"新市民"与"新市民"教育

"新市民"是当今中国在以产业园"社区化"为重要推手的新型城镇化进程中出现的一类特定人群；"新市民"教育是对其开展的适应时代变化的各种教育。

（一）"新市民"

近些年来，我国学者对"新市民"内涵的界定提出过一些观点。有人把进入城市的"农民工"称为"新市民"。但更多的人认为，"新市民"是指农村城镇化后进入城镇社区的农民。为了便于操作，本书在界定"新市民"概念时紧贴产业园发展，将产业园"社区化"进程中由于农村用地集约化开发建设，而失去耕作的土地以及居住的村落的那一部分农民定义为"新市民"，因本书的"新市民"定义包括以下4个方面的特点：一是户籍身份转换。已经由传统的农民"转居"为城镇居民。二是居住空间的变化。政府为了提高土地使用效益，腾出空间进行产业园规划开发建设，会将传统散居的农村村落进行集约化改造为"农转居"社区（也称回迁安置社区、动迁社区等），农民就地就近集中搬入这类社区居住俗称"上楼"，生存空间与原有居住村落不远，也与产业园较近，且开始按照城市社区的准物业化管理方式管理，居住的环境和氛围有较大的改变。三是职业变迁。转变到以非农工作为主要职业，这一部分人的绝大部分劳动时间花在非农活动上，主要收入也来自非农活动。据调研考察发现，这类转岗主要是到自身居住的"转居"安置社区物业管理岗位或者与自身入住地区的周边产业园环境等基本条件保障有关的服务性岗位。四是文化交融。传统的农业文明、农村习俗和城市文明、社区规范的融合贯通，既需要作为农业文明、农村文化的传承者保持原有的优秀旧传统，又需要作为新居民拥抱新的城镇化带来的城市文明、产业园以及园区外来人员带来的新文化。总之，本书界定的"新市民"是在产业园开发建设与新型城镇化推进协同发展进程中，实现了以上四大转变的农民，既不同于传统意义上的农民，又不完全具备现代市民所应有的特征，他们的价值观、工作方式和生活方式等还保留着农村传统文化的一些特点，正处于转变成市民的过程之中，是介于农民和市民之间的一个中间群体。

克拉克对城镇化的定义至少包含三个方面的内容：一是多系统之间的交互关联，即城市的经济系统、社会系统、文化系统及制度系统四大系统相互衔接，从各个系统上接纳农村流入人口，而不仅仅是从经济系统上接纳，却在社会、文化系统上排斥他们；二是社会层面的融入，即农村流入人口在城市中的行动、生活方式等方面与城市居民不存在显著差别和隔离；三是农村流入人口在心理上认同于城市社会，对城市有着归属感[①]。按照这一研究的城镇化内容，本书中所提及的"新市民"市民化，也就指在产业园"社区化"推进的城市化进程中，城市近郊本地转居"新市民"在生存技能、生活方式、思想观念、心理状态、行为方式等社会文化层面上，真正适应城市社会、融入城市生活，从而真正实现其由农民向市民角色转换的过程。

（二）"新市民"教育

"新市民"教育是城镇化的产物。城镇化理念深深地影响着"新市民"教育的内涵和外延，产业园"社区化"进一步丰富了这一概念。所谓的"新市民"教育，是指在城镇化进程中产生的、以"新市民"群体为教育对象、联合区域的相关机构、将区域内的教育和文化的相关资源整合为一个有机的终身学习服务体系、根据"新市民"从农民"转居"为城市市民的生存、归属和发展需要、以提高"新市民"整体素质为目的而开展的与学历及职业技能提升有关的学历教育和非学历培训、各种社区文体生活的教育培训和活动及区域

[①] Clark Jill K., Mcchesney Ronald, Munroe Darla K., et al. Spatial Characteristics of Exurban Settlement Pattern in the United States[J]. *Landscape & Urban Planning*, 2009. 90 (3–4):178.

文化精神的文明市民教育。其核心目标包括：促使"新市民"生理与心理各方面和谐发展，促进"新市民"知识、能力、观念、道德等不断更新、完善，转变其思考方式和心智模式，提高其公民道德素养和科学文化素质，提升其就业创业技能和生存生活质量，在生存技能、生活方式、思想观念、心理状态、行为方式等社会文化层面上，真正适应并不断融入以产业园"社区化"转型升级为主要表现形态的城市生活。能够围绕产业园"社区化"产生的生产生活服务需求就业创业、与园区引进人才通过良性沟通、和谐共处的区域共同行动中达成的区域共识、参与区域主体文化精神的共同涵养，从而具备为区域人力资本、社会资本、文化资本提升贡献力量的能力，并在这种"自我成长、奉献社会"中逐步使自己拥有过上有意义、有尊严、能够得到认可和体现价值的体面生活的能力。简言之，"新市民"教育就是培养"新市民"全面和谐发展、适应城市（"转居"安置社区）生产生活、增强其竞争力与自我保护能力、提高其社会参与能力、培养其公民道德和社会奉献精神、提升其自我意义感、价值感、尊严感，在由农民向市民角色转换同时全面促进产业园"社区化"转型升级的一种社会实践活动。

三、学习需求与教育功能

（一）学习需求

按照《现代汉语词典》的解释，"需求"是"由需要而产生的要求"。不同学科对"需求"概念的定义也各有侧重。本书尝试运用心理学、经济学、社会学等学科相关理论展开分析。心理学强调人的"意愿"，认为"需求"是由个体的某种缺乏引起的心理的不平衡状态带来的"欲望或要求"。经济学从"理性人"角度出发，将人的主观意愿和理性需求区分开来，将"需求"定义为"消费者或购买者在一定时期内和一定市场中，在各种可能的价格水平下愿意并且能够购买的该商品的数量"，其中购买意愿和支付能力是两个主要的考虑因素。社会学则从产生的社会环境、具有的社会性质以及衡量的社会尺度等角度，定义"需求"为个人、社会团体和整个社会对其存在和发展的客观条件的依赖和需要。

基于本质属性的需求"差距"学说成为当今教育学科认同度较高的概念，指的是"现状和应该是或必须是"之间的差距。

本书将"转居"后"新市民"因为新型城镇化、乡村振兴战略的推进，特别是产业园开发建设带来的一些新需要分为生存、归属、发展三个层面，将因这些需要产生的"差距"而引发的学习需求也分为三个层次，第一层次是为满足生存需要而形成的学习需求；第二层次是为满足归属需要而形成的学习需求；第三层次是为满足发展需要而形成的学习需求。这些对应着人的不同层次需要产生的不同学习需求，是因为产业园周边的经济社会结构发生了较大的变化，产业园"社区化"对原有的空间进行了重构，随之带来区域内的居民特别是新型城镇化过程中由农民"转居"而来的"新市民"的一些较为特殊的学习需求。大致包括：由从事传统农业而满足基本的生存层面的需要转化为从事新型小区的物业管理、周边产业园配套服务的高品质就业以及社区商业等创业的需要进而由满足生存层面的需要为主提升为基本的生存层面的需要满足后的归属、发展层面的需要。

（二）教育功能

教育功能是指教育活动和教育系统对社会发展和个体发展所产生的各种影响与作用。它往往指教育活动已经产生或者将会产生的结果，尤其是指教育活动在引起对象的变化方面产生的作用。所以，它是指人类教育活动和教育系统对个体发展和社会发展产生的作用。教育的社会功能主要是指教育对社会发展的反作用。这是教育的本质特点之一。教育的个体功能表现为一个人逐步承担社会角色、不断增强自我意识的过程。农民"转居"为"新市民"、要实现真正的"人的城镇化"则必须依赖教育功能的充分发挥。随着产业园"社区化"和新型城镇化的推进，各地在集聚产业的同时也引进一些高层次的人才，在政策的引导和各类外来人才的示范引领和辐射带动下，将会不断产生比较高的需求层次即自我实现、价值认可、过有尊严生活的需要。"转居"后的"新市民"需要培养自身的学习能力、加强理论知识学习以及相关专业和技能培训，将会围绕人的新需要产生配套的新的学习需求，由此引起教育功能发挥的内外在条件和体制机制也将发生转变，对以成人、职业、社区和文明市民教育为主的区域教育功能发挥提出一些新要求，需要相应地创新区域特别是上述各类教育的内容、途径和形式。

所以，需要围绕"转居"后的"新市民"的学习需求，在区域范围内构建一个基于终身学习理念，以成人、职业、社区和文明市民教育为主要实施形式、以区域高等继续教育院校为主要力量的区域教育服务体系。本书基于三大新型空间提供的学习平台在区域内调动多元力量，兼顾服务"新市民"个体生存、归属和发展的个体需求以及区域产业园"社区化"转型升级的需要，并且从人力资本提升、社会资本积累、文化资本涵养等层面实现教育的个体功能和社会功能的有机统一。

第二节 相关理论

一、空间社会学理论

空间社会学是一门奇特的社会学分支理论，它在不同的研究学者的研究中呈现为不同研究领域和意味，有的主要进行城市研究，有的则是对资本主义社会与制度的批判性研究，还有的是关于存在与意识、结构与能动的研究主题。

（一）理论缘起

空间社会学起源于马克思和齐美尔。前者率先概括性地提出资本对生存空间的再造、改造与对空间产品的制造这一空间生产的本质；后者则揭示了人与人之间的关系演变为空间之间关系的这一空间心理层次的意义，开创性地指出空间从根本上来看无非心灵的活动[①]。马克思则主要将空间视为一个物理的情境，是生产场所的总和。在马克思的社会理论中，空间主要呈现为两种重要的表现形式，一方面，在资本主义的生产机构内部所进行的资本的生产过程中，空间体现为劳动时间在生产的物理环境中横向并列和扩张的可能

---

① ［德］盖奥尔格·齐美尔. 社会学：关于社会化形式的研究 [M]. 林荣远，译. 北京：华夏出版社，2002：460.

性；另一方面，空间则体现为在资本主义的生产方式和资本的扩张过程中需要加以征服的国家的乃至全球的市场和距离[①]。

齐美尔将空间的本体论延伸到了社会和主观心理层面，从心灵及其互动的角度重构了空间划分的理论。他从互动的视角入手探讨一种不同于客观物质环境的社会空间建构的可能性。他指出空间的物理形态是"毫无作用的形式"，人们之间的"相互作用使此前虚无的和无价值的空间变为某种对我们来说实在的东西"，"空间使相互作用成为可能，相互作用填充着空间"[②]。这一可能性意味着在那个作为物质条件的空间之上，或者说以这个物质条件的空间为基础，依然可能存在着一种社会性的空间，他的理论蕴含着丰富的观念建构和实践意义[③]。他还将康德对空间的"待在一起的可能性"[④]的界定确定为社会学意义上的空间，突破性地提出了"社会和空间的同存性"，还引入"地点"这一概念，认为"地点"比时间更容易激发人们的情感和怀旧，进入某个特定的地点很有可能会引发人们强烈的情感体验，而人们的记忆和怀旧感也与特定的地点难舍难分，简而言之，空间能够催化人们的情感和记忆[⑤]。

（二）理论发展

直到 20 世纪 70 年代，在列斐伏尔、福柯、吉登斯、哈维、索佳、卡斯特、布迪厄等一批社会理论家的共同推动下，空间概念和空间的社会本体论进入社会学研究的核心，空间问题才成为西方主流社会学的核心问题，空间概念也才成为社会学理论的核心概念，从而在西方社会理论和社会学的领域中开启了一场影响深远的思想变革。

亨利·列斐伏尔提出了自然的空间、精神的空间和社会的空间相结合的

---

① 郑震. 空间：一个社会学的概念 [J]. 社会学研究，2010，25(05)：168.

② [德]盖奥尔格·齐美尔. 社会学：关于社会化形式的研究 [M]. 林荣远，译. 北京：华夏出版社，2002：459—461.

③ 郑震. 空间：一个社会学的概念 [J]. 社会学研究，2010，25(05)：170.

④ [德]盖奥尔格·齐美尔. 社会学：关于社会化形式的研究 [M]. 林荣远，译. 北京：华夏出版社，2002：461.

⑤ [德]盖奥尔格·齐美尔. 社会学：关于社会化形式的研究 [M]. 林荣远，译. 北京：华夏出版社，2002：459—461.

空间组合理论,"空间是社会历史的产物,不同的生产方式造就了不同的社会关系"[①]。他认为,社会空间既不等同于心理空间,也不等同于物理空间,虽然它的最初基础是自然的或物理的空间,但"(社会)空间是一个(社会)产物"。社会空间是一种社会性的产品这一论断肯定了社会建构的意义[②]。他从再生产生产关系的意义上来谈论社会空间的本体论地位,意味着任何社会行动都是空间性的行动,都有其具体的场所(场所是以物理环境为基础的社会性空间现象),并以不同的方式参与了空间的构造。可以说,空间的社会本体论意义就在于任何实践活动都是一种空间性的在场,其存在的意义中都已经固有地包含了一种空间性的经验内涵[③]。

自列斐伏尔后,后现代主义社会学家在空间问题上纷纷提出新的看法。

吉登斯在《社会的构成》中指出,空间既形塑了社会互动,也为社会互动所生产[④]。

布迪厄则将空间的概念与场域统一起来,并使之与资本和惯习紧密结合,形成了空间化的场域理论。他认为,社会空间是不同社会位置之间的关系网络。基于此社会空间的概念,他将社会空间中的阶级划分与个体对资本的占有量和结构(即经济资本、社会资本和文化资本的比重)相联系,认为资本占有量和结构是划分标准;空间距离即社会距离的远近、是否属于同一个阶级与物理位置的关系不大,而与社会位置高度相关。他从"惯习"敏锐地发觉了空间的主观属性,即人们愿意停留在特定地点的一种倾向,这种"自己所在地方"和"他人所在地方"感觉的区分,即为归属感[⑤]。

爱德华·索亚的《第三空间》以洛杉矶为分析背景,比列斐伏尔的理论更进一步,提出了空间性的三元辩证法,更拓展了物理空间与精神空间的范畴,提出了包容二者而更加形而上的第三空间;并认为这种第三空间"将具备列斐伏尔一心一意欲赋予社会空间的那些更为复杂的含义",不但包

---

① 花敏洁,金玉萍.基于"三元空间理论"的地铁空间研究[J].西北民族大学学报(哲学社会科学版),2021(06):178.

② 郑震.空间:一个社会学的概念[J].社会学研究,2010,25(05):176.

③ 郑震.空间:一个社会学的概念[J].社会学研究,2010,25(05):188.

④ 郑震.空间:一个社会学的概念[J].社会学研究,2010,25(05):167—191.

⑤ 何雪松.社会理论的空间转向[J].社会,2006(2):34—48+206.

含第一空间（物理空间）与第二空间（精神空间），"又包容两者，进而超越两者"①。

通过对既往空间社会学理论的回顾可见，空间社会学的发展历经了一次明显的空间转向。在本体论上，空间本质上是一个兼具客观物理性、社会性和主观性的概念成为基本的共识；在认识论上，许多学者试图建构出一种带有多元辩证色彩的理论框架，将三个维度的空间进行有机、动态的分析，并纳入时间（历史）的维度去思考空间，以摆脱空间研究的片面性和过于绝对化。

社会学出现的空间转向有其特定的社会背景。二战之后的几十年是西方社会经济高度发展的时期，也是社会急剧变革的时期，西方进入了学界所称的"后现代"或"高度现代"阶段。先进的远程通信和交通技术使世界各地的物理间隔变得不像以前那样重要，在社会实践层面出现了一些显著的变化，这使得改造空间的技术不仅仅是科学技术，还包括了社会互动的技术和权力支配的技术。人们现在既有兴趣也有需要通过解读空间来认识社会。所以说，空间社会学是社会现实的改变导致知识转变的结果②。

（三）中国的相关研究

中国台湾学者夏铸九、王志泓是华语学术界较早引入西方空间社会学理论的学者；大陆在20世纪末、21世纪初，也有许多学者开始将研究焦点转向了空间理论研究。在理论研究方面，他们的研究成果为西方空间理论的本土化夯实了基础，并为分析和回答当前中国社会发展过程中所出现的各种"空间问题"提供了思路。在经验研究层面，空间社会学理论在众多研究领域逐渐成为分析现实问题时被广泛运用的理论工具。相关的研究将空间分析运用到了对中国社会发展和变迁中的问题分析和解释中，回应了城市化、人口流动以及社区治理等现实议题，为将西方空间理论本土化做出了一定的贡献。总而言之，空间社会学理论在中国的发展近年来十分迅速，无论是在理论引介还是实践运用上都取得了较为丰富和扎实的成果。

---

① ［美］爱德华·索亚. 第三空间：去往洛杉矶和其他真实和想象地方的旅程［A］. 陆扬，等，译. 包亚明. 都市与文化译丛［M］. 上海：上海教育出版社，2005：32—33.

② 叶涯剑. 空间社会学的方法论和基本概念解析［J］. 贵州社会科学，2006(01)：68.

（四）对本书研究的启示

本书在空间的客观环境论基础上，选取空间社会学理论作为分析框架。基于主观能动性的考虑，本书辩证地看待空间，即认为空间本来为人而生。因而，空间社会学理论对本书研究的启示主要体现在以下三方面：

首先，要发现三个维度的空间之间的复杂关系和联系，不能把不同维度的空间之间割裂开来，要建构一种系统和整体的"一体化"空间观。要将空间视作社会的产物来进行研究，通过空间视角来考察社会关系的建构。因此，对于产业园"社区化"进程中的空间生产的分析不应该仅仅停留在物质空间的表层研究，更应该深入考察其内部的社会关系、权力关系等。

其次，空间的生产产生于有意识的实践，既要从空间中跳脱出来，又要沉浸到空间之中去。跳脱出来，意味着需要发现空间形成与变迁的动力和逻辑，沉浸进去，意味着要注意空间中的主体性和主体间性，要思考空间中的主体之间以及他们与外部主体之间的互动。在跳脱和沉浸之中，我们才能形成动态的主体间性的空间观。

最后，要将空间分析与时间联系起来。时间意味着动态的变迁，空间意味着静态的结构与秩序。只有在历史的变迁中，空间的结构与秩序如何建构、瓦解和再建构才能显现，而只有通过展现这种空间结构和秩序的变化，我们才能揭示历史的演进方向和特点。简而言之，空间在时间中才具有实存性，而时间在空间中才能揭示它的演进推力和阶段，引入时间我们能够以一种发展和批判反思的眼光去思考空间。

总之，空间已经不能只作为主要是自然科学的研究对象，空间社会学将它纳入"社会学"的研究范围，使空间与社会发生了联系。因此，只有建立了多维的空间本体论和发展的空间认识论，空间才能摆脱福柯所批判的僵死、静止、非辩证和刻板的属性，成为丰富、多产、辩证和有生命力的空间，我们才能在此基础上建立具有解释力的理论分析框架，在方法论上有所突破。具体而言，在经验研究中我们需要将空间类型进行明确的划分，将"新市民"在产业园"社区化"进程中的社会行动置于不同的空间维度中展开分析，探讨它们之间的内在关联和相互影响，才能建构基于经验世界的分析框架，让空间真实地回归于社会生活本身，通过产业园"社区化"赋予空间以人性的价值，在方法论上探索出具有可操作性的理论分析工具，增加研究的可操作性，同时也符合新型城镇人的城镇化这一政策取向。

二、相关资本理论

（一）人力资本理论

人力资本理论是在人才培养、教育功能等问题上一个常用的研究视角和工具。作为一种新的资本理论，人力资本理论的诞生拓宽了学术界的研究视野，许多学者的相关研究使该理论得以不断发展。

1. 理论缘起

人力资本概念最先由美国的沃尔什教授于 1935 年发表的《人力资本观》中提出[①]。但是成体系的研究始于美国经济学家西奥多·舒尔茨的人力资本理论研究，因此他被称为"人力资本理论之父"。其题为《论人力资本投资》的演讲系统阐述了人力资本的性质、投资内容和途径等问题，自此人力资本理论的体系初步形成。他认为，"人力资本是指凝结于劳动者身上，通过资本的投资费用转化而来，表现为劳动者技能和技巧的资本费用"[②]。他进一步指出人力资本投资主要包括 5 个方面：(1) 医疗和保健，从广义上讲，它包括影响一个人的寿命、力量强度、耐久力、精力和生命力的所有费用；(2) 在职人员训练，包括企业采用的旧式学徒制；(3) 正规的学校教育，包括初等教育、中等教育和高等教育；(4) 企业以外的组织为成年人举办的学习项目，包括农业中推广的技术项目；(5) 个人和家庭为适应就业机会的变化而进行的迁徙等[③]。他还对人力资本投资回报率进行了定量研究。首先，他对 1929—1957 年美国教育投资与经济增长的关系作了定量研究，得出如下结论：各级教育投资的平均收益率为 17%；教育投资增长的收益占劳动收入增长的比重为 70%；教育投资增长的收益占国民收入增长的比重为 33%。与其他类型的投资相比，

① 赵丽娜. 城市发展中的文化资本研究 [D]. 哈尔滨工业大学，2006.

② 郭泓，马莉. 人力资本概念辨析及其投资的意义 [J]. 延安大学学报 (社会科学版). 1997(4)：50.

③ [美] 西奥多·舒尔茨. 论人力资本投资 [M]. 吴珠华，译. 北京：北京经济学院出版社，1990：10.

人力资本投资回报率很高。其次，利用收益法对小学、中学和大学教育的投资回报率进行了估算。结果表明小学教育的投资回报率最高，其次是中学教育，再次是大学教育。尽管高等教育的收益率不如初等教育和中等教育，但是四年大学教育的内部收益率如果以头 15 年的资料进行估算，达到 7.5%，如果以终生收入资料进行估算则达到 11.5%[①]。

他的这些具有开创意义的观点，突破了传统理论因不全面的资本"同质性"假说而阻碍人们正视人力资本的缺陷，打开了人们通过向自己投资形成特定的人力资本而得以增进其福利的一条途径[②]。

2. 理论发展

在舒尔茨之后，很多学者从不同角度开展了与人力资本相关的研究，丰富了这一研究领域，贡献比较大的有加里·贝克尔、罗伯特·卢卡斯、罗默等。研究重点和理论核心的不同，相应地影响到相应领域的工作实践，从而形成若干流派。主要有人力资本投资—收益、人力资本增长、人力资本配置、人力资本产权等方面的理论[③]。以下重点介绍前两个方面及人力资本结构相关理论。

（1）人力资本投资—收益理论。该理论论证和研究人力投资及其投资收益的关系。贝克尔、明塞尔等延续了舒尔茨人力资本投资回报率定量研究的努力，都提出了投资—收益曲线，这一思路几乎影响了后来所有人的研究。

（2）人力资本增长理论。该理论用数量分析和模型研究人力资本特别是人力资本中的不同构成部分对经济增长的作用。主要由罗默、卢卡斯等建立模型和理论框架，其他人也做出自己的解释。主要观点是：①经济增长主要来源于人力资本储量的增大。②除了某些由遗传能力差别导致的纯租金（在收入方面）以外，人的经济才能主要是一种创造出来的生产手段。大多数收入差异都是对人力投资的数量不同而造成的。③人力资本投资的变化是减少个人收入不平等的基本因素[④]。

---

① [美]西奥多·舒尔茨. 论人力资本投资 [M]. 吴珠华，译. 北京：北京经济学院出版社，1990：119.

② 陆根尧. 经济增长中人力资本效应 [M]. 北京：中国计划出版社，2004：74.

③ 梁栩凌. 人力资本理论的渊源、流派和发展 [J]. 北京机械工业学院学报，2005（2）：58—62.

④ DinekeE. H. Tigelaar. The Development and Validation of a Framework for Teaching Competencies in Higher Education[J]. *Higher Education*, 2004 (48):253—268.

特别是 20 世纪 80 年代以后，随着科技日益渗透到人类生产生活的方方面面，知识技能在现代经济中的地位日益重要，成为推动社会发展的核心生产要素。在此背景下，以人力资本为核心的内生经济增长模型，则采用数字建模方法直接将知识技能纳入生产函数之中，具体说明了知识技能积累的特征及其对经济长期增长的影响，发展了人力资本理论，成为学术界有重大影响的"新增长理论"。

（3）人力资本结构理论。人力资本作为经济要素之一，其结构状况直接决定其数量比例和质量水平。狭义的人力资本结构包括人力资本要素中各组成部分相互间的构成与比例关系，广义的人力资本结构包括人力资本在各个经济范畴间的分布与应用。人力资本内涵丰富，具有多个特征，可划分为多个子结构，如人力资本产业结构、人力资本空间结构、人力资本人口配置结构。人力资本产业结构根据不同产业配置人力资源，如第一产业较依赖于自然资源，产业技术水平和产业内劳动力人力资本水平也较低；第二产业生产技术相对较为发达，资本技术较为密集，对人力资本水平和技能的要求要高于第一产业；第三产业，尤其是金融、卫生、教育和信息等产业对专业人才的要求更高。

我国学者对人力资本的相关理论也进行了研究，取得了很多成果。例如，李建民认为，人力资本指后天获得的具有经济价值的知识、技术、能力等要素之和。根据场域不同，包含个体人力资本和群体人力资本，群体人力资本由个体人力资本构成，但是群体内个体的职能不同，相互合作使得群体人力资本的收益大于个体人力资本收益的总和[①]。

3. 主要观点

人力资本理论自 20 世纪 60 年代首次提出以来一直是西方学术界的"显学"，渗透到各个研究领域。现代人力资本理论的主要观点包括：一是人力资本存在于人的身上，表现为知识、技能、体力健康状况价值的总和。一个国家的人力资本可以通过劳动者的数量、质量以及劳动时间来度量。二是人力资本是投资形成的。投资渠道有 5 种，包括营养及医疗保健费用、学校教育费用、在职人员培训费用、择业过程中所发生的人事成本和迁徙费用。三是

---

① 白涛. 文化资本与经济发展：理论分析与实证研究 [D]. 复旦大学，2013.

人力资本投资是经济增长的主要源泉。舒尔茨说，人力投资的增长无疑已经明显地提高了投入经济奋飞过程中的工作质量，这些质量上的改进已成为经济增长的一个重要的源泉，有能力的人是现代经济丰裕的关键。四是人力资本投资是效益最佳的投资，人力投资是为了获得收益。五是人力资本投资的消费部分是耐用性的，甚至比物质的耐用性消费品更加经久耐用。

4. 理论应用

现代人力资本理论有助于我们认识知识技能在现代经济中的决定作用，尤其是在知识密集的产业园中的重要作用，要求将知识、技能等人力资本作为产业园转型升级的核心要素，重视知识生产部门的人力资本生产，依靠人力资本积累促进经济增长，将经济增长方式转变到主要依靠人力资本积累和技术进步的集约型经济增长方式上来。政府部门应该采取促进人力资本投资和知识积累的政策以促进经济增长，如财政政策、产业政策、教育政策等。产业园建设的另一支重要力量——由农民"转居"而来的"新市民"，通过产业园"社区化"转型升级而成为区域人力资本的又一重要方面。本书以现代人力资本理论为研究基础，在区域主要的人力资本投资——人才培养的区域终身学习服务体系的构建，促进区域教育人才培养与"新市民"学习需求协调一致，使区域教育功能得以充分发挥等方面，有着重要的指导价值。

（二）社会资本理论

社会资本是指个人在一种组织结构中所处位置的价值。对于群体而言，社会资本是指群体中使成员之间互相支持的那些行为和准则的积蓄。20 世纪 70 年代以来，经济学、社会学、行为组织理论以及政治学等多个学科都不约而同地开始关注社会资本这一概念。

1. 理论缘起

社会资本概念最早起源于国外的经济学研究领域。经济学家罗瑞在《种族收入差别的动力学理论》中最早使用社会资本这一术语讨论了种族间的不平等[①]，但他没有给出社会资本的明确定义。最早明确定义"社会资本"的是法国社会学家布迪厄，他在其关系主义方法论的基础上率先提出"场域"和"资

---

① 卜长莉. 社会资本与社会和谐 [M]. 北京：社会科学文献出版社，2005：64.

本"概念。他把资本划分为三种类型：经济资本、文化资本和社会资本，集中研究了资本之间的区分及相互作用，认为资本之间可以相互转换。在他看来，"社会资本是那些实际的或潜在的、与对某种持久的网络的占有密切相关的资源的集合体。这一网络是一种众所周知的、体制化的网络，或者说是一种与某个团体的成员身份相联系的网络。它在集体拥有的资本方面为每个成员提供支持，或者提供赢得各种各样声望的'凭证'"①。可以看到，社会资本被其定义为一种集合体或体制化的网络，这种资本以关系网络的形式存在，为集体拥有同时也支持这个集体中的每个成员。

2. 理论发展

一般认为，关于社会资本的研究分为以皮埃尔·布迪厄为代表的初创阶段、以詹姆斯·科尔曼为主的发展阶段，以及20世纪90年代以后的扩展阶段。布迪厄是第一位在社会学领域对社会资本进行初步分析的学者；科尔曼以微观和宏观的联结为切入点对社会资本做了较系统的分析；帕特南从政治的角度对社会资本进行了研究。

虽然美国社会学家詹姆斯·科尔曼，在他1988年的一篇文章《社会资本在人力资本创造中的作用》中初步提出社会学意义的社会资本，但是他对这一理论的系统阐述却是在《社会理论的基础》中完成的。他将社会资本纳入社会学研究范畴，认为"社会结构资源作为个人拥有的资本财产，即社会资本，与其他形式资本不同，社会资本存在于人际关系的结构之中，它既不依附于独立的个人，也不存在于物质生产过程之中"②。

他提出对社会资本内涵的理解包括以下几个方面：第一，它本质是一种社会关系，这些关系彼此交互影响构成网络结构。这些网络不是传统的那种血缘或家庭成员关系，而是一种必须通过有意识的投资才能够获得的、在某种程度上体制化了的、要用制度来保证的在群体和组织中存在的比较稳定的关系网络。因此，社会资本对于一个独立的个体而言是没有意义的，只有在网络中才有存在的价值和发挥作用。第二，它的建立依赖于信任和利益，只有利益的获得需求而无信任，无法建立起稳定的社会资本，但是只有

---

① ［法］皮埃尔·布迪厄. 资本的形式 [M]. 武锡申，译. 北京：社会科学文献出版社，2005：3.

② ［美］詹姆斯·科尔曼. 社会理论的基础 [M]. 邓方，译. 北京：社会科学文献出版社，1999：345.

信任没有利益动机，行动主体也不会主动追求社会资本，所以二者缺一不可。当然，这里所说的利益，不只是物质的获得或经济财富的增加，同时也包括精神的需求和满足。第三，社会资本的动态过程离不开价值判断，在价值判断的过程中每个人会进行不同的选择，从而形成丰富多样的社会资本网络。

林南通过对社会网的研究提出社会资源理论，并在此基础上提出了社会资本理论。他把资源分为个人资源和社会资源。个人资源指个人拥有的财富、器具、自然禀赋、体魄、知识、地位等可以为个人支配的资源；社会资源指那些嵌入个人社会关系网络中的资源，如权力、财富、声望等，这种资源存在于人与人之间的关系之中，必须与他人发生交往才能获得。社会资源的利用是个人实现其目标的有效途径，个人资源又在很大程度上影响着他所能获得的社会资源。社会资源仅仅与社会网络相联系，而社会资本是从社会网络中动员了的社会资源。

罗伯特·D.帕特南在科尔曼的基础上，将社会资本从个人层面上升到集体层面，并把其引入政治学研究中，从自愿群体的参与程度角度来研究社会资本，代表作有《让民主的政治运转起来》《独自打保龄球：美国社区的衰落与复兴》。他提出公民参与网络，认为由于一个地区具有共同的历史渊源和独特的文化环境，人们容易相互熟知并成为一个关系密切的社区，组成紧密的公民参与网络。这种公民精神及公民参与所体现的就是社会资本。这种不是个人的财产，而是一种团体的甚至国家的财产。

20世纪90年代以来，社会资本理论逐渐成为学界关注的前沿和焦点问题，社会学、政治学等许多学科都从学科的角度对社会资本进行了研究，以用来解释经济增长和社会发展。社会资本甚至被西方国家的决策圈看成是解决社会矛盾的新思路，即所谓的"第三条道路"。国内学者也对社会资本理论做了深入研究。

3. 理论运用

社会资本理论诞生于20世纪60年代而兴起于90年代并不是偶然的现象，其中有着深刻的社会经济发展背景。首先，全球化进程中发达国家经济发展趋缓，发展的南北问题日益突出，原有的经济发展理论已经难以对此做出合理的解释；其次，第二次世界大战后形成的社会科学主流范式——理性选择范式受到了挑战，社会、制度和文化因素重新成为理解经济发展的关键所在；最后，民间力量（包括正式的民间组织和非正式的个体互动）的崛起促使人们不得不开始重视其对经济社会发展所起的作用。随着影响的加深，人们迫切需要对民间力量的性质、源泉和作用机制进行深入的研究和探讨。理论的匮乏急需研究上的创新，社会资本正是在此背景下被学术界重新提上了研究日程。作为一种全新的发展观，这种理论被广泛运用于社会参与民主政治、农村发展、企业发展、科学与技术创新等领域。

（三）文化资本

本书对文化资本的界定不仅仅限于企业层次，而且基于对文化资本内涵的理解和本书研究的需要，结合国内外学者的观点，将其定义为能够带来价值增值的一系列价值观、信念、看法和思维方式的总和。它可以呈现为个体和集体两种形态，本书把研究重点集中在集体形态。

1. 理论缘起

文化资本这一被广为接受的社会学概念，由皮埃尔·布迪厄首次在他的《文化再制与社会再制》一书中提出并使用。后续在《资本的形式》《国家贵族》等书中不断加以深化。他延续对资本是一个交易系统中的一种社会关系的认知，认为资本是稀有的且在特定的社会组成之下值得去追寻的所有物质性或象征性商品。据此，被指为资本另一种形式的文化资本就成为包含了可以赋予权力和地位的累积文化知识的一种社会关系。他将文化资本分为具体化、客观化和制度化三种子类型。具体化体现为个体的行为和精神状态下的表现；客观化表现为客观物体的内在价值，如书籍、字画、雕刻、工具等；制度化表现为对于某些制度性的规定或者规则，比如技能认证、法律规范、道德伦理等。这三种子类型获得程度由易到难，具体化的文化资本比如身体，人一开始就拥有，客观化的文化资本需要主体通过努力劳动才能获得，而制度化的文化资本更需要主体通过劳动、知识或技能达到很高的水准，得到社会的认可后才能获得。其中，制度文化资本主要是在劳动市场里被认知，它允许文化资本能较为简易地被转变成经济资本，经由制度等级给定其金钱价值。

2. 理论发展

文化资本的概念出现后，在社会学领域得到深入研究，影响越来越广泛，不同学科的学者围绕学科范畴和主题吸收并拓展了文化资本的概念。布迪厄将文化资本看作是不断完善、发展的概念，认为任何明确的定义都有限定其解释力和曲解其本质的可能。他的这种对文化资本概念的开放性和隐喻性的倾向，导致不同学科的学者在学科范畴内对文化资本的理解大相径庭，甚至在同一学科内，学者们对文化资本的理解也存在分歧。据白涛搜集到的文化资本的相关文献，对文化资本的不同定义有 19 种。这些概念从不同学科、不同侧重点阐述了文化资本的内涵。他参考乐国林的划分法，将这些概念分为四类：综合定义类、文化凝聚物类、价值理念惯例类和性情或行动能力类[①]。有些学者从资本定义引申出文化资本定义，如"文化资本最重要的方面是文化被作为资源使用，这种资源是能够提供接近稀有回报的途径的，是独占的，而且在一定的条件下，可能从一代向另一代传递，更多的学者是强调社会决定了文化资本的特征"[②]。还有些学者从精神视角进行界定，如"简单来说，文化资本就是灵感和被授予灵感。它同样可以被组织、城市，国家拥有。我们可能通过在森林中穿行、参观博物馆、接受教堂服务发现意义的能力来认识文化资本"[③]。

我国学者在借鉴布迪厄资本定义的基础上，对文化资本进行概念界定："任何文化资源，不论是文化能力、文化习性还是文化产品，在一定的社会历史条件下，也表现为一定的稀缺性，成为不同社会主体和社会阶级的争夺对象。占有这类资源就可以获取一定的物质的和象征利润，在这种情况下，文化资源就开始成为文化资本。"[④]

根据赵丽娜对布迪厄之后国内外学者对文化资本相关理论研究的总结，发现这些文化资本的定义突破了经济局限的前提，对资本进行了广义扩展，充分体现出文化资本内涵和作用的全面性，即文化资本的意义不仅在于促进

---

① 白涛. 文化资本与经济发展：理论分析与实证研究 [D]. 复旦大学，2013.

② Annette Lareau and Elliot B. Weiningre. Cultural Capital in Educational Research:A Critical Assessment[J]. *Theory and Society*, 2003, 32:567~606.

③ ArjoKlamer. Accounting for Social and Cultural Values[J]. *De Economist*, 2002, 150:463~467.

④ 姚俭建，岑文忠. 试论文化资本的积累机制 [J]. 社会发展论坛. 2004（3）：2.

经济发展，而且更能体现新形势下全面发展的含义[①]。

3. 理论应用

结合各派学者关于文化资本的理论，白涛把文化资本定义为精神资本和结构资本的总和，包括影响个人或组织行动的价值观、态度、信念以及个人或组织之间的关系结构等[②]。赵丽娜综合孙伟平等学者的研究从文化资本的价值角度进行了界定，认为文化资本要与社会价值标准一致，能够带来收益、促进发展，其中价值不仅限于经济，从社会角度来看，"所谓价值，就是在人的实践—认识活动中建立起来的，以主体尺度为尺度的一种客观的主客体关系，是客体的存在及其性质是否与主体本性、目的和需要等相一致、相适合、相接近的关系"[③]。收益不仅是经济上的，只要是有利于和谐、全面发展的收获都可以看作是一种收益。据此提出"文化资本是指那些具有积极作用，可以带来经济、社会或自然价值的，具有资本特性的，外在形态多样的文化资源本体。文化资本带来的客观利润包括：促进社会和谐，人类进步，经济增长和社会结构的改变"[④]。

本书结合上述两方面的观点，进一步将文化资本聚焦于"精神资本"，而把白涛所述的"结构资本"归类于社会资本范畴；同时，从文化资本的全面价值来考察其对区域经济社会整体发展的作用。

三、"人的需要"理论

（一）理论概述

"人的需要"相关理论研究历史比较悠久，大约从古希腊时期起就被学者所重视、所研究。然而正是由于人类社会发展无止境，有关人的需要的研究也在不断地深化。研究表明，人的需要总是要与相应的历史阶段相适应，并有一定的超前性。

---

① 赵丽娜. 城市发展中的文化资本研究 [D]. 哈尔滨工业大学，2006.

② 白涛. 文化资本与经济发展：理论分析与实证研究 [D]. 复旦大学，2013.

③ 孙伟平. 价值定义略论 [J]. 湖南师范大学社会科学学报. 1997 (4)：13.

④ 赵丽娜. 城市发展中的文化资本研究 [D]. 哈尔滨工业大学，2006.

马克思主义创始人将人的需要与人类社会发展规律的探讨相联系，从社会变革的视角研究了从原始古代社会到社会主义和共产主义社会人的需要；亚当·斯密和涂尔干分别从经济学、社会学角度，立足人的物质生活，研究了人的需要对分工的作用。随着社会的发展进步和对人更为深切的关注，"人的需要"理论从各学科中不断地分化出来成为一个新的研究领域，特别是进入 20 世纪，学术界对人的需要予以极大的关注。如 20 世纪初，人类学家马林诺夫斯基从文化人类学角度研究人的需要及群体的需要；20 世纪 30 年代美国芝加哥学派从城市生态学角度研究人的本性和人的社会需要、群体需要；人本心理学之父马斯洛于 20 世纪 40 年代提出著名的"需要层次"理论，等等。

（二）代表性流派及主要观点

本书主要采用马克思主义创始人、马林诺夫斯基和马斯洛关于人的需要理论，进而把握"人的需要"理论的一些基本观点。

1. 基本观点

表 2-1　"人的需要"理论代表性流派对"人的需要"的分类一览表

	需要分类	包含内容
马克思恩格斯	生存需要	包括吃饱穿暖等最低级也是最基本的需要
	享受需要	包含物质和精神两个方面的内容，随着社会发展，精神享受的内容越来越多，在享受中所占的比例也越来越大
	发展需要	其一，体力和智力得到充分实现的需要 其二，全面发展自己才能的需要 其三，创造和超越的需要
马林诺夫斯基	生理需要	直接满足机体需要，例如营养、生殖、保护、安全等身体上的需要
	社会需要	间接满足人类的欲望，例如经济欲望与价值标准、法律的禁止及权利义务的观念，等等
	心理需要	间接地与人体上的需要发生关系。例如好奇心、巫术的魔力、宗教、道德以及审美的兴趣

需要分类			包含内容
马斯洛	缺乏型需要	生理需要	生物谱系方向的本能或冲动。生理、安全和社交需要都属于这一层级。通过外部自然环境就能得到满足，是在自然界中生存时形成的
		安全需要	
		归属和爱的需要	
	成长型需要	尊重的需要	随着生物的进化而逐渐显露出的潜能或需要，主要是通过教育等对个体内在的影响而产生的，只有通过内部因素，才能得到满足
		自我实现的需要	

注：根据以下三篇学术论文的研究归纳得出：

1. 牟新云. 基于需要理论的进城农民工行为分析与管理研究 [D]. 西南交通大学，2007.

2. 罗道友. 需要：人的发展的内在动力：从马斯洛需求理论看人的发展 [D]. 湘潭大学，2007.

3. 张锴. "人的需要"的"实践人本质论"解读：兼评马斯洛的需求层次理论 [D]. 西南大学，2010.

2. 三个代表性流派理论的共同之处

第一，三种"人的需要"理论都是以人的生存、生理需要作为第一层次的需要。马克思主义创始人认为，人们为了生活，首要满足的就是衣、食、住及其他东西，这是一切历史活动的基本前提；马林诺夫斯基则认为生理需要代表了人与生俱来的、最原始的需要；马斯洛也把人的生理需要看成是最基本的、最强烈的、最明显的需要，在这一点上三者是一致的。

第二，三种"人的需要"理论都有层次之分，而且都是由低至高推进的。马克思说："第一个事实是，已经得到满足的第一个需要本身，满足需要的活动和已经获得的为满足需要用的工具又引起新的需要。"[①]

马林诺夫斯基指出人类满足第一级的各种基本需要后又创造了种种文明制度，这些文明制度建设以后，又创造了种种处于第二、第三级的新的需要。这说明他们的需要理论与马斯洛的需要理论都有一个层次结构，三者有异曲同工之妙，即都认为低层需要的满足是高层需要产生的必要条件。

---

① 马克思，恩格斯. 马克思恩格斯选集：第一卷 [M]. 北京：人民出版社，1960：32.

第三，三种"人的需要"理论的最高层次都与人的价值实现有关。马克思主义创始人认为，最高层次的需要是人自由全面发展的需要，是指人的潜能得到充分发展，自身价值得到体现、得到社会的认可。马林诺夫斯基以与生物需要不同的"文化愿望"来表现人的更高的价值追求。这些都与马斯洛的自我实现是同义语，都是对天赋、能力、潜力等的充分开发和利用。

第四，三种"人的需要"理论都反对机械性的僵化层次关系。马克思主义创始人反对将其需要理论看成孤立的。马克思说："此外，不应把社会活动的这三方面（人的生存需要、享受需要、发展需要——引者注）看作是三个方面……从历史的最初时期起，从第一批人出现时，三者就同时存在着，而且就是现在在历史上也起着作用。"[①] 人的需要是动态的、不断变化的，既分层次，但各层次的需要又同时存在着。而马斯洛也常提醒人们不必拘泥于需要的顺序，他反对别人把他的需要层次看成是个固定顺序。由于各种主客观因素的影响，个人的发展是有差异的，需要层次关系有些变化、颠倒才符合需要的多样性这一特点。这三种理论都注意到了此点，这是他们的又一个相似之处。

（三）理论应用

"人的需要"理论使用非常广泛，运用清楚明晰、安全可靠的参数来衡量个人的自我表达的需要，这既是各门学科的理论家开展许多研究的基点，也是各种政策制定和实施的依据。

以"人的需要"理论作为本书研究一个主要的理论基础，根据马克思主义创始人"人不是被动的、'抽象的需要'的主体，而是能动的、创造'实践需要'的主体"[②] 的精辟论断，将产业园"社区化"进程中的转居"新市民"看作有创造"实践需要"的主体，并结合"人的需要"理论各流派的需要层次分类方法，制定出由产业园开发建设和"社区化"转型升级产生的"新市民"需要层次模型，进而依据此模型建立起"新市民"新的学习需求层次模型，这是本书研究的又一个理论基础。

---

① 马克思，恩格斯. 马克思恩格斯全集：第三卷 [M]. 北京：人民出版社，1960：33.

② 张锴."人的需要"的"实践人本质论"解读：兼评马斯洛的需求层次理论 [D]. 西南大学，2010.

第三节 研究方法与过程

一、研究方法

本书在研究过程中将规范研究与事实研究、理论阐述与数据分析、比较分析和列举论证、理论研究与对策建议和实践指导相结合，综合运用文献研究法、调查研究法、比较研究法（案例研究法）及实验研究法等研究方法，将面板数据、统计数据、典型案例区域的深度调研结合，通过对我国产业园发展的历史、现状的考察及对转居"新市民"生活、学习的观察、访谈，考量他们在适应产业园"社区化"及由此推进的城镇化进程中的学习需求以及区域成人、职业、社区和文明市民教育功能的发挥情况，发现优势和不足，设计调整应对模式、方法、路径。

1. 文献研究法。文献研究是本书研究方法的逻辑起点，一定量的文献参考和研究对于了解相关研究的历史发展以及最新研究现状具有重要的意义，在分析和总结他人进行过的主题研究的基础上，可以发现新的研究方向，获得新的研究成果。所用文献具体包括历年的中央政策文件、规划，区域发展政策规划、政府公文及会议决议等；各级统计部门、研究机构及相关主管部门的权威数据；各种统计年鉴、统计报表；国内外相关著作、期刊特别是知网上的博硕士学术论文等。在充分收集、查阅、鉴别与整理相关文献的基础上，对文献资料进行深入剖析和系统梳理。在丰富且权威的文献基础上，明确核心概念、基础理论，对国内外研究现状进行梳理、评述和借鉴，确定本书研究的创新方向：结合研究的区域特殊性，对现阶段研究区域的产业园"社区化"及由其带动的城镇化的特点（新型、与特殊产业的结合）、"新市民"的需要及由此引发的学习需求进行分层，进而对以成人、职业、社区及文明市民教育为主的区域教育的综合性功能进行论述。

2. 调查研究法。利用主研人员来自区域高等继续教育院校，在办学过程中，学员来自研究区域，大部分还是相关村/社区的基层管理干部，采用了定向个别访谈、调研座谈会和问卷调研相结合的方式，收集并印证研究数据，保证研究的完整性和客观性，使研究建立在较为深厚的实证基础上。访谈法是本书研究经常使用的调查方法之一，旨在搜集、掌握研究主题的现存状况。本书研究中运用访谈法中的无结构式访谈法，能够不拘泥于框架式的问题束缚，意在获得目标社区居民具体情况的第一手资料并且确认研究区域及区域居民特别是"新市民"存在的问题，更加直观地了解他们的需求。通过分析、整理获得具有现实依据的资料。

由于本书的研究聚焦于转居的"新市民"，因此把主要的访谈对象重点锁定在"社区化"进程中的产业园周边的这类人群，研究分为三个层次进行：乡镇管理者、社区与村级管理者、社区居民与村民。有针对性地访谈了中关村科学城北区所在地的温泉镇与苏家坨镇两镇镇政府的主管镇长和相关部门管理者，访谈了中关村科学城北区四镇的车耳营村、周家巷村、辛庄村、杨家庄村（温泉人家社区）、水岸家园社区、白家疃社区、稻香湖社区、图景社区和辛店小区等村（社区）级管理者、村属企业经营者、乡镇企业基层管理者、农家院经营者、老中青不同年龄段的典型性"新市民"代表等。

其间，召开了车耳营村、辛庄村、杨家庄村和辛店小区居民代表和村"两委"（党支部、村委）干部代表的座谈会，在座谈、访谈的基础上拟定了调查问卷，进行更广泛的问卷调查。

在与海淀区农委联合开展的"推进社区农民市民化试点工作"系列活动以及著者所在单位在研究区域组织开展的各类学历教育和非学历培训、社区教育和文明市民教育项目及活动中，有针对性地开展问卷调查。

3. 比较研究法。在本书研究中从纵横两个维度进行比较研究。在横向空间维度上，由于主要研究案例所涉及的4个镇各自的自然条件与历史条件不同，产业园"社区化"及由其带动的城镇化的进度存在差距也形成了各自的特点，第一步进行研究区域内4个镇的比较。在研究过程中将北京市房山区和延庆区，山东潍坊市的诸城、安丘、寿光等地纳入研究范围，通过国内不同发展区域的比较，分析对照借鉴国内创新实践。在对国内案例进行充分分析的同时，注重国际先进经验的收集整理分析，以资借鉴。在纵向时间维度上，用发展的理念，对研究区域一定时间内的变化进行历史比较。结合两个维度的比较研究，使研究更加立体、丰满。

4.实验研究法。除了常用的研究方法，本书研究是伴随着著作者及研究团队的办学实践，基于实践的研究取向，开展了一些实验性教育项目的实验研究。在项目运作的实践过程中，不断深化对相关理论的认识，特别是深化对教育功能发挥的具体目标、路径、手段、方法的认识。由于本研究的研究区域和人群正好是著作者所供职单位的教育服务对象，相关研究的主研人员既是研究人员，也是教育服务项目的具体实施者，能够很好地实现"理实互动"。在具体办学过程中，先后组织实施了车耳营"农家院经营管理与服务技能素质提升"培训班、村"两委"综合素质提升的实验性培训、酒店管理及物业管理学历新专业的申请等，都充分体现了这种"理实互动"。

二、研究过程

（一）技术路线图

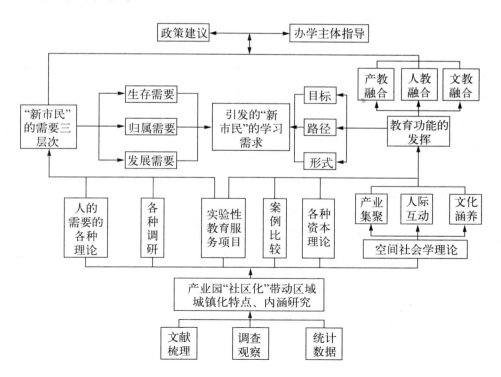

（二）研究过程

一是初步确定在产业园"社区化"进程中"基于'新市民'学习需求的教育功能发挥"这个研究方向，确定本书的研究的选题，开始大量、广泛地查阅相关文献，在查阅文献的过程中不断理清思路，细化研究问题，重点聚焦在产业园"社区化""'新市民'学习需求"和"教育功能发挥"等研究重点上。

二是初步确定研究方法，选取研究对象，通过大量的文献工作，对产业园特别是我国产业园的发展现状和"社区化"转型发展的趋势进行研究；对产业园"社区化"的内涵进行了系统而全面的论述，运用空间社会学理论剖析了产业园"社区化"对产业园"三大空间"的再造，"三大空间"为"新市民"提供发展的新舞台。特别是以海淀区北部新区（中关村科学城北区）四镇为个案，基于这个研究区域的典型性和代表性，"以点带面"，使研究能够深入透彻，同时也能够体现全局性。

三是开始深入海淀区北部新区（中关村科学城北区）4镇以及北京近郊房山和远郊延庆，还有山东潍坊的一些县市，大量搜集研究区域学习需求和教育功能发挥等相关资料，通过发放问卷、访谈社区/村干部、召开社区/村干部和社区居民/村民的

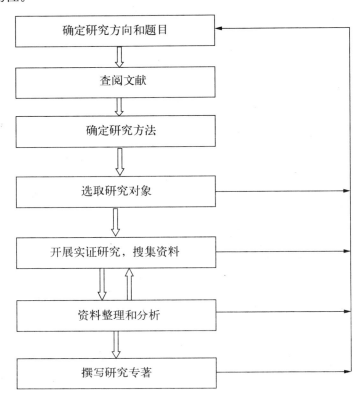

确定研究方向和题目

查阅文献

确定研究方法

选取研究对象

开展实证研究，搜集资料

资料整理和分析

撰写研究专著

座谈会，开展较为广泛的调查研究，结合调研对搜集的资料进行整理分析。

四是著者所在单位在研究成果的指导下开展了一系列的实验性的教育服务项目，在项目的实施过程中又总结提炼，反证和提升研究。

五是在第三、四阶段的过程中，综合运用空间社会学理论、"人的需要"理论以及各种资本理论、进一步明确了在产业园"社区化"进程中再造的产业园"三大空间"中因为"人的需要"而产生的学习需求，以及通过人力资本、社会资本、文化资本作为教育功能发挥的着力点，围绕这几个研究重点开展基于相应理论的系统研究，为本书的研究找到"学术之根"和"方法之镜"。

六是在相关课题主研报告以及系列调研报告的基础上，结合多来源的文献、国内外案例进行本书的写作，并不断修改完善。

第三章　产业园"社区化"：
新型城镇化的现实要求

　　城市化和工业化是国际通用的推进国家现代化转型的"利器"，产业园的开发建设又成为促进城市化和工业化同步发展的重要国家战略。为了加快现代化的步伐，我国一直以来都在致力于推动城镇化，在各个时期陆续制定了一系列致力于城镇化建设的政策，取得了巨大成就。诺贝尔经济学奖获得者约瑟夫·斯蒂格利茨将中国的城市化与美国的高科技发展一起认定为深刻影响世纪人类发展的两大主题。而产业园的开发建设又是中国城镇化的重要手段。中国产业园推进城镇化的先声自改革开放之初的20世纪70年代末就吹响了，从沿海逐步向内陆推进，这些先行发展区以其政策的优惠和地理位置的优势吸引了众多产业集聚发展，极大地推动了区域经济发展水平。但从20世纪90年代末期开始，一些城市在发展各类产业园区上，采取大力拓展城市空间、开发土地的"房地产"模式，只注重了物理空间的建设，忽视了对产业集聚、人际互动、文化涵养等空间的建设，普遍存在忽视产业的引进和更新，基础设施和公共服务设施落后，以及产业发展与人口集聚不同步、有效的人际互动缺失、区域文化涵养不力等问题，出现"孤岛经济""有楼无人""鬼城"等现象，导致产业园对人的服务和对经济发展带动功能低下，降低了城镇化的发展质量。本章从回顾中国产业园发展历程开始，分析在国家推进新型城镇化、"产城融合"相关战略和产业园自身发展需要的双重推动下产业园"社区化"转型升级的内涵、背景和发展趋势，进而探讨产业园"社区化"与新型城镇化的关系。

第一节　产业园：中国经济发展的"引擎"

随着全球产业革命的不断推进，产业园应运而生并不断演变、发展。作为空间组织形态与产业组织形态在特定区域的聚合，它是产业集聚和组织生产的一种有效形式和重要载体。经过多年发展，园区已从早期关注单一的短期性经济增长目标进化到当今关注多元的长期性综合发展目标。在政策和市场的"合力"推动下，产业园既是区域经济发展、产业调整升级的空间承载形式，又是地区经济社会发展水平的衡量标志，同时肩负着集聚创新资源、培育新兴产业、推动城市化建设等重要使命。产业园作为经济社会发展的产物，成为经济建设的主战场、招商引资的主窗口、产业集聚的主平台，已经发展为推进我国经济社会发展的主要载体。

一、产业园的发展

（一）产业园的概念

产业园是指由政府或企业为实现产业发展目标而创立的特殊区位环境。它的类型十分丰富，包括高新技术开发区、经济技术开发区、科技园、工业区、金融后台、文化创意产业园区、物流产业园区等，还有近来各地陆续提出的产业新城、科技新城等。

纵观全球，二战以来，各国制定了各种产业区域开发政策，建立了名目繁多的产业园区，例如免税区、出口加工区、自由贸易区、企业区、工业园、工业村、工业园地、科学园、技术园、研究园、技术城、经济技术开发区、高新技术产业开发区、生态工业园区、创意产业园区等。它们共同的特点就是发展迅速，拥有全球领先的产业领域，关注技术创新和产业升级，同时建立了一套适合园区自身发展的模式。

产业园的开发建设在发达和发展中国家的兴起有着不同原因。在发达国家，20世纪50年代中期之后的城市郊区产业园的开发建设，是与内城出现的交通拥堵、环境恶化等问题解决，信息技术的出现和高速公路的发展而伴生的。而在发展中国家，20世纪70年代开始的产业园早期形态——出口加工区是随着国际分工的深入、产业转移的加大而设立的。这一时期产业园在全球范围大量增加，尤其是在迅速工业化的国家，其发展历史、规模、类型和组织差异很大，但考察其深层的动因是具有共性的，即大都依靠政策环境和基础设施，利用土地和劳动力成本的比较优势，吸引特定的投资和经济活动，从而实现地方经济发展，融入全球市场。

世界范围内的产业园区兴起，在促进和带动区域经济发展方面发挥了重要的作用，成为经济快速发展的重要引擎。根据国内有关研究，20世纪90年代，全球34个国家和地区有超过1万个产业园区，其中，美国在全国范围内设有398个产业园区，日本则在全国18个地区建立了个104技术城。据统计，产业园区贡献了世界经济15%以上的产值以及约40%的税收[1]，这种贡献在部分国家或地区显得更为突出。如以硅谷为代表的产业园区贡献了美国GDP的35%左右，芬兰约2/3的GDP来自奥鲁和赫尔辛基两大科技园区。而据国际发展研究委员会1996年的调查，在90个国家至少有1.2万个以上产业地产（园区），竞争激烈。法国专注园区工业地产环境特许的组织Association Orée通过大量研究后找出了影响产业园质量的两项主要因素：一是接近市场和供应商，二是高质量的环境和基础设施[2]。

（二）产业园的转型升级

产业园诞生至今，伴随着全球化、信息化的不断发展，从最初的小区域、独立型和单一产业功能园区不断向更大区域、更高层次的综合性产业园区转型升级，并在一定程度上推动了城市经济的进一步繁荣。从产业园转型发展的方向来看，主要表现为新产业区、服务业集聚区以及产业新城三种类型，特别是和城镇化过程相伴随的产业园发展为产业新城是当今的趋势。也就是说，除了向新产业区和生产性服务业园区转型以外，还有一部分园区通过不断向规模化、综合化拓展，最终转型升级为一个产业新城。从产业园与周边城市的关系看，其发展路径大致可以分为三个阶段：产业园区发展阶段、产业园区带动周

---

[1] 唐斌. 关于我市工业园区建设与发展的调查报 [J]. 衡阳通讯，2007(11)：11—12.

[2] 贾小兵. 年终特稿：中国产业园区四十年的回顾与总结（五）.

边城市化阶段、产业园区与周边区域一体化发展阶段。在这方面，产业新城就明显不同于传统的产业园区，它更强调产业发展对周边区域或城市建设的带动作用，更多地体现产业功能与城市功能的相互融合，推进产城一体化发展。

从市场主体——企业发挥作用的角度看，产业园最早是由企业在某一特定的区域空间进行生产投资活动，带动人口的集聚，促进生产性设施和生活性设施的建设，使用劳动力、技术、土地、资本等生产要素，在政府政策、地理资源、生态环境的作用下，按照资源最优化配置的原则，形成了产业园内部空间秩序的自我发展与演进。

世界范围的产业园经历了数次迭代，不断演进，从不同方面可以总结出产业园转型升级的不同路径和特征。

首先，根据联合国工业发展组织中国投资促进办事处的相关报告，国内产业园区呈现出第一代至第四代产业园区的主要特征[1]，见表3-1。

表3-1　第一代至第四代产业园区的主要特征

	第一代	第二代	第三代	第四代
土地开发	粗放式开发	有简单规划	编制详细规划	科学规划产业区和生活区
产业定位	无明确定位	少数特定产业集聚	产业链集聚	高附加值产业集聚，发展总部经济
园区管理	基本管理职能	以招商引资为主	进一步加强招商引资	除招商以外，为企业提供更多增值服务
社会管理	无社会管理职能	承担一些简单管理职	承担一定管理职能	进一步完善社会管理职能

注：资料来源：打造以"有效整合国际资源"为核心的全球第四代产业园区 [R]，2011.

国内某些产业研究机构也根据对国内外各类产业园的综合考察，将产业园的转型升级整理归纳为要素聚集、产业主导、创新突破、财富凝聚4个发展阶段。以下从产业聚集情况对这4个阶段的特征进行分析，见表3-2。

---

① 唐晓宏. 上海产业园区空间布局与新城融合发展研究 [D]. 华东师范大学，2014.

表3-2 从产业聚集情况分析4个阶段的特征

	产业聚集能力	主要产业类型	产业发展需求因素
要素聚集阶段	低成本导向,优惠政策的吸引及生产要素的低成本,导致人才、技术、资本的流入,但要素低效率配置	低附加值,劳动密集型的传统产业	廉价的土地、劳动力、优惠的税收政策
产业主导阶段	产业链导向,各种生产要素重新整合,形成稳定的主导产业和具有上、中、下游结构特征的产业链,具有较好的产业支撑与配套条件	外向型企业,其中以电子及通信设备制造业一枝独秀	一定的配套服务和研发能力,这时期企业R&D主要依靠外部科学机构和大学的支撑,园区内企业自身R&D能力较弱
创新突破阶段	创新文化	技术密集型、创新型产业,高速信息网络技术、生物技术、新型能源技术、新材料和先进制造技术等重要新兴领域	高素质人才、较好的信息、技术及其他高端产业配套服务,园区自身R&D能力不断增强
财富凝聚阶段	高势能优势	文化创意、科技创新产业及其他高端现代服务业为主	高价值品牌,高素质的人才资源、高增值能力和高回报率的巨额金融资本

二、我国产业园的发展

改革开放40余年,以深圳的蛇口工业园为起点,中国的产业园从无到有、从弱到强,逐步成为我国区域经济发展的核心动力和增长极,为促进产业和人口集中、提高区域综合竞争实力等方面作出了突出的贡献,也是直接推进中国经济社会快速发展和中国工业化和城镇化进程的重要力量。

(一)我国产业园的发展现状

作为中国改革开放后设立的政策特区和参与经济全球化的"桥头堡",产业园区在国家吸引外资、加工制造出口创汇、吸纳外来先进技术、增加就业、促进城市发展等方面发挥了举足轻重的作用[①]。产业园已经成为我国经济增长极、创新集聚高地和对外开放前沿。

1. 我国产业园的基本情况

在促进区域经济发展方面，产业园已成为产业调整升级的重要空间聚集形式，通过共享创新资源、培育新兴产业，推动区域经济商业生态圈的构建，成为我国经济增长的助推器。我国产业园包括各种类型的开发区，其中国家级经济技术开发区、高新技术产业开发区等为主要的形式。截至 2019 年 10 月，我国有各类产业园区 15000 多个，其中国家级开发区 628 家、省级开发区 2053 家[②]，国家级开发区包括 219 家国家级经济技术开发区、168 家国家级高新技术产业开发区、19 家国家级边/跨境经济合作区、143 家国家级海关特殊监管区、18 家国家级自贸区、19 家国家级新区、19 家国家级自主创新示范区、23 家其他国家级开发区。

在各级地方政府的推动下，各地的产业园也保持着强劲的发展势头。仅内蒙古自治区 2021 年就审核建立了开发区 62 个，其中工业园区 58 个（一类园区 30 个、二类园区 28 个）、其他类经济开发区 4 个（一类园区 3 个、二类园区 1 个）[③]。

表 3-3　我国省级以上产业园数量变化情况

	总数	国家级	省级
2006 年	1568	—	—
2018 年	2543	552	1991
2019 年	2681	628	2053

注：根据 2006 年和 2018 年两版《中国开发区审核公告目录》等资料

---

① 魏宗财，王开泳，陈婷婷. 新型城镇化背景下开发区转型研究：以广州民营科技园为例 [J]. 地理科学进展，2015，34(9)：1195—1208.

② 2019 年中国产业园区市场现状分析区域分布明显、已成为中国经济增长助推器，https://www.sohu.com/a/366069796_114835.

③ 呼和浩特市人民政府官网显示，该市 7 家开发区列入《内蒙古自治区开发区审核公告目录》(2021 年版).

2. 我国产业园的成就

我国产业园的成就是多方面的，本书主要从对经济发展和城镇化建设两个方面做一个大致的介绍。

(1) 对经济的贡献

产业园对整个中国经济的贡献达到 30% 以上。2013—2017 年连续 5 年间，国家级开发区贡献的生产总值占全国比重在 22.4% 以上[①]。

考察我国国家级产业园生产总值的变化，可以看到，在国家与地方政府政策支持下，国家级经开区生产总值从 2016 年的 8.77 万亿增加到 2021 年的 13.7 万亿元，同比增长 15.4%；国家级高新区，从 2016 年的 8.31 万亿增加到 2021 年的 15.3 万亿。2016 年和 2021 年两类国家级产业园相加的生产总值占我国国内生产总值的比重分别是 22.9% 和 25.4%。其中，国家高新区园区生产总值从 2012 年的 5.4 万亿元增长至 2021 年的 15.3 万亿元，增长 2.8 倍；占我国国内生产总值的比重从 2012 年的 10.1% 增长至 2021 年的 13.4%，提高了 3.3 个百分点。据不完全统计，截至 2020 年，我国的 15000 多个各类产业园区对整个中国经济的贡献达到 30% 以上。

从产业园对所在城市的贡献来看，根据科技部火炬中心提供的数据，2020 年，中关村、张江、深圳、东湖等高新区营业收入超过万亿元。深圳、西安等高新区地区生产总值占所在城市比重达到 20% 以上，成为地方经济高质量发展的核心载体[②]。由此可见，园区经济对区域和城市经济发展的贡献度较高，已经成为地方经济增长的主要载体。

根据科技部火炬中心提供的 2020 年国家高新区企业主要经济指标显示，从 1985 年到 2020 年，国家高新区从 52 个增加到 169 个，入统企业从 12980 增加到 165357 个，年末从业人员从 99.1 万增加到 2383.5 万[③]。

其中，新世纪的头 20 年，国家高新区更是迈向发展的"快车道"，园区的

---

① 2019 年中国产业园区市场现状分析区域分布明显、已成为中国经济增长助推器，https://www.sohu.com/a/366069796_114835.

② 科学技术部火炬高技术产业开发中心官网，国家高新区成为国民经济发展的重要支撑和增长极，http://www.chinatorch.gov.cn/kjb/hjdt/202112/367db772e4e24382a211b000d09512f5.shtml.

③ 科学技术部火炬高技术产业开发中心官网 (http://www.chinatorch.gov.cn)，2020 年国家高新区企业主要经济指标.

产业和人口集聚效应明显增高,相关的指标明显增长,见表3-4。

表3-4 2000—2020年国家高新区企业主要经济指标

	国家高新区(个)	入驻企业数(个)	年末从业人员数(万人)
2000 年	53	20796	250.9
2010 年	83	55243	960.3
2020 年	169	165357	2383.5

注: 上表由著者根据2020年国家高新区企业主要经济指标编制

10年来,国家高新区内企业营业收入增长超过2.9倍,净利润增长超过3.4倍,营业收入超过1000亿元的国家高新区数量从2012年的54家增长至2021年的97家[①]。

总体来看,在我国经济发展中,产业园对促进我国产业经济、制造经济发展,推进工业制造技术发展,完善我国产业门类,调整产业结构,促进城市经济、服务经济和金融经济发展,起到了重大的推进和奠基作用。

基于产业集聚的园区经济不仅在地理上具有组织、制度、技术和企业的相对集中的优势,而且由于园区经济内部产业集聚所带来的协同效应、溢出效应和自增强效应,使得园区经济在生产效率、交易效率、产业组织优化带来的市场绩效和产品差异化等方面具有明显的竞争优势。各类生产要素、工业企业、商业、各种职能服务部门等在产业园集聚,形成规模化的集聚经济,促进了产业园经济效益的快速提升。

与全国总体经济相比,产业园的生产效率要高出很多。以国家高新区为例,2021年,它以全国2.5%的建设用地创造了13.4%的GDP。据2018年国

---

① 赵永新, 谷业凯. 十年生产总值增长二点八倍 国家高新区实现高质量发展 [N]. 人民日报, 2022–12–01.

民经济和社会发展统计公报年末全国就业人员 77586 万人，其中城镇就业人员 43419 万人。2018 年国家级高新区以占比全国 2.7%、城镇 4.8% 的就业人员，贡献了约占 12.4% 的全国 GDP，具有很高的劳动生产率，实现了高质量发展（见表 3–5）。基于高新区良好的发展态势，2020 年 7 月，国务院发布《关于促进国家高新技术产业开发区高质量发展的若干意见》，国家对高新区在新的时代赋予新的使命和新的定位，要成为创新驱动发展的示范区和高质量发展的先行区。同样，各个产业园也以较高的效益服务区域经济社会发展。比如，在整个苏州市的经济总量中苏州工业园就占了 15%，然而其土地面积和人口总量所占比例就要小很多，仅有 3% 和 5%[①]。

表 3–5 2020 年高新区企业主要经济指标（按地区分类）

	东部地区	中部地区	西部地区	东北地区
国家高新区（个）	70	44	39	16
年末从业人员（人）	14951219	4267467	3699918	916561
营业收入（千元）	27713111884	7298465291	6060038829	1728189841
工业总产值（千元）	1507504768	5185643293	4116569459	1255865569
高新技术企业（个）	67859	15582	11897	3967
入统企业数（个）	109153	26506	22048	7650
工商注册企业（个）	2236396	570700	616136	164062

注：上表由著者根据 2020 年国家高新区企业主要经济指标编制

这一点从全员劳动生产率对比也能得到印证。2013—2018 年国家高新区的全员劳动生产率一般都高出全国的 4~5 倍，见表 3–6。

[①] 李鑫. 国家级开发区产城融合发展问题研究：以南昌市为例 [D]. 江西财经大学，2017.

表 3-6 2013—2018 年全国和国家高新区全员劳动生产率对照表

	全国（元 / 人）	国家高新区（元 / 人）
2013	6.62 万	48.76 万
2014	7.23 万	45.58 万
2015	7.70 万	46.95 万
2016	9.48 万	48.57 万
2017	10.66 万	49.06 万
2018	10.73 万	53.07 万

注：上表由本书作者根据国家统计局的 2013—2018 年国民经济和社会发展统计公报和科学技术部火炬高技术产业开发中心的 2018 年国家高新区企业主要经济指标计算得出

整体看，园区经济已经成为我国经济发展的重要引擎。作为区域经济增长的重要承载平台，产业园已经或正在成为各地经济不可替代的增长极，发挥着强大的极化效应和扩散效应。

（2）促进了新型城镇化

受改革开放的影响，国内城镇化发展速度逐渐加快，越来越多的农村人口进城务工，使得城市人口不断递增。产业园最初的发展都由基础较强的产业支撑，能够吸引许多优秀人才前来就业居住。所以，产业园成为城镇化过程中的一个主要载体，是大城市拓展发展空间普遍采取的方式，为我国城镇化发展作出了突出的贡献。在和新型城镇化协同联动方面，产业园区的发展呈现爆发式增长和在城市层面多点蔓延分布之势[1]。

随着一大批新型城市崛起，为我国经济增长提供了强大动力。与此同时，城镇化的快速扩张，也催生了全国范围内大规模的产业园区开发热潮。产业园早期的发展雏形是开发区[2]，从 1980 年代兴建经济特区、经济技术开发区起，中国的园区开发建设已历经了 40 年的风风雨雨，并随着改革开放的推进，

---

[1] 王兴平，许景. 中国城市开发区群的发展与演化：以南京为例 [J]. 城市规划，2008，243(3)：25—32.

[2] 袁卫民. 园区规划理论与案例 [M]. 北京：经济管理出版社，2013：1.

尤其是 20 世纪 90 年代以来,中国产业园区的发展规模急速扩大,很多地方政府不断规划新的园区,各种名目的"筑巢引凤"式的产业园区发展如火如荼,投巨资建设新园区的现象遍地开花、方兴未艾[①]。

2018 年,国家发展和改革委员会、科技部、商务部等部委联合发布的《中国开发区审核公告目录(2018 年版)》显示,全国各类省级以上开发区数量共计 2543 个[②],而我国当年的全部城市数量才只有 2012 座,这相当于平均每个城市都至少设立了 1 个国家级或者省级开发区,园区开发俨然成了城镇化发展的"标配"。比如,1994 年正式成立的苏州工业园区,位于苏州市区东部,规划总面积达 288 平方公里,其中中国和新加坡合作区面积有 80 平方公里。苏州工业园区内有 4 个主街道,即娄葑街道、胜浦街道、斜塘街道和唯亭街道,当时的户籍人口达到了 32.7 万,而常住人口则有 76.2 万[③]。人本理念的回归使得产业园区逐步摆脱唯经济增长论的影响,成为协调从业人员生产与生活活动,以及反映从业人员就业、居住、公共服务等共性人本需求的集合体,使以产业园形式推进工业化与依托产业园构建都市新城的城市化方式形成良性互动。2018 年 12 月发布的《2018 中国产业园区持续发展蓝皮书》推出了 2018 中国产业园区持续发展 100 强榜单,其中排第三的苏州、第五的武汉、第十二的西安 2010 年到 2020 年 10 年间人口增幅在各自城市排名靠前。比如,武汉东湖高新技术产业开发区常住人口从第六次全国人口普查时的 396597 人增加到第七次全国人口普查时的 935146 人,增加了近 54 万人,增幅达到 135.79%,居武汉市各区首位。在西安市,以高新区、西咸新区、经开区为代表的 8 大功能区(产业园)第七次全国众人人中普查时常住人口占西安全市人口的 31.53%,超过 30%[④]。

综合上述数据,显而易见,产业园通过产业集聚带动人口等要素的集聚,

---

① 王缉慈. 中国产业园区现象的观察与思考 [J]. 规划师,2011(9):5—8.

② 中华人民共和国国家发展和改革委员会. 中国开发区审核公告目录(2018 年版)[R].

③ 李鑫. 国家级开发区产城融合发展问题研究:以南昌市为例 [D]. 江西财经大学,2017.

④ 数据来源于 2021 年 5 月 31 日西安统计局发布的《西安市第七次全国人口普查公报》,西安及各辖区的 2020 年国民经济和社会发展统计公报,数据截至 2020 年末.

极大地促进了区域的城镇化发展。

3. 我国产业园发展中存在的问题

产业园的蓬勃发展不仅为我国工业化水平的快速提升奠定了基础，也通过带动郊区城市化（新城建设），促进了国家的城镇化。然而，随着土地、能源、环境等生产要素瓶颈制约进一步加剧，产业园在产业集聚、推进经济发展创造巨大经济效益的同时，也面临着人气不足、公共服务设施短缺、城镇化动力不强、对周边地区带动有限等发展障碍。存在的问题主要有：

第一，原来那种以政府为主导、以规模集聚为目标、以土地扩张为手段的开发区发展模式的弊端日益凸显。特别是大型园区开发往往伴随着大规模的拆迁工程，原有的农村社区格局被强行打破，社区中农民的生活状态也随之产生很大的变化。由于大面积占用郊区农民土地，就地转居"新市民"的数量增加，由此带来了一系列的环境、治安、就业、养老等社会问题，这与新型城镇化所倡导的"推进以人为核心的城镇化，提高城镇人口素质和居民生活质量"的发展要求背道而驰。

第二，由于大多数园区仍处于发展的低级阶段，还停留在依靠优惠政策吸引投资的阶段，园区内产业之间缺乏联系，尚未形成产业集群，效率低下，产业发展和配套设施滞后于城市空间扩展的直接后果是无法形成人口集聚，造成"孤岛""鬼城"现象。

第三，产业结构不合理，重制造、轻服务。传统产业园区在内部基本上是以工业为主导，缺少生产性服务业的布局；在外部，生产区与生活区基本处于隔离状态，特别是位于郊区的产业园区，与主城区在规划上缺少衔接，在管理体制上缺乏协调，导致产业功能和居住功能无法有效对接。

第四，产业园区缺乏产业特色，同质化竞争激烈。传统产业园区在规划和发展过程中尚未形成自身的产业特色和核心竞争力，产业结构趋同、企业对象趋同、人才结构趋同。随着同质化园区的数量不断增加，园区发展陷入不比拼综合环境质量，而比拼政策优惠力度的尴尬局面。

第五，由于土地开发强度过大，后续开发潜力受限。在从片面追求经济效益向追求可持续发展的理念转变过程中，传统产业园区的粗放型发展思维仍存在一定的惯性，"三高一低"（高投入、高消耗、高污染、低效益）企业仍然在一些产业园占到一定的比例。现有资源环境的约束，使得越来越多的产业园区面临难以可持续发展的困境。

协调产业发展和城市发展的关系，产业园需要转型升级，以符合新时代经济高质量发展和新型城镇化的要求。

（二）我国产业园的发展历程

作为许多发达国家采用的推进经济发展和城市化的国家层面战略，产业园开发建设在世界范围内不断升温，已成为经济发展的重要空间载体。伴随着改革开放的不断深化，在工业化与城镇化同步推进的进程中，我国的产业园开发建设承载着国家经济建设主要增长极和对外开放重要窗口的历史使命。经过 40 多年的发展，实现了发展规模和质量上的快速成长，已成为我国参与全球产业价值链分工的重要载体、优化产业空间布局的有力措施和推动区域经济协调发展的强大力量。从时间维度来看，追溯到 20 世纪 70 年代末蛇口工业园区的建立，已经走过了探索、起步、快速和稳步发展 4 个阶段；从空间维度来看，自经济特区肇始，到沿海开放城市、沿江城市、内陆城市，再到西部地区，在国土空间范围内已经形成多层次、多领域全面发展的空间格局；从发展类型来看，由工业园区、经济技术开发区、高新技术区等单一类型模式，逐渐向多功能、全方位、专业化、智慧化方向发展，正在向"产城融合"的"社区化"转型升级。

通过对 40 多年的发展历程的总结梳理发现，我国产业园区主要经历了以下几个阶段。

1. 初始发展阶段（1979—1991 年）

随着党的十一届三中全会召开，与改革开放的战略方针确立一并批准了在沿海城市进行加工贸易。1979 年，中国第一个对外开放的工业园区——蛇口工业园创立。面对百废待兴、生产力落后、产业发展缓慢、贸易基础薄弱的局面，这一时期多以"三来一补"（即来料加工、来样加工、来件装配和补偿贸易）的方式承接外来的国际加工业务。这一阶段的产业园园区发展基础十分薄弱，整体规模较小、技术含量低，以劳动密集型产业为主，产业园的功能和形态比较单一，仅以满足企业的生产制造功能为主。虽如此，作为我国整个产业园发展的启动期，这一时期开始将"产业园"由理念落地为实践，开辟了经济发展的新模式。

2. 快速推进阶段（1992—2002 年）

1992 年，邓小平同志南方谈话后，我国沿海地区掀起新的一轮对外开放和引进外资的高潮，加上《城镇国有土地使用权出让和转让暂行条例》的颁布实施带来的土地市场的开放，地方政府以各种新型城市空间特别是产业园来提速城市化进程，产业园的发展也随之进入了快速成长阶段，达到第一次高峰，当年就设立了 70 个国家级开发区和 144 个省级开发区[①]。地方政府部门和企业对开发区的建立表现出很高的积极性，仅苏州在 1990 年至 1994 年间就先后建立了 10 个国家级和省级开发区[②]。

1999 年，国家实行完全的分税制，出口退税、利用外资的调整，使得大批沿海地区的产业园发展遇到了新的挑战。2001 年，中国加入 WTO，随后贸易迎来 10 年黄金发展期，二代产业园区靠此发展，产业的规模渐渐集聚，同时加速推动了城市化进程。

这一阶段产业园区开始注重产业质量，引进的外资项目质量明显提升。一方面，许多国际知名企业、跨国公司入驻，并带来许多大项目；另一方面，引进项目的技术含量和技术水准明显提升，不仅填补了我国同行的技术空白，还直接推动了我国工业现代化进程。随着高新技术产业概念兴起，各类经济技术开发区在全国铺开，科技研发、商务办公等功能开始出现，资本和技术密集型产业得到发展，有效促进了各地产业结构升级。开始由单一的工业园区向多元化的新城区转型，产业高级化、配套服务全面综合。但是，也带来开发建设的盲目性，一些地方出现了纯粹的圈地现象，土地资源利用粗放，给产业园发展提出了"社区化"转型升级的现实要求。

3. 稳定整顿阶段（2003—2010 年）

随着加入世贸组织，我国产业园与世界经济的联系进一步增强，这一时期产业园注重提高吸收外资质量，在资本的主导下发展尤为迅猛。为了引

---

① 李力行，申广军. 经济开发区、地区比较优势与产业结构调整 [J]. 经济学（季刊），2015，14（03）：885.

② 马思宇. 开发区主导下新旧镇区协调发展评价 [D]. 苏州大学，2019.

资，地方政府一再降低土地价格、水电等资源费用和其他税收标准。这种地方政府间的竞争导致企业不能长期扎根产业园，产业培育跟不上空间的扩张，人口以及资源要素的集聚能力弱，低水平开发现象突出，致使土地开发效率低下和资源浪费。同时，一些企业为追寻最优惠政策而在相邻产业园区间迁移，造成财政税收的极大损失。国家于2003年进行了全面的清理和整顿，出台了开发区考核的指标体系和考核办法，对不符合要求的开发区进行了撤销，2003年共撤销了不符合要求的各类开发区4813家，开发区总面积减少了2.49万平方公里，产业园区逐步进入转变发展方式、优化资源配置、全面提升效率与发展质量阶段。

产业园呈精细化发展趋势，以发展现代制造业为主，致力于发展高新技术产业和高附加值服务业，衍生了物流、金融、商务等生产性服务业，并向生产制造企业周边集聚，开始支持产业结构优化，形成完整的上下游产业链，加强城市功能建设，完善了基础配套设施，促进园区走向多功能综合性复合化发展之路，极大地加快了"社区化"转型升级的步伐。

4. 转型升级阶段（2011年至今）

2011年，《国务院关于印发全国主体功能区规划的通知》的发布，加快产业园转变经济发展方式，促进产业园经济长期平稳较快发展。

这一时期，党和国家积极推进新型城镇化。党的十八大提出的新型城镇化道路以及十八届三中全会出台的《规划》为产业园"产城融合"的发展指明了方向。产业园与新型城镇化互相促进，相比本世纪前10年的产业园区，除了厂房、办公楼、商务酒店之外，商业、学校、医院等业态共生出现，不仅在功能上全面切合城市发展需要，在环境的打造上也更加宜居，在吸引和留住人才方面更加有效，呈现出产城融合的发展方向，"社区化"转型升级明显。

在40多年的发展历程中，我国产业园顺应国家经济社会发展的趋势，从创建之初的"三来一补"低层次"加工"的1.0时代、到资本和技术密集的2.0、3.0时代、再到创新驱动的4.0时代。通过打造创新型园区，实现园区产业高端化、品质化，提升了发展能级和层级，增加了发展内涵和功能同时，产业园也在不断加强和周边区域的联系，融入区域的整体发展体系，增加自身对周边区域的辐射带动作用，从早期的纯生产中心、主要承担工业化的任务，逐步增加多元功能，不断向"社区化"全面转型升级。

（三）我国产业园的发展趋势

作为区域经济发展、产业调整升级的重要空间聚集形式，我国产业园区随着国家经济转型与升级、新型城镇化深化发展，迎来新的机遇和挑战。全球产业分工的竞争日趋激烈，产业的全球转移使低成本的区位优势可能随时被替代，需要改变传统依靠优惠政策、廉价要素的产业园发展路径，实现从粗放型向集约型增长、要素驱动向创新驱动转变，通过全面的转型升级，肩负起聚集创新资源、培育新兴产业、推动新型城镇化等一系列的重要使命。

1. 规划：从"产城分离"到"产城融合"

早期的产业园区目标就是发展工业，属于生产性的园区，仅仅关注单一的短期性经济增长目标。因此，许多园区在发展过程中与周边是相互隔离的，随着要素的不断集聚反而愈发成为一块"飞地"。"产城分离"式的发展使得园区普遍面临基础设施和生产生活服务配套不足问题，在一定程度上制约了园区快速发展和城镇化水平的提升。

基于对这种"产城分离"模式的反思，以及产业结构升级和城镇化进程的进一步推进，"产城融合"发展的新模式应运而生，这种"产城一体化"的发展模式关注多元的长期性综合发展目标，使产业发展与城市建设的互动关系更加紧密。将产业园融入新的区域经济格局，在大经济区、城市群、都市圈的功能重组和更新中实现升级。

新型产业园的规划设计是置于"产城融合"的大语境下进行，在集聚产业要素的同时也集聚人口要素，统筹专门性基础设施建设、人才和熟练劳动力培养、产业组织建设、生活环境建设、创业支持体系建设等一系列工作。根据不同类型产业在生产过程中对外部环境的不同需求和影响，对城市的产业规划进行合理布局，一方面使得产业园区做大做强，为城市的发展提供产业支撑；另一方面，减轻产业扩张对环境、居民生活的影响。具体来讲，劳动密集型产业的产业链条较长，占据土地面积较大，对劳动力的需求大，在空间上应更多地融入其他功能，因其对环境的影响程度较大，通常布局在城市的外围区域。资金密集型产业譬如通信设备制造业、运输设备制造业等，使用机械化的作业流程，在生产、制造过程中会产生高分贝的噪声，会对居民的生活带来负面影响，因而应当尽量远离居民区，或在居民区附近设隔离带，减轻噪声污染。技术密集型产业如新材料、新能源、信息产业、电子产业等，占地规模小，对环境的污染程度低，对高技术人才的需求量大，对环境的要求高，一般布局在生态环境较好的区域。通过这样的产城统筹规划发展，产业园"社区化"也呈现出不同的形态。如，海淀区政府已经把整个区域全域作为产业园——中关村科学城来进行规划和发展。在规划和建设中关村科学城时统筹考虑多种功能，注重招商引资和经济发展的同时，加强对园区内部企业的服务。充分利用"先行先试"的政策优势，园区从主导产业定位、特色产业、特色环境和特色制度等方面出发，结合自身优劣势，打造各自的核心竞争力，突出差异化。发展高技术、高附加值产业，提供与园区发展息息相关的外地人才和本地农民转居的"新市民"的包括教育服务在内的综合配套服务。

2. 产业：从加工型到研发型

随着我国产业结构的持续优化升级，未来高科技研发类产业将在我国经济发展中扮演更重要的角色。相比于传统产业园区，新一代产业园将由充满加工厂的工区变为高科技公司集聚的新型园区模式。产业结构上从初期完全由二产主导逐步发展成二产为主、三产渐进再到以三产为主的阶段，注重产业内涵的提升，培育主导产业集群，经历从要素驱动到投资驱动再到创新驱动的跃进。现阶段，我国产业园区发展实施创新发展战略，以科创产业链为引擎，高科技产业为代表的现代产业形态，不仅是产业资源在空间上的简单汇聚，而是更加注重产业链式发展和产业生态的打造，成为产业园集聚产业的未来趋势。

产业园从传统的加工型转向研发型，技术溢出效应明显，新技术不断挖掘新的应用场景，与原有生产背景融合，凝结成新的生产力，赋数、赋智传统产业，注重产业链上下游资源互补，将产业链上的研发、生产各个环节有机串联，以产业园带动城市整体产业质量提升。

以信息技术为主的高新技术产业园，能级和产业质量高，产业结构好，对环境的破坏较小，产业科技含量增加也带来智力资源更为密集，集聚效应更为明显，更加适合发展研发、设计、中试等产业链上游的产业。通过引进创新科研平台、信息咨询、金融业务等企业，推动产业链、价值链、创新链、资本链的融合，形成有序的产业生态圈。

以信息技术为主的高新技术产业的布局与传统工业显著不同，其优势区位主要指向智力密集和信息网络发达的区域，其市场竞争优势的形成不仅在于降低生产成本，更重要的是要加快系统创新。以高新区为代表的研发型科技园可以通过技术、工艺等方面的创新，将大数据、互联网、人工智能等技术资源整合进产业园区，培育高新技术企业、科技创新和研发孵化等主导功能，切换发展动能、转变驱动模式，推进创新发展。在生产功能配套上，根据园区需要考虑提供更多的就业岗位，创造更多的科创空间与机会，主要配套创新服务功能，复合型办公空间、科研、孵化、重点实验室、公共技术平台、教育培训、总部管理、研发、中试等功能。

抢抓国家推进新基建、大力发展数字经济的大好机遇。培育一批数字产业化专精特新中小企业，特别要注重培育一批深耕专业领域如工业互联网、工业软件、网络与数据安全、智能传感器等方面的"小巨人"企业，培育一批进军元宇宙、区块链、人工智能等新兴领域的创新型中小企业[①]。

为更好地发挥产业园在创新方面的优势，国家在政策层面一直赋予其更加主动和灵活的体制机制和改革试点，激励新时代的产业园积极布局产、学、研一体化的发展模式，深化与国内外创新主体合作，整合、联合国家和地方创新平台，构建长期稳定的协同创新网络，努力打造产业创新中心。以研发创新型产业为主体，依托加速器和孵化器等创客空间培育创新集群，构建创新生态；注重产学研合作和企业网络构建的制度创新，加强科研院所、高校、企业三方之间的协作，统筹创新主体的利益诉求，打破三方主体的合作桎梏，推动技术创新成果转化，扩散新技术、新模式，培育新业态、新产业，构建一个平台化、网络化、协同化产业生态网络，推动园区产业结构向高级化、均衡化、高效化升级。

---

① 傅红岩. 吉布莱特定律与西方企业成长理论评述 [J]. 经济学动态，1998(08)：69—72.

链接

4 个"五年规划"期间我国产业园主导产业的演化进程①

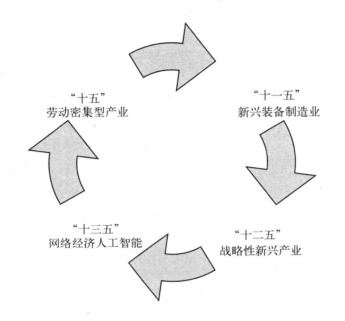

从"十五"到"十三五"的演进方向可以看出，从最开始以劳动密集型的初级制造业在世界产业分工中取得一席之地，到逐步提升研发与创新技术含量，带动我国现代化工业体系的建立。随后在工业的带动下，反哺农业，并进一步将重心向服务业转移。在政府主导下，各类社会和市场主体参与园区开发建设，产业园发展走向服务化、平台化、多元化的转型阶段。

链接

中关村科学城是研发类科技园区的佼佼者。海淀区积极布局产、学、研一体化的发展模式，与周边高校、科研院所等加强合作，形成了院校、研究机构和产业平台一体化发展的产业创新生态圈。据北京市海淀区委组织部《基于中关村科学城建设的海淀区人才工作策略研究》课题组提供的数据：海淀区范围内有北大清华等 33 所高校，有以中国科学院为代表的国家级科研机构 144 家、国家工程

---

① 贾小兵. 年终特稿：中国产业园区四十年的回顾与总结（五）.

研究中心 23 家、国家重点实验室 50 家。据北京市教委统计数据，2016—2017 年，驻区高校在校大学生、在学研究生总数为 45.43 万，约占全市 86.15 万人的 52.73%[①]。

成都支持产学研协同创新平台建设，筹建成都创新创造研究院，鼓励校企共建新型产业技术研究院，给予最高 2 亿元支持；对产业集群和产业链协同创新项目，给予最高 1000 万资助，力争建设 5 家以上具有全国影响力的制造业创新中心[②]。

3. 功能：从单一分散到多元综合

《国家新型城镇化规划（2014—2020 年）》指出，要"加强现有开发区城市功能改造，推动单一生产功能向城市综合功能转型，为促进人口集聚、发展服务经济拓展空间"。在这一政策的助推下，我国产业园区的发展将更加强调多元综合功能的复合发展，除生产功能外，还大力发展金融、研发、培训、物流等生产性服务业，以及医疗、文化、教育、休闲娱乐等生活性服务业，成为集生产、居住、休闲于一体的复合型功能区。多元综合的功能有利于产业园区提供宜居宜业的环境。比如，苏州工业园区是建设多元综合型功能园区的代表。和其他"产业主导"的产业园区不同，苏州工业园区从建设初期就摒弃传统的工业发展模式。除生产功能外，还大力发展居住、商业、休闲娱乐、文化创意等功能，倡导园区内部用地功能的适度混合，有效地避免了园区人气不足的问题[③]。

产业园"社区化"，要回归人本理念，使产业园区逐步摆脱唯经济增长论的影响，成为协调从转型升级业人员生产与生活，以及反映从业人员就业、居住、公共服务等共性人本需求的集合体，也就是除了单一的生产功能之外，它要首先变成一个与周边社区融洽的社区，把周边整体的社区都融入其中，成为一个大的集产业发展、生活、休闲于一体的多元综合型社区。

---

① 刘敏华主编. 北京人才发展报告（2017）[R]. 北京：社会科学文献出版社，2017：137.

② 钟华林. 成都出台"产业新政 50 条"，中国经济网，http://www.ce.cn/xwzx/gnsz/gdxw/201707/12/t20170712_24171638.shtml. 2017—07—12.

③ 王亚丹. "产城融合"视角下产业集聚区空间规划研究 [D]. 山东建筑大学，2015.

4. 环境：从品质不佳到高品质

产业园从人本视角出发，将更加关注人的服务需求。为满足员工及居民的服务需求，在加大产业功能区的同时需要逐渐增加产业园区的绿化用地和服务设施用地，"社区化"的产业园就是要构建起层次分明的公共服务设施体系，以公共服务圈的建设补齐公共服务设施的短板，提高产业空间与城市空间的契合度。这种生产、生活、生态"三生"协调，也为园区及企业发展提供良好的营商环境。

园区内劳动密集型产业转变为技术密集型产业和知识密集型产业，大量的优秀人才聚集在开发区，信息、技术及其他高端产业配套服务的不断提升，使得产业园的创新环境不断优化，区内企业自身的科研能力得到进一步增强。由大量优秀人才集聚所形成的高品质的就业环境反过来更加有利于集聚创新型人才，为园区的发展提供创新活力。产业园"社区化"通过提供高创造力的工作项目和职业岗位、良好的生活条件、优美的工作居住环境以及便捷的前沿信息获取通道以吸引创新型人才。此外，产业园区还注重高品质公共空间的营造，为人们提供思想交流的场所，以激发创新创意，优化创新环境。

在建设配套设施推进产业园的"社区化"方面，成都市走在我国前列。2017 年 7 月，成都市政府发布"产业新政 50 条"，明确提出"设置园区级—组团级—社区级三级公共服务设施体系，按照 15 分钟公共服务圈前瞻性布局建设产业新城生活配套设施，打造功能复合、职住平衡、服务配套、生态宜居的产业社区"。

在上述一系列转变带动下，产业园"社区化"转型升级成为产业园的一种发展趋势，相比于传统产业园，将产业发展与城市的各个层面相融合，并在规划、产业、功能和环境方面有所转变，体现了城市发展"以人为本"的目标导向，符合国家政策对高质量发展和新型城镇化的现实要求。随着产业园的演化和发展，园区承载的功能日益多元化，大量生产活动在园区内并存聚集，推动了产业园的城市化进程，园区经济与城区经济逐渐走向融合，产业园不断从单一生产型的园区，逐渐发展成为集生产与生活于一体的"社区化"新型园区。

在 40 余年的发展过程中，以经济技术开发区、工业园区、高新技术开发区为主的产业园区在全国各地纷纷兴起，扮演着城市经济发展助推器的重要角色。我国产业园逐步由单一功能的经济共同体向多种功能的经济社会共同体转变，以产业集聚为基础不断补充和完善城市功能，通过优化产业结构、建立和谐人际关系，促进区域共识达成和精神文化的涵养，营造具有自身特色的精神文化氛围，形成了良好的生产生活环境，促进了"产城人"的融合，产业园正在向"社区化"全面转型升级。

第二节　产业园"社区化"：我国产业园的转型升级

现代产业园是在经济全球化和市场化的大背景下逐渐发展起来的，具有集聚产业、创新创业、科技服务等多种功能。而随着时间的推移，产业园已经从简单的工业园区向生态型、专业化、智能化和社会化方向转变，也就是所谓的"产城融合"。其中，"社区化"是近年来产业园区发展的一大趋势，意味着将产业园转变为一个更加开放、平等、协作、互惠、共享的社群，强调人性化管理、交流与互动、文化活动、主体精神（区域价值观）增值等。

我国产业园历经了40多年的建设和发展，对国家的工业化和城镇化建设起到巨大的推动作用，对我国目前的经济格局产生了很大的影响。随着经济社会整体环境的不断变化，许多原有单一发展模式的产业园出现了越来越多的问题，并且日益凸显，急需围绕未来发展目标，着力在发展理念、兴办模式、管理方式等方面加快转型，努力实现由追求速度规模向追求质量效益转变，由要素驱动为主向创新驱动为主转变，由工业制造业为主向制造业和服务业融合发展转变，由单一生产功能向生产生活为主的多功能转变，由"产城分离"向"产城融合"转变，其中产业园"社区化"是转型升级的重要方式和途径。

一、产业园"社区化"

基于理论梳理和现实发展，本书立足于"社区"这一概念，借鉴"产业社区"的提法，尝试用产业园"社区化"的概念来总体描述新时期我国产业园的发展现状和未来趋势。

据有些学者调研，"产业社区"概念在国内最早是 2010 年 5 月由佛山市南海区桂城街道提出，开始关注产业园"社区化"转型升级这一趋势[①]。为提升本地产业层次，2010 年桂城街道决定将原有的乡村工业经济模式升级改造成为产业社区模式。为此，该街道开始了"广东金谷·光电产业社区"建设，探索一条属于南海区的产业社区发展路径，并先后开发了天安南海数码新城等多个产业社区。同期，理论界也对基层实践做出了呼应。有些学者认为，产业园逐渐转变成一个产业社区[②]。

产业园"社区化"的概念是当下产业园发展从单一生产功能逐步转变为生产、生活和生态三维功能统一的趋势下提出的，是一个基于实践创新的概念。它顺应我国产业园发展过程中不断加强的"社区化"趋势，是在佛山、上海、成都等地纷纷开展的由产业园区向产业社区转型建设提出"产业社区"基础上的一种动态化表述，相比"产业社区"，产业园"社区化"更加关注"化"的过程和机理，特别是与新型城镇化的关系。"社区化"突破产业园，将研究聚焦在产业园和城市之间的关系上，重点探讨产业园"社区化"对新型城镇化的作用。

（一）几组相关概念

产业园"社区化"的提出虽然是来自于实践的总结凝练，但是其中暗含许多经济学和社会学的经典概念和理论。

1. 社区和社群

德国社会学家首先开始对社区的研究。社区的德文为 gemeinschaft，源于德国社会学家滕尼斯 1887 年出版的《社区和社会》（又译《礼俗社会与法理社会》）一书。书中他对社区与社会作了系统的阐述和比较，认为社区既是社会的最简单形式，又是一种自然状态，并指出它是一种"生机勃勃的有机体"的"共同体"，从最初"原始的或天然的状态"随历史发展慢慢分化出来的不

---

① 陈桂良，余珂，黄冬翔. 从产业园区走向产业社区：以广州市民营科技园核心区更新改造为例 [C]// 面向高质量发展的空间治理：2020 中国城市规划年会论文集（02 城市更新）. 2021：683—691.

② 张道刚. "产城融合"的新理念 [J]. 决策，2011(1)：1.

同区域形态[①]。通过分析传统农业社会的社区中存在的重感情、重传统、彼此之间全面了解的现象，他认为，"社区"是基于亲族血缘关系而结成的社会联合。在这种社会联合中，情感的、自然的意志占优势，个体的或个人的意志被感情的、共同的意志所抑制。与此相应，他将由人们的契约关系和由"理性的"意志所形成的联合称为"社会"。滕尼斯关于社区的理论，为以后的社区研究打下了基础。而"社区"的英文 community 一词，社会学奠基人费孝通先生将其译为"社区"，这一概念在中国经过不断发展，被认为"是居民进行自我管理的基本生活共同体"[②]，含有公社、团体、社会、公众，以及共同体、共同性等多种含义。除了地域的含义之外，它更多的是强调社会群体生活的元素。因此，有的社会学者有时又在团体或非地域共同体这种意义上使用 community 一词。比如，芝加哥学派的主要代表人物帕克认为，按一定秩序（人口、技术、习惯信念和自然资源）可以把城市划分为若干社区。社区的本质特征是：第一，有一个以地域组织起来的人口；第二，这里的人口或多或少扎根于它所占用的土地上；第三，这里人口的各个分子生活于相互依存的关系之中。其中"相互依存的关系之中"的"生活"是最为本质的特征。而中文"社区"一词是中国社会学者在 20 世纪 30 年代自英文意译而来，因与区域相联系，所以社区有了地域的含义，意在强调这种社会群体生活是建立在一定地理区域之内的，这一术语一直沿用至今。

由于社会学者研究角度的差异，社会学界对于社区这个概念尚无统一的定义。但许多学者认为，社区概念是以一定的地理区域为前提的。1955 年美国学者希莱里对已有的 94 个关于社区定义的表述作了比较研究。他发现，其中 69 个有关定义的表述都包括地域、共同的纽带以及社会交往三方面的含义，并认为这三者是构成社区必不可少的共同要素。因此，人们至少可以从地理要素（区域）、经济要素（经济生活）、社会要素（社会交往）以及社会心理要素（共同纽带中的认同意识和相同价值观念）的结合上来把握社区这一概念，即把社区视为生活在同一地理区域内、具有共同价值观和共同利益并形成互

---

① [德] 斐迪南·滕尼斯. 共同体与社会 [M]. 林荣远，译，北京：商务印书馆，1999：54—58.

② 郑杭生，黄家亮，论我国社区治理的双重困境与创新之维：基于北京市社区管理体制改革实践的分析 [J]. 东岳论丛，2012（1）：23—29.

动交往的社会群体。

从以上的分析可以看到，从滕尼斯发端的对社区的研究，一开始就总结其特征为"成员对本社区具有强烈的认同意识"，后继的学者也都认同这一特征的认定，因此，社区就是一个聚居在一定地域范围内的人们所组成的社会生活共同体[①]，它的形成不仅仅是一个地理空间范围，更重要的是"人"，强调人与人之间因多种社会关系所联结成的共同体，侧重人的心理与互动。因此，社区的内在本质是在一定地理区域之内的社群生活。

社群，简单说就是一个群体，但是它要以共同的需求和爱好作为纽带，有稳定的群体结构和较一致的群体意识和行为规范，成员间分工协作，持续互动，具有一致行动的能力。社群可以是一种特殊的社会关系，包含社群精神和社群情感。它有多种分类，比如帕克等的"地域的"与"非地域的"群体等。有人根据群体联结的要素，将其分为血缘群体、地缘群体、业缘群体、趣缘群体和志缘群体。

因此，产业园周边社区的主要识别特征不是一个纯粹地理概念，而是建立在共同地域范围的有共同生活基础的社会团体。当下产业园的开发建设成为"转居"安置社区的主要因素，政府在征地之后将转居农民集中安置到新建的社区，这些社区遵循相关规定的原则，吸纳周边村落，与园区共同构建出一个大的产业"社区"。其中，活跃于该地域的不同的行动主体构成的不同社群是构建起"社区"的主要因素。

2. 集聚和集群

从经济学角度进行产业园研究，比较多地出现产业集聚和产业集群这两个概念。产业集聚是指同一产业在某个特定地理区域内高度集中，产业资本要素在空间范围内不断汇聚的过程。产业集聚问题的研究起源于 19 世纪末，具体表现为马歇尔提出的"内部经济"与"外部经济"两个重要的概念。马歇尔之后，比较有影响的相关研究流派有：韦伯的区位集聚论、熊彼特的创新产业集聚论、胡佛的产业集聚最佳规模论、波特的企业竞争优势与钻石模型等。产业集群亦称"产业簇群""竞争性集群""波特集群"，是指某一行业内的竞争性企业以及与这些企业互动关联的合作企业、专业化供应商、服务供

[①] 孙立平. 社会学导论 [M]. 北京：首都经济贸易大学出版社，2004：176.

应商、相关产业厂商和相关机构（如大学、科研机构、制定标准的机构、产业公会等）聚集在某特定地域的现象。现代组织理论认为，产业集群是创新因素的集群和竞争能力的放大。波特认为，产业在地理上的集聚，能够对产业的竞争优势产生广泛而积极的影响。一方面，园区的发展依赖于集聚效应，集群的规模、效率、对资源的整合能力和新陈代谢能力决定着园区的规模、效率和可持续发展，即集群的机理维系着园区经济的运行；另一方面，园区经济的健康发展反过来又反哺区内企业群，为企业群的壮大不断输入制度、基础设施、服务等公共产品，并通过强化园区产业发展导向，制定、规范集群政策，培育和促进产业集群。

某些研究者将集聚作用称为集聚效应，园区的集聚效应是产业园作为一个区域发展平台的重要功能。从经济学角度来说集聚效应可分为内部效应和外部效应，前者为企业内部的聚集，指企业通过大批量生产自身获得的规模效益；后者为集群效应，即在一定区域形成产业集群，主要体现为同一行业的不同企业之间的规模效应，以及企业之间相互学习过程中形成的知识溢出效应等[1]。

产业集聚的生命力在于企业的规模经济和外部效应的共同作用带来一系列经济便利，如形成技术创新的源泉、大量信息和人才的积累和流动、开放式管理、专业化密集的互相供应体系、长短期的竞争与合作等[2]。产业园区作为产业集聚的载体和组成部分，能够有效地创造企业的集聚力，通过共享资源，带动关联企业的发展，从而推动产业集聚的形成，推动产业合理布局，促进产业结构转型升级。因此，产业园建设的主要目的就是希望通过具有竞争优势的产业在园区的集聚，形成上下配套的产业链，促进生产、劳动力及社会服务之间相互关联，实现产业集群，提高园区的综合竞争力，并促进其周边区域经济的发展。比较典型的如信息技术企业和相关厂商、相关机构等在美国硅谷的集聚，形成产业集群。

随着技术的变革和世界经济的发展，20 世纪 80 年代以来，产业联系内

---

① 李丹，郭玉斌，周喜君. 工业园区与城镇化互动发展研究：以山西为例 [J]. 经济问题，2014 (06)：26.

② 李清娟. 产业发展与城市化 [M]. 上海：复旦大学出版社，2003：84.

容得到很大拓展,它不仅包括企业之间的物质联系,更强调非实体的信息和知识链。由此,在集聚的原因上,由降低运输费用、追求外部规模经济变为减少交易费用和风险、追求范围经济;在集聚的结构上,由众多企业围绕核心大企业的集聚变为大量专业化生产的中小企业的集聚;在集聚的内涵上,由单纯的物质交易变为不仅包括物质还包括信息、思想、观点的交流[①]。

3.城镇化和城市群

城镇化即是农村人口转化为城镇人口的过程。城市群是城市发展到成熟阶段的最高空间组织形式,是指在特定地域范围内,依托发达的交通通信等基础设施网络所形成的空间组织紧凑、经济联系紧密、并最终实现高度同城化和高度一体化的城市群体。2018年11月,为推动国家重大区域战略融合发展,中共中央、国务院《关于建立更加有效的区域协调发展新机制的意见》确立了京津冀城市群、长三角城市群、粤港澳大湾区、成渝城市群、长江中游城市群、中原城市群、关中平原城市群等城市群。

由人口要素集聚而带来的多要素向城市集聚的效应是城镇化效应,从产业园与城市协同发展的角度分析,这一效应的核心是各种不同行业的企业之间形成的集聚,主要体现在销售市场的扩大,高素质劳动力市场的形成,拥有良好的基础设施,方便企业建立经济和社会联系,便于获得文化、生活和消费方面的服务等[②]。

城镇化效应遍布全国的一个个城市,城市在政策和市场的推动下由经济和社会互动联系而集聚为一些城市群,其中,产业的底层推动是重要力量。城市的发展一定程度上实际上是由产业园中的产业集群或者企业集群带动的,这一点从2018年全国每个城市都至少设立了1个国家级或者省级开发区可以得到佐证。

本书把集聚效应对应类比为群效应,并将其效果在人口角度界定为社群,在产业角度界定为产业集群或者企业集群,在城市角度则是城市群。产业集

---

① 王缉慈,等.创新的空间:企业集群与区域发展[M].北京:北京大学出版社,2001:40.

② 李丹,郭玉斌,周喜君.工业园区与城镇化互动发展研究:以山西为例[J].经济问题,2014(06):26.

群或者企业集群是基础和动力，城市群是载体，反过来作用于产业，为产业发展提供环境，集聚人群为社群是产业集群和城市群围绕的中心，一切都还是要服务于人的成长和发展，社群在"社区化"的产业园里形成良性互动的区域共同行动，同时营造共有的主体精神文化氛围。

4. 集聚效应与"社区化"

在产业园发展过程中，集聚效应与"社区化"是相互促进的。

第一，从产业角度看，产业集聚促进生产要素向产业园集聚、向城市集聚，对城市经济的发展起到了支撑作用。产业园内的产业集聚的类型和程度决定了该城市的功能、性质以及发展方向，也决定了该城市对周边地区经济辐射的效果。如果产业园产业的集聚规模适度，产业结构合理，集聚着大量的高科技产业，服务业比重占比高，就越能发挥产业集聚的效应，特别是在知识经济为主的当今社会，产业集聚带来的知识溢出促进科技创新，作用于相关产业链条，优化了产业结构，扩展了城市空间，深化了社会分工，加强了城市产业和政府部门之间的联系，带动地区经济社会全面发展，促进城市化水平的提高。

以生产要素来看产业园"社区化"，就是自然资源、劳动力、资本、技术、知识等在产业园与城市的集聚、组合，各个要素所占比重、方式的不同，形成不同的产业形态，促成不同的产业结构，导致不同的产业绩效，比如，主要集聚技术、知识为生产要素的高科技产业、现代服务业正在成为越来越多产业园的主导产业，因此，生产要素的集聚是产业园"社区化"的微观动力。美国经济学家格里高利·曼昆在《微观经济学原理》指出，人类的本性是贪得无厌、自私自利，因而为了谋求自身利益最大化，在资源有限的情况下，需要生产要素的自由流动，使得生产要素发挥最大效益，实现资源的最优配置[①]。在产业发展过程中，生产中的要素流动有利于吸引人才，实现人才的集聚，促进新技术的研发和创新，从而推动产业的发展。对于城市而言，劳动力、技术、资本等生产要素在产业间与空间的流动与交换，促进城市功能的完善，促进城市化水平的提高，推动产城实现融合发展。见图 3-1。

---

① ［美］格雷戈里. 曼昆. 微观经济学原理 [M] 梁小民，梁砾，译. 北京：北京大学出版社，2012.

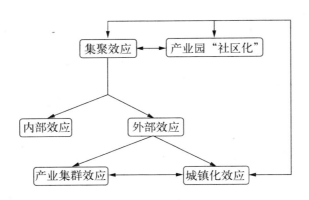

图 3-1　基于集聚效应的产业园"社区化"

　　总之，产业和生产要素的集聚是产业园"社区化"发展的根本动力。一方面，产业园"社区化"必须依托于产业的推进，而产业集聚会带来外部经济和规模经济，能够有效提高产业竞争力，拓展产业园"社区化"发展的物质基础。

　　第二是从城市的形成和发展来看，集聚效应则为城市的形成和发展提供了直接动力。随着城市经济的进一步发展，更多的人口流入城市，更多的资本涌入城市，更多的科学技术结合在一起，使得各种生产要素集聚在一起，促进城市的发展。聚集效应对城市发展的影响主要体现在规模经济、运输成本两个方面。当经济活动的主体集聚在共同的地方，借助技术进步的作用，使用生产资料进行大规模生产，就会产生规模经济。城市科技发达，生产要素充足，拥有先进的技术设备，使得规模经济的实现成为可能。劳动力、资本、技术等生产要素集聚在一起，使得企业的选址彼此靠近。城市劳动人口考虑生活的舒适度等情况，就会在附近地区工作生活。各种资源集中在城市周边，使得彼此之间的经济联系密切，空间距离接近，从而降低运输成本，带动城市功能的完善。还有一个重要的因素，产业集聚所依存的社会网络关系应不同于传统的企业间或各种机构与企业间的正式关系（如靠资本联结起来的集团等）或等级关系，而是一种在相互独立、平等的基础上建立起来的柔性而灵活的关系。这种社会网络关系会成为产业集聚的社会资本，并有助于提高区域产业的整体效率，促进持续的创新和创业[①]。

———————

① 李清娟. 产业发展与城市化 [M]. 上海：复旦大学出版社，2003：94.

（二）产业园"社区化"的界定

产业园"社区化"是对产业园转型升级过程的一种总结概括，主要指传统产业园以产业为基础，融入城市生活、生态等功能，促进产业要素与城市协同发展、实现"产城人"融合发展而转变为新型产业集聚区。

相对于传统产业园区，它打破了地理边界，空间更开放、企业生态更多元、社群交流更活跃。重点不再指一个地域，而是强调了"社区"定义中的"社群"含义，以园区及周边的各类人群为"中心"，产业园"社区化"除了地域和产业的集中，更为关注人口的集聚和社群的形成。"人"是"社区化"的核心内涵，在产业园的开发建设中越来越重视人，围绕人的就业/创业、人际关系、精神文化等方面的需求，提高产业园中产业发展与城镇化的协同度，"园区功能多元混合，产业业态更为丰富，配套设施更加健全，园区空间更加宜人"[①]。这既能促进产业园的转型升级，也符合新型城镇化的现实要求。

因此，在产业园"社区化"转型过程中，产业园无论在建设理念还是在园区环境营造等方面的立足点都在"人"，这种"社区化"本质上是在冰冷的城市物理空间和产业组合之间灌注充满温情的人际关系，除了进行城市基础设施等物理空间的建设和产业集聚规划之外，还需要构建和谐的人际空间、营造区域整体文化氛围。产业园"社区化"的重心在"人"，产业和城市围绕"人"的工作生活学习进行多要素的集聚，形成了互相作用、共同支撑的不同类型的"群"，实现了产业要素与城市协同发展的"产城融合"。

"社区"除了地域的含义之外，更多的是强调社会群体生活的元素。因而，在考察产业园"社区化"时，也不能只看到园区基础设施、配套设施等建设带来的工业厂区、居住小区的变化，需要更多考察"人"、特别是区域全体居民的社会行动和共同价值观。

按照空间社会学理论，空间是在人的能动性发挥过程中生成的。产业园的建设是人在形成"社群"的过程相互促成，以产业园"社区化"这样一个高度浓缩的概念，对产业园开发建设中一系列关系以及变化进行诠释，既奠定了本书的学术根基，也符合国家新型城镇化、产城融合等政策要求，还能更

---

① 王翔，戴桂斌. 新型城镇化背景下的专业镇可持续发展研究：基于珠三角产业社区的视角 [J]. 贵州社会科学，2014(03)：75—79.

加紧密地与基层实践相连接，可以更为务实地指导办学等。

（三）产业园"社区化"转型的特征

作为新型产业集聚区的全新概念，产业园"社区化"对传统产业园的改变主要聚焦在产业与城市关系相互融合的过程，"社区化"的产业园区别或进步于过去的工业园的地方就在于将产业反映的空间形态与城市的各个层面融合起来，是产城布局的创新空间模式。

"社区化"的产业园呈现出以下特征。

1. 功能更加多元

在"社区化"的进程中，产业园实现了生产服务综合型演化，从单一功能向综合功能转变，除单一的生产功能外，大力发展金融、研发、培训、物流等生产性服务业，以及医疗、文化、教育、休闲娱乐等生活性服务业，特别是包括居住（人才公寓、住宅）、商业（零售、餐饮）、文化娱乐、体育休闲、景观绿化等功能，产业园逐步演变为集生产、居住、休闲于一体的综合型功能区，为包括生产者在内的园区居民提供宜居宜业的社区环境。

以苏州工业园区为例。1994年，苏州工业园区成立，14家外资企业作为首批企业进驻园区。1998年，新城花园首期竣工，这是园区第一个安居小区，该小区建设标准较高，有力吸引了人才的入驻和集聚。另外，园区注重完善生活配套设施服务，使工业园区实现了多重功能的复合。经过10年的开发建设，到2004年，园区已经成为居住社区与产业园区高度融合的发展新区。2006年，园区不仅建设完成了新的商务中心，而且还增加了文化中心、高档酒店等多重现代化服务功能，在苏州东部打造出来一个综合商务新城。

第七次全国人口普查时公报显示，2020年末，苏州工业园区常住人口为113.39万人，与"第六次全国人口普查"相比，增加43.86万人，增量排名全市第二，增长率63.07%，年平均增长率为5.01%，增长率排名全市第一，远高于苏州市的年平均增长2.0%，人口总量的持续增长意味着越来越多的人选择在园区安家落户[①]。

---

① 王子元. 园区公布最新人口普查数据[N]. 苏州日报，2021-06-11.

表 3-7　苏州工业园区常住人口和户籍人口（单位：万人）

	常住人口	户籍人口	流动人口
2016 年	108.09	48.76	59.33
2017 年	111.48	51.56	59.62
2018 年	112.45	54.05	58.40
2019 年	113.13	56.97	56.16
2020 年	113.40	59.49	53.91
2021 年	114.37	61.09	53.28

注：以上数据来自苏州工业园区官网

2. 社群属性更为凸显

"社区化"的产业园更多关注人口的集聚，而且通过技术和文化的双重作用，增加人员交流，促进各种社群的形成。互联网、大数据等新一代信息技术，为产业发展、企业沟通、人才交流等提供技术支撑，形成人流、物流、资金流、信息流交织的网络；通过健全各类公共服务设施，包括交通、居住、等基础设施以及医疗、教育等服务配套，方便生产与生活。"社区化"的产业园内外部交流更频繁，社群属性更为凸显。

首先，产业园人口增加迅速。比如，2020 年国家高新区企业的从业人员为 2383.5 万，是 1985 年 99.1 万的 24 倍多，增加超过 23 倍多[1]。具体到各个园区，很多在所在区域也是人口增长最快的。除了上文提到的苏州工业园，根据武汉市"第七次全国人口普查"的数据，武汉东湖高新区的人口净增值在武汉市各区中也是排第一的，与上一次相比，增加 53.85 万人，增长率135.79%[2]。而据武汉东湖高新区官网的信息，2021 年园区人口数据：登记流动人口流入 254676 人，登记流动人口流出 141638 人，本年度仅仅流动人口

---

[1]　2020 年国家高新区企业主要经济指标. http://www.chinatorch.gov.cn/kjfw/tjsj/202201/a8044b377e7d41ba9526328f7caae87f.shtml.

[2]　武汉市各区最新常住人口数据（6 普—7 普各区常住人口增幅排序），http://bbs.cnhubei.com/thread-4806621-1-1.html.

的净增值就超过 11 万人，在成都市、西安市、合肥市等城市也存在类似的情况。

其次，产业园以各种形式重新布局，引导人员交流，增进社群关系。营造工作、居住外的第三空间[①]和被誉为"区域性商业服务中心开发建设的一个新的里程碑"的邻里中心就是重要的举措。这种模式是对产业园公共服务设施进行分级配套的产物。它是城市级、社区级和组团级三级配套中的组团级的典型做法。它摒弃了沿街为市的粗放型商业形态的弊端，也不同于传统意义上的小区内的零散商铺，而是立足于"大社区、大组团"进行功能定位和开发建设。它不是"社区内的商业"，而是"服务于社区的商业"。它是园区内部的公共共享空间，以"邻里中心"的形式为园区各类主体提供包括商业设施（便利店、餐饮、娱乐、健身房等）、公共机构（教育、医疗、图书馆等）、开放空间和住宅（多式多样的公寓）的各种服务空间。以深圳全至科技创新园为例，园区工业邻里中心包括一栋23层科创大厦（"摩天工厂"模式主体）、3栋5层研发办公楼、1栋人才公寓、1栋综合配套楼，配有会议中心、美术馆、员工食堂、咖啡店、书吧、篮球场、商业街、人才公寓等配套设施。苏州工业园的工业邻里中心是指在产业片区内布局工业邻里中心，由属地政府统一建设并向园区企业租赁专房专用，集中配置停车场、行政办公、生活服务设施，租赁住房等配套设施。

再次，产业结构升级和园区功能的多元化，也加强了社群的联系。服务型经济为主的产业结构使以制造业为主的人，从面对机器到面对人，互动增加了"社群"交流；产业结构的优化使得劳动力由一产、二产向三产转移集聚，进一步增加了"社群"交流的数量和频次。

在信息时代，产业组织网络化中，消费者也成为其中重要一环，与生产者共同构成区域产业网络，比如，以平台企业为核心形成的产业生态圈，增加区域内互动。这种"社区化"形成的良性社群关系、"社区化"的产业形态更便于分工协作，

3. 空间更为开放

产业园开发建设以原来的土地为起点，不断发展，经历了厂房、产业楼

---

① 唐昕. 高新区产城融合研究：以佛山高新区核心园（狮山）为例 [D]. 华南理工大学，2020.

等中间形式并跨步到了多元物业的网状分布，不仅仅注重"寸土寸金"，更倾向于"多元归一"。随着消费的提高，客户更加追崇较为舒适的邻里关系、较为和谐的租户氛围。因此，产业园空间不断向功能社区化聚拢发展，给客户满意的生活体验。产业园空间依靠高科技，不断创新优化环境，打造健康、生态、人居环境与自然相融合的消费型空间。

摒弃传统园区封闭的发展理念，"社区化"的产业园更强调空间的开放性，以促进产业园内部的要素与外部环境的交换、交流，地理层面的边界愈发模糊。

按照早期的设计推进方式，产业园在大众的认知中，被认定为规划一大片土地进行开发建设，供一些企业同时使用。早期主要是考虑空间布局上企业的地理邻近，利于企业集聚和共享基础设施。企业进入园区不仅可以共享基础设施和各类服务，而且可能由于配套企业或合作企业的地理邻近，有利于降低物流成本甚至交易成本，形成产业链和产业生态。尤其对于中小企业来说，进入优良的园区有利于发挥集体效率，享受创新的制度安排。产业园的生态中企业孵化还能够促使企业繁衍，生成"枝繁叶茂"的产业生态体系。当下，产业园空间形态更加开放，与城市生活空间不断融合，而且空间形态从平面铺陈的大厂房模式向纵向的高层建筑模式转变。比如，北京市海淀区在出台的创新发展16条中，提出在城市空间更新方面，构建与全国科技创新中心核心区相匹配的新型城市形态，通过组建规模100亿元的空间更新基金，加快推进中关村大街改造升级，建设高品质友好交流公共空间，为创新创业者提供更多创新交流场所。同时，加强科技城市、科技政府、科技公民"三位一体"建设，使科技创新成为人们的生活方式。未来，海淀居民的家门口将出现若干"百度公园""小米公园"，成为市民日常休闲和体验高科技产品的好去处。

4. 产业联系更加紧密

产业园内产业形成了联系紧密、互补性强的"生态圈"。"社区化"的产业园除了生产型企业，更加注重产业生态的形成，重点着力于产业网络的"编织"。围绕核心企业、平台企业形成完备的生产性服务业体系，涵盖研发、设计、销售、金融、商务服务、咨询等相关企业，增加了产业的迂回度，提升了产业的增值空间。人际"认同"达成的区域共识和区域主体精神营造的文化氛围降低了交易成本，促进创新、人才、资金等要素协同和聚集效应的产生，实现了产业、城市、人的和谐共生。产业园的产业结构得到了优化与改善，各产业的服务水平也获得了提高，从而更好地满足产业园促进产业集聚、增加就业、带动地区经济发展、促进城镇化的需要。

早期产业园的发展壮大往往高度依赖于一些行业龙头企业，形成园区产业生态，而当今的园区集聚了众多中小企业甚至微企业等行为主体，形成了一个融合各种规模、分工协作的企业、生产者和消费者互动的"生产经营社区"。

二、产业园"社区化"的内涵解读

在空间社会学理论的视角中，空间不是静止、客观、预设的，而是动态、发展、生成的"人化"的空间在人的互动中形成的，它在影响人的同时，又受到人的形塑，人的存在给空间赋予了人的意义和人性的价值。产业园"社区化"跳出产业园对经济指标、产业地产、产业空间布局等外在物理形态追求的窠臼，按照国家新型城镇化、产城融合等政策要求，回归产业园开发建设的"初心"——发展经济，使人们生活更加幸福。围绕产业园中的"人"、人群的区域社会行动，以人为核心要素、终极目的，以人的交往互动形成的"社群"为底层动力，构建起4种"群"——产城关系群、自身空间群、产业组织群、区域知识创新群，以"社区化"来定义这四个群，即产城关系"社区化"、产业园自身空间"社区化"、产业"社区化"、区域知识创新"社区化"。其中，产城关系"社区化"是产业园与城市之间的关系概括，从宏观层面代表了产业园"社区化"的空间形态；而产业园自身空间"社区化"则是由于产业形态带来园区内部空间形态的变化，在某些方面是产城关系"社区化"的微观缩影；由于产业园的建设初心是发展生产，因此产业"社区化"是产业园"社区化"的基础和核心；而当今人类进入知识经济时代，知识是第一生产要素，是创新的源泉，所以，区域知识创新"社区化"是产业园"社区化"的内在动力。

以下从上述4个维度来分析产业园"社区化"。

（一）产城关系"社区化"

产业高级化发展与城市更新双轮驱动下新型的经济发展模式与城市生活模式相结合，即生产方式与生活方式的整体转型升级是产城关系"社区化"的突出特征。

1. 产业园和城市相伴而生

产城关系"社区化"首先表现为产业园与城市在空间上的相伴互动，形成产业园群和城市群的对应关系，体现为宏观全局性的产城"社区化"。

产业园开发建设与城市发展是共生的。通过制定并实施区域主导产业发展战略，一个地区或一座城市主导产业竞争力的提升，需要形成完整的产业链、价值链、创新链，要求政府按照延长产业链的思路，以产业园区为载体，鼓励和引导企业向园区聚集，发展产业集群，实现产业资源的全面整合和充分利用，使产业内整体交易成本最小化，促进具有专业化规模经济效益和根植性强的生产网络的形成。同时，主导产业的形成需要政府挖掘和整合资源，发现并发挥优势要素的经济作用，为特色产业的发展提供必要公共服务，创造良好的政策环境，从而推动城市主导产业的良性发展。

从全国范围看，不同地区围绕中心城市和城市群设立产业园，而且都得到了相应的成长。伴随其发展，逐步与区域经济、城市经济相联系。随着我国支撑经济发展硬件基础设施的逐步成熟和完善，出现了物流走廊、交通走廊、区域经济走廊，加速了以产业园为节点的产业联系向以城市和区域经济、区域空间规划为节点和枢纽的经济发展的转变，同时人口向城市聚集加速推进和逐步完成了我国城市经济发展进程，以城市服务业为核心的服务经济得到空前发展。而产业园"社区化"也使产业园在区域产业升级、城市有机更新、城乡双向流动中不断获取发展的新动力。

社区是城市的细胞，是城市的重要组成部分，也是城市概念的继承、发展和落地。如果说城市是"面"，那么社区就是构成这个"面"的许多"点"，没有"点"也就不能构成"面"。通过一个个社区的成长，构筑起一座座新型的城市——新城。产业园在不断转型升级的过程中，由原来的单纯工业空间，向兼具工业空间、服务业空间和居住空间的复合型园区演进。

产业园与新城在发展过程中，物理边界正在逐渐模糊，产业空间和城市空间形成良好的互动关系。随着产业园的规模不断扩大，就业人口和居住人口不断在周边集聚，对周边地区配套设施的便捷化和多样性的需求也越来越强，最终产业园与城市发展实现同步，与周边地区形成一体化发展的格局，在产业园周边构建起一个大社区。

产业园不断生成的新城在发展过程中成为一个新兴的城市，人群聚集而形成新的社群关系、配套的各种小区建设、各种商业和文化体育设施的建设、教育和医疗机构的兴办……各类行为主体的互动形成"社群"，这些使产业园群和城市群也在一定区域实现空间重组、结构耦合，逐步实现一体化发展。

2. 产业园经济和城市经济良性互动

产业园通常具有较为明确的产业定位，而这种定位在吸引园区内产业集聚的同时，也会带动周边区域产业链向上下游延伸，从而在园区和所在城市之间形成一种紧密的产业联系。同时，所在城市在生产性服务业和生活性服务业方面具有优势，第三产业的发展与园区内工业发展也将形成一定的互补作用，共同构成区域内合理分工的产业体系。

产业园区承载的活动由早期的纯生产活动逐步演变为生产与生活叠加的综合性活动。这一演进与技术的突飞猛进和组织的深度变革是同步的。技术变革方面主要体现在信息技术的发展和应用对传统产业的信息化改造，信息要素注入传统部门，以其更大的容量、更快的传输速度，能够在行动主体间共享增值，从而进一步加强了产业园经济和城市经济的互动；组织变革方面，产业信息化和服务化为楼宇经济这种新的组织形式和新业态提供了可能，它是产业园经济与城市经济互动发展的连结点，也是生产生活服务功能融合发展的新载体。

从城市的发展规律来看，城市与产业的协调发展，本质上是要保持城市化水平与一、二、三产业的发展速度相协调，即在产业园区形成现代制造业、生产性服务业、生活性服务业的产业生态网络。进入数字化信息化新时代，人们的人际交往方式和生活方式发生了变化，产生了基于共同的价值、兴趣、需求、主题等形成的网络新型社群。建立在此基础上的社群经济，具有独特的优势，能促进经济社会更高质量的转型发展。

（二）产业园自身空间"社区化"

产业园自身在空间上向"社区化"转型的原因有多方面，其中两个方面比较关键。第一是由于产业园开发建设受到国家土地政策的限制，以前那种动辄几十平方公里到上百平方公里的规划已经很难出现，对土地资源需要精细化运作；第二是因为技术进步带来的生产组织形态变革引起的。

产业园自身空间"社区化"有以下表现。

1．空间楼宇化

产业园主导产业从过去以来"三来一补"工制造业为主变成高科技产业为主。高科技产业可以在楼宇之中完成，使原来的平面扩展占用大量土地的厂房模式转变为纵向延伸的楼宇模式。这种垂直型产业园，可以节约土地、放大土地量，即产业园的空间形态从粗放的横向"摊大饼"方式转变为精细的纵向"扩空间"。

2．空间融合化

现有的产业园模式与传统的工业园独立的空间布局不同，可以和生活社区进行错落有致的匹配，极大限度地利用现有空间，实现了园区生产空间与城市生活空间的融合，呈现出"城"中有"园"和"园"中有"城"的交融状态，比如北京市海淀区的东升科技园。这是因为当下在都市拿出一整块大面积土地进行整体规划比较困难，更多地采取"社区化"的形态，呈现出和现有产业园的各种企业、产业中心和城乡的农村生活区之间的错落有致、紧密结合在一起。同样是在北京市海淀区，位于该区传统农区温泉镇的环保产业园就是与镇域的生活区域交融在一起的。空间上产业组织的产业结构变化以后，传统的制造业为主的大厂房变成楼宇等相互关联性更高的空间组织形态，便于坦诚地交流沟通。

3．空间分割化

空间服务依然是园区经济的主要服务。伴随着企业需求的不断发展，产业载体的形态进一步分化，"小而专"的园区不断涌现出来。无论是大型开发区，还是产业新城、特色小镇等，大尺度的土地空间正在分解为一个个有机的产城细胞，其物业产品、服务和环境建设，能够更好满足特定产业对空间尺度、地面承重、建筑层高、废弃物处理、供应链组织等专业化需求，使园区空间更加小型化、组团化和精细化。比如，江苏省近几年探索在开发区内部设立省级科技产业园，开展以"区中园"的方式带动开发区转型创新的试点，就是一个典型。

在产业园自身空间上，通过一系列改革，综合政府行政力量和市场配置手段，在乡村旅游热、城市产业升级的过程中，产业园自身及周边的城乡空间由生产经营型向生活消费型转型，即由生产空间主导发展到以生产和配套服务空间并存，进而发展到以消费空间为主导，也就是空间向"社区化"转型。

（三）产业"社区化"

产业的发展是产业园发展的必由之路。作为区域经济发展的关键所在，产业发展为产业园的发展奠定了坚实的物质基础，也为产业园的升级提供了原动力。产业发展包括产业集聚和集群网络的构建、产业结构高级化等方面，而产业集群是其集中表现。由产城关系"社区化"而形成的"产城融合"空间载体，其灵魂就是产业集群，产业集群的形成与成熟是经济发展高级阶段的象征。这种产业"社区化"是代表城市化的区域经济与代表工业化的产业经济交叉融合发展的高级阶段，也是后工业化时期服务业占据经济结构主导地位的区域经济主导组织模式，是产业园"社区化"转型升级的基础。

1. 产业结构高级化

产业"社区化"首先体现在产业结构优化，以二产为主、三产为辅到以三产为主，特别是信息化的赋数、赋智改变了区域经济结构，数字化、网络化、智能化使区域产业在信息化的"加持"下，联结为一个生产网络即进行"社区化"转型升级。

当产业园发展到一定阶段，虽然产业园的区域生产中心这一功能并没有发生改变，但具体生产方式却实现了现代化转变，集聚更多的高科技产业，还有最新的服务功能进入其中，提高园区服务业占比，传统的产业逐步被新兴的高新技术产业和高端服务业所取代，同时不断提高了各项生产资料和生活要素的标准，生产性和生活性服务业的需求也逐渐增加，推动第三产业的份额不断攀升。

数字化、网络化、智能化将区域产业链接成各种社区化合作的区域生产网络。新一轮工业革命带来以数据为核心要素的技术变革，数据作为主要的新型生产要素，已经快速融入生产、分配、流通、消费和社会服务管理等各个环节，深刻改变着生产方式、生活方式和社会治理方式。

产业园要顺应这一趋势，充分利用大数据、互联网、人工智能等信息技术资源，使园区人才、信息、资金等要素实现数据链接，打造智慧型产业园，并依托产业园链接城市、链接生活，在"产城互动"中一方面调动区域资源为园区企业提供更优质的服务；另一方面也通过产业的"社区化"转型升级辐射带动区域产业结构整体优化。

2. 产业组织网络化

从世界市场的竞争来看，那些具有国际竞争力的产品，其产业内的企业往往是群居在一起而不是分散的，也就是以一种"社群"——"产业集群""企业集群"形式存在。

产业组织以网络形式出现，网络融合了企业内部层级关系和企业间的纯粹市场关系。用人和人之间互动形成的"社群"关系来类比网络中的企业关系，实际上是企业互动也构筑起一种"社群"——经济学的概念就是"企业集群"，而在产业园中是分布在产业链上下游的各类企业集聚，形成一种企业"社群"——产业集群。这种产业集群由于产业组织（通常称为行为主体的企业和机构）地理上邻近且基本上是分布在产业链中，具有较紧密的产业联系而且相互影响。通过产业组织（行为主体）联系和互动，在区域中产生分工协作的外部经济，从而降低成本；同时，在行为主体相互信任和合作的学习氛围中共享知识，促进技术创新。

产业园早期阶段是用工业要素（资源、组织形式、制度等）改造农业，现阶段则是用信息要素对过去的工业形态的园区进行改造升级，产业的中心从传统的工业区转向信息产业区，比如世界范围内出现的美国硅谷、128公路，日本的筑波，我国台湾地区的新竹等信息产业园区。

随着工业化革命进入信息化时代以后，产业组织以数据为基础，传统的土地、劳动力、资金的资源发生变化，企业逐步变成一个网络体系，大量的企业小型化、轻质化。按照西蒙和波尼尼等对企业规模与成长之间的关系研究得出的结论，认为在众多的产业部门中，企业规模的分布形态是J型的，即只有少数几家大企业，而存在大量的小企业[①]；不需要传统那种占用大量土地的方式，最重要的资源为拥有知识和创新精神的人才，需要更为多元的沟通方式。比如，楼宇和园区公共休息区、互联网的群组等，各种交友软件、视频会议系统等，这些使沟通交流更为便捷，也容易形成各种社群。

在产业园特别是高科技产业园中以主导产业为方向集聚了一批关联性企业，包括平台型企业与大量的中小型科技企业构成的园区生产经营体系，生产性服务业则包括服务外包业和金融、法律、设计、广告、媒体、中介、咨询等专业机构构成园区服务体系，这两大体系互相配套，生成一个产业园的产业生态网络，并通过现代的互联网技术交织为一个跨时空的商业生态圈，比如，大型企业的开发者大会的目的就是基于开发平台的软件开发应用生态的打造。

3. 产品消费社群化

技术创新和组织变革，不仅仅只是带来产业结构、产业组织上的变化，在产品的性质上也发生了较大的改变，表现出两大特点。

第一是价值共创。随着工业化的发展，特别是进入信息化时代，产品（商品和服务）的价值不再由生产者单独创造，而是由生产者和消费者共创。消费者的角色不仅是价值的获得者，而且是价值的创造者。比如，小米手机将测试环节交由消费者完成，通过使用者参与实现不断迭代。信息产品的生产、消费的特点使生产者和消费者之间的身份互换和合一。

工业经济是供给方规模经济，而信息经济是需求方规模经济，这两个规模经济结合得越紧密，"强者越强"的正反馈作用就更加强烈，使功能和用户双增长，通过良性互动，增加互相信任，建立一种"社区"。因此，生产者在构建生产合作社群——产业生态、开发者联盟等产业集群的同时也专注打造消费者社群，并努力使两者有机融合。

第二是产品的"锁定"效应[②]。工业化带来生产规模化，信息化带来服务规模化。服务型产品具有更强的体验性，消费者通过尝试产品并认可其价值获得良好的体验感，从而增加用户黏性，这种黏性就是信息时代的消费者产

---

① 企业可持续成长的路径选择，豆丁网 https://www.docin.com/p-2709068306.html.

② 张林. 学习型区域发展理论及其应用研究 [D]. 东北师范大学，2005.

品"锁定"效应。这是因为信息化时代的服务型产品具有更强的网络效应。网络的外部性使消费者群体越大，普及的格式或系统对每位消费者的利益也越大。基数不断扩大的消费者群体针对一个产品（商品或者服务），通过不断沟通、分享以及由共同兴趣爱好产生互动和共鸣，形成稳定的关系结构、统一的行为准则、共同的价值取向，并能产生有组织的行动，打造产品社群，形成消费社区。

这种社区还能够依托互联网特别是强大的移动端功能将这种过程由线下转移到线上，逐渐形成不受地域限制的虚拟社群，生产者和消费者的关系更加紧密，从而更方便实现价值共创。一方面，消费者在与生产者或其他消费者互动的过程中实现自我价值；另一方面，生产者可以获得创新的动力，提升经营绩效。

从营销角度推进产业"社区化"，通过场景打造、内容整合、情感连接，构建社群营销模式，塑造良好社群口碑，形成企业产品社区、论坛等，切近消费者，获得较大市场份额这就是社群营销。

互联网时代的社群经济，客户是有价值的资产，粉丝经济、流量运营，都是在培养忠诚顾客（锁定顾客）、打造消费者社群。

参与价值共创的自我实现需求的满足和"锁定"效应带来的归属感满足，让消费者不会轻易更换产品，对产品有很高的忠诚度。忠诚顾客（锁定顾客）反过来又提升了锁定效应的强度，产生一种消费者的社区"路径依赖"。

总之，围绕产品促进产业集群和消费者社群耦合、生产者社区与消费者社区的融合，也是产业"社区化"的重要组成部分。

（四）区域知识创新"社区化"

学习是一个主体与环境互动的过程，这种互动不仅表现在人与自然环境的互动，更表现为人与人之间的互动和人与人组成的人文环境的互动。知识在这种人与环境的互动结构中产生，区域成为知识生产和累积的空间载体，知识生产表现出强烈的地域根植性[①]。

人类进入知识经济时代，知识成为第一生产要素。从知识与产业园发展的关系来看，产业园创新能力来源于知识竞争力，而知识竞争力又基于区域

---

① 张林. 学习型区域发展理论及其应用研究 [D]. 东北师范大学，2005.

知识创新网络。区域知识创新网络通过正式和非正式的形式促进个人学习、组织学习和制度学习等区域性终身学习，能动地响应着外部环境的变革，吸收区域内外的各种知识，并快速实现知识的创生、流动和运用，即知识的创新。知识的创生、溢出、传播，构成了一种知识创新链条。

区域知识创新"社区化"就是区域知识创新构建网络化创新生态系统的过程。产业园在自主发展的内生动力和开放过程中低成本的区位优势可能被替代的外在风险胁迫的共同作用下，围绕园区发展，吸引多元化主体共同参与，加快默会知识在创新生态系统中的创造、传播和共享，促进产品迭代、技术升级和知识扩散。例如，像硅谷这类具有较大创新潜力和活力的地区，日积月累的知识生成和产业学习使其拥有持续的高层次的创新环境。有竞争力的企业集中地区可以自我转化成重要的技术中心，北京中关村、上海漕河泾等地的产业园吸引了跨国公司研发中心的设立同样是很好的例证[①]。

1. 多元主体参与

主体因素主要包括企业、科研机构、高校、地方政府、中介机构等，它们以不同的方式对产业园的知识创新"社区化"发挥着各自不可替代的作用。产业园"社区化"由于围绕主导产业形成的知识更适合于合作，不仅使知识在不同机构之间转化，而且越来越多的人获得了学业培训，有能力拥有知识，也有权力参与知识的生产与创造。传统的以科研机构与高校等研究单位为核心的"象牙塔"式的知识创造模式，转变为多元参与其中的以"共同体"形式进行知识学习与创新的"社区化"模式。特别是进入人工智能时代，新技术变革带来的应用拓展不会发生在知识相对陈旧的教室里，而是会被那些更容易接纳和使用新技术的早期使用者探索出来，被那些衷心拥抱新技术的社群成员讨论出来，即在一种使用 AI 工具的前沿社群构成的社区中生成出来。

2. 专业载体开放

企业和企业家作为经济主体围绕生产与市场，通过专业化进行多项业务合作，实现知识的生产、流通和消费的生产网络，建构起产业园的区域生态化生产体系。这一体系中的合作主要有两种：一种是处于同一价值链上下游

---

① 李清娟. 产业发展与城市化 [M]. 上海：复旦大学出版社，2003：104.

企业的纵向合作，这种紧密合作可以促进知识、技术、信息在同一价值链上的流动。二是具有竞争性质的企业的横向合作，其中的同质性可以促进知识的交流，取长补短，解决单个企业知识创新资源短缺的问题。

在这样的合作中，产业园里的企业作为知识创造的重要载体的作用越来越明显。产业园"社区化"使网络内创新资源更加丰富，知识、信息、技术的传播路径更加广泛；优良的创新环境能够促进各行为主体之间更为方便地进行知识转移和交流，促进新知识的产生和扩散，从而提高知识创新的整体效率；专业的中介服务机构的紧密合作成为产业园内各企业创新的"催化剂"。

从载体形态，一般会出现产业园区里面的孵化器、加速器、大学科技园等，比如北京市海淀区东升科技园北领地里就建有"国家级孵化器"。

3. 创新环境优美

从工业革命带来的生产规模化，到数字革命带来的服务规模化，再到未来的创意规模化，人类的创造力越来越重要，人们越来越不需要拼体力、比工作时长，因为重复性的劳动都会交给各种工具和机器去完成。人们所需要的是不断地创新、创意、创造，做更富有创造力的工作。而这个富有创造的工作需要一个很好的自然、人文环境。在优美自然环境中更好地发挥和激发自己的创造力，而和谐的人文环境使各行动主体产生更好的沟通交流，互相激发。创新人才喜欢在生活质量高和城市魅力强的地方，也就是良好的"社区化"环境。发展模式向创新驱动的转变需要以"社区化"的环境来激发人的创新能力。产业聚集了大量就业/创业人才，是社区形成的基础，而社区通过搭建产业主体和就业/创业人才的社群平台，打造便捷舒适的生活条件、和谐共处的文化氛围与优美生态环境，强化了对人才的吸引力。以创新要素驱动为主的产业园升级，需要营造有利于创新的环境，包括良好的环境、丰富的文化生活、舒适的都市生活和户外娱乐，所以，高新技术企业和人才对城市环境的高要求倒逼各地的产业园改善环境，提高产业园及城市的吸引力。

比如，北京市海淀区东升科技园北领地和科技园国际园周边有很多公园，提供了优美的环境，便于休闲娱乐，激发创造力。

从载体方面的产城关系空间格局和产业园内部空间的变化、到产业层面的产业与产业、产业内部各种组织、生产者与消费者之间的关系，再到区域知识创新过程中各种关系，构成了不同规模、不同内涵的各种"社区"，共同绘制了产业园"社区化"的全景图。

三、"社区化"转型：新时代产业园的现实选择

产业园是我国经济发展的重要载体，对我国各地区经济发展和城镇化建设起到至关重要的作用。然而传统产业园的规划建设往往聚焦园区的生产功能，过分关注招商引资和基础设施建设，忽略了园区生活、生态功能，产城分割的现象较为严重。而且作为一个封闭和独立的存在，产业园与外界并无太多的联系和融合，制约了园区产业从传统的加工制造向生产研发的转型，也影响了其辐射带动作用的发挥。随着我国经济和社会的深度转型，传统产业园已无法满足产业升级和城市发展的要求，需要进行产业园"社区化"转型，使产业园同时具备"产业"和"社区"的双重属性。

产业园"社区化"转型的动因是复杂且多元的，既有国际分工的进一步分化，也有国家高质量发展和新型城镇化的要求，还有产业园自身发展困境的逼迫。

（一）产业园功能拓展的需要

产业园的发展通常可以分为成型、成长、成熟等主要阶段，随着其演化，园区承载的功能日益多元化，大量生产活动在园区内并存集聚，推动了产业园的城市化进程，园区经济与城区经济逐渐走向融合。在成型阶段，产业园内的工业基础较为薄弱，公共服务和配套基础设施缺乏。因而，这一时期产业园着重于招商引资，吸引产业的进驻，努力壮大产业规模；在空间布局上单纯以工业用地为主，生活服务更多依赖于中心城区，职住分离现象较为明显。在成长阶段，产业园具备一定的产业基础，公共服务和配套基础设施不断完善，投资环境逐渐优化，越来越多的企业加大投资规模，产业集聚效应明显，也带动了人口的集聚和商业的发展，促进园区产业区、生活区、商业区的形成。从单纯的工业向生产性服务业、生活性服务业转变，产业园与周边区域、与新城的关系日益密切，但产城互动关系依然较为松散。在成熟阶

段，产业结构不断优化，高科技产业和高端服务业不断集聚，成为地方经济发展的增长极；而且产业园突破了管理体制、物理空间的制约，与周边区域或新城实现协调发展，相互促进，成为真正意义上的产业新城。

国内某些产业研究机构也根据对国内外各类产业园的综合考察，将产业园的转型升级整理归纳为要素聚集、产业主导、创新突破、财富凝聚（现代科技都市）4 个发展阶段。4 个阶段的功能及空间布局特征见表 3-8。

表 3-8 从功能及空间布局维度分析产业园 4 个阶段的特征对比表

	园区功能	产业空间形态	与城市发展空间关系
要素聚集阶段	加工型、单一的产品制造、加工	纯产业区，在空间上呈现沿交通轴线布局，单个企业或同类企业集聚	基本脱离（点对点式）
产业主导阶段	以产品制造为主	纯产业区，在空间上呈现围绕核心企业链延伸布局	相对脱离（串联式）
创新突破阶段	研发型，科技产业区，制造研发复合功能	产业社区，产业间开始产生协同效应，在空间上形成围绕产业集群圈层布局	相对耦合（中枢轴辐射式）
财富凝聚阶段（现代科技都市）	复合型（事业发展中心＋生活乐园），现代化综合城市功能，产业聚集地，人气的集聚区，文化的扩散区，资本的融通地	在空间上城市功能和产业功能完全融合	紧密融合（多极耦合式）

可以看到，产业园的发展目标和未来趋势是现代科技都市。产业园发展到一定阶段后，就会转变为由各个社区组成的城市。尽管产业园依然承载着城市生产中心的功能，但其具体的生产方式却从单一生产功能的产业园变成具有综合生产功能的城市，并引入现代服务功能，支撑这一新的生产功能，从而兼顾了生产和生活等多种功能。一定意义上说，产业园的成长就是由单

一的工业区向综合功能的现代新城区的转化，同时管理体制也从单一模式转变为集社会、经济、文化和环境为一体的协调式模式。

但是我国许多产业园初期在总体规划布局以及实际建设时，工业化与城镇化是分开的，并没有统一起来。为了追求短期的经济效益而没有长远的发展眼光，倾向于"先产业后城市"，更多地关注产业发展，而忽视城镇化建设。早期的开发建设财力、物力和人力大多数依靠招商引资，有限的资源不足以支撑从生产服务到生活服务的配套，造成了产城分离和发展空间错位等不协调的现象。这就需要其不断向以产业为基础的多功能的生产生活区域综合体转型，实现产业发展功能与城市功能的互补和融合。

传统产业园由于其发展的低效率、逐渐丧失吸引力。据相关机构调研统计得出的结果，自 2012 年以来，中国产业园区数量不断增加，传统产业产能过剩的不平衡态势加剧。中国产业园区整体空置率高达 43.2%，即使在商务发达的上海，商业园区的空置率也超过 10%、部分地区的园区空置率甚至超过 20%。过高的空置率严重挤压入驻产业园区内的企业利润率并影响其资本使用效率。

总之，产业园的成熟对自身功能提出了更高要求，引导其向"社区化"转型升级。

（二）产业升级和新经济形态的现实需要

经济增长和发展方式的转变是国家经济发展和城镇化建设面临的重要课题，产业升级是经济增长和发展方式转变的基础，是城市发展巨大的推动力。从产业发展看，产业结构的优化升级、"腾笼换鸟"会增强产业的竞争力，使城市充满活力，带动城市各产业的蓬勃发展，促进产业园与城市协同发展。

发展经济学划分产业时，一般采用传统农业部门和现代产业部门的"二分法"。库兹涅茨在研究产业结构变化对收入差距变化产生的影响时绘制的收入分配倒 U 曲线，被学者们引申出一系列与经济社会发展有关的其他倒 U 曲线，包括第二产业变化、区域经济发展等倒 U 曲线。

第二产业变化的倒 U 曲线体现了一个国家在社会转型期间三次产业在产值占比和劳动力占比上所作的贡献。工业化初期呈现上升趋势，处在曲线的左侧区域，当人均 GDP 和第二产业的产值比重达到一定数量（根据工业化国家的一般经验，当人均 GDP 达到 1000 美元左右，第二产业产值比重达到 50% 左右）时，达到倒 U 曲线的拐点，此后进入倒 U 曲线的右侧区域。

回顾我国 70 多年来的发展历程，在从农业社会向工业社会或从传统社会向现代社会转变的过程中，第二产业的产值比重从 1952 年的 20.9% 不断增加，到本世纪初的 2001 年为 51.1%，超过 50%，后续三年还保持增长势头，上升到 2004 年的 53.0%，这是 U 曲线的拐点；从 2005 年开始进入倒 U 曲线右侧的下行区域，为 47.3%，低于 50%。这以后除了个别年份略有上升，基本上是一路走低，到 2013 年，达到 43.9%，首次低于第三产业的 46.1%。2015年，"十二五"收官之年第三产业增加值比重为 50.5%，首次突破 50%，取得了"半壁江山"。整个"十三五"期间，我国三次产业增加值占国内生产总值之比，第三产业都超过了 50.0%，也就是超过了一产和二产之和，而且逐年增加，到 2020 年，已经达到 54.5%。见表 3–9。

表 3–9　2015—2020 年我国三次产业增加值占比一览表（%）

	一产	二产	三产
2015 年	9.0	40.5	50.5
2016 年	8.6	39.8	51.6
2017 年	7.9	40.5	51.6
2018 年	7.2	40.7	52.2
2019 年	7.1	39.0	53.9
2020 年	7.7	37.8	54.5

注：以上数据来自国家统计局官网

第三产业增加值从 2011 年的 43.1% 到 2020 年的 54.5%，10 年间年均增加超过 1 个百分点。数据的变化表明，随着经济发展和工业化的推进，国家的产业结构也在不断优化升级。

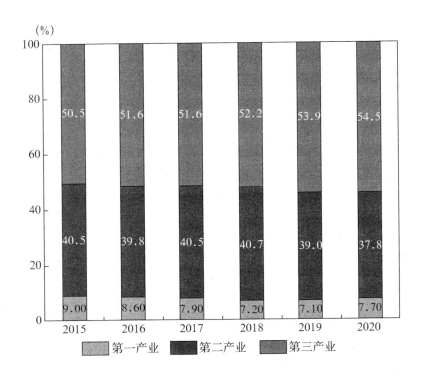

图 3-2　2015—2020 年我国三次产业增加值占比图

作为中国经济发展的"引擎",产业园三次产业的变化一方面与全国产业结构演进遵循同样的规律,园区制造业与服务业关系也体现出上述特征,即建设之初产业以工业化特点的制造业为主,逐渐转向制造业和服务业并行发展,最终以服务业为主;另一方面,由于承担着中国产业发展示范引领的任务,产业园在产业布局、产业类型等方面受到国家和地方政府的重点支持,享有资金、人才、技术、市场等方面的优势,有机会和能力大力发展高新技术产业和新兴产业,淘汰落后产能,对传统产业进行转型升级,这导致其产业结构优化水平普遍还会超前于全国水平。比如,以中关村科技园核心区所在地的北京市海淀区为例,在"十三五"期间其第三产业的占比逐年增加,到2020 年达到 92%。

可见,服务业已经成为许多城市创新产业空间、带动收入和就业增长的主导产业部门。

但是目前中国较多数量的产业园产业结构并不合理，以传统制造业为主，高新科技产业的比重比较低。随着资源、能源、人力以及土地成本不断上涨，制造业的利润越来越薄，在维持原来的产业结构的情况下，产出效益呈现出日益降低的趋势。

本书还从满足人的需求角度看三次产业，第一产业主要是农业，处理人与有机物的关系，第二产业主要是工业，处理人与无机物的关系，它们主要是人与非人的外在世界的关系，为了满足人类的物质需求，即马斯洛需求层次的第一层次。而第三产业主要是服务业，处理人与人、人与自身的关系，更多的是要满足人类的精神需求，即马斯洛需求层次的第二、三个层次，最终是满足人的意义感和成就感——自我实现的愿望。

以生产性和生活性服务为主的第三产业，以中介和直接互动构建起的区域网络和人际关系，需要邻近的地理位置、多频的交流，特别是信息服务业对传统产业部门的改造。日益增多的中介组织促进了产业间网络关系的形成，减少内部交易成本，降低区域产业的风险，整合产业系统功能。这些都需要"集群"（产业）和"社群"（人）之间的多元互动，也就是需要产业园的"社区化"。

（三）人口向产业园集聚产生的新需求

当今的产业园多数已经不仅仅只是早期那种加工制造业的大型厂房形态，代表现代产业形态的高科技产业逐步成为园区的新业态，员工也已不再只有流水线上的工人，同时集聚了相当数量的知识型员工，从事的创造性工作越来越多，需要环境来激发创造力。因此环境的营造，除了园区单一的环境之外，他们也需要职住之间的平衡，即要营造生活空间。在这个过程中，园区周边因园区建设而形成的一些新型的"农转居"社区，由农村社区农民转居而来的"新市民"，随着他们的素质和能力提升，也会产生一些环境营造的需求。

1. 人的安居需要

不论是政策的"引导"，还是现实的要求，如何让各类人群在城市实现"安居"的问题迫在眉睫。初期的产业园往往都是以加工制造业为产业主导，早期的劳动用工也多是"候鸟"式的，员工的家还在自己的老家，只需要安排工作、解决集体住宿，当时产业园更多的是作为生产基地，主要的任务是抓好生产经营。通过建设新型社区为园区的各类人群提供和谐共处的"安居"环境的工作被暂时搁置，对于公共基础设施和商业服务设施等生产性和生活性服务的配套等问题大多没有给予足够的重视，忽略了城市功能建设，导致园区内居住环境较差，降低了员工的生活质量，职住分离现象严重，影响了人口城镇化水平的提高，未能实现产业和人口承载的双重功能，同时也影响了产业园对周边地区的辐射带动作用，造成园区发展过程中"产城不融合"的"失调症"，沦为"飞地""鬼城"，导致产业发展和城市化水平没能实现协调发展。进入新的发展阶段，随着产业园内人口的不断增加和产业的逐渐发展，对其社区性的各项功能的需求也在增加。需要在积极推进户籍制度改革解决"落户"问题的同时，从加快城市功能建设、完善社会服务、改善居住条件、提高生活质量等方面，着手解决"安居"的问题。在产业园内，必须配套相应的公共基础设施和居住等生活服务设施来满足人们不同的生活需求，以源源不断地吸引更多的人才来此就业安家，以促进产业的发展。特别是对于本书所研究的主要对象——本地转居的"新市民"，需要解决"人口本土市民化"①问题。产业园的产业发展与城镇化需要互相促进，构建起一个包括产业园周边地区的大社区，为就地转居的"新市民"与外来人才提供和谐交流的共同平台，这是贯彻国家以人为核心的新型城镇化战略以及产业园"产城融合"政策要求的现实选择。

2. 人的就业需要

钱纳里—塞尔奎因提出的就业结构转换滞后理论认为，现代工业对劳动力的需求弹性较低，因此，农业剩余劳动力不可能一开始就被吸收到采用最新技术的现代工业部门，而是首先吸收到劳动比较密集、技术不太先进的工业部门。当达到刘易斯转折点时，虽然工业比重已经占据主导地位，但是农业的劳动生产率和技术水平并没有达到相当的水平，从而出现产业结构与就业结构的不对称。经过 40 余年发展，我国产业园很多以高技术产业和现代服务业为主导产业，区域生产系统中吸纳的人才普遍素质较高，外来的农业剩余劳动力特别是本地转居的"新市民"需要一些传统的农业和服务业部门的就

---

① 程程. 新型城镇化背景下开发区产城融合研究 [D]. 浙江工商大学，2018.

业岗位。当今产业园向新城转化时，一方面，要规划新城与传统农业区的空间布局，留下一部分空间进行景观、休闲等现代农业，既满足产业园生态功能的需要，也提供一些与农业有关的工作机会；另一方面，新城开发建设的社区中由于产业园主导产业扩大规模增加一些运输、仓储及销售等生产性服务岗位和产业园及周边的一些生活性服务岗位，这类辅助配套岗位的不断扩容也为外来的农业剩余劳动力特别是本地转居的"新市民"带来更多的就业／创业机会。

3. 区域共同行动的需要

产业园要更好地发展，除了要吸引"人"来调整产业园的人口结构外，还要促进"人口本土化"来稳定人力资源。产业园要吸引的人，不仅包括大量前来就业的农村人口，还包括很多国内外高素质、高技术、高学历的企业家、管理者、科研人员、技术人员等。而要留住或者吸引更多的"人"，产业园需要从加快城市功能建设、完善社会服务、改善居住条件、提高生活质量、解决户口等各方面着手来更好地解决这个问题。除了吸引"人"之外，保证产业园原有常住人员不过度外流而导致产业园出现"空城"甚至"鬼城"的现象也是至关重要。产业园的生产系统除了基于市场机制作用下的贸易活动之外，还有社群之间的非贸易依赖[①]。这种非贸易依赖表现为血缘、亲缘、地缘、类属、伙伴等人际关系，是基于意识形态和时间积累的无形资产、由名誉、信任和互惠、行为标准和符号化的背景组成。这种公共资产，有学者将之称为"社会资本"。如果不积累公共资产，区域共同行动网络也无法形成。区域共同网络中的合作与交流更多依靠非贸易方式，即以前的合作经验、伙伴信誉、信息透明度、经营风险、知识保护性、相互依赖程度、时间长短和文化距离等因素影响着双方共识的达成，这些"非贸易依赖"就需要在"社区化"中"化"出来，以促进区域社会资本积累，最终"化"出的地方行动网络就是产业园"社区化"的结果。

城镇化的核心是人口的城镇化，必须坚持"以人为本"的理念，通过产业的发展，提高居民的生活水平，满足人们的生活需求。所以，在发展产业的同时，还需要配套相应的生产、生活服务的设施，即满足城镇化过程中各产

---

① 张林. 学习型区域发展理论及其应用研究 [D]. 东北师范大学，2005.

业发展需要产业园"社区化"。

(四)区域创新的需要

产业园同样是知识生产和积累的空间载体，担负着国家创新主战场的重任。区域创新对产业的作用主要表现在 3 个方面：产品创新提高了产品的质量和附加值，增强了产品的竞争力；技术创新推动传统产业实现优化升级，为产业部门发展提供新动力，增强企业的发展动能，从而促进经济增长；市场创新会增加新的消费需求，创造新的消费市场，创造新的产业部门。企业为了追求高利润，会积极投资这些新兴产业，带动新产业的兴起和发展。总之，创新推动了产业发展，优化了产业结构，更好地实现了产业与城市的良性互动。

在城市化进程中，产业创新在城市区域范围形成新的增长极，带动城市经济的快速发展，促进城市不断进步。概括起来，创新对城市的促进作用主要体现在以下两个方面。

首先，城市经济的进一步发展需要创新驱动。创新作为驱动经济增长的新动能，可促进产业结构的优化升级，提高经济发展的质量。一个城市创新能力越强，创新氛围浓厚，创新环境优越，越能发挥人才的集聚效应，吸引更多的生产要素集聚，更有利于吸引投资者在城市进行投资兴业，带动城市的发展进步。

其次，城市的规划建设和发展需要不断创新。随着城市化、工业化的快速推进，如果城市规划不甚合理，配套设施不足，大量的农村人口涌入城市，会造成交通拥堵、设施负荷过重、资源短缺、环境污染、生态破坏等问题，这些问题很难通过传统的方式解决。需要采取创新的思维和方法，以大幅度提高城市基础设施的运作效率，节约经济成本和时间成本。比如创新地运用大数据、云计算、物联网等高科技手段，打造智慧城市，比如海淀城市大脑就是一个大胆的尝试。

现代的区域创新采用一种新的知识生产模式，它不仅具有解决传统模式中知识生产与应用脱节的弊病，而且更具弹性，便于解决复杂而具体的区域问题，并在不断解决问题的过程中逐步积累技术、社会、人文知识。同时，这种新模式强调团体或者群体在知识生产过程的地位，强调知识交融对知识生产的重要性。这种强化场景化和团队化的新模式，对区域社群形成、园区"社区化"提出了更多的要求。

前期产业园建设过程中，以基础设施投资和招商引资为重点，优先发展生产功能，未能同步配套产业园生活、生态功能，导致产业发展与城市发展相对割裂，产业园中的要素与外界无太多的联系和融合，客观上造成"工业化超前，城市化滞后"，尤其是以"人"的市场交换、生产生活交流为核心的社群生活的"市"化也可以说是"社区化"严重滞后的现象。只看到林立的钢筋混凝土的"冰冷"的物理空间，见不到充满人情世故的"温情"的社区空间，只听到白天汽车轰鸣声，看不到夜晚的"万家灯火"。

但在工业化逐步进入后期、城镇化进入加速阶段的当下，产业园的功能就不能只停留在原有的仅仅注重生产功能的水平上，而要承担带动区域经济发展、增加就业、新城区建设、制度创新、文化引领等综合功能；不能一味超前于城市经济发展，而要带动城市经济一起发展，在新型城镇化和工业化过程中发挥重要作用；园区要逐步从领先区域发展向带动区域共同发展转变，以实现周边整体环境改变和价值提升；要将单纯的工业园区向工业与服务业共同发展，宜居、宜业，高品位的"社区化"的产业园转变，以满足每一位居民的就业／创业、人际交往、精神文化的需要。

基于以上分析，为了满足工业化发展和新型城镇化建设的需要，新时代的产业园需要向"社区化"全面转型升级，以达成形成产业集聚效应促进高质量发展、建立良性社群关系激发所在区域各类人群的积极性和创造力、锻造共同价值观构建区域文化"血脉"的多重目标。

第三节 产业园"社区化"：新型城镇化的重要推手

产业园"社区化"可以充分发挥产业园的集聚功能，将"产城人"整合到一个大系统中，为社区居民提供安全、高效、舒适、便捷的生活环境，是发展面向未来的新型社区——现代产业新城、促进新型城镇化的重要推手。

一、我国城市化需要向新型城镇化转型

改革开放带来社会全面大变局，直接影响我国城乡民众的生活，大量以土地产出为生的农民，离开土地进而离开农村，进入城市，到现代化的工厂、产业园园区务工经商。大众的生活和工作空间的转换带来国家城市化与工业化的变迁。在一定的发展时期，我国部分地区的城镇化，过于看重经济指标，更多地表现为"土地城镇化""基础设施城镇化""GDP 城镇化""统计城镇化""农民被上楼城镇化"等乱象，并没有把"城市化"聚焦在"人"的"协调发展"上。针对这些问题，国家政策层面强调新型城镇化以人为核心，以科技创新为动力，倡导经济高效、资源节约、环境友好的工业化道路，同时特别要求城镇化和工业化良性互动。这一国家发展战略符合我国城镇化阶段需求。我国要实现高质量的城镇化，必须转变城市化发展模式，全面向新型城镇化转型。

（一）城镇化：从注重数量到提升质量

经过 70 多年的发展，我国城市化水平已从新中国建立之初的 10.64% 提高到 2020 年的 63.89%，获得了很大的发展。但是还存在许多问题。诸如，户籍制度导致大量进城人员没有获得城市市民身份，有限的生产力和公共服务供给造成生活水平和享受的教育、医疗等没有达到"同城待遇"，带来我国城镇化的"虚高"，需要从注重城镇化率这一数量转变到提高城镇化整体质量上。

1. 快速转向稳定

"诺瑟姆曲线"是世界城市化进程公理性曲线，它是 1979 年由美国地理学家诺瑟姆通过对英、美等国家 100~200 年城市人口占总人口比重的变化规律的总结提出的。该公理指出，世界各国城市发展过程的轨迹是一条被拉长的 S 形曲线。它将城市化进程大致分为三个阶段，第一个阶段为初期，城市化率 30% 以下，城市化速度比较缓慢；第二阶段是中期，城市化率在 30%~70%，城市化加速发展；最后一个阶段是后期，城市化水平超过 70%，城市规模在达到 90% 以后趋于饱和[1]，整体呈现为一条被拉长的 S 形曲线。两头平缓，

---

[1] 谢文蕙，邓卫. 城市经济学：第二版 [M]. 北京：清华大学出版社，2008.

中间陡峭，反映了城市化进程三个阶段的特点：初期为启动阶段，城镇人口占总人口比重在 30% 以下，农村人口占绝对优势，工业生产水平较低，工业提供的就业机会有限，农业剩余劳动力释放缓慢，区域处于传统农业社会状态；中期为加速阶段，城镇人口占总人口比重在 30% 到 70% 之间，工业基础已经比较雄厚，工业化进程加快，农业劳动生产率大大提高，工业吸收大批农业人口，经济实力明显增强，城市人口快速增加，城市规模不断扩大，产业与城市逐步趋向稳步发展；后期为稳定阶段也称成熟阶段，城镇人口占总人口比重在 70% 到 90% 之间，经济发展以第三产业和高科技产业为主导，为了保持社会必需的农业规模，农村人口的转化趋于停止，城市人口增长速度越来越缓慢，城市化的稳定性逐渐加强。我国的城市化进程是在世界城市化进程的范畴内，也应该符合"诺瑟姆曲线"。到 2020 年末，我国常住人口城镇化率已经到了 63.89%，接近城市化稳定阶段 70% 的国际标准线，我国城市化已经从快速增长逐步向稳定发展迈进。

2. 过快需要放慢

与世界上其他国家相比，快速现代化导致我国完成城市化的时间相对缩短。英、法等欧洲发达国家用了约 180 年的时间；美国也是从 19 世纪的 70 年代到 20 世纪的 70 年代，用了 100 年的时间；日本用了 50 年的时间。可以看出，世界城市化进程是一个加速的过程。从国家权威部门给出的相关数据看，这个加速的特点在我国体现得更加明显。从 1949 到 1978 年，29 年间只增加了 7.28 个百分点，年均提高 0.25 个百分点。从 1978 年开始，我国城镇化进程不断加速。2011 年末，常住人口城镇化率达到 51.27%，工作和生活在城镇的人口比重超过了 50%，比 1978 年末提高 33.35 个百分点，年均提高 1.01 个百分点[①]。

从我国近 20 年城市化率统计数据（见表 3–10）可以看出，我国城市化进程"S"曲线已经逐渐被压缩为趋近于一条直线（图 3–3），说明这 20 年一直保持在一个基本恒定的快速增长状态。

---

① 国家统计局发布报告显示，70 年来我国城镇化率大幅升. http://www.gov.cn/shuju/2019-08/16/content_5421576.htm.

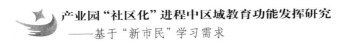
表 3-10　2000—2020 年中国常住人口城镇化率统计数据

年份	常住人口城镇化率（%）
2020 年	63.89
2019 年	60.60
2018 年	59.58
2017 年	58.52
2016 年	57.35
2015 年	56.10
2014 年	54.77
2013 年	53.73
2012 年	52.57
2011 年	51.27
2010 年	47.50
2009 年	46.59
2008 年	45.68
2007 年	44.94
2006 年	43.90
2005 年	42.99
2004 年	41.76
2003 年	40.53
2002 年	39.09
2001 年	37.66
2000 年	36.22

注：数据来源于国家统计局官网

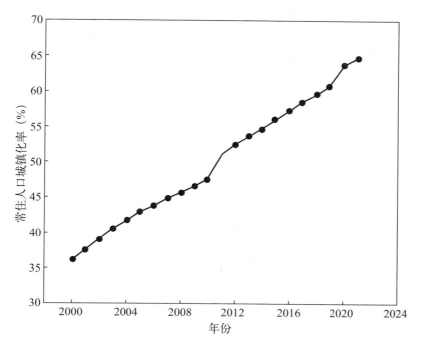

图 3-3　2000—2020 年中国常住人口城镇化率增长趋势图

2000—2020 年，从 36.22% 增加到 63.89%，提高 27.67 个百分点，年均提高 1.32 个百分点。近十几年速度更快，预计基本上到 2030 年前就会达到 70%。我国城市化率从 1998 年 30.40% 增加到预计 2030 年的 70%，可能只用了 30 年的时间。可见，我国的城市化进程曲线可能是一条被压缩的 S 形曲线，它的加速期可能会更陡，其中暗含的不稳定因素也会更多[①]。

可以看到，2021 年我国常住人口城镇化率为 64.72%，比 2020 年的 63.89%，只增加了 0.83 个百分点，相比 2020 年在 2019 年基础上增加的 3.29 个百分点和前几年每年增加超过 1 个百分点，增长速度明显放缓。

3."虚高"需要向实

我国的户籍制度造成了常住人口和户籍人口城镇化率存在较大的差距，实际城市化率差距较大。虽然，我国城镇化过程还保持着较高增长态势，但

---

① 刘亚臣，周健. 基于"诺瑟姆曲线"的我国城市化进程分析 [J]. 沈阳建筑大学学报（社会科学版），2009，11（01）：37—40.

这是常住居民的城镇化率，常住人口和户籍人口的城镇化率相差值近些年在不断加大。

虽然数据显示，到 2020 年末，我国的常住人口城镇化率已经达到 63.89%，也就是有近 2/3 的人生活在城市。但是，若按照户籍居民计算，真实的户籍人口城镇化率 2020 年末只有 45.4%，即实际上有近 20% 的群体并未取得城市市民身份，生活水平与当地市民相差较大，公共服务问题也未得到妥善解决。这说明我国目前的城镇化只是初步做到了空间城镇化，而没有达到人口城镇化，"实际城镇化"总体水平并不高，城市化表现为"虚高"。

表 3-11　2011 年末到 2020 年末常住人口和户籍人口城镇化率的对比（单位：%）

	常住人口城镇化率	户籍人口城镇化率	相差值
2011 年	51.27	34.71	16.56
2012 年	52.57	35.0	17.57
2013 年	5373.	35.7	18.03
2014 年	54.77	37.7	17.07
2015 年	56.1	39．9	16.2
2016 年	57.35	41.2	16.15
2017 年	58.52	42.35	16.17
2018 年	59.58	43.37	16.21
2019 年	60.60	44.38	16.22
2020 年	63.89	45.4	18.49

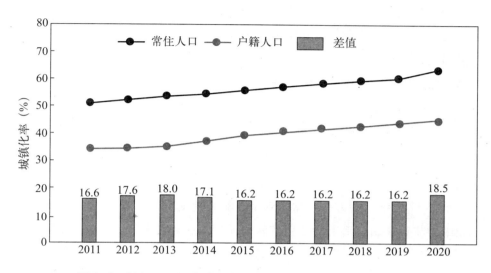

图 3-4　2011—2020 年我国户籍、常住人口城镇化率对比示意图

（二）工业化：需要高质量的产业结构与就业结构

　　城市化与工业化，可以说是一个问题的两个方面，两者相辅相成，是一国现代化的"两翼"，共同促进国家腾飞。高质量的产业结构与就业结构是高质量城镇化的基础。以产业集聚为核心，提供结构合理且高质量的就业岗位，不断改善城市服务功能，为人口集中提供有力的产业支撑体系。2014 年 4 月，国家发展和改革委员会城市和小城镇改革发展中心的调查显示，90% 的中国地级市正在规划新城新区，部分城市新城总面积已达建成区的七八倍，"空城""睡城""死城"等现象频现[①]。因此，在城市规划中，不能为了造城而造城，避免因无产业发展和人口支撑而导致"空城""鬼城"现象。

1. 需要高质量的产业结构

　　西方各个领域的专家学者早已对工业化与城市化的内在关系分别开展了研究。发展经济学家认为两者之间关系一般是由工业化先发，带动产业结构转变，进而带来就业结构转变，使得劳动力从农业向非农产业转移，人口不断向城市迁移和集中，为城市建设提供大量的劳动力，从而有力推动城市发展。但两者的互动并非完全同步，而是阶段性的。霍利斯·钱纳里"发展型

---

① 李鑫. 国家级开发区产城融合发展问题研究：以南昌市为例 [D]. 江西财经大学，2017：2.

式"理论提出，发展中国家的工业化和城市化发展密切相关，发展初期由工业化推动城市化，当工业化率和城市化率到达一定的程度后，城市化的增长速度会明显超过工业化。而到工业化后期，城市化进程中工业化的贡献作用将减弱。城市化反哺城市化，以服务业为主的第三产业比重逐步上升。针对这一规律可以做一个形象的比喻：城市化发展初期，工业化是城市化的"发动机"，为城市经济发展提供产业支撑，直接推动城市化的进程；城市化发展后期，城市化反哺工业化，成为其"加速器"，为产业发展提供生产要素支持，优化了工业结构，提高工业化的发展质量[①]。

早在 17 世纪，西方经济学家威廉·配第就发现，随着经济的不断发展，产业中心将逐渐由有形财物的生产转向无形的服务性生产。也就是在城市化的启动、加速和稳定阶段，城市化的动力各不相同。在前两个阶段，农业剩余劳动力转移到城市工业部门。通过工业化的集聚效益，使一些工业中心成为城市，产业结构由农业为主导转变为以工业为主导。比如，新中国成立初期的国民经济恢复与"一五"时期，出现了一批新兴工矿业城市，武汉、太原和洛阳等老城市也进行了扩建改造，大批农业劳动力转移到城市工业部门，城市数量和城市人口持续增加[②]。

在城市化的稳定阶段，第三产业的集聚效应和较高的就业弹性，推动城市化水平的持续提高，产业结构由工业为主导转变为第三产业为主导。而且，随着信息化、智能化水平的提高，人类的生产活动逐渐从产品的规模化向服务的规模化进阶。我国产业结构的变化也印证了前面的研究结论。

产业结构会随经济的发展进行有规律的优化，而产业结构的优化能够带动要素结构、消费结构等的转型，可以促进基础设施建设水平、社会公共服务职能、资源环境效率等显著改善[③]，所以，产业结构优化升级是产业园实现"社区化"转型升级的基础。

---

① 李鑫. 国家级开发区产城融合发展问题研究：以南昌市为例 [D]. 江西财经大学，2017：75.

② 国家统计局发布报告显示，70 年来我国城镇化率大幅提升，http://www.gov.cn/shuju/2019-08/16/content_5421576.htm.

③ 沈正平. 优化产业结构与提升城镇化质量的互动机制及实现途径 [J]. 城市发展研究，2013（5）：70—75.

2. 需要高质量的就业结构

库兹涅茨、钱纳里等发展经济学家将经济成长阶段划分为农业时期、工业化时期和后工业化时期三大时期，其中工业化时期又具体分为初期、中期和后期三个阶段，配第一克拉克定理揭示经济发展中劳动力在三次产业中分布结构演变规律。将两个理论结合分析，从工业化后期开始，第二产业对劳动力的吸引力便开始下降，而第三产业对劳动力的吸引力却开始上升，能容纳的就业人数也开始急速增加。按照经济成长阶段划分的相关指标，当下我国经济整体上正在从工业化中期的成熟阶段（一产比重虽然没有少于5%，但二产、三产的比重相当）进入工业化后期阶段。1691年，而威廉·配第根据他所处时代英国的实际情况明确指出，工业往往比农业、商业的利润多得多。因此，劳动力必然由农转工，而后再由工转商。我国劳动力就业从一产向二产再到三产的转移趋势也符合这一判断。

在第三产业快速发展的带动下，我国劳动力不断向三产转移，促进了第三产业就业人员比重的明显上升。目前，我国三次产业就业人员的比重已从2011年末的34.8:29.5:35.7转变为2021年末的22.9:29.1:48.0，第三产业就业人员占比，10余年间提高了12.3个百分点，服务业占主导的现代模式逐步形成，就业结构更加优化。

表 3–12　2011 年末—2021 年末我国三次产业就业结构占比（单位：%）

	第一产业	第二产业	第三产业
2011 年	34.8	29.5	35.7
2012 年	33.6	30.3	36.1
2013 年	31.4	30.1	38.5
2014 年	29.5	29.9	40.6
2015 年	28.3	29.3	42.4
2016 年	27.7	28.8	43.5
2017 年	27.0	28.1	44.9

续　表

	第一产业	第二产业	第三产业
2018 年	26.1	27.6	46.3
2019 年	25.1	27.5	47.4
2020 年	23.6	28.7	47.7
2021 年	22.9	29.1	48.0

注：以上数据来源于中国社会保障学会官网 http://www.caoss.org.cn/sbnr.asp?id=2395.

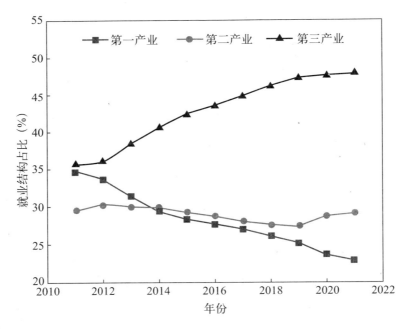

图 3-5　2011 年末—2021 年末我国三次产业就业结构占比示意图

目前，我国大多数地区处于工业化加速进行阶段，要少走弯路，建立完善现代产业体系的同时必须与城市体系相适应，重点发展与当地特点相适应的产业集群并延长相关产业链，提高地区产业结构和就业结构质量，避免产城分离、功能不协调的问题。

产业的特点是可以快速复制，发展进程可以非常快。相比较之下，城市是复杂的有机体，难以通过简单复制快速进行，相对滞后有其一定的客观必然性。另一方面，我国"城乡二元"的经济制度，减慢了人口从农村向城市迁移的速度，延缓了城市化的进程，造成城市化尤其是户籍城镇化滞后于工业化，需要以产业园"社区化"为基础和推力扩大区域经济总量，为更多的人真正转变为城镇市民提供财力支撑；需要合理的产业结构，加快服务业发展，增加就业吸纳能力，提供充分高质量就业；需要提高公共服务的供给能力，扩大公共服务的总量，解决基础公共服务的非均等性问题，以惠及更多的居民。

总之，上述城市化和工业化面临的问题需要在产业和城市协同发展过程中，配套改革户籍制度、提高区域经济水平、增加就业岗位、提供均等化的基础公共服务等，这些都需要推进新型城镇化战略以促进城镇化高质量发展，而进行产业园"社区化"转型正是其重要推手。

二、产业园"社区化"契合国家新型城镇化战略要求

自改革开放以来，我国的城镇化建设便一路高歌猛进，在这样的发展态势下提出的新型城镇化是对城市本质的一种深度认知和准确把握。新型城镇是人口聚集而成的一套生态系统，是一套基础设施之上的功能机构分工复杂的网络，其中核心的要素是"人"，只有通过人在生产、生活过程中与自然、社会、环境交互作用，慢慢"化"出来，不能简单"复制"出来。新型城镇化在我国已经成为政府施政的追求，国家从政策角度进行引导和扶持，基层则以实践推进呼应，我国城市化全面进入新型城镇化阶段。

产业园作为我国招商引资对外开放的重要窗口，通过强大的产业集聚，流入了大量的外来人口，无疑成为安置各类人员就业、促进城镇化的重要载体。新型城镇化的核心是"以人为本"，研究产业与城市融合必须充分考虑"人"的因素，围绕人口集聚构筑满足人的需求的产业集聚、人际互动和文化涵养"三位一体"的空间（这方面将在下一章详细论述），将产业园最终建设成为拥有综合功能的新型城镇，所以产业园"社区化"成为推进"新型城镇化"的一项重要手段。

围绕"新型城镇化"的核心内涵和目标——"人的城镇化"，本书提出产

业园"社区化"这一概念，是对"产城融合"这一转换"传统城镇化"发展模式为"新型城镇化"的重要手段的深化和完善，在"产"和"城"的维度上加入"人"这一维度，其目标是在实现产业与城镇协调发展的基础上，为满足一定区域范围内的"人"的生存、归属和发展各个层次的各种需求提供保证。产业的布局和集聚发展为城镇带来人气，是城镇发展的动力和基础，而城镇各项设施和服务职能的建设和完善则为产业发展提供条件，二者是相互促进、互为前提、辩证统一的，而且还是动态协调、可持续的。这两维（产、城）的融合是为了"人"这一维度，"产城人"三维相互依存，互促融合，这种"产城人融合"的城镇化发展模式更加符合"新型城镇化"提出的"以人为本"的核心要求。

（一）产城关系"社区化"促成产和城的正反馈循环发展

1. 产和城的正反馈循环发展

如前文所述，产城关系的"社区化"是产业园"社区化"的一个主要方面。产业园的建立与形成，首先促进产业集群与多要素集聚效应的产生，成为城镇化的根源和推动力。城镇作为集群的所在地也成为发挥集聚效应的空间，进一步加强和巩固了园区的发展，使产业集群进一步发挥集聚效应。这种连续不断的正反馈循环发展过程，形成了园区与城镇化互动发展的作用机制。因此，园区与城镇化两者相互促进，共同推动区域经济中心发展，并不断提高中心地带的竞争力和经济效率[①]。在这种机制的作用下，以产业园主要形态进行城市扩张与城市更新，加速城镇化进程，园区及周边也发展为一座新城镇。据国家统计局数据整理显示，我国的地级及以上城市数量在 1990 年至 2018 年期间已从 185 个增加到 294 个，建制镇更是从 12084 个增加到 21116 个[②]。另外，从国家统计局提供的年度数据看，地级及以上城市数量 2020 年达到 297 个，1990 年至 2020 年间增加了 112 个，平均每年增加三四个，并且随着大量产业园的动工仍处于上升态势。到 2020 年底，我国平均每个地级市拥有 4.8 家省级及以上产业园区。

---

① 李丹，郭玉斌，周喜君. 工业园区与城镇化互动发展研究：以山西为例[J]. 经济问题，2014（06）：26.

② 陆大道. 我国的城镇化进程与空间扩张[J]. 城市规划学刊，2007（04）：47.

2．产与城的实际对应关系提供了有力的证据

随着国内城市的发展速度逐渐加快，越来越多的农村人口进城务工，使城市人口不断递增。产业园和城市发展形成良性互动，有级别比较高（省级或者国家级）的产业园的城市经济发展一般较好，人口增长排在前列，总体体现出一种正相关。比如，截至 2019 年 10 月，全国共有 219 家国家级经开区，其中，江苏、浙江、山东三个地区的经开区数量最多，分别为 26 家、21 家和 15 家，合计占比 28.31%[①]。这个与这几个省的人口总量和增长值在全国排在前列是一致的。

以下两张表运用国家级和省级产业园的区域分布情况来说明这一同步趋势。

表 3-13 我国国家级和省级开发区的区域分布一览表

	总　数	东部地区	中部地区	西部地区	东北地区
2006 年	1568	748	401	289	130
2018 年	2543	964	625	714	240

注：数据来源于 2006 年版和 2018 版的《中国开发区审核公告目录》

表 3-14 2020 年末我国国家高新区区域分布一览表

	东部地区	中部地区	西部地区	东北地区
国家高新区（个）	70	44	39	16
占比（%）	41.4	26.0	23.1	9.5

注：数据来源于 http://www.chinatorch.gov.cn/kjfw/tjsj/202201/a8044b377e7d41ba9526328f7caae87f.shtml，2020 年国家高新区企业主要经济指标

产业园围绕中心城市，融入城市圈发展之中，摆脱行政区划对当地经济的束缚，以中心城市为核心推进城乡一体化和城市带的形成，对区域新型城镇化起到较大的促进作用。

近年来，国家出台了一系列的区域发展规划，尤其以长江经济带、长三

---

① 2019 年中国产业园区市场现状分析区域分布明显、已成为中国经济增长助推器，https://www.sohu.com/a/366069796_114835.

角区域一体化、京津冀协同发展、粤港澳大湾区等国家规划为引领，推动全国经济布局的调整和升级。产业园通过充分融入所在区域经济圈，实现产城关系"社区化"，构建起大经济区、城市群、都市圈、中心城市、中小城市等层次分明的空间功能布局。

可见，产业园"社区化"通过多元空间载体的构建，完善了城市功能，推进了新型城镇化发展。

（二）产业"社区化"促进了人口聚集

人口的聚集是城镇化速度加快的重要表现。越来越多的农村人口因为产业园的开发建设而异地转移或者就地转居进入城市生活工作，而作为产业园"社区化"另一个主要方面，产业"社区化"带来生产要素特别是人口的集聚。

根据统计数据，我国常住人口城镇化率在 2000 年到 2020 年的 20 年间，增加了 27.7%，年均增速接近 1.4 个百分点，足见在产业园的带动下，我国城镇化的"超速度"。可以说，大量开发建设的产业园带来的产业"社区化"是主要推动力。

依托优势资源，构筑区域发展特色，进行产业集聚而形成的产业"社区化"（也可以称产业集群网络）是使产业园通过"社区化"转型升级为"新型城镇"的关键。因为人是随着产业"走"的，特别是进入新时代，以高新技术产业为主导产业的产业园在"社区化"进程中，产业的集聚扩大了市场规模，吸引着各方人员到园区及周边的"大社区"中就业／创业、安居，带来城市人口规模的不断扩张，进而形成一座"新城"，产业"社区化"成为新型城镇化的重要支撑。

1. 人口集聚：产业"社区化"的重要作用

人口是产业结构高级化的基础，城市的产业发展和改革需要人力资本，城市产业大规模升级再造，毫无疑问需要大量的人力资源。产业"社区化"带来的高新技术产业的新兴技术产业以及服务业的发展，提升了城市产业的水平，带来了人口集聚。

第一是因为产业结构更新对人口的吸纳。产业园的新兴产业扩散到传统产业，通过产业生态的自我深度改革和产业政策的引导扶持，更新城市产业结构，提高了城市的产业能级。根据杜兰顿的研究，美国大城市内部产业规模的变化直接影响了大城市人口规模，产业排名靠前的城市流入人口增加，城市规模也不断扩大[①]。结构更新、产业优化可以吸引大量优质人口（人才）流入。

第二是因为产业扩张需要人口的集聚。人口规模越大，意味着可以提供的劳动力数量和质量就有保障，与城市人口规模的扩大同步，每个城市开发建设的产业园人口规模也呈现增加的态势。反观其中的原因，也可以说产业园是城市人口集聚的重要来源。作为一个城市发展的改革试验区和功能集聚区，在产业园"社区化"的进程中，具有先行先试的政策优势，会在户籍制度改革、人才引进等政策方面率先有所突破，特别是外来高素质人才的积分落户和本地人员的"农转居"等户籍制度改革方面，这些举措促进人口向产业园所在城市和园区集聚。

2. 产业园人口集聚和城市人口集聚保持同步

我国城镇化的发展，是由各个城市人口规模增加叠加而来。2019 年，我国城区人口 500 万以上的城市数量达 14 个，城区人口 200 万以上的城市数量高达 43 个。快速城镇化的环境下，我国城市人口规模的变化在不同区域呈现明显的分化现象，有的城市人口规模迅速扩张，而有的城市人口规模基本不变，有的城市人口规模甚至呈现出收缩的现象[②]。其中，城市所在区域产业园的发展是一大原因。

最新数据显示，人口增量过百万的 32 个城市分别是：深圳、广州、佛山、苏州、北京、东莞、南宁、昆明、合肥、上海、宁波、金华、贵阳、厦门、惠州、成都、西安、郑州、杭州、重庆、长沙、武汉、青岛、南京、中山、南昌、福州、廊坊、太原、石家庄、济南、无锡。从这份名单可以看出，城市类别主要是各个省的核心城市以及由于产业带动和城市外溢带来的人口增加的几个地级市，它们都是区域经济的中心或者获益于区域而成为中心的"辐射带"。比如，名单中的中西部城市全部是省会或直辖市，它们对省内和周边区域的资源要素集聚能力越来越强，包括成都、西安、郑州等城市的人口增长速度都很快，对周边地区的人口集聚能力特别强。

---

① Duranton G. Spatial Economics [Z]. *The New Palgrave Dictionary of Economics*, 2008.

② 彭都君，邓智团. 高新技术产业发展的城市人口规模效应研究 [J]. 城市观察，2020(06)：75.

这一现象从徐远的研究中也能得到佐证。他比较了几个典型省份的人口增速和该省核心城市的人口增速，比如广东和广州、江苏和南京、福建和厦门，得出的结论是各省的总体人口增速并不快，12 年累积平均不到 1 个百分点，但是核心城市的人口增速很快，像厦门、合肥的累积增长都超过了 70%，广州超过了 50%，南京、杭州、武汉、长沙、成都等城市都超过了 20%。简言之，核心城市的人口增速远远超过其所在省份的平均人口增速，两个速度明显不在一个数量级上。从 2005 年到 2017 年，全国人口从 13 亿增长到 13.9亿，累计增长 7%，每年增长不到 0.6 个百分点，各省的人口增速平均值也差不多就是这个水平。但是核心城市的人口却快速增长，背后的原因是人口向核心城市的快速集聚，也就是说，村镇、小县城、一些中小地级市的人口少了，很多人奔向了大城市[①]。

链接

大城市的集聚效应和辐射带动功能不断增大——以安徽省合肥市为例

合肥都市圈不断壮大，以 19% 的国土面积集聚了 25% 的人口，创造了 34%的地区生产总值，城镇化率高于全省平均水平 12 个百分点，在全省发展中的核心带动作用日益突出。

区域地位更加突出，人口回流趋势明显。随着国家"三大战略"的加快推进，我省在区域发展中的区位优势将更加突出。新常态下全国经济发展对内需的依赖加深，以及中西部地区城镇化快速发展这两大趋势，使得我省在吸引劳动力和消费群体的相对优势逐渐显现，人口回流规模将逐步增加，向省内特大城市和县城集聚现象将更加突出。省内跨市流动趋势也将随之增强，省域内人口将主要向合肥和皖江等地区集中，就近就地城镇化和省内异地城镇化趋势明显。

——选摘自《安徽省新型城镇化发展规划 (2016—2025 年)》

再从国家统计局提供的年度数据来分析新世纪头 20 年的地级及以上城市数及市辖区总人口数百万以上的数量 (见表 3–15)。

---

① 徐远. 从工业化到城市化 [M]. 北京：中信出版集团，2019：36.

表3-15 2000—2020年我国总人口达百万以上地级及以上城市市辖区数量一览表

年份	全部地级及以上城市数（个）	市辖区年末总人口为400万以上（个）	市辖区年末总人口为200—400万（个）	市辖区年末总人口为100—200万（个）	市辖区年末总人口为100万以上总数（个）（占比%）
2000年	262	8	12	70	90（34.35%）
2010年	287	14	30	81	115（40.07%）
2020年	297	22	46	96	164（55.22%）

注：数据来源于国家统计局的年度数据 https://data.stats.gov.cn/easyquery.htm?cn=C01

地级及以上城市中市辖区年末总人口超过百万的总数从2000年的90个增加到2020年的164个，占比则从34.35%上升到55.22%，区域行政中心在主导地方的经济社会发展的同时，也引导了人口集聚。

在2018年12月的《2018中国产业园区持续发展蓝皮书》暨《园区不惑——中国产业园区改革开放40年进程》出版发布会上，揭晓了2018年中国产业园区持续发展100强榜单。其中的前30位如下：中关村国家自主创新示范区、上海张江国家自主创新示范区、苏州工业园区、广州经济技术开发区、武汉东湖国家自主创新示范区、成都高新技术产业开发区、北京经济技术开发区、合肥高新技术产业开发区、深圳高新技术产业开发区、天津经济技术开发区、杭州高新技术产业开发区、西安高新技术产业开发区、大连经济技术开发区、青岛经济技术开发区、烟台经济技术开发区、武汉经济技术开发区、昆山经济技术开发区、合肥经济技术开发区、漕河泾经济技术开发区、南京经济技术开发区、天津滨海高新技术产业开发区、苏州国家高新技术产业开发区、宁波经济技术开发区、南京国家高新技术产业开发区、芜湖经济技术开发区、青岛高新技术产业开发区、西安经济技术开发区、沈阳经济技术开发区、长沙高新技术产业开发区、成都经济技术开发区。

将这个榜单与前文列举的2020年的32个人口增量过百万的城市榜单相对比，可以看出这前30强的园区所在城市80%以上位列在32个城市中，因此基本断定产业园的建设与发展已经逐步成为城市的新地标、增长极。产业

127

"社区化"带来的人才引进和因此而配套的服务人口的增加，是城市人口增量的主要力量之一，人口在内的各种要素呈现出沿着产业、产业带集聚的态势。按照"齐夫定律"，城市人口集聚和服务业发展的内在机理都是由于更低成本的基础设施、更高频的连接带来更高效的产出，这也正是产业"社区化"成为新型城镇化重要推手的一条内在机理。

总之，从产业园的角度上看，作为城镇化的主要特征之一的农业人口市民化，即农业人口稳定住城，可以类比为产业园里包括"新市民"在内的各类人群，无论是在园区周边就地转居"上楼"的"新市民"还是园区及其企业引进的人才，关注点越来越多地聚焦于能够在园区"安居乐业"，互相建立良好的人际关系，享受共同形成的区域文化氛围。这就需要在"以人为本"的理念指导下，一方面在园区集聚产业、人口等要素资源，一方面进行相应的制度设计，保障人的生存和发展权利，在教育、医疗卫生、就业、社会保障等领域进行配套，进而通过日复一日的共同生活，涵养出以共同价值观为核心的区域主体文化精神。比如，成都高新区出台了《成都新经济活力区高质量发展三年行动方案（2018—2020)》将高新区的发展与城市的建设相联系，从着力产业社区建设等7个方面作了具体规划和工作部署，凸显了生产、生活、生态"三生"融合的建设理念和人城产融合发展的思路。该《行动方案》将产业社区作为产城融合的物理空间，指出建设6大产业社区，明确产业主题，构建合理的企业发展梯度，打造具有竞争力的产业社区。以现代新兴产业和智能技术研发为基础，汇聚人才流、技术流、资金流、信息流和物流，通过共享、匹配、融合形成若干微观生态链，集成构建产业生态圈，实现产业布局与自然环境相融合，使高新区成为促进城市高质量发展的重要载体和推手。

三、产业园"社区化"对新型城镇化发展的作用

产业园的开发建设具有超越地理空间的集聚与辐射功能，是城市形象突出的代表之一，是具有冲击力的整体城市地标，能促进区域价值呈几何式增值，从而带动城市增值。通过产业园"社区化"实现的产城融合，达成产业与城市相互支撑、互相促进，人的全面发展和产业与城市功能的互动，有利

于加强产业和城市的经济联系，促进城市化与工业化协同发展，增加城市功能，因此，成为当今我国城市发展的主要路径和推进"新型城镇化"的重要手段。

以产业园"社区化"推进的"城镇化"能够实现城市核心功能提升、空间结构优化、城乡一体化发展、社会人文生态的协调发展。

正如前文论述的产业园"社区化"首先是产城关系的"社区化"。在产业园"社区化"背景下的新型城镇化发展内涵包括三点：功能叠加、结构吻合及空间匹配。产业、城市、人三者的互促融合有利于新型城镇化进程的推进，提高其质量，并进一步促进整个城市的经济社会发展、人和自然协调和谐共生。

产业园"社区化"是针对产业园开发建设推进城镇化建设过程中出现的产城分离现象提出的，它不仅为城市发展提供相应的产业基础，也为产业发展提供空间载体，更为产业园中的各类人群提供了生存、归属、发展需求满足的场所。

产业园"社区化"对新型城镇化建设的作用主要体现在以下几方面。

（一）产业园"社区化"是新型城镇化建设的内在动力

产业园通过"社区化"转型升级为"新型城镇"并非一个简单的人口聚集的过程，而是区域发展过程中，人口数量的集聚累积、区域规模扩张以及产业布局完善带来基础设施配套与职能全面设置的过程，是现代城市模式下的经济关系、生活方式以及城市文明向待开发区域渗透的过程。

产业发展引起产业集聚，产业集聚为产业结构的变迁提供生产要素，包括人力资本、物质资本等，进而推动产业结构的变迁和调整，产业结构变迁是城市发展的重要动力。

园区城镇化过程有吸引外来人员到园区及周边地区就业安居和向周边传统农区"渗透"两种途径。产业园"社区化"发展能够加快区内劳动密集型产业转变为技术密集型产业和知识密集型产业，区内企业可以便捷地获取高新科技和现代装备产业等新兴领域的前沿信息，有助于企业家凭借创新思想，提出创新思路，制定创新战略，推动创新发展，进而营造产业园优质的创新环境。而促进周边传统农区城镇化的过程，也不是简单地让当地农民进行身份的改变和生活空间的位移，即不只是让这些农民简单"上楼"，也不是城镇建设规模的简单扩张，更不是"房地产化"和"造城"运动。新型城镇化最根本是人的城镇化的过程，即融入产业园整体发展、共同参与建设、一起营造一个产业园大"社区"，使每位参与者都具有幸福感，都能享受到产业园发展的福利、城市公共服务的便利。而"人"是升级产业结构、完善城市功能的最本质、最原始的劳动力、创造力输出，人的需求推动了产业结构高度化后城市功能的完善甚至城市化的发展。

产业园"社区化"的最终目标是保障人的生存、归属和发展需要的满足，它使产业发展与城市发展相互促进、互为补充和一体化发展，以产业的集聚引导人口的集中，为城市化提供基础支持，以城市的服务功能为产业发展、人口集中创造条件，在提升人的素质和能力、满足人的需求前提下，"产"和"城"在产业园空间上实现融合，促进新型城镇化建设。

（二）产业园"社区化"为新型城镇化建设提供经济基础

产业发展为城市发展提供物质基础，是城市发展的基石。产业的经济产出本身就是城市功能的组成部分，产业发展能够促进城市繁荣。正如前文所列举的一些数据，产业园作为要素集聚地、政策优惠区，有独特的经济发展优势和地位，能够比非产业园产生更高的经济产出，为新型城镇化建设提供更为充足的物质保障，为新型城镇化发展提供源源不断的动力。

产业发展到一定阶段会引起产业集聚，增加市场需求，可以吸引人口等生产要素向城市集聚，丰富城市发展的内涵。产业集聚能够促进技术创新，技术创新又是推动技术进步和经济增长的决定力量，可以带动城市的繁荣和发展。

产业园"社区化"的核心基础是产业"社区化"，即发挥园区产业集聚效应，促进区域产业集群的形成。产业园"社区化"带来产业集聚是城市集聚的基础。产业集聚促进生产要素向产业园集聚，向城市集聚，对城市经济的发展起到了支撑作用。产业园内产业集聚的类型和程度决定了所在城市的功能、性质以及发展方向，也决定了所在城市对周边地区经济辐射的效果。产业园"社区化"能够使产业园的产业集聚规模适度，通过聚集大量的高科技产业、提高服务业占比，带动地区经济的发展，促进城市化水平的提高。这种产业集聚会增加对劳动力的需求，增加产业园内的人口集聚，有利于增加就业。还能带来科技的集聚，有利于技术创新。当这些科技进步和创新活动作用于相关产业链条，就可以促进产业的成长进步和优化升级。这些要素的集聚提高了园区经济产出，进而增加企业、居民的收入，为新型城镇化建设提供丰厚的经济基础。

（三）产业园"社区化"为新型城镇化建设提供空间载体

产业园"社区化"进程中的产业聚集使城市空间规模进一步扩张，进一步深化社会分工，加强了城市产业和政府部门之间的联系，使得城市与产业实现协调发展，促进了产城融合，形成了一个大的社区。

任何区域的发展不能离开人，产业园"社区化"以城市为载体，重塑产业集聚、人际互动和文化涵养"三位一体"承载空间。以产业发展为前提，驱动城市功能升级、完善社会服务配套，最终促进地区城镇化发展、形成经济增长极，辐射带动周围区域经济发展、完善城市功能、扩张城市空间等。

由地方政府主导的产业园开发建设一般是当地的新型功能区，会对其行政区划进行重新划分。王梦珂认为，在产业园区向产业新城转型的过程中，其空间拓展方式主要有两种：一种是指开发区并入所在城市的某个行政区，实行开发区与行政区统一管理；另一种方式是开发区联合周边区域建立新城，以开发区为中心，整合周边的乡镇或农村地域，进行全面的新城建设①。前者以天津经济技术开发区为例，在2018年成立泰达街道，将其社会职责转移，管委会专门负责与企业相关的事项，2016年所辖23个社区居委会就统一由泰达街道管理。后者以西安高新技术产业园为例，以园区为中心，2018年整合托管了周边的12个街镇。

统一规划的产业园能够进一步完善城市功能，优化创新环境，将产业空间、生活空间和文化空间进行有机融合，使优惠政策和优美环境有机结合，吸引更多的人群落户园区所在区域，为新型城镇化建设提供空间载体。

第一是产业空间优化升级。根据对生产要素的依赖程度，将产业分为资源密集型、劳动密集型、资本密集型产业、技术密集型、知识密集型产业。对于城市而言，许多企业进行转型升级，运用新技术对企业进行革新变革，

---

① 王梦珂. 面向产业新城的开发区转型研究 [D]. 华东师范大学，2012.

使用大数据、云计算、人工智能等现代手段，使用机器替代劳动力；大力发展高新技术产业、新兴产业、高端制造业等产业，使得更多的人力资本进入现代服务业领域，通过产城融合的演进，促进产业和城市的协调发展。

产业园推进"社区化"的转型升级，建立起完善的配套设施、生产服务业。这些必然会吸引高素质人才和高端产业的集聚，推动产业结构的优化升级，有助于产业园形成创新网络体系，促进网络、信任、规范等要素的积累，要素驱动向创新驱动的转变。在城镇建设过程中，经济活动高度集中在一个区域范围内，大量聚集劳动力特别是高素质劳动力，促使技术迅速扩散和信息交换更为便利，有效地推动城镇基础设施建设和社会事业发展，加快城镇的发育和新型城镇化的进程。

产业园的发展带动人口向城镇集中，赋予城镇更多新的内涵，为辖区内企业带来集聚优势，包括较低的劳动力和运输成本、获得中间产品的便利性及生产制造过程中的分工优势。完善交通系统，促进资源的流通，降低产业的运输成本，进一步加强城市与开发区的经济联系，促进产业和城市实现协调发展。而居民拥有消费能力且具有消费欲望，城市就具有巨大的消费市场，就可以带动企业生产规模的扩大，带动传统产业转型升级，带来新的消费市场，促进新兴产业的发展，特别是生产和生活服务型产业的繁荣，促进城市产业空间优化升级。

第二是生活空间完善配套。产业园"社区化"进程中，在生产职能之外，增加了生活等功能。特别重视教育、医疗卫生、社会保障、基本公共设施等方面的投入和建设，这些城市公共服务满足了人们日常的生活和生产方面的需要，打造优美的自然环境以及便捷的生活条件，为居民提供良好的生活条件，提高居民的生活福祉，直接提升了一个城市的文明程度。

第三是文化空间涵养营造。产业园"社区化"有助于营造出优质的社会文化环境。园区文化可以在发展过程中得到逐步建立。利用当地历史文化资源建立起诚实守信、合作共赢的商业体系，激发企业家团结协作、共同进取的精神，严守互惠互利、平等交往的准则，共同营造良好的园区文化。

当今产业园的发展趋势是与城镇化协同融合，从过去规划出来一块土地进行产业园开发建设为生产基地的单一形式，到各级各类园区与城市相互交融，界限变得比较模糊。比如，北京市海淀区在建设中关村科学城这一大的产业园时，是将海淀区全域作为园区统筹规划的地理版图的，其中有中关村科技园区海淀园，包括中关村软件园、中关村环保科技产业园等专业产业园、中关村科学城北区、"一镇一园"建设等，表明海淀区在城市发展规划时将产业园的开发建设作为主要的推动力，与区域的新型城镇化发展构成了良性互动。

四、产业园"社区化"促进新型城镇化的策略

以产业园开发建设模式推进我国城市发展，大多经历了从"工业新区"到"工业新城"再到"综合新城"的历史蜕变。要发挥产业园"社区化"对新型城镇化建设的促进作用，必须坚持以人为本，关注城市功能对于人生产、生活以及文化需求的满足，关注人的生存、归属和发展需要，不断开发人的潜能、促进人的全面发展，从而推动城市经济社会的全面发展。

产业园"社区化"是产业和城市的同步发展。产业园在发展最初是作为"生产基地"而存在的，居住及生活条件、公共服务设施相对落后，单一的生产功能导致产业园形成"社区化"缺乏必要条件。当产业发展到一定程度，城市建设需求进一步加大，产业与城市协调发展的矛盾就凸显出来，需要产业园产业与城市定位吻合、空间与周边社区有机融合，其中的关键要素是人，要贯穿人本理念，以人的需求为出发点和落脚点。

可以说，产业园"社区化"实质是产业和城镇的协调发展与良性互动，即一定区域范围内产业发展与城镇功能协同演进、彼此影响、相互制约、互动推进的一种科学发展状态以及科学的空间格局。它是涉及经济、文化、人口、生态等各要素的系统工程，需要以生态环境为依托，以现代产业体系为驱动力，以生产、生活服务多元功能复合共生为发展模式，最终实现"产城人融合"的一体化发展。

为此，本书认为，产业园"社区化"促进新型城镇化建设需要采取如下策略。

（一）树立"以人为本"发展理念，建立"产城人"三维发展模型

以土地大量建设扩张和自然资源大量消耗为主要特征的一些产业园过去

旧有的做法是"传统城镇化"的,是不可持续的,同样在产业园的开发建设中只简单考虑产业和城市的融合发展也是不全面的。

按照新型城镇化要求,缺少人口维度的二维分析模式始终是片面不完善的,需要从经济、空间、人口三维分析定义规划产业园的建设与发展,强调产业、城市和人三者融合持续发展,实现人"活"、产"旺"、城"兴"[①]。所以,产业园"社区化"要引入"人"的"产城人融合"为发展目标,这样才符合"新型城镇化"政策要求,也是我国城镇化发展的正确方向。

(二)统筹兼顾规划的各个环节,谋划"产城人"一体化发展蓝图

早期大多数产业园区仅仅作为工业区来规划的,主要考虑其招商引资等经济功能,而不是作为城市来规划。需要统筹兼顾各个环节,完善政务服务、生产配套、生活服务等方面,抓好集约用地,兼顾产、住、商用地的合理配比,实现产业发展与园区综合功能的良性互动,明确短、中、长期的发展目标,推动城市功能日益完善,实现城市经济社会健康、协调、可持续发展。

以规划统筹发展,逐步实现"三个一体化":

一是要形成"产城人融合"一体化,即围绕人的各项需求的满足推进新型城镇化建设与工业园区以及工业集中区有机融合。

二是要形成产城布局一体化,即围绕人的各项需求的满足实现新型城镇规划的产业园区、产业集中区、中心城区产业转移以及重大项目建设与城镇的功能空间布局一体化。

三是要实现开发利用一体化,即规划的各类新城镇要结合本区域资源,因地制宜,综合开发与利用区域资源,实现资源开发利用的一体化。

1. 规划发展定位

产业园的发展定位必须符合所在城市的发展定位,特别是产业选择和布局。产业园总体布局规划应该符合城市总体规划以及土地利用规划的性质定位。只有切实改变"先产后城"的发展观念,才能正确看待园区建设中经济发展与环境保护、生产与生活以及经济建设与社会、文化建设之间的复杂关系,才能有效地谋划和制定产业发展与城市建设协调并进的发展定位规划,因地制宜地划定工业特别是污染工业控制线、基本生态控制线等。应制定产业空

---

① 范双涛. 中国新型城镇化发展路径研究 [D]. 辽宁大学,2015.

间发展布局规划，包括如何配置和诱导产业发展，以及与之相应的特大城市、大城市和核心城市等[①]，将产业园的发展定位融入所在的城市之中，争取实现同步。

2. 规划产业发展

新型城镇化建设必须首要考虑优化产业发展布局，真正实现产业园"社区化"与产城人一体化发展。产业规划必须具有前瞻性，必须找准未来一段时间内发展前景广阔的优势产业，有长远产业发展规划，为城镇化提供产业支撑，为流入人口提供就业机会，统筹协调人口集聚区与产业集中分布区的空间布局。要合理规划特色产业集群和配套功能分区，以社区化的精细度完成产业规划布局，产业调整与更新和城镇当前与未来的发展阶段动态协调，城镇用地、资源等须为未来产业更新留有余地，做到承前启后。

3. 规划城市功能区

功能单一是产城分离的最大弊端。雅各布斯在《美国大城市的生与死》这本书中提出了"城市的天性是多样性"的观点，因而功能复合能极大地激发出城市的活力[②]。产业园"社区化"的出发点和落脚点是实现生产、生活与生态三者的平衡，并使其他功能也能实现协调发展。所以，我们应以工业生产为基础，并适当引入娱乐、居住、休闲、创新等多种功能，从而实现多样化功能的有机统一。

要以人为本、立足长远、科学论证，将"产城人融合"的目标贯穿始终，改变招商利导的短视行为，统筹资源安排，重点抓集成配套，使之适宜生产、生活、生态一体化发展，在城镇建设过程中合理规划产业园区和住宅区，做好基础设施和公共服务设施建设，以服务于产业集群发展和人口集聚后的生活居住，特别是要考虑外来人口和本地转居"新市民"的居住环境的融合共生，为人的全面发展和生活休闲留下合理空间，以满足城市产业和人群结构同步可持续发展的需求。

（三）建立合理的产业体系，构筑"产城人"一体化发展核心支撑

产业园要处理好园区产业与城市产业的关系，促进产业和城市协调发展。

---

① 李清娟. 产业发展与城市化 [M]. 上海：复旦大学出版社，2003：199.

② 张琳. 新型城镇化背景下产城融合发展研究 [D]. 浙江师范大学，2017.

要配套建立与当地自然条件与资源禀赋相适应的产业支撑体系，以充分利用当地资源潜力和发挥比较优势，且产业类型必须与当地城镇发展水平相契合，做到适度超前。比如，通过对当地资源禀赋的挖掘和利用，构建起立体的电商商业生态圈，使区域城镇化与数字化同步。

面对数字化、智能化对全球经济和园区空间格局的影响，产业园要以前瞻性的眼光准确地把握本地发展潜力和形成集聚的可能性，结合每个产业的分布特性和对周边环境的要求，充分研究本地各种产业发展的可能性，以避免不合理地过度分散开发。

面对国际环境的影响、产业链在全球的重新布局，产业园需要承担起自身区域产业集聚"核心"的任务，强化产业的区域植根性，培育依靠区域特有的产业氛围自律发展的能力。需要转变传统的"外部依赖型"发展模式，即由承接跨国公司企业内分工体系中低附加价值标准化产品的批量生产职能的"分工厂经济"转到在本地生态化产业网络的基础上建立区域产业体系。充分挖掘区域潜力，培养和增强当地企业的能力，以便尽早形成区域特色产业，并在此基础上从区域外集中引进与之相关的企业以形成产业集聚。

产业园开发建设的重点应从硬件建设转向产业集聚机制的建立上来，制定具有激励技术创新作用的相关政策，推动企业自主创新能力的提高，大力发展高科技产业和现代服务业，尤其是人工智能、生物医药等战略性新兴产业，同时加强便捷高效的生产配套设施建设，提高第三产业的产值比重。

（四）建设综合配套设施，提供"产城人"一体化发展全面保障

"社区化"的产业园需要融入当地整体发展中，将产业园及周边地区规划建设为一个"大社区"，兼顾生产功能和生活生态功能，配套建设住宅区、商业购物街区、休闲娱乐区等，辐射带动城镇其他产业整体发展，避免形成"孤岛经济"。地方政府及产业园的运营者要通过生产生活服务为"新市民"提供就业/创业空间，而且要规划建设便于外来人口和本地转居"新市民"的人际交往和文化涵养的共同空间。

建立起具有等级化和体系化特征的公共服务设施网络。园区建设刚刚起步时，不仅要以产业发展为重点，而且要重视园区内公共服务设施的建设；在成长期阶段，要着力助推向综合型园区转变，加快商务办公、会议酒店、

金融保险和信息咨询等生产性服务功能的植入，通过增设文体、休闲娱乐、商贸、交通、教育和医疗卫生等设施，提升居住与公共服务设施配套的多样性；在成熟期，甚至于更长时间的发展时期，应该充分利用自身优势资源，积极构建大型综合服务中心，并向园区内设中央商务区的建设，为产业园优化升级打下坚实的基础与保障。

所以，在发展过程中，要推进从"建区"到"造城"的战略转型，积极推进各项综合配套设施建设，为劳动者提供各类生活性服务、消费性服务，提高居民的生活质量，刺激产业发展，

（五）营造良好发展环境，激发"产城人"一体化发展创新动力

从某种程度上说，区域文化以及创新能力等因素都会直接影响到产城人一体化发展的质量。当今的经济发展中，劳动力成本、交通设施以及土地成本等因素不再对产业发展与布局具有决定性作用，而政策支持、高素质人才供给、技术创新环境、自然生态、园区文化建设等在内的新兴要素的重要性则不断上升。因此，要加强对综合服务、科技创新、生态环境和文化景观等关键性新兴要素的开发建设，提升园区整体活力和能级，使产业园由单纯的技术园区转变为新型示范城。

针对科技人才、机构等各类创新要素对政策、文化、环境等创新氛围营造的较高要求，出台配套的产业政策和人才政策等，积极创新文化建设，增加对科技人才的吸引力。

城镇建设和产业发展必须节约资源保护生态环境，做到可持续发展，实现生产、生活、生态的三生协调发展。要大力实施"生态优先"战略，利用山川水系、草坪绿地等生态要素在园区内外部构建生态安全格局，设立生态隔离带，实现空间生态化的"软缝合"[①]。平衡好产业园开发建设和环境保护，改变发展方式，不过度开发，避免浪费自然资源、能源、土地资源等，保护区内的生态自然环境，妥善解决产业发展对生活环境造成的不利影响，为居民提供更优质的城市新空间。

重视人文环境建设，在发展中既要考虑城市建设的现代化特色，又要与周边传统农村风貌、文化遗存有机整合，并促进两者深度融合，使园区更有

---

① 张琳. 新型城镇化背景下产城融合发展研究 [D]. 浙江师范大学，2017.

特色。注重园区周边自然环境的保护，如北京市海淀区域出台的创新发展 16 条中提出"以构建新型城市形态为导向，实施生态、城市功能'双织补'"。

满足人类不同的需求，所需要做的是推动产业园各种城市功能的实现和完善。产业园作为城镇化的过渡阶段，其最终目标是通过"社区化"将产业园区域转型成为一座新城。而最初的产业园的功能为单一的生产功能，经过一段时间的发展后，产业园依旧是以生产功能为主，却因为产业发展的需要加入了服务型功能，与此同时，适应从业人员的需求实现了生活功能的完善，出现了生产、生活功能并重的局面。

从满足生存需要的生产（经济）功能，满足归属需要的生产、生活（经济＋社会）功能并重，再到满足发展需要的涵盖生产、生活、文化（经济、社会、文化、环境）等各方面的综合功能，在功能不断拓展的"社区化"转型升级中，产业园最终被建设成为拥有综合功能的新城，也即是"三大空间"融合一体的"社区化"产业园。

第四章 产业园"社区化"的空间生产：
一体化的"三大空间"

本章运用空间社会学理论作为分析工具，将产业结构升级、基础设施建设、社会网络完善、精神文化丰富等方面的改变，都归类于"空间生产"，并且围绕人的生存、归属与发展的需要，在城市物理空间的基础上，构建起产业集聚、人际交往、精神文化的三大空间模型，以此来分析产业园"社区化"对城市整体格局产生的深刻影响，并还原具有"情境感"和"区域共同行动"的"新市民"产生的新需要及由此带来的新的学习需求。三大空间的生产包含了产业集聚、人际交往、文化涵养空间三个方面的再造，在"社区化"的产业园区域内再造出具有丰富意涵的"一体化"、复合多维的生活空间，而教育功能在产业园"社区化"构筑的这种新型生活空间中也能够得以全面发挥。

第一节 基于空间社会学理论的分析工具和框架

空间社会学认为社会是由时间、空间和社会行动三个基本向度组成的复合体。社会行动在时空结构中展开，在改变空间结构的同时也受限于空间结构的特征，这是行动的"空间性"。以空间社会学理论为分析工具，各个利益主体的行动在通过产业园"社区化"实现"产城人"融合发展的新型城镇化过程中就被赋予了"空间性"意涵。

一、空间和空间生产

本章是基于空间社会学理论展开的,对这一理论的理解需要抓住两个本质上的概念,即空间和空间的生产。

(一)空间

在传统的社会学研究中,空间被视作一种外在于社会的给定背景,是各种社会行动发生、社会关系演变的容器或平台。空间的缺席在早期的社会学研究中尤为明显。正如福柯所说,"在当时,空间被当作是僵死的、刻板的、非辩证的和静止的东西"。苏贾亦指出,历史认知论导致早期社会研究的"去空间化"特征尤为明显[①]。

哲学和物理学上把空间视为和时间一样的有关物质存在的广延性的一种形式。社会科学意义上的"空间"不是绝对纯粹的自然存在,而是社会行动和社会关系,属于社会空间,与哲学家和数学家的精神空间、规划师的物质空间共同构成了空间的3种基本面向。从社会学面向来审视"空间"这个概念,可以将它理解为一种"结构",空间的本质是结构,且是有功能的结构。

涂尔干敏锐地意识到了空间划分的社会差异,即不同的社会往往赋予空间以不同的意义。"空间本没有左右、上下、南北之分。很显然,所有这些区别都来源于这个事实,即各个地区具有不同的情感价值。既然单一文明中的所有人都以同样的方式来表现空间,那么显而易见的是,这种划分形式及其所依据的情感价值也必然是同样普遍的,这在很大程度上意味着,它们起源于社会。"[②] 按照涂尔干的理解,空间是社会的产物,与社群活动密切相关。

齐美尔不是在机械的物理环境维度上定义空间概念,而是在心灵及其互动的社会意义中开拓出一种别样的可能性[③]。狄金森也认为,只有通过分析区域关联、强度、范围、相互关系以及区域在空间上彼此连接与分离的方式,区域均质性完整的意义才能被挖掘出来,相对于自然区域之间的空间作

---

① 郑震. 空间:一个社会学的概念 [J]. 社会学研究,2010,25(05):167—191+245.

② 郑震. 空间:一个社会学的概念 [J]. 社会学研究,2010,25(05):167—191+245.

③ 郑震. 空间:一个社会学的概念 [J]. 社会学研究,2010,25(05):167–191+245,170.

用，人类活动的空间相互作用的频率、速度范围和关联方式的多样性等更为突出[①]。

可以看到，在空间社会学理论的视角中，空间不是静止、客观、预设的，而是动态、发展、生成的。它是一种"人化"的空间，首先就是在人的互动中形成，人与人之间的生产关系成为空间的主要内容，空间在影响人的同时，又受到人的形塑。生产的空间影响人的行为，人的行为又反过来影响空间的生产，因而空间社会学的空间理论是一种结构化的、能动的理论。空间理论之前的社会科学将空间当作社会行动的背景，不对空间进行价值判断，空间社会学理论则重点研究空间的人的属性，认为人的存在给空间赋予了人的意义，人与人的生产关系是空间的重要内容。也就是说，空间不仅体现了物理距离，还体现着社会事实的功能，它是一个主体的外部环境，既影响社会行为，又被社会行为影响。而且这一理论的哲学核心是一种时间—空间—社会的三重辩证法，时间与空间共存，且并非相互平行静止，而是能够互相转化。

总之，和新型城镇化对人的重视一致，"空间"是人的活动场所、是"为人"而存在的，不存在纯粹的抽象空间，也不是"可以随意改变的无生命的实体"[②]，社会性的产生是空间的人化，因而"空间不是社会的拷贝，空间就是社会"[③]。

（二）空间生产

所谓空间生产首先是指从空间中事物的生产转向对空间本身的生产。从哲学上说，空间的产生分为三个阶段：空间产品、空间与空间的生产。

自列斐伏尔后，空间社会学家普遍认为空间并非先于人的物化的背景，而是形成于人与人的社会关系之中（空间就像气球，人与人的社会关系就是空气）；并认为空间的形成与变化受到处于空间中人与社会关系的变化的影响。在列氏的理论中，空间的表征就是主体"生活"着客体的一种状态[④]。

---

① 张林. 学习型区域发展理论及其应用研究 [D]. 东北师范大学，2005.

② 叶涯剑. 空间社会学的方法论和基本概念解析 [J]. 贵州社会科学，2006(01)：69.

③ [美] 曼纽尔·卡斯特. 网络社会的崛起 [M]. 夏铸九，王志弘，等，译. 北京：社会科学文献出版社，2006：504.

④ [美] 爱德华·索亚. 第三空间：去往洛杉矶和其他真实和想象地方的旅程 [A]. 陆扬，等，译 // 包亚明. 都市与文化译丛 [M]. 上海：上海教育出版社，2005.

列斐伏尔认为,"空间的生产,在概念上与实际上是最近才出现的,主要是表现在具有一定历史性的城市的急速扩张,社会的普遍都市化以及空间性组织的问题等各方面"①。

在此,空间被赋予3个要素:空间实践,一个外部的、物质的环境,即物的空间本身;空间的表征,由人所感知的、概念化的呈现,只通过理解与意识形态来进行演变,即人的感知中的空间;表征的空间,是透过意识与表象而被生活出来的,是使用者与环境之间生活出来的社会关系。这3种空间要素分别对应了3种空间:感知的空间、构想的空间、生活的空间②。

可以看到,空间生产的概念隐含着一种关系:空间本身是人类进行生产的环境,而同时却又被人类所生产出来,空间的生产是人类能动地改造空间(主要是城市)的过程,目前的空间生产,"已经由空间中事物的生产转向空间本身的生产"③。

空间生产有不同的分类方式,从级别上可以分为城市空间生产、区域空间生产以及全球空间生产3个部分④。

正如前文所述,在定义"社区"时除了指一定地域范围的地理空间,还有人以及人的群体生活有关的"社群"空间的意蕴。因而,在考察产业园"社区化"进程中的空间生产时,也不能仅仅从纯自然客观物理视角思考,只看到园区基础设施、配套设施等的建设,需要更多地联系"人"来进行考量。本书认为"空间生产"的一切都是为了"人",将其视为所在区域全体居民的社会行动。"任何社会行动都是空间性的行动,都有其具体的场所(场所是以物理环境为基础的社会性空间现象),并以不同的方式参与了空间的构造。"⑤"如果我们以分析的口吻来描述社会行动的过程,它就意味着行动者们的空间性通过其行动生产和再生产者空间的关系结构,与此同时,空间的关系结构则生

---

① [法]亨利·列斐伏尔. 什么是现代性?——致柯斯塔斯·阿克舍洛思 [A]. 包亚明. 现代性与空间的生产 [M]. 上海:上海教育出版社,2003. 47.

② 陈映芳. 都市大开发:空间生产的政治社会学 [M]. 上海:上海古籍出版社,2009.

③ [法]亨利·列斐伏尔. 什么是现代性?——致柯斯塔斯·阿克舍洛思 [A] // 包亚明. 现代性与空间的生产. 上海:上海教育出版社,2003. 47.

④ 孙江. "空间生产":从马克思到当代 [M]. 北京:人民出版社,2008,15.

⑤ 郑震. 空间:一个社会学的概念 [J]. 社会学研究,2010,25(05):188.

成和制约着行动者们的空间性的行动，事实上，这两个方面在本体论上是共属一体的。"①就是说，空间和行动者构成互相制约和生成的"一体化"关系。

　　基于以上理论分析，本书将产业园"社区化"的"空间生产"作为转居"新市民"参与其中的区域共同行动。

二、基于空间社会学理论的分析框架设计

　　在"主要理论基础"那一章，介绍了空间社会学的整体概况和学术演进历程。本章以空间社会学理论中"空间"和"空间生产"这两个本质概念为基础，进行分析框架的设计。

（一）空间的衍生概念

　　既然人类社会中不存在纯粹的自然空间，那么所有的空间就都是社会性的。为了使空间社会研究更具操作性，一方面更加方便观察和研究社会行动，另一方面给社会行动增加"时间"的研究维度，就必须在具体的场域，结合具体的空间用途来展开。由此引出一个更为具体的空间附属概念——"场所"，一个具有历史感的空间附属概念——"同存性"。

1. 场所

　　场所是指通过人的行动和社会关系表现出来的具体化的空间（比如土地、建筑物、街道、纪念物），其功能和形态都是可以直接进行观察的。这种概念延伸是为了满足实证研究的需要，在空间社会学研究里，空间和场所两个概念大多数情况下可交替使用。

　　"场所"这一富有空间意涵的概念是由英国著名社会学家安东尼·吉登斯引入的，主要用来展现空间点为社会互动所提供的环境和用途②，在具体的场域更方便观察和研究社会行动。

　　"场所"概念的衍生是从社会本体论意义上，将空间理解为任何实践活动都是一种空间性的"在场"，其存在的意义中都已经固有地包含了一种空间性

————————

　　①　郑震. 空间：一个社会学的概念 [J]. 社会学研究，2010，25(05)：189.

　　②　[英]德雷克·格利高里，约翰·厄里. 社会关系与空间结构 [M]. 谢礼圣，等，译. 北京：北京师范大学出版社，2011：6.

的经验内涵。这就意味着正是各种行动的空间性"到场"建构起了场所的情境性特征或场所的空间结构，社会空间就其根本而言即是人与人、人与事物（包括物质环境）之间的关系状态，而这些关系一定程度上定义了行动者的内在性，也就是场所形塑了行动者，赋予行动者意义感。

2. 同存性

"同存性"是体现空间之社会意涵的另一个术语。马克思指出，"人的本质是一切社会关系的总和"，人在社会之中因为互动而生成关系，关系的总和构成人的本质，同时在人的互动中产生社会，可以说没有人的互动就没有社会。人作为行动者首先要在空间中共同存在以实现日常接触，就类似于吉登斯的"共同在场"概念，他认为"个体在日常活动过程中，在具体定位的互动情境下，与那些身体和自己共同在场的他人进行着日常接触"。① 这种"共同在场"的互动就体现为一种"空间"，这是"同存性"体现空间的一个方面；另一个方面，空间社会学引入时间维度，将"空间"延展为具有历史感的时空结构，并形象地将其比作"容器"，社会行动则被看作是这种容器的"内容物"，进而认为社会结构和时空结构是不能分离的有机整体。时空、个人与制度在社会中一起运作也就累积为历史痕迹，这便构成历史的"同存性"，即在同一个空间形态里，不同时期的空间变化会以各种各样的方式沉积下来，这种沉积不一定是必须以物理形态体现出来，还可能以文字记载、习俗、仪式的形式加以呈现，这是历史痕迹在同一空间中的"同存性"。

（二）空间的分析框架

运用空间社会学理论中"空间"的两个重要的衍生概念——"场所"和"同存性"，本书采取空间—时间—社会的复合分析框架来定义产业园"社区化"的空间生产，分为三个"一体化"的生活空间，即产业集聚空间、人际交往空间、文化涵养空间；同时，将"场所"、现实"同在性"、历史"同在性"三个维度组合为一个统一的分析模型，将产业园"社区化"置于时间的长河之中，使静止的空间成为动态生成的、与人的现代化、"新市民"的完全"市民化"相连接，与人们的社会行动构建起的多维度生活相结合。三个空间有各自属性

---

① [英]安东尼·吉登斯. 社会的构成[M]. 李康，李猛，译. 北京：生活·读书·新知三联书店，1998. 138.

和特征，见表 4-1。

表 4-1　产业园"社区化"重造的"三大空间"的属性和特征

	场所	现实的"同在性"	历史的"同在性"
产业集聚空间	生态化产业体系 个体生产、工作、劳动岗位	组织之间的合作交流 个体在工作中互动	企业的知识、技能 组织的历史、制度
人际交往空间	日常生活中人际交往地点——新型安置社区	生活性互动	过去的人脉关系、熟人社会 社区文化积淀、地方传统传承
文化涵养空间	各种媒介、大型活动、历史景观等	媒介的宣传、大型活动组织等精神性互动	历史痕迹的积累——包括物质和非物质遗产

从哲学的主客体关系来分析，上述的三个空间同时被赋予了主体与客体双重性——主体在客体的限制下生产客体，客体在限制主体的同时被主体生产。一方面，它是各类主体生活的环境；另一方面，它本身又是被这些主体"生活"出来的，人通过"生活"的方式创生了空间，可以说没有人的生活，就没有空间的存在。而且，随着科技发展，信息技术构建起来的互联网、元宇宙的虚实相生的数字世界，将出现"物理世界坍缩，社会规则永存"的大趋势，即在数字世界当中，基于物理法则的运行逻辑将有可能失效，而基于社会规则的范式将成为主导，这个可以看作"空间"的"社会化"和产业园"社区化"的未来图景。

产业园"社区化"进行"空间生产"的内在机理的特征正是这种"生活空间"，它具有能动性，在产业园及周边区域的各类社会行动主体"聚合"的过程中被创造或"生活"出来。这是一个充满人的主体性的能动空间，是一个具有其自身现实性的空间，既关照个体的心理需求和感受的情感空间，又涉及群体互动创造的实践空间。

以空间社会学理论作为研究的理论基础，本书对产业园"社区化"的"空间生产"内在机理的特征进行分析。当前的产业园所在区域的城镇化与产业园在产业结构、就业结构、空间结构上是互动影响的。周边的城镇化，一方面给产业园的建立提供人口基础和资源条件，通过早期的"几通几平"发展到当今的数字化智能化设施建设成为产业园在"城"的基础设施之上的物理空间，通过社区建设及之配套的商业设施、医院和学校等，并兴建银行、海关、邮电、通信、宾馆、饭店等设施，营造出"市"的交际沟通的环境，培育区域共同行动网络以及文化和制度的区域精神；另一方面，产业园通过产业的集聚效应反作用于周边的城镇化，既促进了周边基础环境的改善和空间结构的合理转变，也加快了人口流动与集聚。

随着产业园的人口集聚效应，各类工业制造业、服务业、商业等企业在产业园所在的郊区建立起来，原本在城市中心区集中的多种经济活动，日益分散至各个以产业园带动起来的郊区，形成多个经济活动中心点。在现实意义上，这种由于产业园开发建设的产业集群的引导，加上城市服务功能的改善而创造的优势条件，使本地农民转化为"新市民"，并与新进流动到本地的外来人一起，互动形成"生活空间"，使人口在一定区域集聚，改变了原有的城乡空间格局。

因此，产业园"社区化"实现了"空间生产"。这一"生活空间"的生产是为了满足产业园各项事业发展和区域内各类成员幸福和成长的需要，是一个"自上而下"主导推进和"自下而上"自我管理相结合的过程。"生活空间"为"新市民"的完全"市民化"转变提供了"场域"，同时也为区域教育功能的充分发挥提供了载体。

第二节　产业园"社区化"的"三大空间"生产

如前文所述，人们不仅仅活动于一个作为物质环境的空间之中，空间被注入了人类的集体情感。那些对空间方位的划分并非只是呈现为一些冷冰冰的物理参数，相反，它们都具有特定的社会情感价值，与人的生活息息相关，成为人的"生活空间"。

我国产业园经过近40多年的发展，园区产业结构和空间布局不断优化，已经呈现出涉及不同产业层次、覆盖经济领域广泛、多种类型互为补充的发展态势。同时，园区作为产业空间布局落地的重要载体，也发挥着重要作用。从"生产空间"到"空间生产"，空间由生产场所转为生产对象本身，产业园也从早期纯"生产空间"扩展为对"空间"的生产。产业园在城市郊区的开发建设，形成了一座座"新城""副城"，也催生出一个个新的生产、生活、生态中心。这些综合功能的实现使产业园构筑起一种能够满足"新市民"除了经济之外的社会、心理、文化等方面融入的空间条件，在基础设施等客观物质环境构建的物理空间基础上，"社区化"的产业园进行着"三大空间"的生产。

一、"产业集聚空间"再造

产业是产业园发展的物质基础和动力源泉，是其正常运转的关键支撑，在其发展中起着决定性作用。产业发展的过程，就是先进生产要素和优秀人才向产业园聚集的过程。产业一旦形成规模，将产生滚雪球式的集聚效应，吸引更多外部资源要素加快集聚，促进内部新生主体快速衍生和成长。以海淀区为例，必须依赖高科技产业实力的不断壮大，依托高科技产业园促进新型城镇化发展。

根据自身资源禀赋和要素条件等当地经济发展特点，产业园打造出园区特有的主导产业。因此，产业园"社区化"直接表现为对"产业集聚空间"的生产再造。作为中国经济发展的"引擎"，产业园日益成为产业集聚的"核芯"。围绕"社区化"产业园的主导产业及配套的生产性服务，同时还能带动生活性服务业、产业园周边尚存的由传统农业转型为园区服务的现代农业（比如西安高新区）等，形成了包括一、二、三产的园区产业结构，构建起区域生态化产业体系和区域知识创新网络，实现了"产业集聚空间"的再造。同时，这种"产业集聚空间"的形成也有利于带动人口的集聚和商业的发展，促进产业园的生产、就业、消费、服务等功能提升，密切了园区与周边区域、与新城的关系，提升了产业园"社区化"的水平。

以下分别从产业变化特别是产业结构优化升级的现实情况、产业园产业发展存在的问题以及未来发展的趋势来分析产业园"产业集聚空间"的再造。从前述的分析框架来看，如表4-2。

表4-2 "产业集聚空间"的属性和特征

	场所	现实的"同在性"	历史的"同在性"
产业集聚空间	生态化产业体系 个体生产、工作、劳动岗位	组织之间的合作交流 个体在工作中互动	企业的知识、技能 组织的历史、制度

这一部分主要聚焦在区域层面，解释群体（或者组织／网络）的三个维度，而涉及个体工作、劳动岗位、工作中互动以及知识技能学习等方面的变化则留待下一章再论述。

（一）不断优化升级的产业结构为产业集聚提供基础

配第·克拉克定理从国民收入和劳动力占比研究了区域三大产业演进趋势。这一理论表明，随着经济的发展，产业结构的演变呈现一定的规律，即随着经济发展和工业化深化，产业的发展遵循第一产业逐步向第二、第三产业升级的规律。运用这一规律分析产业园及周边产业结构，呈现出两种变化：第一是园区周边传统农区围绕园区服务实现的产业转型，第二是园区制造业与服务业关系的变化，即产业园建设之初以制造业为主，逐渐转向制造业和服务业并行发展，最终达成服务业为主。

1. 园区周边传统农区的产业转型

我国各地在推进产业园开发建设的过程中，一般是在城市的郊区规划一片土地，在促进区域经济社会发展的同时也改变了当地农民的生产生活方式。传统产业结构围绕园区服务也发生了一系列的改变，主要表现为一、二、三产业的深度融合、品牌创意对产业发展品质的提升、电商化带动重构的分工合作体系等方面。

（1）三产深度相融构建了服务园区的新业态

在国家层面的《乡村振兴战略意见》中，产业兴旺被确定为发展重点，农村一、二、三产业融合发展（以下简称"三产融合"）是基本方向。从国际经验看，发达国家的农业农村发展同样走了三产融合之路。美国农业部将农业及其相关产业统一称为"美国的食物和纤维体系"；日本农林水产省则把农林渔业、关联制造业、关联投资、饮食及关联流通产业统称为"农业·食物关联产业"[①]。

---

① 席晓丽. 产业融合视角下的现代农业发展研究 [D]. 福建师范大学，2008.

通过技术和制度的不断创新，三产深度融合模式下的现代农业产业体系分化出许多关联性强的相关产业门类，它们在以农林牧渔业为主的狭义农业的基础上进行整合、更迭，实现了狭义农业的升级换代，促进了现代农业多元功能的实现。

国家统计局的 10 个大类涵盖了第一产业、第二产业、第三产业中涉及农业及相关产业的全部内容。

注：上图根据国家统计局的《农业及相关产业统计分类（2020）》整理（由于该分类中 02 和 03 两个大类都为产品加工与制造，故本书作者进行合并）

在国家政策的引导与扶持下，农村三产融合发展取得了较大的进展。国家统计局 2020 年制定了《农业及相关产业统计分类（2020）》，并据此新的统计分类核算出 2020 年全国农业及相关产业增加值占 GDP 比重为 16.47%，其中三次产业增加值占比分别为 46.8%、29.1%、24.1%，二、三产业的增加值超过了第一产业的[1]，以农林牧渔业为主的狭义农业占比不足一半。

---

[1]　国家统计局官网，http://www.stats.gov.cn/tjsj/zxfb/202201/t20220112_1826175.html.

产业园的建设进一步加快了这种融合的速度，扩展了这种融合的范围。以三产融合为产业基础，园区周边的传统农区立足地域资源禀赋和产业特点，挖掘地理标识产品、传统文化遗存、传统技艺（传统艺人）、乡村特色手工业等，通过科技、人文等新要素注入本地特色产业，发展农产品深加工、电商、乡村旅游休闲服务业等，拓展了区域农业的功能，提升了区域农业附加值。满足了园区生产环境营造和生活休闲娱乐的需要。

（2）品牌创意提升了产业发展品质

多元化、个性化的消费需求伴随着人们的生活和收入水平提高不断产生，生理需求满足后，心理满足成为消费主流。产品在实现产业化、标准化生产以满足"头部需求"的同时，"小而精、小而特、小而美"的"长尾需求"满足也是一个发展的方向。"农产品需求变化与农产品流通速度不断加快，促使农业技术从产量发展范式向品质发展和价值增值范式转变。"[①]

针对各个地区不同的自然资源禀赋、产业发展基础和生产要素聚集等，发挥互联网电商科技和地方文化创意的双重优势，结合当地产业特色、生产规模、产品特点等，通过电商数字生态圈的构建和传统特色挖掘、品牌设计等文化创意注入的有机融合，促进原生态、绿色健康特色产品的品质发展和价值增值，让园区周围的农业生产实现溢价，在产业园开发建设的同时坚守了"绿水青山就是金山银山"，实现区域经济社会的和谐发展。比如，西安高新技术产业开发区下辖的灵沼街道的灵沼草莓就具有深厚的文化底蕴，既有"三灵"文化的"灵德"底蕴，又有后稷文化的"厚德"底蕴。它不仅是水果，更是文化的传承。吃灵沼草莓，就能想起周文王的仁政和后稷为民造福的精神。据了解，该街道现有设施农业 5350 亩，其中作为灵沼设施农业优势产业的设施草莓 1500 亩，年产量 210 万斤，设施蔬菜 3850 亩，年产量 6550 万斤，解决了辖区 5500 余名群众的就业问题，种植户人均年收入突破 3 万元，是辖区老百姓增收致富的支柱产业[②]。

---

① 刘笑冰. 北京市创意农业需求分析与发展预测 [D]. 北京林业大学，2013.

② 西安高新技术产业开发区管理委员会官网，http://xdz.xa.gov.cn/xwzx/bmdt/639a8d20f8fd1c4c2131449a.html.

（3）电商化带动重构了分工合作体系

互联网信息技术飞速发展、大众消费从单纯的物质需求基本满足后提升为对精神文化品味的追求、电商等新的营销方式的普及……这些科技、文化、创意、营销等新要素的不断注入，再加上政策文件的不断要求，电商平台企业凭借互联网联结，构建起来与众多相关中小企业协同发展的商业生态圈。以电商平台企业为中心的优势互补和资源共享的有机生态圈，突破了地理位置的限制，扩大了服务面，可以迅速形成全国市场。园区周边的"新市民"可以依托平台企业演进出来的商业生态圈挖掘应用场景，创造出大量的社区就业创业机会。比如，西安高新技术产业开发区集贤镇黄鹂果品合作社借助抖音、快手等网络平台，组织果农田间直播助力增收[1]。

2. 产业园第二、三产业的变化

产业园区发展的一般历程是：建设之初以制造业为主，逐渐转向制造业和服务业并行发展。在功能上，由工业加工区，通过不断完善配套功能，逐步向综合新城发展，逐步推进产业园的"社区化"转型升级。

产业结构的变动，会对产业园"社区化"转型升级产生重大影响。产业结构的优化，会增强产业的竞争力，提高经济的发展质量。其中服务业能够吸纳更多的就业，带动产业园新的产业集聚和升级改造，各产业的服务水平也获得了提高，更好地满足产业园促进产业集聚，增加就业，带动地区经济发展、促进城镇化发展。

产业园内部产业以二、三产为主。围绕"社区化"产业园的主导产业及配套的生产性服务，形成了包括二、三产的园区的产业结构，构建起区域生态化产业体系和知识创新网络。

特别是以信息产业为主导的高新技术企业的发展促进了生产性服务业的快速增长，成为产业园产业集聚的新特点。这个变化和国际趋势是一致的。李清娟的研究表明：密集使用信息的生产性服务业的扩展成为发达国家城市近年来增长的主要特征，生产性服务业已经成为大多数城市最具动态的、增长最快的部门。增长的激发因素是生产性服务业的"外部化"，即各种类型的公司或企业内部为生产提供服务的功能逐渐外部化，产生了存在于企业或公

---

① http://xdz.xa.gov.cn/xwzx/bmdt/5f163b7bfd850845e697a78c.html.

司外部的独立的生产性服务机构①。社会分工形态从企业内部的分工为主逐渐转变为社会性"外部分工"为主，在产业园范围内以生产性服务业为主构建起一个新型的区域生态化产业体系。

科学技术部火炬高技术产业开发中心在《2020 年国家高新区企业主要经济指标》中对国家高新区企业主要经济指标进行统计时，专门分出高技术产业制造业和高技术产业服务业。按行业类别分类，前者包括医药制造业、航空、航天器及设备制造业、电子及通信设备制造业、计算机及办公设备制造业、医疗仪器设备及仪器仪表制造业、信息化学品制造业；后者则包括信息服务、电子商务服务、检验检测服务、专业技术服务业的高技术服务、研发与设计服务、科研成果转化服务、知识产权及相关法律服务、环境监测及治理服务等业务领域。

《成都高新区服务业发展规划（2018—2022 年）》提出重点培育总部经济、临空经济两大重点形态，软件和信息服务、现代金融、商务服务、高新技术服务 4 大主导优势服务业，以及高端商业、文化创意、体育服务、社区服务 4 大生活性服务业。

因此，产业园进行产业转型与升级，逐渐淘汰落后的资源密集型、劳动密集型企业，不断提高服务质量和管理水平，吸引大量的高技术企业和现代服务企业的进驻，提高了产业园的第三产业产值比重，从而优化了产业园区的产业结构。

（二）我国产业园发展中产业集聚存在的主要问题

经过 40 余年的发展，我国多数产业园区已经形成了明确的主导产业和优势产业集群，在产业集聚方面取得了不错的成绩。但是，由于发展经验不足、管理体制僵化、产业园与周边地区存在发展"势差"等原因，也出现了不少问题。

1. 盲目跟风趋同，主导产业特色不明显

产业园特色化发展是提升园区发展质量面临的首要问题。我国很多地方的园区建设和发展主要是受到其他地区成功经验的影响，许多地区的产业园在很大程度上彼此之间相互复制，带有一定程度的跟风性质，没有与当地经济发展特点和资源禀赋相结合，导致园区规划不完善、定位不明确，大部分

---

① 李清娟. 产业发展与城市化 [M]. 上海：复旦大学出版社，2003：121.

园区没有形成自身的发展特色。产业项目与功能同质化倾向日趋严重，没有属于自己的特色产业和核心竞争力，园区内也没能依据产业链形成专业分工和协作。比如，部分国家级经济技术产业园区或者高新技术产业园区内，企业盲目跟风，大量从事电子信息、生物医药、工程机械等行业，产业趋同，同质化倾向日趋严重，缺乏基于地区实际的特色产业和适应新工业革命和全球制造业格局变化的技术与人才积累，产业链也没有很好形成。

2. 缺乏统筹规划，重点产业培育定位不清晰

部分地区在推进产业园开发建设过程中，落地园区产业项目或企业没有统筹和长远规划，过分追求产业园区短期产生经济效益指标，背离不同类型产业园的发展目标，对重点产业培育定位不清晰，难以形成合理分工布局。许多地方盲目冒进新建各类产业园区，开发过程呈现出明显的"重量轻质"特征，没有根据本地区的条件发展特色产业和优势产业，锻造属于自己的核心竞争力，不可避免地造成很多园区发展的"低效率"，背离了我国产业园区建设的政策初衷。

3. 过度行政干预，产业规律得不到充分尊重

我国许多产业园的开发建设主要还是依靠政府推动和投资，如土地开发、基础设施建设等，再加上园区大量的优惠政策，这些都造成园区发展中充满行政干预，增加企业的依赖性，影响市场化运营机制的建立。同时，各地产业园为了招商引资互相攀比提高政策优惠额度，造成许多企业特别是园区需要的战略性新兴产业、高新技术产业的企业出于发展需要，入园的动因更多的还是希望享受国家和地方政府给予园区的优惠政策，而不是产业集聚效应等产业规律，造成随机性较大，产业之间纵向、横向关联度不强，导致产业布局较为混乱，产业关联度不强，无法实现集聚发展。

到 2020 年底，中国平均每个地级市拥有 4.8 家省级及以上产业园区。部分地区产业园区内产业发展领域表现出"重企业、轻产业"的不良现象，企业更多的是各自为政，未能形成产业链上下游合作的整体力量。园区政策依赖性强，要素利用率较低。

4. 存在"二元"结构，对本地产业的保护和扶持不够

由产业园特殊优惠政策引导的资本、人才和技术等的集聚，不仅中断了当地经济社会发展的原有进程，更造成了产业园与周边地区的发展环境差异造成，产业园与周边地区存在着比较大的发展"势差"，形成了现代与传统并存的空间二元结构现象。产业园发展到一定的阶段，特别是高新区阶段后，这种与周边地区的"二元性"更加明显。与早期的农村地区由乡村工业内生动力自然生长而成的乡镇工业带动的园区不同，这类园区一般由政府主导，通过基础设施投资较快地改善了交通区位和产业发展的环境，同时，为招商引资提供了较多的特殊优惠，因而能较快地发展技术、人才密集度相对较高的高科技产业，特别是战略性新兴产业，对周边地区的传统产业扶持和带动不够，进而形成一种一定程度的"恶性循环"，不利于区域整体经济社会的和谐健康发展。

（三）产业体系生态化：产业园产业集聚的未来趋势

产业高级化发展与城市更新双轮驱动下新型经济发展模式与城市生活模式相结合，即生产方式与生活方式的整体转型升级是产业园"社区化"转型升级的突出特征。而产业园的灵魂是产业集聚，"产业集聚空间"的形成与成熟是区域经济与产业经济交叉结合发展的高级阶段的象征，也是后工业化时期服务业占据经济结构主导地位的区域经济组织模式。从我国当前产业园产业结构调整任务来看，需要不断淘汰第二产业中的高耗能、高污染行业，以产业信息化、组织网络化、要素知识化等为园区产业发展的出发点和落脚点，不断发展本地产业和引进新兴产业，培育区域主导产业，持续提高第三产业比重，逐步构建起区域生态化产业体系。

下文将从区域生态化产业体系的三大特点对产业园产业集聚的未来趋势进行研判。

1. 产业智能化

当今互联网进入"万物可联、处处可联"的物联网阶段，使无数个孤立的"人工大脑"实时连接起来，互联网成为一个与人类大脑高度相似的进化系统。基于互联网海量的"大数据"和每时每刻与现实世界的信息交互，人工智能从此进入一个新的时代——互联网人工智能时代。

随着社会向智能化时代迈进，信息通信基础设施的革命已使信息和数据的社会化程度成为"社会生产过程的一般条件"[①]。"云计算"和"大数据"等互

---

① 贾根良. 第三次工业革命与工业智能化 [J]. 中国社会科学，2016(06)：87—106+206.

联网技术的不断推陈出新，对整个社会的生产进行了智能化赋能，重新组合了新的产业和新的服务性经济。生产和消费、劳动和资本、管理和信息之间发生着新的联系，从而创造出新的产业园经济模式。

在软件和互联网智能化革命的驱动下，通过分化、融合和创新传统的产业链，催生了大量新业态。产业链的分化是将产业链、价值链打散，从传统的"补链"思维到"拆链"思维，促进 CRO，CMO 到模块化产业集群的发展。产业链的融合包括产业间的渗透、交叉、跨界，诞生了多样化的综合解决方案提供商；产业链的创新则出现了诸如 3D 打印、众包等新业态，传统的产业生态发生巨变，出现了很多新的产业客户群。

产业园转型的重要一环就是园区内产业转型升级，这就要求积极有效地引导战略性新兴产业、高新技术产业在园区内落地，及时配套现代服务业集聚、融合发展，这些不仅是支撑和引领园区转型升级的新的增长极，也是产业园经济发展质量提升的重要抓手和主要着力点。所以，产业园的产业规划要分析不同客户群的产业组织规律，发掘有效需求，并据此选择以新一代信息技术产业为基础的战略性新兴产业、高新技术产业为主导产业，通过智能化、自动化和数字化的生产服务向全行业渗透和赋能，重塑园区产业链，促进园区二产、三产的融合发展。同时，还要随着园区"社区化"转型，不断拓展生活性服务新业态，这两者共同构建起园区高质量的区域生态化产业体系。

2. 组织网络化

技术创新与组织创新之间是一种双向的（双螺旋）互馈关系[1]。随着新技术的应用和推广，会涌现出新的组织形态，大数据、云计算、人工智能、物联网等数字技术革命开始引领创新组织与管理的变革。生产组织将面对的是一个越来越变化不定的生产、技术和市场环境，必须构建一个极具弹性的生态化产业体系，这种弹性不仅体现在企业内的技术层面，更为重要的是操作技术的主体（人）及人的组织安排（企业）方面的弹性[2]。

从长远发展来看，单个企业仅凭自身力量无法应对诸多不稳定因素的冲

---

[1] 江飞涛. 技术革命浪潮下创新组织演变的历史脉络与未来展望：数字经济时代下的新思考 [J]. 学术月刊，2022，54(04)：61.

[2] 王缉慈，等. 创新的空间：企业集群与区域发展 [M]. 北京：北京大学出版社，2001：21.

击，以专业化合作、共享过程控制和集体目标为基本特性的网络化组织成为理想的组织管理方式，声誉、承诺和信用等成为影响其正常运行和健康发展的最基本的组织因素。通过转包、战略联盟、服务合同、销售合同等企业间的具体社会劳动分工与协作形式逐渐替代了企业内部的分工与协作。这种变化使单个企业跨越自身边界，通过构建区域企业网络实现资源共享，优势互补。企业间不再是通过市场分"馅饼"，而是通过网络组织把"馅饼"做大，实现 1+1>2 的效果[①]。

以创新为主的智能化时代，竞争对组织的灵活性提出了更高的要求，单个企业集中型的生产组织形式逐步让位于分散化的企业网络的组织形式。由于每个企业分别从事生产和服务过程中某个阶段的工作，分工创造了企业相互依赖的网络，网络中企业间需要协调。遵循亚当·斯密和钱德勒把市场和企业等级分别称作看不见的手和看得见的手之隐喻，有学者形象地把组织间协调称作是"握手"，即网络组织是看不见的手和看得见的手的"握手"[②]。在这种"握手"的协调中，网络化的组织可以把大企业的优势和小企业的灵活性结合起来，在竞争与合作中求得某种平衡，实现对生产活动的增值功能。网络结构需要建立在企业长期交换的关系基础上。只有这样，才能获取所需的外部资源，并有效地培育和扩大产品的市场[③]。

新技术迅速发展的同时，大公司的组织结构也发生了重要改变。为了减少技术锁定、劳动力囤积以及生产能力过大的风险，生产需要外部化（垂直分离）[④]。由于减少交易费用的需要，分离的企业在地理上集聚在一起，并强化了社会劳动分工。进入智能时代，为了加强这种产业集聚，产业园加快应用和推广由数据要素驱动的新一代信息技术，在园区升级改造中大规模投资以5G为代表的关键性新型基础设施建设，打通并建立起虚拟实体之间的连接，突破物理上的空间限制和组织的外部边界，拓展组织的网络化空间功能和组织资源配置的空间范围，颠覆现有的组织规则和管理制度，改变企业的规模、

---

① 王缉慈，等. 创新的空间：企业集群与区域发展 [M]. 北京：北京大学出版社，2001：77.

② 王缉慈，等. 创新的空间：企业集群与区域发展 [M]. 北京：北京大学出版社，2001：79—80.

③ 王缉慈，等. 创新的空间：企业集群与区域发展 [M]. 北京：北京大学出版社，2001：78.

④ 王缉慈，等. 创新的空间：企业集群与区域发展 [M]. 北京：北京大学出版社，2001：21.

边界与层级，促使组织方式向网络化、生态化方向演进，构建起开放、协同、共享的组织生态网络。与中央集权、自上而下的管理体制截然不同，网络体系中的组织主要采取开放式扁平化结构。在核心企业的主导下，不同规模、类型的企业间不断动态演变着协作与竞争方式，整个组织系统中由遍布全国、各大洲乃至全世界的数千个中小型企业组成的网络与国际商业巨头一起共同发挥着作用[①]。

表4-3　大企业与中小企业特点对比（括号内内容表示弊端）[②]

	大企业	中小企业
营销	对变化的市场反应迅速（海外营销费用可能较高）	有综合性的批发和服务设施，对现有产品营销能力高
管理	官僚主义少。企业家善于很快利用新机会，愿意冒险	管理者能控制复杂的机构以及实行公司战略。（可能产生官僚主义，通常不愿冒险，在新的机会面前缺乏活力）
内部交流	有效的非正式的内部交流网络。迅速解决内部问题。有能力为适应外部环境的变化而迅速地对企业进行重新组织	（内部交流通常很不方便，对外部的机遇和坏兆头反应迟钝）
技术力量	（通常缺乏技术专业人员，通常不能支持正式的有一定规模的研究与开发活动）	能够吸引高质量的专业技术人员。能支持建立大规模的研究与开发实验室
外部交流	（通常缺乏时间和资源来研究如何使用外部的科技专家资源）	能利用外部科技专家资源，能提供图书和信息服务，能把研究与开发活动转包给专业研究中心，能购买关键的技术信息
金融	（难以吸引资金，尤其是风险资金。创新的风险性很大，缺乏上市能力）	有借贷能力和上市能力。能支持多角化，以开发新技术和开拓新市场

---

① ［美］杰里米·里夫金. 第三次工业革命：新经济模式如何改变世界 [M]. 张体伟，孙豫宁，译. 北京：中信出版社，2012，XVI .

② 王缉慈，等. 创新的空间：企业集群与区域发展 [M]. 北京：北京大学出版社，2001：20.

	大企业	中小企业
经济规模	（在某些领域，规模经济是小企业进入的障碍。没有提供一体化的产品线或生产系统的能力）	有在研究与开发、生产和销售中达到规模经济的能力，能提供一系列补充产品，有投标大项目的能力
增长	（难以从外部获得迅速增长所必需的资金，管理者有时不会处理日益复杂的组织问题）	有扩大生产的融资能力，能通过多角化和兼并来获得增长
专利	（在处理专利问题上常常存在问题，不能花时间或经费来从事专利诉讼。）	能雇佣专利权专家，能通过诉讼来保护受侵犯的专利
政府法规	（通常不能处理复杂的法规，依照法规行事的单位费用一般很高。）	有能力投资法律部门来处理复杂的法规要求。能分担法规费用，能资助研究如何按法规行事的研究费用

注：资料来源：Rothwell（1984）

以中关村科技园区海淀园为例，按收入规模划分的高新技术产业情况就能充分说明这一点。

表4-4　中关村科学城（海淀）按收入规模划分的高新技术产业的企业数量

（单位：个）

	≥10亿元	1亿元~10亿元	500万元~1亿元	100万元~500万元	50万元~100万元
2016	242	1219	4754	1859	471
2017	289	1265	5216	2229	522
2018	293	1351	5286	2291	558
2019	306	1417	5468	2485	683
2020	284	1410	5726	2979	832
2021	297	1337	4799	2264	561

注：以上数据来自2017—2022年北京海淀统计年鉴

由于海淀园以软件和信息技术服务业为主，根据工信部出台的以行业分类的企业中小微划分标准的相关文件[1]，这个行业的标准是从业人员300人以下或营业收入1亿元以下的为中小微型企业。其中，从业人员100人及以上，且营业收入1000万元及以上的为中型企业；从业人员10人及以上，且营业收入50万元及以上的为小型企业；从业人员10人以下或营业收入50万元以下的为微型企业。按照这个标准，结合上表的数据，计算得出2016年和2020年中小型企业占比分别为82.9%和84.9%。

新技术革命使产业联系不再局限于企业之间的垂直的或水平的物质联系，而是扩展到非实体的信息联系，诸如通信联系、面对面的交流与沟通等[2]网络化的新型组织形态，是去中心化、去中介化、深化分工的，它将企业内部和外部分工有机结合，降低了交易费用，拓展了企业边界。这种网络化组织与传统组织的区别见表4-5。

表4-5　网络化组织与传统组织的区别表

	组织结构模式	研发模式	生产模式	营销模式
网络化组织	扁平化网络化的组织模式	开放化模式	个性化定制、大规模定制	基于数字平台的精细化、精益化模式
传统组织	大企业主导的垂直一体化整合模式	垂直整合模式	大规模生产方式	粗放化营销模式

以下重点论述作为基础的组织结构模式的创新。

韩国地理学家朴杉沃认为，发展中国家的新产业区在发展过程中有3个并存：一是柔性生产系统与大批量生产系统并存；二是地方性生产网络与全球：性生产网络并存；三是小型企业与大型企业并存[3]。

稻盛和夫创造的"阿米巴经营"法的成功就是网络化组织在组织结构模式上创新的一个例证。这种方法是对大型组织的一种小型网络化改造。通过把

---

① 中型企业与小型企业的区分，https://wenda.so.com/q/1673651579217566.

② 王缉慈，等. 创新的空间：企业集群与区域发展 [M]. 北京：北京大学出版社，2001：36.

③ 唐晓宏. 上海产业园区空间布局与新城融合发展研究 [D]. 华东师范大学，2014.

大型企业划分成一个个小组织，使每位员工都能参与组织的运营，成为组织网络中的一个"节点"，以有创新活力的、机动性强的轻质化、易变化的组织形态减少"巨无霸"患上"大企业病"的可能。

组织网络化给区域经济带来了核心竞争力。考察欧洲和北美发展迅速的产业区，无论是意大利中部和东北部的一些新兴工业区，还是西班牙的巴塞罗那和美国加利福尼亚的硅谷等，其共同特征都是存在专业化的中小企业集群，并形成了高度灵活的专业化生产协作网络，具有极强的内生发展动力，依靠不竭的创新能力保持了地方产业的竞争优势。

产业区的这种生产协作网络是建立在人与人互动关系形成的社会网络的基础上的，因为社会资本积累带来的交易成本降低、创新活力提高的同时，也使企业之间的边界模糊，促进了企业间的各种合作。比如，企业相互拆借资金、共同采购原料、共同销售、共同解决生产中的技术问题、共享信息等[①]，区域由此而构建起生产的生态系统。

区域内企业合作存在多种形式，平台经济是其中具有代表性的一种，且是组织网络化的重要表现形式。以平台企业为核心构建起新型的网络化组织体系，"平台"已不再是一个简单的技术性概念，而是一个复杂的经济组织[②]。生产方式发生分离后，一些企业专注于制定分工网络中各节点的功能边界、交互协议、接口参数与网络结构，即技术标准的制定，这些企业最终成为"平台企业"[③]。"平台"模式改变了传统的一体化生产组织方式，专业化的分工在"平台"上被高效地协调起来，组织网络中的不同规模企业之间不断增强合作与交互，有力地提高了"平台"内专业部门的生产力，创造了巨大的经济价值。

3. 要素知识化

要素知识化在产业园"社区化"对"产业集聚"空间构建中的作用体现在两个方面，一是作为先进生产条件对园区产业发展的直接作用；二是通过构

---

① 王缉慈，等. 创新的空间：企业集群与区域发展 [M]. 北京：北京大学出版社，2001：76.

② 夏羿. 平台组织的自发演进与主动构建：基于结构化的经济方法 [D]. 中国社会科学院大学（研究生院），2020.

③ 夏羿. 平台组织的自发演进与主动构建：基于结构化的经济方法 [D]. 中国社会科学院大学（研究生院），2020.

建区域知识创新体系，对"三大空间"施加的整体影响。

（1）要素知识化成为园区经济发展的策源和动力

智能化提升了产业园的产业结构，促成了网络化的分工体系，优化了生产的网络环境，单纯依靠放松管制和政策优惠、低成本优势的园区面临着严峻的挑战，在日趋激烈的竞争中面临极大的升级压力。目前依靠外力和初级劳工的产业园正在实行创新驱动的升级战略，生产要素中知识的作用越来越重要。以科学知识创造为策源和动力的园区经济模式在世界上做出了成功尝试。因为在信息经济时代，科学技术自身就已经成为一个产业。特别是在战略性新兴产业、高新技术产业领域，大学及科研机构实际上成为"采矿点"，"新矿藏"的名字叫作知识[①]。

当今的知识经济时代，世界各国的发展都在走创新驱动之路，创新的实质就是知识向人工制品或服务的转化以及新知识的生成过程。创新是知识转化为竞争力的桥梁与途径，这种创新能力来源于新知识的创造，产业运行的基础也是知识。知识创新是生产系统活力的根本来源，信息与知识联系成为产业联系的重要内容。通过提高创新能力，更好地适应并改善环境。产业园的产业集聚使企业之间在近距离相互作用，准确地传递显性的技术与产业更新的知识和地方性隐含的经验类知识，园区因此也成为一个知识生产和技术创新的中心。比如，硅谷已从特曼时代最辉煌的高技术生产中心演化成一个知识生产和技术创新的中心，一簇 R&D 实验室，而且硅谷建立了一个和同外部世界及他们相互之间有同样多的联系的社群网络，在那里，进行着大多数实际的制造活动[②]。

美国的硅谷和 128 号公路地区是要素知识化的典型。位于美国加利福尼亚圣克拉拉县的硅谷和波士顿附近的 128 号公路地区是美国半导体工业的心脏地区，这两个地区的共同点是拥有许多具备一流科研水平的大学，尤其是在电子工程和计算机科学领域。在波士顿地区有麻省理工学院和哈佛大学，

① 李清娟. 产业发展与城市化 [M]. 上海：复旦大学出版社，2003：95.

② Stuart W. Leslie and Robert H. Kargon. "Selling Silicon Valley:Frederick Terman's Model for Regional Advantage" [J]. *Business History Review*, 70 (Winter 1996), pp.467–472 // 李建军. 硅谷模式及其产学创新体制 [D]. 中国人民大学，2000.

在旧金山海岸地区的伯克利有斯坦福大学和加利福尼亚大学[①]。以大学和科研院所为策源地和动力源，通过生态化的产业网络体系，开展一些"实际的制造活动"。

(2) 区域知识创新体系成为"三大空间"重造的纽带

作为最重要的因素，知识不仅对于区域生态化产业体系起着重要作用，而且深度影响着与经济发展密切相关的区域共同行动、区域文化精神涵养。因此，要素知识化可以扩展为区域知识创新体系的构建，以这一体系为纽带将产业园"社区化"转型升级重造为"三大空间"有机融合。这里所指的区域知识创新网络是针对产业园范围的，是产业园内部各类行为主体在共同的创造实践过程中不断地与外部创新环境之间相互作用时构成的一种以实现知识的生产、传播与应用为目的的合作网络。产业园"社区化"带来了产业园功能的多元化，互相融合的产业集聚、人际交往和文化涵养"三大空间"的再造，为区域知识创新网络提供了各类行动主体间密切互动的环境和丰富的区域知识创建资源，这既是区域知识创新网络的前提，又是区域知识创新网络的结果。

第一，多维目标统一的价值追求。

在产业园"社区化"转型发展中，区域知识创新网络的目标已经不仅只关注经济效益，只局限于当地产业经济的发展，而是关注整体社会的发展目标，拥有营造当地人文精神和社会和谐环境的目标追求，产业园"社区化"使区域知识创新网络呈现出有机统一的多维目标的价值追求。

区域知识创新网络既可以提高人力资源个体的素质，提升区域人力资本水平，也可以提升人力资源群体的素质。产业园内企业之间的互动学习形成的经济网络建构了区域的生产系统，企业间知识传递与发展的合作过程是一个吸收、整合和扩散的过程。企业间的互动学习，可以将不同的知识要素进行有机结合，形成一个更大的知识生产系统；对新技术、新工具、新工艺的学习和应用可以更快地转化为生产力，增加产出，实现"物化"的外显功能，即容易看得见的人力资本积累与知识积累和创新。这种因为知识联结起来的区域生产系统带来的收益递增和持续发展，正是区域知识创新网络最直接和

---

① 李清娟. 产业发展与城市化 [M]. 上海：复旦大学出版社，2003：96.

外显的价值追求。

通过人际交往和精神文化生活而产生的生活性和公共精神文化知识的学习与创新、区域文明风气的营造、文化意识的倡导，这些更深层次的影响，却因为其非物质性的特性被深藏在区域外在的经济活动之下，成为区域特定的历史境遇和基本的人文特色，构成这个区域特有的文化密码，塑造为区域的文化精神，努力促进区域共识的形成和区域文化精神的认同。从群体文化精神的气质到个体的行为模式上改变着区域的整体运行模式，优化发展环境，提升发展质量。通过努力培育产业园良好的精神文化（文明）氛围，营造出良好的区域营商环境，促成一种创新、创意、创造"场"，使区域知识创新网络成为产业园的"黏合剂"和"倍增器"，提高区域核心竞争力，促进产业园"社区化"转型升级的全面建设。这些是区域知识创新网络更深层次的价值追求。

第二，多元主体交融的知识创生。

产业园的区域生态生产体系可以构建一个以企业、科研机构和院校"双主体""双芯"为核心，以地方政府和中介机构为支撑的知识创新网络，有利于产业园内的知识交流和知识创新。

这一生产系统与区域的社会、文化环境形成一个区域的知识基地，政府、产业、研究与服务机构以及社会组织之间的互动构建了地方关系网络，植根在区域网络与制度之中的这种网络，是由社会构筑并有文化意义的。它增加了主体之间的非贸易依赖程度和社会资本的存量，提供了通过非正式的交流来增强创新的方法。这种非正式的交流往往不采用契约形式，同学、同事、相识等关系都可以成为相互联系交流的纽带，这种非正式的沟通带来了最新的市场信息、管理经验、技术诀窍，同时也为企业带来了创新的思想和灵活性。附加了社会和文化的这种地方性网络，除了对经济活动有重要影响，也能通过网络协同，服务于人们的生活交往和精神文化需求，促进区域经济社会文化的全面发展。

第三，多重内涵丰富的知识构成

产业园"社区化"使区域知识创新网络除了产业的生产性知识，还有区域的社会生活知识和公共精神文化知识。

区域生产系统的知识学习和创新。由于产业园主导产业升级，特别是进入"赋智""赋数"的智能化、数字化的新时代，在经济形态和发展模式转换期，许多传统的职业和岗位在不断消失，但会代之以更多的新职业和岗位，转岗再就业需要大量新的知识和技能，需要区域生产系统的生产性知识的学习和创新。这种学习和创新促进了内部新生主体快速衍生和成长。产业发展和产业园功能之间是一个互动调整、新旧更替、动态提升的耦合过程，有利于促进产业园的生产、消费、就业、服务等功能提升。

区域生活系统的知识学习和创新。产业园经过"社区化"转型发展后逐渐成为一座"新城"，因此区域知识创新网络应包括现代公共生活的参与和遵守社会规范的知识、参与方式和社会和谐的交往准则、现代生活境遇下的新习惯、权利义务意识、社会责任意识，以及体现现代文明的规则意识、交通意识、卫生意识、生态意识、现代人际关系意识，学法守法，依法谋求和保护自身权益的能力，这些相应的市民素质在产业园新型"人脉圈"再造的"人际交往空间"中，随着"新居民"不断增加的"交集"，这种交流促进了知识的学习和创新。

区域公共精神文化的知识学习和创新。产业园"社区化"过程中，现代产业、科技文明、文化不断改变着乡村文明、传统文化，再造了产业园的"文化涵养空间"。新的文明和文化蕴涵着新的道德标准、行为准则，这些新的世界观和价值观、新的社会公德、职业道德、家庭美德和公民基本道德规范等成为区域知识学习和创新网络的一个组成部分。个体越来越追求精神文化，包括歌舞、书法、绘画、摄影等事关精神享受和追求的知识技能的提升，群体生存更具文化内涵与文明品位。通过提供贴近全体成员的体育、文化和休闲需求的精神文化产品和服务，人们的生活不断从物质层面向精神层面转化和提升。进而，区域公共精神文化知识将个体与组织的目标、价值观和需要相匹配，通过认知同频达成共识、情感同频产生归属感、精神文化同频形成共同价值观，为产业园"社区化"发展营造人文和精神氛围，有效保障产业园规范持续、长远地发展。

当然，这种变化还体现在知识呈现的形式更为多样。这主要是因为越来越丰富的知识内涵和愈发先进的表现手段丰富了知识的呈现形式。信息技术为区域知识创新网络的重构提供了技术支撑，通过建立数据库，支撑了生产网络和知识创新网络。建立在大数据和人工智能基础上的互联网学习载体越来越丰富和智能。比如可以在元宇宙平台上、利用虚拟与现实高度互通的手段使得知识更为"沉浸"，体现出知识体系的内容和表现形式的新变化。

产业园"社区化"的转型升级，使知识的聚集，不仅表现为产业集聚带来的生产性知识的学习与创新，还有在"社区化"的产业园中多元主体相互的人际交往和精神文化生活而产生的生活性和公共精神文化知识的学习与创新。因此，在终身学习社会建设和现代信息技术的发展趋势下，从发挥知识创新功能的角度来考察"社区化"的产业园，一方面要提供一系列以信息技术为基础的基础设施以方便知识的学习和创新；另一方面要产业园各行为主体与区域创新环境之间的良性互动，充分利用产业园内各主体开展创新活动时的知识资源，将知识和信息进行合理配置并使效率最大化，来实现知识的生产、扩散和应用，促进产业园的可持续创新与发展。

以上分别从产业信息化、组织网络化和要素知识化论述了区域生态化产业体系，在这一体系中园区集聚的要素不同于以工业为主的传统产业园，这些要素促使产业园新产业集聚空间的形成和劳动分工空间的变化，进而影响甚至决定着产业园乃至城市发展的方向和格局。这是产业园"社区化"转型升级进程中，产业园"产业集聚空间"未来发展的趋势和方向。

二、"人际交往空间"再造

这一部分将重点论述产业园"社区化"过程中人与人的关系，从过去重点关注产业集聚，聚焦"以产兴城"，进阶为产业园的全要素集聚，特别是人口的集聚，从而实现"以产兴城"和"以人兴城"的同步推进。

本书立足于"社区"这一概念，认为产业园"社区化"除了地域和产业的集中，更为关注人口的集聚和社群的形成。"人"是"社区化"的核心内涵，在产业园的开发建设中越来越重视人，围绕人的生活消费、就业创业、社群归属、精神文化等方面的需求提高产业园中产业发展与城镇化的协同度，这既能促进产业园的"社区化"转型升级，也符合新型城镇化的现实要求。

这一部分和"产业集聚空间"一样主要聚焦在区域层面，论述群体（或者社群／共同体）的三个维度，而涉及个体日常生活中互动以及社群归属感满足、新型社会关系（人脉）等方面的内容则留待下章再论述。

表4-6 "人际交往空间"的属性和特征

	场 所	现实的"同在性"	历史的"同在性"
人际交往空间	日常生活中人际交往地点——新型安置社区	生活性互动	过去的人脉关系、熟人社会社区文化积淀、地方传统传承

（一）新型社区的建设提供了日常生活交往场所

三大空间模型的提出主要是要解释由于产业园开发建设而带来的区域城乡人群在工作、日常生活、精神文化三个方面的互动和交往。具体到转居后的"新市民"，"产业集聚空间"体现为传统一产岗位的被替代，从国家和社会层面是通过产业园促进工业化，而本章的"人际交往空间"则主要表现在城市新型社区对传统乡村村落生活的替代，从国家和社会层面是通过产业园促进城镇化（城市化），如同产业结构优化升级在"产业集聚空间"重造中的重要性一样，城市新型社区的构建和完善是本部分的关键。

在第二章论述产业园"社区化"时，本书认为最为重要的一点是社区不仅只是一个地理范围，更重要的是"社群"，也就是社区是为人而构建的，而且也是在人的社群形成过程中不断形成和完善的。产业园作为我国经济社会发展的重要引擎和载体，在开发建设过程中，在周边配套建设了一些小区，也集聚了大量的人口，可以看到，一个个新型社区在不断生成，成为产业园"社区化"的重要组成部分。早在2003年，李清娟就通过自身的调研观察，发现很多开发区出现了新的趋势，表现为区内现代化住宅小区、花园别墅拔地而起，开设大型超市、各种大规模专业性市场，成为市区内大学的新校区等，开始向新城区发展。比如在苏州工业区，一座座高品位的住宅楼和别墅区拔地而起，与周边环境相容[①]。

---

① 李清娟. 产业发展与城市化 [M]. 上海：复旦大学出版社，2003：195.

1. 产业园配套小区的情况

据贾小兵对中国产业园区 40 多年历史的回顾与总结时做的统计，自 1998 年国家实施《土地管理法》后，各级政府取得了工业化也就是地方经济发展的主导权，各地园区数量激增，开发区、工业区遍布全国各个层级，最高峰时达到 6866 家，规划面积 3.2 万平方公里，而据中国新闻网报道，2021 年，我国建成区面积也只有 6.2 万平方公里，产业园开发建设最高峰时的规划面积是3.2 万平方公里，相当于这个建成区面积的一半还多。虽然国家为遏制这种过度开发，于 2003 年进行清理整顿，最后保留下来的开发区共 1568 家，规划面积缩小到 9949 平方公里，但还是可以看到产业园的开发建设是城市建设也就是小区配套的主要力量。这主要是因为：

第一，随着产业园的发展，国家土地政策改变，赋予地方政府通过产业园开发建设形式进行城市扩张。产业园廉价的土地、良好的环境引起了众多房地产商的注意，恰好又遇到国内住宅制度改革，为房地产开发提供了绝好的机会。地方政府建立诸如城市投资集团（城投公司）等地方融资平台一类的具有政府背景的半政半商机构，参与园区的开发建设，土地开发的收入积累了发展资金、弥补了财政上的不足。

围绕着招商引资开展的竞争从基础设施为代表的硬件环境水平向综合的城市环境方向演化，能否提供功能更强、更综合、更便利的服务以及更优美的生活和工作环境成为越来越重要的区域竞争因素。

这种产业集聚和城市建设互动带来各地产业园建设从单一"造园"到"造园"和"造城"并重的转变。

第二，我国产业园早期定位在单纯的产业生产空间，空间设置和建设的目的主要是招商引资，注重工业项目的引进，为此集中投入资金用于建设道路、港口、电力、自来水、通信等必要的基础设施。而在远离老城区呈"孤岛"状的地区，解决了上述的基础设施建设后，在员工通勤、获得老城区各项日常生活服务上不得不支付大量的移动费用的现实压力下，随着园区发展理念和定位的改变，产业园开始兴建供区内员工居住的住宅以及与之配套的商业设施、医院和学校等，并兴建银行、海关、邮电、通信、宾馆、饭店等设施，使产业园初具城市形态，单一的产业生产空间向综合性的城市空间转变，也就是本书提到的产业园"社区化"。

第三，由于国家土地政策收紧，地方政府需要集约化使用土地，以应对国家农用土地"红线"和园区空置"警示"等方面的要求。自 20 世纪 90 年代中期后，产业园作为区域工业化的主导模式，也加快了区域城市化发展。在产业园内及周边集中开发一些配套的新型小区具有明显的优越性。昆山经济技术开发区的实践证明：乡镇企业小区的建设比以前分散发展节省土地 10% 以上，节约基础设施投资 15% 以上[①]。

第四，产业园模式直接影响城市的行政区划和社区治理。从目前来看，我国现代园区经济的建立和发展，还不能完全脱离政府的多方面参与，它还是政府和市场结合的产物，主导者和推动者是政府，辅助者是开发商，导致产业园很多时候还肩负着一些社会职能。因此，为了统筹社会管理事务，许多城市在规划开发建设产业园的过程中，综合政府行政力量和市场配置能力，对行政区划进行调整。从园区层面，产业园一般会单列出来，作为城市的功能区，在相关政策上有倾斜。比如，为了充分鼓励园区的创新，采取的有些政策上的"先行先试"，其中北京市海淀区是一个典型代表。从新型小区层面，则会导致区域行政区划的改变。比如，前文提到的天津经济技术开发区在 2018 年成立泰达街道，西安高新技术产业园 2018 年托管了周边的 12 个镇街；而北京市海淀区为了更好地服务高科技产业园区，在高科技企业密集的上地地区，也专门成立了上地街道。

总之，随着产业园区成长为一个大的就业中心，每天有大量的劳动力往返于家庭与工作之间，为了解决园区职工的职住矛盾，园区、入驻企业有现实需求，政府也需要配套社会服务，再加上房地产开发商的推波助澜，从园区工业化开始，我国进入了"以地谋发展"的阶段。围绕产业园，政府和开发商在推进开发建设与产业集聚同时，也在产业园周边共同开发建设了一些不同规格和档次的集中居住生活小区。这些小区中也集聚了不同素质的社群，其中有一些为解决因园区开发建设而拆迁腾退农民的"转居"安置（这类社区在苏州工业园被称为"动迁社区"），也有些作为吸纳优质人才而配套的高品质的高档社区，这些造成产业园及周边社区也呈现出多层次和多元性的复杂

---

① 抢抓新机遇，争创新优势，争当苏南现代化建设先导区，http://news.sipac.gov.cn/sipnews.

形态。比如，苏州工业园由于经济开发的需要，占用了原吴县市的部分土地，后建成一批社区用以安置被占用地的村民，拆迁安居型社区就此建成[①]。

表4-7　苏州工业园区下辖街道社区情况（单位：个）

	动迁社区	城市社区	共　计
娄葑街道	12	12	24
唯亭街道	23	6	29
胜浦街道	8	15	23
斜塘街道	—	—	27
金鸡湖街道			

注：以上数据来自苏州工业园区官网

2. 产业园社群情况

伴随着大规模的开发建设，产业园的地域规模迅速扩大，周边的新型小区数量迅速增加，因就业、投资和生活等原因，大量人员落户其中，园区居住人口因而迅速增长，人口集聚效应明显。

（1）产业集聚吸纳了大量的高素质人才

产业园在区域发展中的重要地位引发了对各类人才的强烈需求。乔晓春等认为，未来各地对流动人口的竞争将从数量转到素质。一个地区流动人口素质的高低不仅与当地的就业需求有关，也与当地吸引人才的政策和措施有关[②]。

各个产业园纷纷出台多种吸引人才的政策，再加上其要素集聚能力，对高学历、高素质的人才有吸纳能力，带动大量人才进园区就业/创业，同时园区还接受应届的大学本科及以上学历的人才，从而使产业园外来人员相较于城镇化过程中进城务工经商的农业户口的外来人口有着不同的特点，增加了产业园及周边地区人员的多元性与复杂度。

---

① 张雪梅. 拆迁安居型社区的社区文化建设研究：基于对苏州工业园区的案例调查 [J]. 党史博采 (理论版)，2012(8)：29—30.

② 乔晓春，黄衍华. 中国跨省流动人口状况：基于"六普"数据的分析 [J]. 人口与发展，2013，19(01)：19.

据初步总结，产业园外来人员具有以下特点：

第一是学历高。按照第六次全国人口普遍数查，我国每10万人有大学（大专及以上）每10万人中具有大学文化程度为8930人，占比8.93%；按照"第七次全国人口普查"数据，每10万人有大学（大专及以上）学历的15467人，也就是占比15.47%。

表4-8 "六普"和"七普"我国居民拥有大学学历情况

	每十万人有大学（大专及以上）学历人数（人）	占比（%）
"六普"（至2010年末）	8930	8.93
"七普"（至2020年末）	15467	15.47

而作为产业园的典型代表的国家高新区，2012—2021年的10年间，从业人员中本科及以上人员占比从30.3%增长至40.9%[1]。

再从苏州工业园区这个单一园区的情况看，截至2020年末，园区常住人口中，受过大专及以上教育的为42.77万人，占比37.72%，列全市第一位。

"十三五"时期，中关村科学城（中关村科技园海淀园）从业人员人数从2016年的1091198人增加到2020年的1342080人，增加了250882人，增加了22.99%。其中，2016年和2020年大专及以上文化程度的从业人员占比分别达到85.60%、88.03%。

表4-9 "十三五"时期中关村科学城从业人员拥有大学学历情况

年份 \ 学历	从业人员期末人数（人）	博士、硕士人数（人）占比（%）	本科人数（人）占比（%）	大专人数（人）（占比（%））	大专以下人数（人）（占比（%））
2016年	1091198	156041 14.30%	544206 49.87%	233861 21.43%	157090 14.40%
2017年	1193564	180741 15.14%	599507 50.23%	253769 21.26%	159547 13.37%

---

① 赵永新，谷业凯. 十年生产总值增长二点八倍 国家高新区实现高质量发展 [N]. 人民日报，2022-12-01.

续 表

年份\学历	从业人员期末人数（人）	博士、硕士人数（人）占比（%）	本科人数（人）占比（%）	大专人数（人）（占比（%））	大专以下人数（人）（占比（%））
2018 年	1275410	191180 14.89%	639393 50.13%	257319 20.18%	187518 14.70%
2019 年	1302150	201514 15.48%	678719 52.12%	248478 19.08%	173439 13.32%
2020 年	1342080	207395 15.45%	731682 54.52%	242399 18.06%	160604 11.97%

注：以上数据来自 2017—2021 年北京海淀统计年鉴

通过以上各项数据的对比，可以清楚地看到产业园人员的学历层次要远远超出全国水平，已经成为高学历人才的集聚地，人才的学历优势明显。

第二是年轻化。产业园以其完整的产业链、价值链、创新链等产业体系和完善的大型公共设施，吸引了一批又一批实力雄厚的优秀企业扎根于此，以高科技产业和现代服务业为主导产业的优质企业的市场竞争力强，品牌效应明显，辐射范围广，且服务质量高，能够招聘一大批年轻人来此就业和创业。仅国家高新区，2012—2021 年的 10 年间，吸纳高校应届毕业生数量从 2012 年的 47.2 万人增长至 2021 年的 80 万人[1]。这些新鲜血液的注入给园区带来了持续的活力和不竭的动力。再来看西安市，"七人普"数据显示全市常住人口中 15~60 岁占比 68.33%，其中同年龄段的人口航空产业基地以 80.92%、经开区以 73.50%、高新区以 73.05% 名列全市"三甲"[2]，这 3 大产业园区的人口明显比其他城区的年轻，表明其对年轻人口的吸引力更大。

第三是素质高。产业园引进的人才一般拥有高学历、高技能，且具有创新精神。随着高技术产业和现代服务业的快速发展，大量的高新技术企业、科研院所、孵化基地、交流平台和各类中介服务组织纷纷落户产业园，服务

---

① 赵永新，谷业凯. 十年生产总值增长二点八倍 国家高新区实现高质量发展 [N]. 人民日报，2022–12–01.

② 数据来源于 2021 年 5 月 31 日西安统计局发布的《西安市第七次全国人口普查公报》，户籍人口数据来源于西安及各辖区的 2020 年国民经济和社会发展统计公报，数据截止至 2020 年末。

这些机构的人员都具有较强的创新意识、较高的创新能力和素质。比如，园区比较强的研发力量就是高素质的集中体现。2021 年，国家高新区企业从事研发活动人员 563.6 万人，是 2012 年的 2.5 倍，每万名从业人员中研发人员全时当量是全国平均水平的 12 倍。

产业园特殊的人才政策、良好的氛围、优美的环境吸纳了大量的人才，使园区成为一个城市的人才"高地"。比如，据武汉东湖高新区官网的信息，该高新区集聚了武汉大学、华中科技大学等 42 所高等院校、56 个国家及省部级科研院所、30 多万专业技术人员和 80 多万在校大学生，是中国三大智力密集区之一。

(2) 产业园及周边地区社群呈现出明显的"二元结构"

我国产业园一般是在城市的郊区进行开发建设，在空间构成上表现为专业园和周边的街镇的组合。比如，武汉东湖高新区规划总面积 518 平方公里，下辖 8 个街道（关东街、佛祖岭街、豹澥街、九峰街、花山街、左岭街、龙泉街、滨湖街），并建有 8 个专业园区（光谷生物城、武汉未来科技城、武汉东湖综合保税区、光谷光电子信息产业园、光谷现代服务业园、光谷智能制造产业园、光谷中华科技园、光谷中心城）。

产业园在开发建设过程中征用了大量土地，在推进园区周边传统农区快速实现城镇化的同时，也使本地农民不得不改变以前的生产生活方式，"离土"而脱离传统的农业生产，从事现代农业和二产、三产，成为"转居"的"新市民"。而本地居民中高学历、高素质的年轻人通过升学和到城区就业离开了产业园周边的乡镇/街道。据著者考察，北京市海淀区北部科技园区周边乡镇，该地区本地生源升学后毕业回乡的比例很低，这进一步拉大了本地与园区在人才方面的差距，相对园区这一"高地"，园区周边却退化为"洼地"。

正如前文所述，产业园区的产业结构明显地高于以农业为主的周边地区，这种过大的"势差"也体现在人才方面。相比由本地农民"转居"的"新市民"，产业园区的人才结构也存在较大的优势。在实现"社区化"转型升级前，产业园高素质、高收入、年轻化的人才不仅很少会到周边相对落后的企业就业，也很少选择在教育、医疗和休闲娱乐设施匮乏的周边地区居住，这是因为过去产业园一般相对封闭，与周边地区的人员和文化交流受到限制，直接造成园区企业的高素质员工很少接触周边地区的居民和文化，周边的当地人也很少能了解园区的发展状况，产业园与周边分割严重。

随着产业园产业的升级，以高科技产业为主的园区招聘的低学历、低收入的外来农民工逐渐减少，原有的园区社群形态发生了较大的变化。产业园企业员工与周边地区的居民交流的位势发生了"翻转"。乔晓春据从学历维度所做的研究，认为"农业户口的外来人口受教育程度明显低于本地户籍人口，而非农业户口外来人口的受教育程度又明显高于本地户籍人口"[①]，这是因为目前的"人户分离"人口中具有非农户口的人越来越多，从而导致流动人口的受教育程度存在着这种明显的"二元结构"，这种现象在产业园更为突出。

从人口集聚的角度分析，本书将产业园主要集聚的两类活跃人群确定为本地农民转居的"新市民"和园区引进的人才、企业招聘的员工，以这两类人为主构成了产业园的主要行动主体。引进人才的社群效应吸引同水平的人口集聚与周边农民"转居"的"新市民"在生活习惯、文化传统、价值观念、综合素质等方面的差异，降低了两类主要社群的交往频次和深度，造成产业园的这两类主要行动主体在素质方面产生了分化。以下主要就这两类人群的综合素质进行对比，见表4-10。

表4-10　产业园集聚的两类主要行动主体综合素质对比

	学历	年龄	生存环境	支配的文明形态	主要就业领域
产业园工作人员	高	年轻	完善	现代	高科技产业，特别是战略性新兴产业
"转居"的"新市民"	低	年长	待优化	传统	现代农业和生产生活性服务业

可以看到，高端技术人才配置到产业园，在人口集聚效应和整体规模不断扩大的同时，也使得园区的社群结构发生变化。这些掌握高端技术的从业人员不同于一般的劳动力，他们的收入水平高、消费水平高，热衷于休闲娱乐活动，带动了园区配套的生产性设施和生活性设施的不断完善，促进了园区及周边地区服务业的发展。

---

① 乔晓春，黄衍华. 中国跨省流动人口状况：基于"六普"数据的分析 [J]. 人口与发展，2013，19(01)：19.

而公共服务设施的不断完善，不仅有助于促进主导产业集群，而且由于教育、研发以及物流和专业性服务等生产性服务业得到大力发展，产业园的社会功能也能获得不断改进，这些将吸引更多的人来此工作与居住。这种人才的集聚也提升了产业园的服务功能。

这种园区人才的集聚所带来的新的消费需求，给本地农民转居的"新市民"提供了就业创业和全面提升自我的机会。需要克服两个群体在语言、习惯、价值观和自身发展需求等方面的差异带来的交流障碍，加强产业园"社区化"进程中本地农民"转居"的"新市民"与园区外来人员的沟通交往。园区工作人员较高的综合素质，对于产业园这一个"大社区"也是一笔教育财富，可以作为区域教育的兼职教师，应鼓励这些人才积极投身志愿者服务，开展知识讲座、技能传授、文明素养教育等。北京市海淀区就明确地在创新发展16条中提出：在人才建设方面，将培养一批具有高度黏性、扎根中关村科学城创新创业的"创新合伙人"；设立"青年科学家大奖"和"创业雏鹰大奖"，加强对青年科学家和青年创业者的支持力度，在落户、医疗服务、子女教育、住房保障等方面强化对人才的综合支持。

随着产业园"社区化"转型升级，由不同的村落重新组合为一些"转居"社区，它们与产业园区的关系越来越紧密。在这些大大小小的社区中，"新市民"与大量的外来人员的沟通交往，在再造"产业集聚空间"，构建起园区的新型产业"生态圈"的同时，社区新型"人脉圈"也再造着"人际交往空间"。这种新型的"产城"关系使过去"孤岛"般的产业园和周边的融合度增加，形成了生产、生活、生态功能统一的大"社区"。随着"人际交往空间"的再造，以上述两类行动主体为主产业园各类人群的"交集"也在不断增加。通过以上述两类行动主体为主的产业园各类人群的一系列互动，区域共同行动使这些行动主体能与产业园发展目标保持一致，使每位居民建立起社区共同体意识，达成区域共识，形成区域共同行动网络。

（二）日常生活空间中的人际互动

20世纪70年代，西方学界对城市问题研究的加深，使人们认识到没有纯粹的空间过程，只有特定的高于空间的社会过程。空间模式是在社会过程中形成的，而空间的变迁是生产变迁的结果。"空间就是社会，空间的形式与过程是由整体社会的动态所塑造的，其中包括了依据社会结构中的位置而享有其利益的社会行动者之间相互冲突的价值与策略所导致的矛盾趋势。"①

思里夫特将区域看作是人类作用与社会结构交汇的地方，认为区域是由一些相互作用的背景组成——不同场所的特别交汇，这些背景有助于形成相互作用的错综复杂性、特殊的时空特定性，生活就是交汇的感觉②，产业园正是这种各种资源特别是人的生活聚合、交汇的场所。

由于本书的研究主要聚焦在产业园周边由传统农区的农民转居的"新市民"，其在现代产业园中主要从事一些辅助性的生产性和生活性服务工作，基本上不参与以高科技为主的现代产业的产业链、创新链的核心工作，因此，这里主要以日常生活中的互动为主。

亨利·列斐伏尔提出了系统的日常生活理论。他指出："人必须首先是日常生活，否则他就不能存在。"③ 生计、亲人、住宅、环境、邻居等因素被界定为日常生活，进入其研究视野，强调集聚的人的日常生活力量的发挥。这就意味着正是各种行动的空间性"到场"建构起了"场所"的情境性特征或"场所"的空间结构④。从根本上看，社会空间就是人作为社会行动主体与他人或事物（包括物质环境）之间的社会关系。

按照列氏的理论，这种基于"社会关系"的社会空间生产是从行动主体的身体开始。当人从工作场所回到生活场景，其面临着日常生活中的各种人际交往，这种人际交往可以进一步增进企业和人才的地方根植性，促进区域经济社会的全面发展。本书重点选取居住、商业、组织3个空间展开论述，本书也将其界定为"人际交往空间"的3种主要构成形态。

1. 社区居住空间中的"人际交往空间"再造

产业园构建起来"产业集聚空间"，集聚了大量企业。随着企业的增加，

---

① ［美］曼纽尔·卡斯特. 网络社会的崛起 [M]. 夏铸九，王志弘，译. 北京：社会科学文献出版社，2001：504.

② 约翰斯顿. 人文地理学词典 [G] //. 柴彦威，等，译. 商务印书馆，2004：588—589 张林. 学习型区域发展理论及其应用研究. 东北师范大学，2005.

③ ［法］列斐伏尔. 日常生活批判：第1—3卷 [M]. 叶齐茂，倪晓辉，译. 北京：社会科学文献出版社，2018：68.

④ 郑震. 空间：一个社会学的概念 [J]. 社会学研究，2010，25(05)：189.

就业岗位也相应地增加，吸引大量外来人口落户园区，与之配套的居住小区、职工宿舍随之产生。同时，1998 年住房商品化改革之后，房地产逐渐进入高潮，居住空间迅速膨胀。人口的集聚造成公共服务设施的极大需求，产业园在各乡镇基础上建成了一座座"新城"，这些城市空间不断扩大，并与中心城区连成一片，城区空前膨胀。

产业园的"社区化"带来的园区生产与生活区的"交融"状态，使园区工作人员会购买或者租住在"转居"社区里，与本地转居"新市民"建立邻里关系。这种由地域关系为主而形成的初级群体关系，与传统以"熟人社会"为人际交往空间基础的乡村的"左邻右舍"不同，主要的改变是缺失了血缘、亲缘、乡缘情感为基础的纽带，带有一种现代社会的"价值交换"、社区认同等特征。两类主要人群比较友好、亲密的邻里关系，是影响居民生活幸福感的重要指标，能增加居民公共事务参与度和相互的信任感，有利于社区共同体的建立。同时，如果产业园内的企业员工能更依赖周边的生活服务设施，则可能逐步增强其对地方的嵌入，促进产业园与周边地方的联系，逐步破除空间二元结构。因此，应强化园区生活功能的配套建设，植入居住、休闲、娱乐、教育、医疗、购物等生活服务功能和城市建设配套，增加园区各类主体沟通交往的场所和机会。例如，天津经济技术开发区管委会建设公共空间，包括基础设施方面有文化中心、泰达图书馆、泰达当代艺术博物馆等，展览和会议方面有万丽泰达会议中心等，运动方面有泰达体育场、泰达第二体育馆（在建）、华纳国际高尔夫俱乐部等。

2. 社区商业空间中的"人际交往空间"再造

赵琪龙等从开发区主导下的苏南地区的园区商业地产的形态演变来分析园区商业空间的生产，指出园区的商业地产经历了邻里中心、大卖场、规模商业街区、大规模商业综合体的发展过程，并认为产业升级推动了园区由生产空间向消费空间转型，同样，消费需求的多样性导致城市空间的多元化[①]。因此，产业园从单一的生产功能转变到生产、生活、生态综合功能后，表现出明显的步入消费社会的倾向，生产空间在逐步转型为消费空间，需要建构

---

① 赵琪龙，郭旭，李广斌. 开发区主导下的苏南乡村空间转型：以苏州工业园区为例 [J]. 现代城市研究，2014(05)：9—14.

社区商业空间。

作为园区的行政管理部门，产业园管委会在产业园升级版——"社区化"过程中，一般会将城市级、街区级和社区级三级商业业态优先纳入产业新城发展规划中。比如，产业园周边各社区中的便利店、小菜店和快餐店等商业业态就是比较常见的。为充分发挥其在日常生活中的重要作用，需要属地政府对这些围绕社区开展商业服务的空间进行空间重组、物质改造、计划指导、合理管控、科学调节，以提高空间使用效率，丰富园区居民日常生活的商业服务。

社区商业空间主要提供民生保障，对提升社区群众获得感、幸福感效果更为明显。需要形成多层次、多种类的社区服务，特别是与超市服务、美食、出行、酒店住宿、休闲、旅游、维修等相关的配套商业服务。比如，天津经济技术开发区管委会建设了配套齐全的商业服务设施，购物及综合方面有永旺梦乐城、友谊名都市民广场店、鸿泰千百汇、塘沽万达广场等，而在酒店住宿方面则有宜必思酒店、惠中酒店、泰达中心酒店、万丽泰达酒店、泰达国际会馆等。

"社区化"过程中构建的三级特别是社区级的商业业态，虽然很多只是小商户，却是社区商业的"细胞"，组成了城市的"毛细血管"，在为各类人群提供贴身周到的生活服务的同时，也为转居"新市民"提供了创业/就业机会。产业园周边的社区里，围绕"大社区"生活服务的各种餐馆、便利店和小菜店，也成为"人际交往空间"的重要组成部分。

这种社区商业空间的构建主要满足产业园"社区化"的生活和生态功能的需要。要处理好两个关系：一是与生产空间的配套，构建公共共享平台；二是园区周边新型社区和传统农区之间的关系，注意在创造多元消费空间（如度假别墅区、农家乐、生态公园、商业街等）的同时，保护原始乡村风貌，这既能满足园区年轻人对乡村田园生活的向往，保证在完整的乡村空间中实现对乡村生活的美好体验，又能为园区的创新活动营造优美的环境。

3. 社区组织空间中的"人际交往空间"再造

人是群居动物，也是感情动物，不要让钢筋水泥阻断了邻里温情，所以社区邻里服务中心、各种社团组织，特别是学习型社团（共同体）对社区来讲尤为重要，是"人际交往空间"再造的一个重要的组成部分。

社区组织是指以某一社区为范围建立起来的，有目的、有计划地满足居民一定需要的各类组织，不同的社区组织通过各种关系相互联结成为一个完整的社区组织有机系统。产业园周边的"转居"安置社区是在传统农区集约化运用土地基础上形成，居住其中的"新市民"的文化生活相对比较匮乏，组织化程度也较低；除了一些政府主导设立的社区服务类组织外，其他的都是群众自发性的业余组织，多以民间活动团体或临时性组织的形式存在，缺乏明确的组织结构，多以草根文化的形态呈现。帕特南在研究意大利一些制度绩效比较高的地区时，发现存在着许多诸如"合唱团、足球队、鸟类观察俱乐部和扶轮社"等社团组织，"居民们相互信任、行为公允、遵守法律……社会网络和政治网络的组织方式是水平型的，不是等级制的。社区鼓励团结、公民参与、合作和诚实的品质"[1]。这种成员参与网络形成的过程也是一种互相学习共享知识的过程。"共同的知识可以由……生活在同一社区的人们共享，因为它使人们以相似的方式构建经验。"[2]"人际交往空间"的建立实际上是一种区域共同行动，因此可以通过组建区域学习社团、俱乐部等非正式组织，在一种轻松和谐的氛围中，推进区域社群网络即区域学习网络、区域创新网络的形成，构建学习型社会、创新型社会。

（三）区域共同体的建立

前文提过，布迪厄从"惯习"出发，将人们愿意停留在特定地点的一种倾向称为归属感。社区归属感是培养社区居民共同体意识的前提，而构建各种共同体也为居民形成社区归属感、满足社群归属需要提供了载体和条件。从人际交往的维度，"人际交往空间"落实到人和人之间形成的区域共同体上，主要体现为"新市民"群体与园区外来人员在城乡转型过程中形成的特定聚合，其中包括工作生活中的互动交流、共同行动中的区域共识达成、企业知识的扩散等人际交往互动。在这些生活空间中，"新市民"相伴着产业园的"社区化"转型升级不断融入城市，在潜移默化中逐步实现"市民化"。

1. 共同体的概念

"社会"的常见定义即是一定时间和一定空间里人类生活的共同体。德国

---

① 刘宏伟. 社会资本视域下的阶层分化问题研究 [D]. 大连理工大学，2014：34—35.

② 张林. 学习型区域发展理论及其应用研究 [D]. 东北师范大学，2005：70.

的社会学家斐迪南·滕尼斯的名著《共同体与社会》就通过给书命名的形式旗帜鲜明地将"共同体"与社会联系起来，该书提出"共同体"的形成必须是同地域范围、同文化体系且有一定的血缘关系的生活群体。在他的理解和解释中除了血亲关系、居住的共同区域之外，特别将长久相处所积累的风俗习惯等文化特色也作为构建"共同体"的重要构成元素。涂尔干则认为人类所产生的信仰和遵守的规则是构成共同体的两大重要因素，同时也有对事物所秉承的价值观以及所倾注的情感[①]。

　　滕尼斯"共同体"这一概念是结合对自身所处时代的观察提出的。工业文明和城市文明所造成的人与人的"隔离化""陌生化"，使他更加侧重在乡村社会来运用这个概念，认为乡村居民之间的相处模式和居住环境比较贴合共同体的意义和内涵[②]。

　　本书的研究的现实背景正是乡村社会被现代社会重构、"新市民"刚刚脱离过去的乡村居民之间的相处模式和居住环境，融于产业园开发建设带来的各种变化中，传统的乡村"共同体"已然解体，现代的社区"共同体"正在构建。在这样的现实背景下，综合前人的理论，本书将这一社区"共同体"的主要构建条件设定为：在血缘、亲缘、地缘中以地缘为主的互动交往以及互动交往中产生的感情层面的共同情感、实践行动层面的规则、惯习和精神意识层面的共同信仰。将现实的"同在性"与历史的"同在性"有机统一起来，特别是现代对传统的创新性继承、城市文明对乡村文明的吸收和改造的时代背景下，过往的血缘、亲缘等被逐步消解后，需要"邻近性"的地缘和融合历史和现实"同在性"的长期共同生活中互动而形成的新的风俗习惯，这些因素共同作用成为构建区域新型共同体的基石。

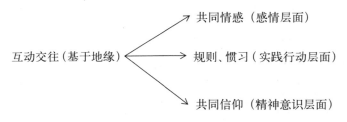

①　郝琼. "农转居"社区共同体意识的社区营造研究 [D]. 西北农林科技大学，2019.

②　郝琼. "农转居"社区共同体意识的社区营造研究 [D]. 西北农林科技大学，2019.

从区域共同行动角度考察，社区"共同体"的形成遵循共同行动养成新的倾向系统——惯习，带来观念的转变——促进区域各类主体从内在深层次达成统一的发展愿景（这一点在下面的"文化涵养空间"部分将重点论述），从而为构建共同的行动网络提供精神文化支撑。而从对经济活动的作用角度看，社区"共同体"长久的发展历程中会形成各种习俗和正式的制度，能够降低交易费用和促进创新。

总之，不能仅仅把人作为一个纯粹的单一的自然存在，应该增加社会因素、人的交际等，即人是"社会关系的总和"。社区归属感是培养社区居民共同体意识的前提、社区归属感的建立基础是认可度、责任感和使命感，拥有共同的目标和信念；反过来，构建各种共同体也为居民形成社区归属感、满足社群归属需要提供了载体和条件。因此，学习共同体作为一种类型的共同体，是满足"新市民"归属需要带来的学习需求的一个重要的载体。

2. 产业园在区域共同体构建中面临的困境

新型城镇化与工业化同步推进的进程中，产业集聚、经济发展也对区域的社会建设提出了要求。产业园开发建设在迅速提升地方工业化水平、促进经济建设的同时，产业的扩张和经济的集聚带来了各种要素，特别是人口的集聚，导致城市化的生活空间急剧往外扩张，短期内形成了一些带有明显产业园特征的社区，不同于传统的农村社区和城市社区，这些产业园及周边共同形成的大社区有其独特性和复杂性，带来区域共同体构建中的一些困境，主要体现在以下几个方面。

一是生活背景和交往圈的不同影响了共同情感的产生。本书所主要研究的两类人群都是在"迁徙"，无论是近距离的"搬迁"，还是远距离的"流动"，生活和工作的环境都发生了变化。原有的邻里和亲属等初级群体的亲缘、血缘、地缘等亲密关系由于居住环境和形态的改变而产生变化，居民的情感得不到有效的延续，各类居民特别是两类人群的关系处于半熟悉甚至陌生的状态，邻里之间的情感淡漠，缺乏情感纽带，对于新社区没有情感基础和寄托，居民对于社区的认同感不强，难以形成对于社区"家"一般的共同情感。

二是居住小区品质的差别削弱了"邻近性"的地缘优势。由于来自不同的地方，社区居民之间传统的亲缘、血缘纽带关系本应该更多体现为地缘关系，但是由于前文提到的产业园周边开发建设的集中居住生活小区在规格和档次上存在较大的差别，本书所主要研究的两类人群多数情况是分别居住生活在不同的小区里。园区引进的优秀人才和一些因城市旧城改造、住房改善或者有"逆城市化"倾向而迁住到周边的较高档的小区，而本地由原来一个村或者几个村拆迁腾退后"转居"安置的农民（本书称为"新市民"）"上楼"的小区品质相对较低。因此，两类主要人群基本上还是各自生活在一个相对独立的小区环境中，互相沟通交流的机会并不多，难以建立起紧密的地缘关系。

三是持续共同行动的缺乏致使区域"惯习"难以逐步形成。情感和地缘关系纽带没有形成，影响了互动交流；居民对社区事务比较低的关注度和参与的意愿，影响了社区共同行动。被布迪厄界定为倾向系统的"惯习"，首先表达为一种组织化行为的结果，通过人们的社会化经验内化为个人相应的倾向，这些倾向引导群体成员进行实践，并总是为同一阶级或群体的所有成员所共有。

因此，个人在社会化实践中的"惯习"又引导群体共同行动，形成区域共有"惯习"，这需要通过长期的时间来养成。而早期产业园建设片面追求经济效益和产业集聚，一来超常规的建设和发展速度给区域"惯习"形成的时间太短，短期内难以达成；二来忽略了产业园区对周边社区空间的辐射反馈作用，"新市民"没能快速融入产业园的现代生活和工作，致使一方面传统的习俗因为时代的变化和生活环境的改变而没法延续，另一方面又不愿也不能积极参与社区事务，没能以共同行动促进区域"惯习"（共同习俗）的形成。

四是管理体系分属的不同造成统一的区域规范无法形成。产业园和周边社区有各自的管理体系，社区的管理缺乏正式和非正式的制度和规则，没有议事和讨论的共同前提基础。在管理方式方面，由于"转居"社区属于过渡产物，一般原有的村委会在一段时间与新组建的社区居委会并存，"转居"农民对于原村庄的依赖感尚未消失，对于新的社区生活管理方式和管理主权的改变难以接受和适应，而产业园的外来员工更多的时间在园区内，现代化的产业组织管理模式与社区生活管理之间还是存在较大的差别，无法建立统一的区域规范。

3."人际交往空间"再造构建区域共同体的策略

"人际交往空间"的再造本质上既是区域共同行动网络的"编织",也是区域社会资本的积累,也是民众的普遍参与(参与率)和相互信任(信任度),最底层可归结到各类人群的社群归属需求的满足。需要"新市民"增加参加区域公共事务的意识,积极参与和服务公共生活,形成区域的共同信任,特别是本地"新市民"与外来人的相互信任,产生共同行动。构建产业园区域共同体需要以一定地域为行动舞台,逐渐通过组织的建立和活动的开展,培育并形成产业园各个行动主体对社区的归属感和认同感,从外在的要素集聚到内在的社群融合。具体采取以下策略:

第一是共同目标的宣传普及。通过各类行动主体共同愿景的达成,凝心聚力,共同建设园区。

第二是园区开辟和建设公共活动空间。以"大社区"视野,统筹考虑园区及周边的公共服务,开辟和建设公共活动空间,增加园区多元主体在活动中的交流互动场所。特别是在周边安置社区,以中老年人为主的年龄结构和睦邻友好的熟人社会氛围,在规划建设时配建规模相比普通社区更大的老年活动中心,为中老年人预留充足的活动空间,在每栋单元楼的门前配建一些休息区,供老人们闲坐、邻居之间互相交流,让传统乡村社区和睦的邻里关系在产业园社区里得以传承和延续,再造这些空间为"新市民"提供充足的互动交流平台。

第三是鼓励和引导成立各种共同体。调动居民自身的积极性。利用本地文化遗存、特色景观、特产,进行休闲娱乐项目的开发和经营,既能实现本地创业,又给园区的"三高"务工人员提供了休闲放松的项目,在这种互利双赢的服务中加深感情,构建良好的人际关系。

第四是营造良好的环境,培养社区情感。整体的人文和自然环境可以提高居民的安全感、幸福感,激发创新力。区域公共服务、政策制度、文化氛围、自然环境等代表了区域的文明程度、发展质量的水平,这些"软环境"和基础设施、生产生活服务配套等"硬条件"结合,营造出区域良好的整体环境,能吸引人才、资本、技术等生产要素集聚,促进区域整体发展。

总之,在产业园"社区化"转型升级中,本地人和外来人的交往中最为关键的是真正"融合"到区域发展中,重新建立社区组织,人群呈现出迁徙相对自由、各阶层的居民更加融合、对外的开放性加强、社会关系重新弥合等特点。园区人员的生活与转居"新市民"息息相关,本地农民转居"新市民"需要处理各种关系,在经济、社会、心理、文化等方面进行调试,从而能够与引进人才更好地相处,在共同生活中安全、尊重等需求得到满足,以一种包容的胸怀、公平的态度同等对待。这就需要充分考虑产业园这一大"社区"作为产业园各类主体生活共同体的重要交往沟通平台,通过建立开放、交融的社区交通、通信、公共设施、景观建筑等人际交往空间,将产业园建设成为以两类行动主体为主的全体居民之间共建共享的开放"场域",形成区域共识,积累社会资本,推进"人际交往空间"的再造。

三、"文化涵养空间"再造

产业园"社区化"过程中经过产业集聚,达成要素特别是人口集聚,再通过人与人不断互动的人际交往,在"以产兴城"和"以人兴城"的协同下,构建起区域共同体。这一部分将重点论述产业园"社区化"在城市物理空间、产业空间、人际空间重构后进行的区域文化空间的重构。

表4–11 "文化涵养空间"的属性和特征

	场所	现实的"同在性"	历史的"同在性"
文化涵养空间	各种媒介、大型活动、历史景观等	媒介的宣传、大型活动组织等精神性互动	历史痕迹的积累——包括物质和非物质遗产

(一)"文化涵养空间"的内涵

随着"社区化"的不断深入,产业园发展的影响因素除了硬件设施、主导产业集聚、劳动力素质等要素条件之外,区域共同的文化涵养起着越来越重要的作用。它是园区发展的"精气神",是一种无形的财富,赋予园区生命,有助于园区充满活力和动力地健康发展,实现这些都需要在文化基础上的"文化涵养空间"的建构。

1. 文化的内涵

文化对经济社会发展的作用这个话题一直是学者和社会公众都关心的话题。很多西方学者在思考和分析区域知识增长、技术进步、经济社会发展时除了物质因素，都将文化因素作为一项重要的解释指标。它在不同学者和理论中有不同表述，包括：马克思主义经典理论的反作用于生产力（经济基础）的生产关系（上层建筑）、马克斯·韦伯以新教伦理为基础的资本主义精神、熊彼特的企业家心理和企业家精神、发展经济学家刘易斯的新观念的接受能力和人们的态度、森的强有力的价值观和规范系统、哈耶克和诺思等制度经济学家的"非正式制度"等。本书将这种文化从个体和区域两个相互关联的层面展开论述，在个体层面表现为通过创新创造把事情办成而施展的个人能力和才华，包括个体的性格和行事原则等，推而广之到区域层面就是区域的文化。

文化包罗万象，不胜枚举。但归根结底它的内在本质是人们的观念，作为载体它承载着价值观，反过来，价值观也从个体层面改变着人的文化素养、从群体（区域）层面改变着区域的文化风貌。

下面列举出几个国内外有代表性的文化学、人类学和社会学者对文化内涵的几个典型分类，可以看到，其中价值观念是一个重要的组成部分。

表 4-12　国内外代表性学者对文化内涵的分类

学　者	分　类
克罗伯和克拉克洪	两个层面： 1. 科学技术层面 2. 价值观念层面
索罗斯比	两个含义： 1. 以文化产业为主的活动的总和 2. 社会的价值和习惯
费孝通	三个层次： 1. 器物层次——生产、生活的工具 2. 组织层次——政治组织、宗教组织、生产组织、国家机器等 3. 价值观念层次——社会的行为选择标准

注：本书著者整理自罗浩. 文化与经济增长一个初步分析框架 [J]. 经济评论，2009(02)：114.

　　虽然，不同于文化学、人类学和社会学者，经济学家往往倾向于把文化理解为一种可以进入某种经济函数而加以分析的因素、变量，而价值观也被作为一个重要的"因素"或"变量"，例如，青木昌彦和奥野正宽认为"文化"可以说是属于该经济社会的人们所共有的价值观[①]；速水佑次郎从狭义角度将文化定义为社会中人们的价值体系[②]。白涛在开展相关研究时，总结前人的文化成果，从文化资本对地区经济的作用角度，认为："文化赋予不同人群或个人不同的特性"，进而带来这些主体不同的经济行为，这就是地区经济发展的重要影响因素。[③]

　　结合以上的观点，为了使研究能够更加深入和聚焦，本书突出重点地将"文化"狭义地界定为一种价值观念的体系，包括态度偏好（如勤劳、节俭、冒险、创新）、意识形态（如宗教信仰、民主理念、民族主义）、伦理道德（如忠诚、信用）等，它们的共同点在于对这些因素的秉持构成一个社会多数人的精神效用。这里，我们把意识形态、价值观、伦理观念、规范性行为准则这一类因素排除在（非正式）制度概念之外，而将其划归"文化"概念之中[④]。

　　在研究社会问题时往往可以在个人与社会之间进行生物学的推演，这是因为社会是个人的组合，而个人是社会的缩影，因此，在影响地区发展与影响个人成就的因素之间也就可以进行许多类比。

表4-13　影响地区发展与影响个人成就的因素类比

地　区	个　人
初始要素禀赋	先天禀赋（体质、智力和继承的财富）
技术水平	后天获取的知识技能
制度结构	行事原则
文　化	性　格

注：上表参照罗浩. 文化与经济增长一个初步分析框架 [J]. 经济评论，2009(02)：113.

---

① ［日］青木昌彦、奥野正宽. 经济体制的比较制度分析 [M]. 北京：中国发展出版社，1999：22.

② 速水佑次郎. 发展经济学：从贫困到富裕 [M]. 北京：社会科学文献出版社，2003：3.

③ 白涛. 文化资本与经济发展：理论分析与实证研究 [D]. 复旦大学，2013.

④ 罗浩. 文化与经济增长：一个初步分析框架 [J]. 经济评论，2009(02)：114.

个人成功的条件，当然与他的先天禀赋、后天知识技能以及行事原则密切相关，但最终还是"性格决定命运"，底层的性格也可以说是一个人的价值取向等起着关键作用。扩展到区域层面，与个人层面"性格"对应的就是地区的"文化"，因而，我们可以套用，得出"文化决定区域命运"的论断，也就是文化是影响一个区域发展的最为重要因素之一。高波等认为，"每个人，即使他没有接受过任何正规教育所代表的人力资本投资，但是他一定习得了某种特定的文化或价值观体系，从生产的角度来看，这一价值观体系实质是一种文化资本"。[①]

2．"文化涵养空间"的界定

空间中的主体（也就是"人"）是有意义追求的，人所在世的生活性实践赋予物理空间以现实意义。人的生存与发展都必须将衣食住行等日常生活带入空间，为了让人能够诗意地栖居在大地上，空间建设就需要赋予其文化内容，人的工作、生活空间应该与文化、历史、民族、传统等意义要素相联系。在前述的"产业集聚"和"人际交往"两大空间再造的同时进行"文化涵养空间"的再造，使人在与环境的相互眷顾中，不仅仅只停留在回答"空间之于主体是什么"的认知维度，还能够形成在存在维度对空间的情感体验和依赖，实现日常工作生活的"诗性"回归。赋予空间文化的"文化涵养空间"再造是社区居民理想、信念、价值目标、伦理道德长期形成的过程。

本书将文化重点归纳为价值观体系，那么"文化涵养空间"再造就可以归结于区域价值观体系的重构，实际上也就是区域文化资本的涵养。价值观是一个人对周围客观事物的看法和评价，而这种看法和评价决定了人们的价值取向和价值追求。因而，它就成为人们的价值尺度和准则，支配着人的行为、态度、信念、理解等。它可以通过直接报酬递增或者间接的发展路径选择和文化氛围营造来促进区域发展。以新教为例，兰兹在评价韦伯理论时认为，问题的核心实际上在于造就一种新人——理性的、有条理的、勤奋的、讲求实效的人[②]。这些标准通过新教的传播，成为教徒的一种普遍的价值观。

---

① 高波，张志鹏．文化资本经济增长源泉的一种解释 [J]．南京大学学报（哲学·人文科学·社会科学版），2004(05) 102—112.

② 白涛．文化资本与经济发展：理论分析与实证研究 [D]．复旦大学，2013.

人们的价值观形成和改变，遵循从不断行动到养成习惯再到转变观念即沿着行动、习惯、价值观的顺序进行改变的逻辑。习性是个体在实践中形成的、又作用于人的实践过程。对于场域和习性两者的关系，布迪厄认为，一方面场域构造了习性；另一方面，习性又赋予场域以主观的意义和价值，由此消除主客观二元对立问题。在人与自然、人与人和人与人组成的人文环境的长期互动中，形成的习惯、日常规则、协议和正式与非正式的制度是人能动地改造周遭空间、塑造区域世界的重要力量。产业园给各类行动主体提供了共同空间，经过长时间共同工作、生活、受教育在同一个空间——"社区化"的产业园中，通过共同的认知和行动，养成了共同的习惯，促成了共同认知框架和价值观，涵养了区域共同文化。斯托帕就极力强调习惯、日常规则、协议和正式与非正式的制度部分塑造了区域的世界，长时期受教育和生活在一个社区提供给主体相似的爱好，在认知和规范方面都可以促进共同文化的发展[1]。

共同价值观的培养和增值，也就是"文化涵养空间"构建，是本书所说的另外两个空间的底层精神动力。

人们的行动总是建立在认知的基础上的，共同的阐释方式要求双方拥有共同知识基础——认知框架，在交流过程中起到了"密码键"的功能，而"密码键"则表现为共享的语言规则、思维方式和价值判断[2]，因此，这种区域认知"密码键"是区域共同行动的基础。因为认知观念统一，才能促成共同行动的发生，这就使得以价值判断为主要内容的价值观成为关键，进而共同价值观的培养就成为锻造区域认知"密码键"的主要手段。

从知识生产和流通角度看，拥有共享的交流"密码键"对降低区域交易成本的作用或许会比距离和时间更重要，因为如果缺乏它会阻碍信息的交流和整合，不利于新的知识的形成。因此，使产业园的各个群体在阐释知识时形成一致的共享"密码键"，即拥有共同的价值观是降低区域交流成本和交易成本、增加区域共识的关键。

本书以社会主义核心价值观、创新精神、可持续发展观等为区域"文化涵养空间"构建即区域文化资本培育的主要内容，而且为了能够让研究更加深

---

① 张林. 学习型区域发展理论及其应用研究 [D]. 东北师范大学，2005.

② 张林. 学习型区域发展理论及其应用研究 [D]. 东北师范大学，2005.

入，考虑到产业园的基础功能还是通过集聚各种高端要素，实现产业高质量发展，故进一步把"文化涵养空间"聚焦在创新精神的培育上，并将社会主义先进文化有机融合其中，以产业园的企业家为重要力量，带动包括本地转居"新市民"在内的产业园社区中的各类行动主体，共同在"社区化"产业园的热土上构建起极具创新精神的"文化涵养空间"。

以社区居民为主体，特别是要调动本地转居"新市民"的积极性，这对于"文化涵养空间"再造至关重要。本地转居"新市民"从传统的农村社区转居到产业园社区，在文化上还留有过去本地特色文化的痕迹。这些乡土文化遗存、传统手艺、工艺既是其彻底"市民化"的障碍，同时在这个时代，有很多追求新奇、带有复古意愿的年轻人工作生活在园区，这些优秀的传统文化、工艺对这些从事现代产业的员工在特定时期还具有一定的吸引力，因而也有其符合现代社会的价值成分。产业园具有特点的"文化涵养空间"再造，需要提高本地转居"新市民"特别是乡村手艺人的自我效能感，使其发挥自身的聪明才智和娴熟技艺，将传统文化与现代生活有机结合，焕发新的生机。

总之，通过园区每一位行动主体的共同努力能够再造出独具区域特色的"文化涵养空间"。

（二）"文化涵养空间"再造的作用

正如前文所提出的"文化决定区域命运"，"文化涵养空间"具有报酬递增的特性，从而直接给区域带来收益；再者，它制约着人们对资源、技术、制度等要素的选择，某种程度上决定了区域的发展路径，从而影响着区域发展的质量和效益；还有，它总体营造出区域的文化氛围，促进区域各类主体从内在深层次达成统一的发展愿景——区域共享的认知"密码键"，为构建共同的行动网络提供文化支撑。

1. 促进区域经济增长

在分析文化对经济增长绩效的影响时，制度经济学认为制度是文化进化的结果，因而将现代经济增长的根源最终归结于文化变迁。发展经济学的刘易斯将"节约的意愿""工作态度""冒险精神"等作为影响经济增长的重要因素，认为经济增长依赖于对待财富的态度和对于取得财富所需的努力的态度[①]。

[①] 罗浩. 文化与经济增长：一个初步分析框架 [J]. 经济评论，2009(02)：115.

国内许多学者也以不同区域的模式、机制的实际探讨区域精神文化与区域经济水平相关性。如辜胜阻等通过对温州模式和硅谷模式的比较，深入分析了两种模式背后的文化内涵及作用机制，因此提出了区域文化会内生出不同的区域发展模式的看法[①]。

在一个有共同价值观的区域，一般面对面交流的质量比较高，各类主体之间信任度也高，交易成本较低，信息和知识交流通畅，企业的本地植根性因此增强。马歇尔式产业区便是典型。在这样的产业区内，充满着产业空气，产业"秘密"对区内的每个人都是公开的，频繁的交流与合作碰撞着创新的火花，推动着地方生产系统持续发展。以市场开拓为目的的企业跨国投资通常首先选择在具有相同文化和消费心理特征的地区[②]。

总之，对于产业园而言，文化反作用于生产力，可以转化为经济生产力。从空间维度看，经济发展动力呈三层结构。表层动力是经济要素和经济结构动力。经济要素包括劳动力、资源、环境、技术等；经济结构包括产业结构、城乡结构等。优质的经济要素和合理的经济结构，是经济健康发展的重要动力。在表层的下面，是制度动力。制度包括微观制度和宏观制度等。制度更先进，经济发展动力必然更充足。在制度动力的下面，是文化动力或人文精神动力。这里的文化或人文精神主要是指一个民族或地区内人群所具有的深层价值观。不同的价值观或不同的人文精神取向，必然对经济发展产生不同的作用力。另外，三层动力并不是分离的关系，而是三者互相影响和制约，尤其是制度和文化，更具有密切的互相作用关系。其中，文化制约制度的选择，而制度对文化动力的发挥又有反作用，若制度不合理，文化或人文精神动力也不能得到有效发挥。最终，特定的文化和制度，决定了经济发展交易成本的大小。最终，三层动力互相耦合，形成经济发展的总合力。

2. 营造区域文化环境

文化的环境和氛围也会对产业园"社区化"产生影响。这种环境和氛围是人类生产和创造出为自身物质和精神活动的基础文化条件。文化环境对城市

---

① 白涛. 文化资本与经济发展：理论分析与实证研究 [D]. 复旦大学，2013.

② 王缉慈，等. 创新的空间：企业集群与区域发展 [M]. 北京：北京大学出版社，2001：29—30.

发展和产业园区的产业都有积极作用。这种文化环境的营造是一个多层次的复杂环境体系建设。正确的文化取向和精神文化定位可以帮助产业园加快建设和发展的步伐。浓厚的文化环境可以提高居民的文化素养和文明素质，增强居民的生态环保意识，提高居民的生活品位。将传统文化与现代文化、外来文化与本地文化有机融合，可以塑造城市及产业园的文明形象，提升产业园及周边地区的文明程度，构建和谐的社会关系网络。

3. 提供区域创新动力

技术创新和制度创新是影响产业特征和地方环境之间互动关系的关键，技术创新改变产业的特征，从而提高该产业的适应能力。制度创新会改变本地的环境或解决产业发展的瓶颈问题，从而减少本地环境对该产业的约束力。因此，产业集聚是技术创新和制度创新的互动关系所导致的规模报酬递增的结果。

在熊彼特看来，一个地区容易获得技术创新的成功，得益于该地区具有一种开放、灵活、平等竞争的文化[1]。

刘易斯认为，一个地区人们接受新观念的速率与知识增长、技术进步的速率正相关，区域创新水平一定程度上取决于区域文化对待创新的态度，也是该区域人们的价值观。此外，如果新知识与本地流行的禁忌或信仰直接冲突，那么开展技术创新工作也会遇到困难[2]。

随着技术进步和组织变革，产业园集聚的主要是技术和知识密集型产业，如新材料、新能源、信息产业、电子产业等，这些产业占地规模小，对环境的污染程度低，但对高技术人才的需求量大，对环境的要求高，一般布局在生态环境较好的区域。生态环境是激发创新创造的外在条件，也是"文化涵养空间"的重要组成部分。

4. 守住区域文化根脉

早期产业园的开发建设，存在"产城不融合"的"失调症"，没有考虑地方的资源禀赋、经济实力、产业特色，"新城"建设的千篇一律的建筑景观

---

[1] 罗浩. 文化与经济增长：一个初步分析框架 [J]. 经济评论，2009(02)：117.

[2] 罗浩. 文化与经济增长：一个初步分析框架 [J]. 经济评论，2009(02)：118.

风格，造成建设的"同质化"，使很多有历史底蕴的古城在引进产业发展地方经济、推进城市化的过程中不断丧失地方深厚的历史积淀和独特的人文底色。

园区周边农区"转居"过程中，旧有的乡村文化与产业园带来的以工业化与城市化文化为基本特征的现代文明之间会发生冲突和碰撞。"转居"的"新市民"在许多方面依然保留着乡村社会的文化传统，但也不可避免地受到现代城市生活的影响。从乡村到城市的转变过程中，传统节日等文化遗存受到城市商业文化冲击，民俗文化逐渐淡化。同时，生活方式也经历着旧与新的变动交替，"文化涵养空间"注重区域文化遗产的传承，在对传统文化的保护方面起着重要的作用。比如，北京市海淀区在不断打造科技创新之城——中关村科学城的同时，对北区四镇的京西稻、曹氏风筝等海淀乡村的地方特产、民俗、民间工艺以及文化体育项目等的保护和传承就是对区域文化根脉的一种执着坚守。

产业园开发建设中都需要对原有的城乡土地进行重新规划，包括平整土地、拆除旧有建筑，一般会面临历史遗迹及标识物、吉祥物、象征物等区域性标识、历史古迹等的保护问题。区域的这些文化财富，联结着历史和现实，保护和利用好这些历史"同在性"，可以促进园区先进现代文明与优秀传统文化的结合，使园区文化建设"有根"。

因此，在空间的建设中应注重保护传统的历史文化痕迹，彰显园区独特的文化气质，留住文化记忆，将传统的历史文化与现代文明文化有机结合，运用融入区域共同血脉中的历史"同在性"来增加现实的"同在性"。

在这方面，很多产业园都有成功案例。比如西安高新区的做法值得借鉴。西安高新技术产业园就成功地将科技和文化有机融合起来，发挥传统文化的无限动力，将传统文化转化为城市的发展动力，推进中华文化的创造性转化和创新性发展。特别是以传承非遗为契机，把弘扬优秀传统文化和发展现实文化奋力追赶超越有机统一起来，用文化的力量推动城市发展，把文化的力量转化为城市力量，为西安大发展增添更多精神动力。

表4-14 西安高新区非遗项目名录[①]

序 号	名 称	级 别	类 别
01	集贤鼓乐	世界级	曲艺
02	北张村楮皮纸制作技艺	国家级	技艺
03	眉户曲子	国家级	曲艺
04	周至石刻技艺	省级	技艺
05	起良村造纸术	省级	技艺
06	鱼化泥叫叫	省级	技艺
07	关中事酒酿造技艺	省级	技艺
08	仓颉造字传说	省级	民俗
09	秦镇米皮制作技艺	省级	技艺
10	杨氏木杆称制作技艺	省级	技艺
11	古筝制作技艺	省级	技艺
12	户县社火	省级	民俗
13	冯村射虎	省级	民俗
14	三灵民间故事传说	市级	民俗
15	大头爷信仰习俗	市级	民俗
16	谷子砲芦席编制	市级	技艺
17	魏氏霸王针点穴推拿技艺	市级	技艺
18	古琴制作技艺	区级	技艺
19	丈八沟传说	区级	民俗
20	蛋雕技艺	区级	技艺

---

① 来自西安高新区官网。

序 号	名 称	级 别	类 别
21	指甲脸谱画	区级	技艺
22	民间撕纸画技艺	区级	技艺
23	陈一堂药膏	区级	技艺
24	户县麦秆画制作技艺	区级	技艺
25	东大蒸饭古会	区级	民俗
26	雁塔捏面人技艺	区级	技艺
27	户县牛东灯碗腔（无传人）	区级	曲艺
28	面花制作技艺（无传人）	区级	技艺
29	红庙旱船（无传人）	区级	民俗
30	蒋家寨打击乐社（无传人）	区级	曲艺
31	刻瓷技艺（无传承历史）	区级	技艺

北京海淀区的中关村学院也结合海淀区科技文化融合发展和农村新型城镇化建设，加强海淀特色文化遗产特别是非物质文化遗产的挖掘、整理、研究、保护、传承，形成范川派古琴等一批具有海淀特色的教育项目和文化产品。

（三）"文化涵养空间"再造的策略

依据布迪厄常用的"炼金术"这一概念，"文化涵养空间"就是一种"文化炼金术"，通过以下的具体策略为"新市民"植入区域主导价值观提供动力。

1. 凝练区域主体文化精神，锻造和树立区域主导价值观

每个区域经过多年的发展，都形成了自身的区域主体精神。在构建"文化涵养空间"时如何让全体居民能够尽快接受、认同并传播，识别系统特别是和文化有关理念层次的识别系统特别重要。这一系统即是区域 MI 系统，代表着区域的主体精神，是一个区域的精神风貌、发展理念和发展成果的集中且具体的体现，凸显区域独特文化内涵、精神底蕴和发展特色。

产业园特色发展是产业园"社区化"转型的目标，特色凝结为文化，总结提炼这些文化为一种文化符号，具有高凝练度、高识别性、易传播等特点，成为区域文化纽带，凝聚为园区"文化涵养空间"几大要素中的"场所"的精髓。比如，旧金山湾区的各种组织和人群形成的一个互惠互利、不可分割的网络系统。旧金山湾区经济所将这个系统的核心价值界定为：开放新理念、共享信息、跨界合作。这种凝聚力是湾区组织网络系统的灵魂，是湾区企业精神的精髓，立之则生，废之则败[①]。而伯克利加利福亚大学的安娜李·萨克森宁教授多年来一直在研究硅谷的特性，她认为要复制硅谷的成功之路，仅仅模仿其表面的一些显而易见的因素是不够的，难度最大的是仿造那些无形的因素。这些因素包括鼓励风险尝试和宽容失败的传统；以购股权为中心凝聚在一起的流动人才库；以及那种激励包括上至高层管理者、下到普通编程员在内的每一个人的创业精神和开放体制[②]。而这些无形的因素正是"文化涵养空间"再造的核心内容。张琳在研究产城融合发展时认为，园区文化可以在产城融合发展过程中得到逐步建立，并以江浙一带的商人为例，强调利用当地历史文化条件建立起诚实守信、合作共赢的商业体系，共同营造良好的园区文化[③]。

我国的各个产业园都要以中国特色的主流意识形态——社会主义核心价值观作为区域民众的主导价值观，结合自身特点总结凝练出符合自身发展特色的区域主体文化精神。

2. 打造优质区域融媒介，普及和宣传贯彻区域主导价值观

媒介从广义上指凡是能使人与人、人与事物或事物与事物之间产生联系或发生关系的物质，狭义上即传播学意义上则指利用媒质存储和传播信息的物质工具。在当代社会，一般而言，媒介指书籍、报纸、杂志、无线电、电视和国际互联网等，它们都是通过传播信息传播消息或影响大众意见的大众

---

① 常桐善. 美国旧金山湾区高等教育共同体的发展特征：兼谈对成渝地区双城经济圈高等教育发展的启示 [J]. 重庆高教研究，2020，8(05)：28.

② 李建军. 硅谷模式及其产学创新体制 [D]. 中国人民大学，2000.

③ 张琳. 新型城镇化背景下产城融合发展研究 [D]. 浙江师范大学，2017.

传播工具。产业园及所在城市的主流媒体一般包括：传统主流媒体，诸如地方电视、广播、报纸、刊物、宣传橱窗、路牌、建设工地隔板等。

随着技术变革和社会转型，当下已经进入数字化时代，新型数字媒介逐步占据了媒介的主体地位。新型数字传媒是指建立在数字信息处理技术基础之上或受其影响而出现的媒介形态，如数字电视、互联网络、卫星通信、手机终端等。诸如产业园的园区官网、公众号等被更为广泛采用，也得到居民的认可。上述的两类媒介当今在一定区域都整合为融媒体中心，综合发力，营造舆论氛围，引导正确方向，传递正能量，规范居民行为。而且这种新型数字媒介也正在构建一种新型的社群关系，能够通过虚拟技术以沉浸式的效果在年轻人中弘扬主体精神和文化，灌输主流价值观。同样，这些媒体也可用于对"新市民"区域主导价值观植入。

而产业园建设工地的隔挡及其周边"农转居"社区里文化墙、宣传栏等展示性的场所，由于一般都设置在人群集中且停留时间较长的地方，如社区活动中心、休闲广场、单元楼梯口等处，也成为"新市民"区域主导价值观植入的又一种重要的常用手段。

3. 组织高品质大型活动，践行和植入区域主导价值观

以活动形式开展教育培训等，可以使居民在不知不觉的参与中践行和植入区域主导价值观。因此，"文化涵养空间"除了宣传栏、官方网站等常规宣传方式以外，还可以根据宣传主题，编排相关的文艺节目，如科普小品，让人们在轻松娱乐的过程中接纳园区及城市文化观念；也可以结合现代网络形式，如在抖音上开设社区视频小课堂，与"新市民"展开互动，建立起亲密的情感联结，从而实现园区及城市文化的渗透和传播。

在产业园"人际交往空间"中的社区组织空间里各类文体组织，很多都是由"新市民"自发成立的。"文化涵养空间"则是通过增加文化活动的场所、提高文化活动的质量、扶持文体活动组织等多种方式，丰富文载体，增强转居安置社区的文化活力，让"新市民"在多种活动的参与过程中，树立区域主导价值观，实现文化的转变与融入。

第一是规划配套相应的文化设施和文化活动的场所。丰富文化载体，用以满足周边社区长期的文化需求，特别是多个社区联合、集中兴建活动中心、老年大学，面向周边的居民开放，能够在更大范围增加"新市民"之间以及与各类行动主体之间的互动，形成归属感，涵养共同文化。这些活动中心、老年大学也是落实区域教育功能发挥"最后一公里"的基地。

第二是丰富活动内容和形式。从"新市民"的切实需求出发，丰富活动内容，创新活动形式，两者并举，双管齐下，提高文化活动的质量，增强对"新市民"的吸引力。在文化活动的内容上，充分尊重"新市民"的文化需求，选择其真正需要或者感兴趣的内容。比如，为热衷跳广场舞、徒步健身的"新市民"举办各类文体赛事，让他们在兴趣爱好中获得成就感，在规则的引导中走向文明秩序，在活动的仪式感中强化城市社区自豪感和归属感。在文化活动的形式上，则应该放低姿态，接地气，采用人们喜闻乐见的方式，让"新市民"主动了解、并愿意参加。

通过产业园"社区化"，再造三大空间，"产业集聚空间"带来产业发展，同时要素集聚，特别是人口的集聚，各类行动主体通过"人际交往空间"建立区域共同体，"文化涵养空间"给共同体注入精神动力，形成区域的主导价值观。"三大空间"有机统一，促进了区域整体提升。

相对于传统产业园对自然物理空间的生产，园区"三大空间"的再造更为重要，也容易被忽略，因为这种"再造"是非外在、非显性，而且是长期的，不能够在短时间内见到成效。

产业园这种"空间生产"的实践其外在的显见集中体现在产业园及周边物理空间的经济增值效应，比如地价增值、居住条件改善和公共服务配套完善等，而深层的改变是互相融合的产业集聚、人际交往和文化涵养"三大空间"的再造。

传统"单向度"产业园使"新市民"或者产业园的外来员工有一种在新环境中的"无根感"，需要营造一个新型产业集聚空间、人际交往空间和文化涵养空间"三位一体"、互相融合的"社区化"的产业园，实现产业园向新型城镇的转型，推动"工业化和城镇化良性互动"，即产业和城市统筹发展，实现功能和空间上的融合。

第五章 "新市民"学习需求：
教育功能发挥的着力点

产业园在开发建设过程中，随着"社区化"构建起"三大空间"，在这一新的空间活跃的行为主体主要有两类：外来的各类人才和务工者、本地农民转居的"新市民"。本书把研究的主要精力集中在后一类也就是"新市民"这一群体上。以这类人群作为观察和研究对象，研究其在产业园"社区化"进程中因新型城镇化产生的新需要以及由此引发的学习新需求，通过区域教育功能发挥，从个体功能层面提升"新市民"综合素质，从社会功能层面服务产业园的人力资本提升、社会资本积累、文化资本涵养，整体促进产业园"社区化"转型升级。

只有对"新市民"的学习需求有充分了解，区域教育功能的发挥才能有的放矢，起到实际效果。所以，本章将重点分析产业园"社区化"进程中新型城镇化带来的"新市民"的一些新需要和因之而起的学习新需求，并将这些学习需求作为以区域高等继续教育院校为主要力量构建的区域终身教育体系发挥功能的着力点，进而为更为充分地发挥这些教育功能设计内容、路径、形式等。

第一节 "三大空间"为"新市民"提供发展的新舞台

人口（人才）的聚集是长期、隐性的，除从外部引进人才，还需要着力于本地"转居"农民也就是"新市民"的再生产和再使用。在产业与城市的协调发展中增强人的发展的可持续性，这是产业园"社区化"的出发点和落脚点，也符合国家新型城镇化对"人的城镇化"的现实要求，是产业园"社区化"与新型城镇化的共同目标。

"人"是产业园"社区化"与新型城镇化的共同关注点和连接点。产业园"社区化"构建的发展平台主要是服务于园区及周边各类人群的，这就与新型城镇化的目标和宗旨达成统一。产业园"社区化"成为提升城镇化质量、实现新型城镇化的重要手段，通过产业园"社区化"，提供在一定区域范围内满足包括"新市民"在内的所有人的各种需求的一系列条件和舞台。

产业园作为政府、产业界时下积极推进的工业化和城镇化协同发展的方式，越来越演变为一种公共"场域"，其独特的空间属性，使其与产业园周边的城镇化的各方面相关联，连接了"新市民"的工作、消费、人际交往、文化活动等与生产生活空间有关的"区域共同行动"，为"新市民"的发展提供了载体。

一、产业园：重新定义"新市民"的集聚地

从国际经验和我国的实践都可以看到，产业园及周边地区已经成为人口的主要集聚地。从 20 世纪末开始，在效率提升和环境保护等诉求和 1998 年土地新政等多重因素作用下，园区工业化逐步替代乡村工业化成为我国推进工业化的主要模式，也带动城市化从过去单一的农民进城到外来人口进园区打工和本地人口"转居"并行，相应地，产业园各类行动主体的生产生活、精神文化状态也发生了改变，形成了不同特质的群体。

（一）产业园"社区化"语境下的"新市民"

作为新型城镇化的重要推手，产业园"社区化"以某一个既定的自然物理空间作为载体，由此实现其自身的扩张与产业的发展，进行"三大空间"的再造。物理空间的改变是表面、浅层次的，对于很多人来说，最难改变的还是生活习惯和思想观念，而生活在产业园周边由"三大空间"构建的新空间中，每日每时的"浸染"和"行动"在不知不觉中对"新市民"的行为方式、生产方式、生活方式、权力权益、文明行为、精神世界等方面施加影响，使其发生

改变，即由空间之变引起"新市民"的整体之变。

1. 本地"转居"成为新型城镇化的一种主要方式

在不同年份的研究文献中，对失地农民总数有不同的统计与预测，这也反映了我国城镇化的进程在不断加快。冯占辉等据有关数据统计，到本世纪头 10 年末全国失地农民总数在 4000 万～5000 万人左右，每年还要新增 300 多万人[①]。而吴成骏等曾经预测，到 2020 年我国失地农民总数超过 1 亿[②]。也就是说，目前我国有 1 亿多传统农民因为基础设施建设、产业园开发等因素告别了过去的生产生活方式，进入新的空间生活。

以产业园模式推进的城镇化在产业集聚的同时，也对土地、人口（人才）、财富、技术和服务等要素实现集聚。土地集聚是表层显现、短期的，现在一般是以政府行为为主导，对农村地区行政村进行整体拆迁腾退，将农民的农业用地或者村集体土地转变为园区用地，实现土地的集中使用。

由政府主导的产业园开发建设，一般是集中布局规划，会占用城市郊区大片土地，即产业园在以产业集聚形式推进工业化时占用了传统农业空间。目前我国园区开发项目的平均面积约为 6 平方公里，小型园区面积也至少达到 1 平方公里，大型园区甚至超过 15 平方公里[③]。比如，1994 年 2 月经国务院批准设立的苏州工业园区位于苏州古城以东，行政区划 288 平方公里，包括 80 平方公里的中新合作区，以及所辖的娄葑、斜塘、唯亭、胜浦 4 个街道（原 5 个乡镇）[④]。而在郑州航空港的开发建设中，因为区域规划的政策驱动，大量的村民住房和部分耕地被政府征用，园区内部及周边地区里大量的村民被安置在航空港内新建的安置社区[⑤]。

因此，本地转居"新市民"就地"上楼"、整村整建制"转居"、土地集约化使用成为地方政府促进本地经济发展、推进城镇化的主要手段。

① 冯占辉，张国强. 论中国失地农民问题 [J]. 经济研究导刊，2011(10)：41—42.

② 吴成骏，范水生. 城市化进程中失地农民再就业问题研究：以漳州招商局经济技术开发区为例 [J]. 台湾农业探索，2014.（5）：69.

③ 王玫婷. 园区开发安置型社区的人口行为变迁研究 [D]. 东南大学，2019.

④ 赵琪龙，郭旭，李广斌. 开发区主导下的苏南乡村空间转型：以苏州工业园区为例 [J]. 现代城市研究，2014(05)：10.

⑤ 李冰. "以人民为中心"视角下拆迁安置社区的协商治理研究：以郑州航空港区拆迁安置社区为例 [D]. 河南农业大学，2021.

2、产业园"社区化"赋予"新市民"特有内涵

"新市民"作为一个政策性用语,是最近几年政府和学术界对农民工、失地农民等人群的一种特定的称谓。随着近年来我国加速推进工业化、城市化建设,尤其是产业园开发建设带来的大面积"撤村建居"工程,新型小区迅速增加。伴随这些小区而诞生了一个新群体——城市"新居民",这一群体的来源主要有两个渠道:一是撤村建居后,城市近郊的大量的农民转化为市民;二是近年来大量涌入的外来务工人员,也壮大了目前的新居民队伍。这两类人群就是本书设定的在产业园活跃的两类行动主体,根据本书的研究设计,将第一类界定为"新市民"。

根据本书研究的需要,并结合有关学者的观点,著者把这类"转居"的"新市民"界定为:在城市化进程中,由于城镇开发建设特别是产业园开发建设的需要征用了农民土地,使农民自愿或者非自愿地失去耕作的土地和自身的宅基地,并伴随着大量"撤村建居"工程推进,这些失地农民住进周边安置小区,且已经转变户籍性质成为城镇户籍的非农业人。本地转居"新市民"既是农民,又不是农民。说不是农民,是因为他们已失去了赖以生存的土地,大部分人已经不从事农业生产,在户籍上已经不是农民身份;说是农民,是因为从主体上看他们在思想观念、行为方式等方面还依然保留传统角色,没有真正融入城市。同时在现实性上,城市公共服务供给不足,没有给这类人群提供融入的充足条件;从客体角度上说这个群体的城市人角色在一定程度上还未被城市人所认同。

"市民化"是指在我国现代化建设过程中,借助于工业化和城市化的推动,使现有的传统农民在身份、地位、价值观、社会权利以及生产生活方式等方面全面向城市市民的转化,以实现融入城市文明的社会变迁过程,这些可以被认为是国家、政府相对应的社会文化层面上的农民市民化过程。

新型城镇化理念下,不能只是户籍从农业转为非农、居住环境从传统农村社区到城市社区,还要有技能、职业、未来的工作、人际关系以及文化精神等方面的整体转变。

(二)人口不断向产业园集聚

我国产业园模式的实施,是在改革开放过程中,借鉴国际先进经验,顺应产业发展空间布局的科学规律，将经济发展中心与产业布局向大城市及沿海、沿江等交通便利、人才与科技资源充足、区位优势明显的地区集聚，从而在这些地区产生了大规模的人口集聚。其中，由产业带动的以产业园"社区化"为途径的"新城"建设，吸引大量人口向产业园集聚，这些人与过去的"候鸟"式"打工"就业不同，他们落户于产业园所在的城市，在此和本地人一起工作生活，在这些区域的传统城市的基础上共同建设起来一些"新城"。

1. 新世纪头 20 年中国人口向城市集聚的情况

人口向城市集聚是人口从农村向城市流动，主要的指标为城市人口规模增幅、城镇化率以及主要城市人口的增加。考察城市的发展历史，集聚效应一直在为城市的形成和发展提供直接动力。大量的人口集聚在一起，从事各种生产活动，并进行商品交换行为，促进了商品市场的兴起，带动了工业区、商业区、住宅区的形成和发展，促进了城市的形成。随着经济社会的发展，城市成为最新聚合各种资源的汇聚场。

人口的集聚跟随经济的集聚，这一点从人口由经济欠发达地区流向经济发达地区这个趋势可以得到印证，见表 5-1。

表 5-1　4 个地区人口占 31 个省（区、市）常住人口的比例变化表（单位：%）

	东部地区	中部地区	西部地区	东北地区
2000 年	35.57	27.84	28.15	8.44
2010 年	37.98	26.76	27.04	8.22
2020 年	39.93	25.83	27.12	6.98

注：著者根据国家"五普""六普""七普"的相关数据编制

从上表的数据可以看出，新世纪的头 20 年，中国大陆地区的人口占比表现为东部持续增加，而中部和东北地区一直在减少，西部地区在头 10 年有较大的减少，后 10 年略有增加。

另外，人口向东部地区集聚，从省级常住人口的排名变化也能印证。新世纪的头20年常住人口排名前五的省份如表5-2。

表5-2 2000—2020年中国大陆地区常住人口排名前五的省份

年 份	排名前五的省份
2000 年	河南省、山东省、广东省、四川省、江苏省
2010 年	广东省、山东省、河南省、四川省、江苏省
2020 年	广东省、山东省、河南省、江苏省、四川省

注：著者根据国家"五普""六普""七普"的相关数据编制

从表中可以看到，虽然常住人口排名前五的省份没有变化，但是省份排名却有变化，从2010开始，广东省、山东省这两个东部省份一直排名第一、二名，同样东部省份江苏省在2020年超过传统人口大省四川省，排名第四，从一个侧面反映了4个地区的人口变化。

同样从"七普"和"六普"31个省份中人口增长较多的5个省份也能佐证这一点。它们依次为广东、浙江、江苏、山东、河南，前四名均为东部省份，四省共计增加了43672576人，4省仅增加的量就占31个省（区、市）常住人口的3.1%。已接近各个省（区、市）常住人口平均值的3.2%（100%/31），即4省的常住人口增加值都差不多相当于31个省（区、市）的平均值。

从"七普"的相关数据，2020年流动人口前五的是广东省、浙江、江苏省、山东省、四川省，其中省外流动人口前五的是广东省、浙江省、上海市、江苏省、北京市，除了四川省，其余一律都是东部省份。

再从城市群来看，从"七普"的相关数据，人口持续流向沿海、沿江地区及内地城区，形成区域性集聚，主要城市群人口集聚度加大，粤港澳大湾区城市群、长江三角洲城市群和成渝城市群人口增长迅速，分别增长了35.0%、12.0%和7.3%。上海、北京、广东、浙江4省（市）10年间人口密度增量均在 100 人 / 平方公里以上[①]。

以上数据都表明经济发达地区有较强的人口集聚能力，城市及城市群优势更明显，城市对人口的集聚效应持续增强。

2. 产业园区人口集聚效应明显

随着产业园生产生活的进一步发展，包括人口、资本、技术等各种要素的集聚，提升了城市的发展水平。

产业园对城市人口的集聚效应起到了"核芯"作用。经济活动的主体集聚在产业园区，借助技术进步和组织优化，使用生产资料进行大规模生产，就会产生高效率的规模经济。企业围绕园区主导产业定位，进行产业链分工，围绕生产开展各种经济活动，形成了区域商业生态圈。劳动人口考虑生活的舒适度等情况，就会在产业园附近地区工作生活。各种资源集中在产业园周边，使得彼此之间的经济联系密切，空间距离接近，降低了交易成本，增加了沟通交流机会。

总之，从产业的集聚来看，产业的集聚是城市集聚的基础，是城市化发展的重要推动力。而产业集聚又会增加对劳动力的需求，以就业的增加带动产业园内的人口聚集。下面我们来对比一下新世纪头 20 年我国城镇就业人员的变化情况和这一时期我国国家高新区企业主要经济指标中的从业人员数，也是一个有力的佐证。

表 5–3　2000 年末到 2020 年末我国城镇就业人员的变化情况

	总人数（万）	城镇（万）	城镇就业占比（%）
2000 年	72085	23151	32.12
2010 年	76105	34687	45.58
2020 年	75064	46271	61.64

注：上表数据来自国家统计局的年度数据 https://data.stats.gov.cn/easyquery.htm?cn=C01

---

① 十年来人口主要向这些地方集聚 省内流动人口增幅超八成 [J]. 第一财经，2022–10–11. https://news.sina.com.cn/c/2022-10-11/doc-imqmmthc0455525.shtml.

表5-4　2000年末到2020年末国家高新区企业主要经济指标

	国家高新区（个）	入驻企业数（个）	年末从业人员数（万人）	占城镇就业的比例(%)
2000年	53	20796	250.9	1.08
2010年	83	55243	960.3	2.77
2020年	169	165357	2383.5	5.15

上表数据来自2020年国家高新区企业主要经济指标，http://www.chinatorch.gov.cn/kjfw/tjsj/202201/a8044b377e7d41ba9526328f7caae87f.shtml.

20年间我国城镇就业人员增加了近1倍，而作为产业园主体部分的国家高新区在这方面的增加值却超过8倍，占城镇就业的比例从2000年的仅1.08%到2020年的5.15%，明显可以看到产业园贡献了主要的城镇就业人口增量。

（三）"新市民"：产业园的又一主要的行动主体

在产业园的发展中除了吸引"人"之外，保证园区原有常住人员的不过度外流导致出现"空城"甚至"鬼城"的现象也是至关重要的。这就需要园区建设不能只局限在产业园内部，而是包括产业园周边，形成一个整体的区域环境。各级政府当下在以产业园为动力拉动区域经济社会整体发展的过程中，也意识到这个问题，开始注重把产业和城市整体建设协调统一起来，努力推进产业园向"社区化"转型升级。

随着产业园逐步"社区化"，与周边的沟通交流增加，逐渐成为新型城镇化的重要推动力。这个过程中"新市民"的重要性越发凸显，逐步成为区域建设的又一主要行动主体。

各地产业园开发建设开启了周边传统乡村快速城镇化之路。在工业化与城市化相互促进的过程中，社会生产的各种要素在城乡空间中表现出不同的区位选择，导致了明显的空间分异现象，乡村聚落功能和空间形态在产业园不同成长阶段产生了显著的阶段性变化。一方面，产业园"社区化"实际上是在产业的推动下的城市空间的延展，也就是一种"空间的生产"。这样一种城市化的推进，也就是对传统"农地空间"的再造和价值提升。而祖祖辈辈生于这块土地的人们不可避免地面临着新的变局，转换为居民身份的原属农民对城市生活、治理、自身工作的转变和社区内混合居民的交往还需要长时间的适应和融合①。这个过程中会产生新的心理状态和许多新的需要，由此也带来一些新的学习需求。

传统园区开发带来的快速城镇化仅仅是不完全的城镇化，许多居民仅仅失去了身份和户籍上农民的标签，生活与生产方式并没有完全离开土地。从某种意义上说，此类居民拥有着似农似城的矛盾身份，其聚居的"农转居"社区也成了乡村社区与城镇社区中间的一个特殊阶段，由此引发了许多社会问题②，这是产业园"社区化"过程中需要着力解决的。

另一方面，产业园"社区化"又在解决城市发展过程中生产力和生产关系协调发展的问题。城镇空间（都市空间）实际上是一种"生产关系"，即人与人关系的协调、与生产的匹配、与自然的和谐，能够促进生产、生活、生态功能融合，最终落实到"人"上，通过产业园"社区化"转型升级促进新型城镇化的高水平、高质量实现。

在新的发展理念下，新型城镇化出现"城兴人，人兴业"的新逻辑，"人"是经济发展、城市繁荣的关键要素。

新的产业形态产生了对劳动力的新需求，而这种需求的变动只有将产业结构的优化升级与新业态新岗位的人口集聚有机结合起来进行考量。

根据国家统计局的年度数据显示，我国乡村就业人员 2000 年末、2010 年末、2020 年末分别为 4893 万、41418 万、28793 万。也就是说，在 2000 年末到 2020 年末的 20 年的时间内，我国乡村就业人员减少了 2 亿多，特别是 2010 年末到 2020 年末减少得更快，从上一个 10 年减少了 7516 万占比 15.36%，到后 10 年减少了 12625 占比 30.48%，减少的速度加快了近一倍。

北京市海淀区北部新区（中关村科学城北区）四镇"转居"的情况也从一

---

① 李冰."以人民为中心"视角下拆迁安置社区的协商治理研究：以郑州航空港区拆迁安置社区为例 [D]. 河南农业大学，2021.

② 朱剑文. 园区开发型"农转居"社区政治参与的研究 [D]. 东南大学，2019：2.

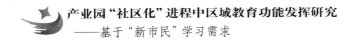

个微观的视角反映了这些变化。

链接

北京市海淀区北部新区（中关村科学城北区）四镇"转居"简况

北京市教育科学"十二五"规划 2013 年度立项重点课题"农村城镇化中新市民学习需求分析与教育功能的研究"（编号：AEA13105）以海淀区北部新区四镇作为重点研究区域，结合文献收集整理、实地调研观察、教育项目推进等方式，对这个地区包括"转居"、产业结构、就业形态以及由此带来的"转居"而来的"新市民"的新需要及引发的学习新需求进行了持续的全面关注和深度研究，获得了一些数据和资料。现就"转居"简况展开论述。

2013 年年底课题开题后进行的调研所得出的数据，海淀区有 7 个镇，83 个村，其中，山前海淀、东升、四季青 3 个镇共计 21 个村，山后西北旺、温泉、苏家坨及上庄 4 个镇共计 62 个村（见下表），行政村还在减少。在该次调研中，据温泉镇镇政府的同志介绍，该镇将又有两个村在 2014 与 2015 这两年整村转居。这个速度在课题开展的后续几年里进展得更快。2021 年年底本书著者参与了海淀区社区教育专项调研，从各镇提供的新数据分析得出北部新区四镇"转居"的一些变化。相比 2013 年，海淀区 7 个镇所辖的村从 83 个减少到 61 个，减少了 22 个，其中山前地区三镇减少了 5 个，山后地区（北部新区）四镇减少了 17 个，其中，传统村落被撤并尤以温泉镇和西北旺镇居多，分别是 5 个和 8 个，占比分别达到71.4% 和 50%。

上述变化与各镇的自然条件、历史条件特别是全区对其发展定位不同有关。上庄镇位于海淀新区的东北部，经济发展主要依靠现代化种植业，重点发展第三产业。苏家坨镇位于新区的西北，已经开发建设了以计算机为主要教育内容的国际教育园区和规划完成的中西医药园区。旅游休闲度假、高科技产业和高科技培训是苏家坨镇今后重点的发展方向。苏家坨镇的农业主要以经济林为主，水果采摘成为当地农民的主要经济收入。温泉镇是北京市总体规划的 29 个中心镇之一，也是北京市 33 个试点城镇之一。作为试点镇，温泉镇各项事业都有很大发展，二、三产业尤其是第三产业在经济中的比重不断提升，吸纳了大批本地农村劳动力，农民的收入逐年提高。它的发展将对海淀区山后各镇社会经济发展起到集聚和辐射的作用。西北旺镇是中关村科技园发展区的核心区，该镇已确立了服务园区、带动自我的发展理念，镇域经济发展的重点是促进产业结构优化升级，服务科技园区发展以实现带动壮大镇域经济。四镇经济发展和产业结构调整呈现出不同的发展态势，由中关村高新技术产业园延伸为中关村科学城建设对本地区经济的辐射带动的影响很大。作为中关村科学城北区，这个地区的各镇因为与产业园的关系而在各自城镇化的进度存在差距，也形成了各自的特点。

2013 年海淀区各镇行政村一览表

镇 名	个 数	行政村村名
海淀镇	3	树村、六郎庄、青龙桥
东升镇	5	塔院、马坊、小营、八家、清河
四季青镇	13	西冉、常青、巨山、高庄、玉泉、双新、西山、香山、振兴、田村、门头、宝山、兰靛厂
西北旺镇	16	唐家岭、土井、西北旺、韩家川、冷泉、东北旺、马连洼、六里屯、亮甲店、屯佃、永丰屯、大牛坊、皇后店、东玉河、西玉河、小牛坊
上庄镇	20	东马坊、李家坟、西马坊、梅所屯、常乐、双塔、上庄、西闸、皂甲屯、前章、东小营、后章、罗家坟、西辛力屯、永泰庄、河北、北玉河、八家、南玉河、白水洼
苏家坨镇	19	后沙涧、前沙涧、柳林、西小营、苏一二、苏三四、三星庄、北庄子、北安河、南安河、周家巷、草厂、西埠头、七王坟、徐各庄、聂各庄、梁家园、台头、车耳营
温泉镇	7	太舟坞、温泉、东埠头、辛庄、杨家庄、高里掌、白家疃

2021 年海淀区各镇行政村一览表

镇名	个数	行政村村名
海淀镇	2	树村、青龙桥
东升镇	1	马坊
四季青镇	13	西冉、常青、巨山、高庄、玉泉、双新、西山、香山、振兴、田村、门头、宝山、兰靛厂
西北旺镇	8	皇后店、韩家川、冷泉、亮甲店、屯佃、西玉河、永丰屯、西北旺
上庄镇	18	东马坊、李家坟、梅所屯、常乐、双塔、上庄、西闸、皂甲屯、前章、东小营、后章、罗家坟、西辛力屯、永泰庄、北玉河、八家、南玉河、白水洼
苏家坨镇	17	后沙涧、柳林、西小营、苏一二、苏三四、三星庄、北安河、南安河、周家巷、草厂、西埠头、七王坟、徐各庄、聂各庄、梁家园、台头、车耳营
温泉镇	2	温泉、白家疃

随着"转居"的加速，农村人口城市化转移也就是"转居"的"新市民"的总量也逐年增长。

北京市海淀区 2013—2020 年户籍户数及人口基本情况

	2013年	2014年	2015年	2016年	2017年	2018年	2019年	2020年
户籍户数（万户）	70.7	71.6	72.4	73.3	73.6	74.3	74.9	75.3
农业户（万户）	4.1	3.7	2.4	2.1	1.8	1.7	1.6	0.2
户籍人口（万人）	235.3	238.5	239.5	240.2	235.4	238.8	241.1	240.9
农业人口（万人）	8.2	7.5	4.7	4.2	3.8	3.6	3.3	0.4

注：上述数据来源于 2014—2021 年北京海淀统计年鉴

《海淀区"十三五"规划》中将"推进农业现代化、农民市民化、村庄社区化和农村建设管理城市化"的"四化"作为"加强农村地区建设管理，着力破解'三农'问题"的重点，并提出要加快推进"农转居"，提出到 2020 年海淀整体实现"农转居"的目标，2016 年 9 月中旬北京市《进一步推进户籍制度改革的实施意见》提出将北京市将逐步取消农民户口。从上面列出的数据看，截至"十三五"规划"收官"之年，海淀北部新区（中关村科学城北区）传统意义上的户籍"农民"基本消失，随着北部新区所属四镇逐步"转居"后，传统的农民就地"转居"为"新市民"，传统的村落转变为新型"转居社区"。

同样可以采用苏州工业园区官网给出的数据来进行佐证。2004 年有 12 万本地农民动迁，为此，该园区开通了乡镇户籍人员社会信息管理系统，向每位动迁（"转居"）农民发放了社会信息卡，使园区动迁农民成为"卡民"，以刷 IC 卡的形式享受社会化服务[①]。

苏州工业园区下辖的斜塘街道锦塘社区就是 2004 年成立的新型动迁（"转居"）社区，由原斜塘地区的盛墩、斜浜等 11 个行政村动迁后组成。社区拥有款式新颖的四层动迁安置房 124 幢、375 个单元、3000 套住房，区内共有住户 1549 户，户籍人口 6200 多人，外来租住人员 12000 多人，整个社区由 3 个小区组成。而这个街道的斜塘社区的辖区面积约 28 万平方米，共 3380 多户，常住人口 12000 人，户籍人口 3400 人，租住人口 3260 人。

可以看到，伴随着大规模的开发建设，因就业、投资和生活等原因，产业园的地域规模迅速扩大，居住人口迅速增长，社区数量迅速增加，各地的各类产业园已然成为"新市民"的重要集聚地。

二、"三大空间"：促进"新市民""市民化"的载体

"新市民"是"三大空间"再造的重要组成部分和不可缺少的力量。作为一类主要的行动主体和外来人才共同构成"本地的社会经济背景"，其中融合

---

① 苏州工业园区动迁农民成为"卡民"[N]．扬子晚报，2004–09–14．

了"产业相关性、制度和组织协调，以及文化接近的深层内涵"①，形成了人与"三大空间"的互动关系。

以下从"产业集聚空间""人际交往空间"和"文化涵养空间"几个方面分析产业园"空间生产"对"新市民"的作用。

（一）"产业集聚空间"为"新市民"提供了新的职业岗位

产业园"社区化"作为新型城镇化的重要推手，其中产业结构的优化使得劳动力由农村向园区（城市）流动和集中，为园区（城市）经济发展提供大量的劳动力资源，促进了园区（城市）的建设，带动了园区（城市）功能的完善，加快了产业园"社区化"（城市化）的发展进程。

从产业集聚的维度看，产业园"社区化"体现为"新市民"新的工作职业空间。由产业结构优化而带来的就业岗位、工作内容的变化也是"产业集聚空间"生产的一部分。产业集聚带来园区各种要素的集聚，而产业结构的高级化发展也使得一些旧的工作岗位消失，新的岗位不断涌现，增加对新型劳动力的需求。产业园"社区化"使高科技农业、休闲农业、高新技术产业、现代服务业等新型产业不断集聚，既给"新市民"一个融入产业园发展、共享区域发展成果的机会，也提供在职场和工作岗位上"市民化"的机会。因此，从园区每位行动主体特别是"新市民"的角度，"产业集聚空间"再造也开启了其新的工作职业生活。

1. 新旧工作岗位加快交替

在每一次的科技革命中，科技的更替和革新都在淘汰旧的落后的劳动方式、淘汰掉冗余劳动力，同时又在创造出大量的新产业、新工种或新岗位。随着新要素的逐步引入，现代产业体系与人员专业化分工同步得到深化、细化。一方面，传统工作岗位使用的劳动力数量快速下降；另一方面，新产业、新行业、新岗位的出现又催生了许多新工种、新职业，构成了一个新的职业分工体系。生产性和生活性服务业态的不断丰富，特别是互联网电商以及品牌创意等新要素进一步扩展了服务内容，从过去偏重技术推广扩展到信息、管理技能、物资供应、决策咨询、文化创意等全面服务，给产业园的各个职业的职业活动带来功能性变化，工作范围、方式和内容都相应地得以调整。

---

① 王缉慈，等. 创新的空间：企业集群与区域发展 [M]. 北京：北京大学出版社，2001：73.

比如，主导产业的电商化，派生出摄影摄像、包装设计、仓储物流以及金融机构等配套服务体系[①]，涉及前端的产品设计、原材料生产，后端的物流、包装等。利用这些新的职业岗位和就业方式，新业态下创新创业吸纳了大量农民就地就近创业就业。例如，《2020 年中国淘宝村研究报告》指出，截至 2020 年底，淘宝村和淘宝镇创造了 828 万个就业机会[②]。

2. 第三产业就业人员大幅增加

前文提到的配第·克拉克定理，论述的是劳动力呈现出从第一产业向第二产业转移，再向第三产业转移的演进趋势。这一定理在产业园"社区化"进程中就业形态方面也得到充分的体现。

伴随着经济结构和产业结构的不断调整，我国就业在产业中的分布也发生了较大变化。一方面，第三产业是吸纳就业的"蓄水池"，服务业特别是新兴服务业吸纳就业的能力远强于传统制造业。国家统计局人口司在《就业规模不断扩大 就业形势长期稳定——新中国成立 70 周年经济社会发展成就系列报告之十九》中指出，改革开放以后，第三产业在 1994 年和 2011 年分别超过第二产业和第一产业，成为吸纳就业人数最多的产业，第一产业在 2014 年成为就业人数占比最少的产业。按照劳动和社会保障部与国家统计局联合发布的《2000 年度劳动和社会保障事业发展统计公报》，截至 2000 年末，第一产业、第二产业、第三产业就业人员分别占 50.0%、22.5%、27.5%，其中第一产业还占有"半壁江山"，也就是说新世纪伊始，我国还有一半的劳动力在第一产业就业。人口规模扩大的过程中就业人口在 2000—2020 年期间从 71150 万人增加到 75064 万人，其中第一产业就业人数急剧减少，占比从 50.0% 下降到 23.6%；而第二产业占比从 22.5% 上升到 28.7%；第三产业的就业人数和占比更是大幅上升，从 27.5% 上升到 47.7%[③]，服务业占主导的现代就业模式逐步形成，就业结构更加优化。

再从国际经验看，第三产业发展的一个明显特征是为生产服务即为企业服务得以迅速增加。这类服务包括金融、法律、管理、创新、发展、设计、

[①] 王志辉. 专业村产业电商化转型升级驱动因素与过程研究 [J]. 商业经济研究，2019(11)：100.

[②] 淦宇杰. 乡村振兴战略背景下的乡村创新创业研究 [J]. 理论探索，2021(6)：101.

[③] 数据来源于中国社会保障学会官网，http://www.caoss.org.cn/sbnr.asp?id=2395.

控制、人事、生产技术、维护、交通、电信、批发分配、广告、清洁服务、保险和储存等。其中，工业与商业和消费者市场融合的产业被分类为生产性服务业，包括保险、银行、融资服务、房地产、法律服务、会计和相关的专业化服务。这个行业的快速增长是发达国家经济增长的一个主要特征，其就业人数增长最快即是一个证明。比如，美国就业总人口从 1970 年的 7680 万增加到 1996 年 10200 万，而生产性服务业中的各种商务服务和法律服务的就业人数是增长最快的。根据李清娟转引 Sassen 提供的美国 1970—1996 年生产服务各个行业就业人数增长数据① 整理为表 5–5。

表 5–5　美国 1970 年和 1996 年生产服务各行业就业人数增长情况表

	1970（万人）	1996（万人）	增加数（万人）	增加比例（%）
生产性服务业	63	176	113	179.4
社会性服务业	169	298	129	76.3
个人服务（包括宾馆、餐饮等传统第三产业）	77	137	60	77.9
分发性服务（包括交通、电信、批发、零售）	172	240	68	39.5

从 2013 年开始，我国经济增速的三个"反超"指的是大城市对中小城市的反超，消费型城市对投资型城市的反超，服务型城市对工业型城市的反超，这三个方面说明，以服务和消费为基本特征的大城市已经取代以投资和工业为基本特征的中小城市，成为经济发展的主战场②。

由"社区化"的产业园推进的新型城镇化要能够实现真正的"产城人"融合发展，需要构建一个区域一、二、三产有机组合的产业生态圈，而且使农村劳动力的转移也符合产业发展，更多地提供现代服务业的就业机会。从国内外的研究分析可以看到，服务业发展中的个人服务（包括宾馆、餐饮等传统第三产业）和分发性服务（包括交通、电信、批发、零售等）都是"新市民"能够高质量就业创业的大有作为的领域。

① 李清娟. 产业发展与城市化 [M]. 上海：复旦大学出版社，2003：122.

② 徐远. 从工业化到城市化 [M]. 北京：中信出版集团，2019：8.

3. 就业与创业逐步趋向融合

纵观当今世界经济发展，世界范围的城市化运动表现出信息经济的特征和发展趋势。高新技术与服务业越来越融合在一起，带动了生产性服务业的迅速发展，因此以信息的生产和运用为依托的现代服务业也是当下产业园构筑"产业集聚空间"的主流。20世纪50年代以来，通过信息技术特别是人工智能技术实现的自动化所创造的工作机会要远高于原来所消除的工作岗位，还创造了更有趣和高薪的工作[①]。

进入信息化时代，数字化、网络化、智能化已经成为"社会生产的一般条件"，正如海德格尔曾提出的"近代科学的基本特征是数学性的东西"[②]，以数字化为基础的近现代科技重塑了当今社会的生活，使产品（商品和服务）价值由生产者和消费者共创，同时又以平台企业为核心构建起来新型的网络化组织体系。

技术与组织的变革使"社区化"的产业园出现一些新产业、新业态，在工作上，数字经济、平台经济和服务性经济则给"新市民"新的就业创业机会，而且就业创业二者逐步融合。比如，依托平台挖掘应用场景提供了更多的创业就业一体的机会、他雇用与自雇用结合等。而且以产业园周边社区为服务对象，现代服务业中的生活性服务业也在成为"新市民"转岗就业/创业的主要方向之一。

（二）"人际交往空间"为"新市民"构建区域共同体提供载体

"人际交往空间"再造的目的是要在新型社区的日常生活中通过多类型、多层次的互动，明确社区共同体目标，坚定社区共同体信念，培养社区共同体意识，在认可度、责任感和使命感的基础上构成产业园社区共同体，满足产业园社区包括"新市民"在内的各类行动主体的社群归属需要。因此需要延续过去熟人社会的人脉关系和文化积淀，传承与创新地方传统，以历史的"同在性"为纽带，融入外来高素质人才智慧，以现实的"同在性"在新型社区

---

① [美]罗素，诺维格.人工智能：一种现代的方法[M].殷建平，等，译.北京：清华大学出版社，2013：863.

② [德]马丁·海德格尔.海德格尔选集（下）[M].孙周兴，译.上海：上海三联书店，1996：856.

平台上构建起新的社区共同体。

传统产业园区主要集聚生产制造企业，居住、教育、医疗等生活性服务业发展相对滞后，其配套服务设施主要为普适性的商业类服务设施，品质相对较差，公共服务设施体系有待健全。随着产业园区的"社区化"转型升级，园区发展逐步由劳动密集型向科技研发型转变，企业员工的素质和生活需求都不断提高。在传统园区内为普通制造业员工服务的生活配套设施已无法满足激发科技人才创新创造的生产、生活、生态条件和环境的要求，为人才和居民提供优质的工作生活环境，形成"自然吸引力"和"现代城市魅力"是产业园"社区化"转型升级的重要一环，也是吸引创新人才、培育高新技术企业的关键环节。

创新环境的形成除了需要诸如一流的大学和高等教育机构、政府、社会、企业联合体等多元主体主办的研发中心等这些"策源地"提供创新研究、新科技发明所需的关键知识之外，能够在区域内大量储备科技人员也是一个主要条件。为这些高级人才提供在先进产业的许多大有作为的机会、尽可能提供愉悦身心的环境以及相匹配的一大批辅助配合的熟练员工，这些都是营造理想的创新环境的必备条件。

总之，建立新型共同体是区域价值观增值和个人发展（自我实现）需要满足的载体，其中，学习共同体的构建又是主要的平台。

（三）"文化涵养空间"为"新市民"植入区域主导价值观提供动力

从文化涵养的维度看，产业园"社区化"进程中的空间再造体现为人的文化生活状态，凝聚了"新市民"对于产业园带来的城镇化引发的情感、欲望、焦虑、价值观等种种复杂的焦点"糅合"。

文化是一个抽象概念，"可感可知"但也并非"不可及"，只是文化的"可及"通常是一个由物理表现、社会传播再到心理认同的动态过程[1]。产业园"社区化"在再造"文化涵养空间"，是通过能够展现区域主体文化生态的自主且有活力的生活空间，给"新市民"植入区域主导价值观。

"文化涵养空间"为"新市民"提供了以下的支持：第一是加大区域文化宣传教育力度，营造文化氛围；第二是加大区域制度文化的执行力度，让

---

① 李朝晖. 文化科技融合与特色小镇建设 [J]. 开发研究，2018，195(02)：129—135.

"新市民"在制度的规范中习惯成自然，变为自觉行为；第三是尊重"新市民"在区域文化建设中的主体地位，充分听取他们的意见和建议，采用他们喜闻乐见的文化方式。

第二节 产业园"社区化"进程中的新需要引发的学习新需求

人口向城市集聚是进入新世纪后我国社会变化的重要特征，从乡村文明向城市文明的转化、工业化和信息化对传统社会的改造，最终或多或少落到一个个活生生的人的身上，表现为个人所面临的各种境遇——体现为生活地域、周遭人际关系、谋生手段、就业岗位的变化，而深层次的变化却是心理和精神文化的不适应。从大时代看，可以说是"翻天覆地"，从每个个人角度又是切肤的真实生存体验，构成了这个时代的一道道风景，都浓缩在产业园"社区化"进程中。

"新市民"刚刚进入产业园周边的空间时，由于工作生活文化的变化会造成身心、社会和精神的不适应，特别是与过去生产生活状态的"差异"，自己感觉到与周遭的现代化的城市生产生活存在较大"差距"，由此会产生一些新需要，因之还会引发一些相关的学习新需求。

根据"七人普"的数据，进入新世纪我国人口流动性更大，从城镇化到城市化（或者称作"都市化"），常住人口的统计口径替换了户籍人口的统计口径，城市化的过程中城市更加包容来自五湖四海的外来"追梦人"，已经不是传统意义上的农民和非农民，本地市民化人口和外来的市民化人口等区别。以两类人为主的各类行动主体"复合"发展为"新社区"里的行动主体，在产业园"社区化"进程中共同将产业园建设为一个新城。这个新城以产业为支撑，不断完善城市的各项功能，产业上良好的就业结构和创业机会、较高的稳定可支配收入支撑了"新市民"的第一类需要——生存需要；在新城共建共享过程中，通过良好的人际沟通交流形成了区域共识，满足"新市民"的第二类需要——归属需要；通过区域共同文化的涵养，达成文化融合，满足"新市民"的第三类需要——发展需要。

一、"三大空间"造成的"差距"引发"新市民"产生新需要

在关注园区开发项目对所在地区经济和城镇化的促进作用以外，更应该关注其对拆迁安置社区及原住民——转居后即为本书所说的"新市民"带来的各种冲击。诸如，由于生活及生产内容、方式、场景的变化造成这一部分人知识技能、人际关系、文化精神等方面产生的"差距"，对周遭世界、现代化的不适应，心理上不完全融入、身份上市民化的不彻底转变、城乡观念意识的冲突等。

进入"社区化"的产业园这一新的生产生活空间，"新市民"不仅只是实现了物理空间上的转移，更为重要的是进行了工作形态（岗位）向现代产业的转向、人际关系模式向现代城市转换、文化追求向城市文明靠拢。产业园"社区化"进程中重构的"三大空间"往往地处城乡接合部，这里是城乡二元经济和社会结构交锋的前沿地带，而且一般产业园集聚的多为优质要素，从而造成园区产业与传统农业生产方式、旧的农村生活方式与城市生活方式存在巨大差异，再加上城市居民和农村村民户籍在管理上的不同，因此，产业园发展既给"新市民"发展提供了平台，同时也给其带来了不同程度的冲击，使这个群体面临一些困难和挑战。随着产业园的经济社会发展，从农村社区向城市社区、从传统社区向现代社区转型中"新市民"遭到的冲击将会越来越大，由此会带来"新市民"的新需要，同时由于相关方面知识技能素质缺失又会产生出新的学习需求。

根据对"人的需要"经典理论的研究梳理，结合现实调研和观察，本书将"新市民"的需要归纳为生存、归属、发展三个层次，这三者在"三大空间"都以不同形式、不同程度地存在着。比如归属需要也存在于职场和文化方面，但为了方便研究，本书简化地将生存需要对应"产业集聚空间"、归属需要对应"人际交往空间"、发展需要对应"文化涵养空间"，即"三大空间"再造造成的"差距"使"新市民"在生存、归属、发展三个方面产生了新需要。

（一）"产业集聚空间"带来的职业新要求引起新的生存需要

产业园在传统农区的开发建设，集聚了一些先进的产业形态，导致区域的工作世界从传统的农业时代形态转变到现在的工业时代形态进而向信息时代形态转化。新业态下工作世界发生的变化体现在流动性加大、分工形式变化，灵活就业、第三产业岗位逐步占到主导地位等方面，很多工作处在一种不断变化的状态中，传统的一业或者一职定终身已然成为"过去时"，产生了很多新职业而且表现不同的业态。这些变化对"新市民"的能力素质提出了更高的要求。

1. 新的工作岗位要求更高的专业发展能力

二、三产工作的专业知识技能和一产的有较大的差别，在产业园"社区化"进程中再造的"产业集聚空间"的职业世界氛围中，过去在农业社会安身立命的种养殖知识和技能，甚至在传统产业园工厂加工业流水线上的知识技能都不能适应产业园集聚高端产能而引起的产业结构、内涵等的升级。虽然转居安置短时间让很多"新市民"拥有大量财富，但是从人作为人的意义以及长远发展等多重角度考量，职业世界的变化还是让很多"新市民"主动或被动地进入新的工作岗位，以满足"人本"或者长远意义上的"生存需要"。新就业形态在提供更多的机会的同时，也要求不断接受新岗位更为严峻的挑战，需要具备更高的专业发展能力。

2. 现代化生产提出更高的规范要求

工业化时代流水线系统的规模经济和信息时代柔性生产系统的范围经济都对生产提出了标准化的要求，包括现代服务业在内的现代生产标准化对生产和服务过程中组织纪律和流程规范提出了更为严格的要求，还有企业组织文化的融入、生产过程中的合作、协调等，因而在过去传统农耕社会习惯于独立操作、闲散随性的工作态度和方式的"新市民"在这方面也存在一定的"差距"。

3. 产业的全面数字化赋能提出了素质新要求

数字化时代对数字素养提出了新的要求，这方面"新市民"存在更大的差距。例如，电商平台企业不断下沉市场，对应用场景的发现、品牌化和标准化产品、质量的严格保障等方面提出了专业化要求。如何利用好头部企业释放的标准化、品牌化的产品和服务，构成战略合作，利用直播带货以特色产品与"网红"自身形象互相成就为一个现象级的特色创业品牌，需要对特色产品、包装风格以及平台企业等的选择做一个整体设计和规划，需要掌握网店布置、商品包装、现代的心理需求等互联网时代必备的专业知识。

工作世界的变化造成的"差距"主要体现在：第一是产业结构都优化为第三产业为主，使得产业园人口结构需求发生改变，变相提高了园区人口的整体素质，对就业者素质提出了更高的要求；第二是信息化对传统产业的改造，提出新的知识、技能、综合素质的要求；第三是互联网带来的新型就业形式——临时性、自雇用等，带来的对新知识、专业技能和知识的需求的差距。

整体来说，"产业集聚空间"营造的新的工作职业世界，需要从业者更加专业，也更加职业（现代意义上对规范、纪律的遵守），能够在职场与人沟通、协调、合作，这些都使"新市民"面对新的就业形态，产生新的生存需要，并引发相关的学习新需求。

（二）"人际交往空间"带来的社群新形态引起新的归属需要

产业园"社区化"进程中重构的"人际交往空间"让"新市民"和外来人才这两类产业园主要的行动主体在生活、商业、组织等空间中不可避免地产生越来越多的各种交集，带来了社群联结方式等方面的变化，引起了角色认同困境，使"新市民"产生归属感的新需要。

1.新的社群联结方式引起归属感缺失

费孝通先生认为，传统中国社会是一个"熟人社会"，乡土文化中的互动方式是基于血缘、地缘、固定的业缘关系而形成的社会关系[①]。这种熟人社会有着明确的边界，熟悉亲密的关系一般只存在于原住民群体之中。由于产业园开发建设对城市空间的拓展，人居生活形态发生了翻天覆地的变化，慢慢改变了人与人的相处方式，从前"守望相助"的邻里关系逐渐变成了后来的"进出不识邻"，使这种关系从传统的"熟人社会"的静态恒定到人口来源复杂、人口流动频繁的产业园及周边动态多变的沟通交流。"人际交往空间"再造以新型区域共同体重塑了产业园及周边地区的社群联结方式，随着生活空间及境遇的改变，"转居"社区中，血缘凝聚力逐步消解、人际关系转型、生

---

① 费孝通. 乡土中国 [M]. 上海：上海人民出版社，2007：68.

活方式多元化等一系列因素，使得"新市民"在社群交往上面临新的人际关系，在新的环境中感觉缺乏归属感。而"人是社会关系的总和"，特别是两类主要的行动主体由于各种差异，难以形成构建新型社区所需的新社群，由此"新市民"会产生新的归属需要，并引发相关的学习新需求。

2. 角色认同的固化阻碍了新的归属感形成

角色认同包括自我认同和阶层认同。在自我认同方面，长期的农业、农村生活形态、城乡物质和文化的差距，使农民的自我效能感比较低。地理空间上的城乡差距和过去生活的烙印，让"新市民"在从农民到市民的转变过程中很难在短时间内对自己的身份进行重新界定，影响着他们对自我角色的认同，在城市生活中仍然自视为底层，致使其缺乏身份认同，价值感缺失，而群体的同质化、圈子的封闭性进一步加剧了这种阶层落差。

另一方面，外在环境作用于"新市民"的内在心理，加深了其阶层认同的"偏执"。袁雅提出，"阶层认同受到物质基础、客观经济地位的影响，也与文化传统、生活方式、群体环境等有关"[①]。"新市民"进入产业园空间，虽然居住、交通等物质基础发生了较大改观，经济地位也得到提升，但文化传统、生活方式的"惯性"以及社群的狭小和封闭，使其虽然户籍、生活场景转变为城市状态，而生活于其中依然缺乏身份认同，对社会地位的感知整体较低，在阶层认同方面绝大部分仍自认为处于社会中下层。总体来看，"新市民"的角色认同并未随着生活环境、经济条件的改善而出现根本性变化。

在转居社区内"新市民"群体是一个典型的熟人社会，来自同一个村庄的人互相熟识，比邻而居，仍然生活在一个"低头不见抬头见"的圈子里，相同的际遇、心理，容易产生"共情"效应，相互之间的沟通比较方便，但是，由于外来人口众多，整个社区又呈现出一种"半熟人社会"的状态。自觉与外来人才之间有"差距"，产生了自卑感等心理障碍，加上文化水平、生活习惯等方面的差别，两类主要的行动主体之间容易产生隔阂，造成了双方的顺畅深度沟通交流存在障碍。

"新市民"所生活的地理空间，尤其是相较于主城区的位置并没有改变，

---

① 袁雅. 园区开发安置型社区的文化之变：在棋牌室的参与式观察 [D]. 东南大学，2019.

而代表前沿科技和一流生产力的产业园在身边的开发建设带来的现代文明，比照过去的生活经历留下的贫穷落后的刻板烙印，也进一步强化了这种"农民""乡下人"的身份认同。此外，群体的同质化、圈子的封闭性等导致本地转居"新市民"面对外部世界产生落差感，对个体社会地位产生消极、否定情绪，阶层认同感低。"新市民"需要突破自己原有的圈子，增加自身的交际面，在自己的工作生活空间中与园区及周边的多元主体交流沟通，以扩大自身的人脉圈，这样也就产生了新的归属感的需要。

3. 数字化带来的技能鸿沟引发的社交能力新需要

数字化时代不仅体现在产业结构的工作岗位上，也体现在由数字能力构建的数字社区方面。数字社区也是人际交往沟通的一种新形式，新型社区也存在社群虚拟化的趋势。在产业园空间再造中，也在利用各种数字化手段来重塑新型社区的"公共性"。

"新市民"从传统社会转换过来后，本来对信息技术等现代化技术就不熟悉，和园区外来人才存在技能鸿沟，在社会全面数字化转型后，更是面临着对数字社区尽快适应和更好运用等方面的更大"差距"，也就产生了归属这类新型社区而产生的数字化社交能力的需要，从而引起对数字素养这类新技术知识技能素质提升的需求。

（三）"文化涵养空间"带来的文化新追求引起新的发展需要

"文化涵养空间"带来的新文化会对"新市民"产生不同程度的冲击。"新市民"在生活习惯、心理状态、思想观念等多方面延续了农村社会的某些传统，同时又受到产业园带来的工业和城市文明的冲击和渗透，这既会造成"新市民"文化融入的困境，也让其有了解新文化、认同区域主导价值观、融入区域主体文化的需要。

1. "新市民"固有的观念造成文化融入的困境

虽然搬进了整洁美观的现代化居民区，在居住形式上脱离了农村环境，家庭生活水平比从前大幅提高，并且随着园区开发建设，安置社区的经济地理区位不断发展，交通、商业等持续完善，但是由于对城市文化、价值观念缺乏了解，传统的农村观念给他们的价值观和文化取向造成矛盾冲突，形成心理排斥，致使他们对城市文化缺乏认同感。价值观没能及时做系统的转变和更新，对主流价值观缺乏认同，很难融入区域整体的文化生活中。这些因素造成"新市民"不能参与区域文化的共同涵养，不能共享区域的现代文化生活，容易被边缘化，可以说并没有真正完全融入城市生活。

2．"新市民"文化水平的差距使其成为价值观增值的"短板"

"新市民"文化水平与城市居民，尤其是与产业园招聘引进的各方面人才相比还有很大的差距，不能快速接受产业园整体区域的主导价值观，没能更多地参与产业园开发建设，不能与区域发展同频共振，被逐步边缘化，自我效能感越来越低，很难受创新创业文化的浸染，逐渐成为区域价值观增值的"短板"，影响着区域整体的文化建设和文明环境的水平。

3．个体和区域的意愿产生新的发展需要

园区周边"转居"安置社区一般由地方政府统一规划建设，本地过去的农村地区开始是被动地由农村向城市转换的，但从长远看在整体上体现了产业园"社区化"的渐进性与农村社区融入产业园动态性的统一。伴随着园区的"社区化"进程，"转居"安置社区的文化也逐渐出现过渡和演变，并产生了一些新的变化。

"新市民"虽然有些留恋过去的生活，存在对现代生活因畏惧产生的抵触、排斥的复杂心理和行为，但内在还是存在对自我实现层面的发展需要，因此会多多少少产生融入区域文化、参与区域文化建设的需要。

两种文化的冲突带来的自我实现的发展需要，也许从个人角度是非显性，或者是所在区域对其提出的要求，但它是内在于人的一种高层次的需要，也许并不是所有人都能够自我达到的，但产业园"社区化"进程中重构的"文化涵养空间"，就是对区域主导价值观的增值。而"新市民"是其中的一个主要的行动主体，因此需要纳入其中，对其施加影响，引导和鼓励其树立以创新精神为主要内涵的区域主导价值观去追求人生的更高价值，不断地发展自我、成就自我。这种发展需要会在持续的成功激励下得以强化和内化，从外在的诱发演变为内在的追求。

总体上看，在数字化时代就业创业趋向融合的服务园区发展的新岗位上的工作满足生存需要、与产业园大社区新社群的各类行动主体构成和谐共享的生活满足归属需要、融入新文化树立区域主导价值观的精神自洽满足发展需要，既是"新市民"实现圆满人生的自我追求，也是区域空间建设中的最高境界——由"三大空间"有机融合的产业园"社区化"转型升级的区域人本目标，因这些新需要而引发的学习新需求就是区域教育功能发挥的着力点。

二、产业园"社区化"进程中"新市民"新需要引发新的学习需求

新的变局带来的变化是系统化的，从转岗再就业（创业）到新的人际关系处理再到新的文化融入，从外在的生活方式转变到内心的变化，这些改变将产生一系列的新的学习动机和需求，需要结合"人的需要"理论研究和现实调研结果进行总结归纳，以便于区域教育有针对性地发挥功能。

对"新市民"学习需求的把握是在著者及研究团队不断地文献收集整理和调研过程中逐渐明晰的。在对典型案例的长期观察和深度调查基础上，结合现实的感悟和问题开展"人的需要"理论的文献梳理，用理论来结构化问题，将文献研究和调查研究法有机结合，不断深化对产业园"社区化"进程中"新市民"新的学习需求的理解和把握。

以下首先以北京市教育科学"十二五"规划 2013 年度立项重点课题"农村城镇化中新市民学习需求分析与教育功能的研究"（编号：AEA13105）的调研为依据，深度剖析中关村科学城北区这一典型案例，争取达成"以一斑窥全豹"的效果，对"新市民"学习需求有一个初步的把握。

（一）中关村科学城北区的典型调研

中关村科学城北区泛指北京市海淀区百望山以北的所辖区域，俗称山后地区，区域面积 226 平方公里，占北京市海淀区全区面积的 52%。

作为课题的主持人，著者与研究团队一起针对海淀区这些年城镇化的新变化，结合北部四镇已经初步从一个传统的农业地区演进为"北部生态科技新区"并已然成为海淀科技园区的发展区和海淀经济新的增长极的实际，认为这一系列的发展变化使研究区域呈现出新型农村社区和高科技园区同步建设的格局，带来了经济结构、人口结构、就业/创业形态等的变化，从而使这一区域的"新市民"的学习需求有其自身的独特之处，相应的区域教育（特别是区域成人、职业、社区和文明市民教育）的功能发挥也有其自身的内涵、目标以

及实现的路径、手段、方法等。

1．调研概况

该课题研究是基于现实的实证研究，研究的关键点在"新市民"的学习需求的调研，这方面课题组主要进行了 3 项工作，即问卷调查、访谈座谈调查和实地考察。

第一，关于问卷调查。研究者于 2013 年 10 月至 2014 年 5 月间在研究区域先后进行了 4 次进入社区的实地调研（2013 年 10 月 29 日、2014 年 3 月 26 日、2014 年 5 月 21 日与 28 日），调查对象为唐土、辛店社区和六里屯社区的社区居民，这 3 个社区是海淀西北旺镇 3 个已建成的新型农村社区，其居民是已被城镇化的"新市民"，涉及了原唐家岭、土井、小牛坊、东玉河、皇后店和六里屯等 6 个被城镇化的村落的村民。调查内容的中心是被调查对象有哪些学习需求并且希望采用什么样的学习方式。发出问卷 150 份，收回有效问卷 124 份，有效率为 82.7%。

为保证所得数据的信度和效度，问卷设计遵循以下原则：一是控制问卷篇幅，避免受访者填写问卷的时间过长；二是问卷设计简单，所列问题与研究目的有直接的相关性；三是使用简单的日常用语，避免出现歧义、复杂术语等；四是问题设置保持中立，避免诱导式提问；五是问题对于大多数受访者而言能够理解，且容易回答；六是避免涉及个人隐私的敏感问题；七是答案与问题协调一致。

本研究所采用的问卷借鉴了课题组已有的成果，在其基础上进行适当调整，经过课题组内讨论、专家评价、试调研等过程，并结合各方的反馈意见多次修订，从而形成最终的调研问卷（见附录）。

研究团队提出了抽样要求，由村委/社区居委会干部配合，双方调研前进行了充分沟通，能够保证样本具有较好的代表性。鉴于问卷信息量较大，而目标受访者的年龄和文化层次参差不齐，因此本调查多数采取了由研究团队口头询问、根据受访者的回答填写问卷的方式，这样也便于研究团队对样本有效性和信息准确性进行及时评估，尽量减少无效问卷，最大程度上保证问卷的质量和数据可靠性。

同时，为了避免调查时的语言表述、情感态度等因素对受访者的回答造成干扰，在调查实施前课题组成员进行了模拟演练，并对问卷中的一些概括度高、不太直观的名词和术语规定了统一的解释，确保每个人都能熟练、高效地完成问卷采集。

问卷采集结束后，课题组成员将调研数据录入电子数据库中，客观题借助相关统计软件进行统计和交叉分析，输出可视化的数据图表，使调研结果更加清晰明了；还对主观题回答进行了梳理分析，结合被访者对主客观题的回答总结提炼出一系列的调研成果。

第二，关于座谈与访谈，主要针对农民被城镇化后，自身的素质需要哪些转化的调查。课题组在问卷调研和课题成员工作会议研究的基础上拟定了调查提纲，主要内容有 4 大方面：其一，农民上楼后的生活都发生了哪些变化，哪些变化能造成影响他们正常生活的问题，解决这些问题需要他们转变哪些能力，其身体、心理、性格、政治、知识、能力等各项素质中哪些素质是需要转变的；其二，需要解决的重要问题是什么，解决转岗就业的问题是否很重要，他们是否具备选择职业和持续工作的能力，他们需要补充哪些知识和技能，需要得到什么样的支持与服务；其三，他们会不会对自己所获得的补偿资金进行理财，他们会从事哪些文体休闲活动，遇到民事纠纷时通常会怎样处理；其四，他们在今后的生活中更关注什么，哪些关注是很重要的，哪些是被他们忽视的，形成这样结果的根本原因是什么。

课题组先后在北京市海淀区职工大学温泉校区（地址在海淀北部新区温泉镇辛庄村）及有关单位，召开了由北京市海淀区苏家坨、温泉两镇的车耳营、杨庄、辛庄等 10 村村书记、村主任为主的，共 22 人的座谈会；召开了两镇 10 村，普通村干部代表 18 人的座谈会；在温泉人家社区召开了居民代表 26 人的座谈会；召开了中关村科技开发区永丰基地调研座谈会；在房山区阎村镇社区成人职业学校支持下在该校召开了 15 个村（社区）的书记或主任 15 人参加的座谈会；访谈了温泉镇、苏家坨镇的主管文教卫的副镇长。

第三，关于实地考察。课题组考察了北京市房山区成人教育中心、阎村镇成人职业社区学校、拱辰街道北关东路社区，考察了延庆县（区）职教中心、延庆县（区）城郊的八里庄村、康庄镇的太平庄村、永宁镇北沟村和小庄科村等 7 个村，将课题研究的触角深入到北京近郊和远郊，拓展了课题研究的对象。在研究过程中，课题组主要成员还参加了在山东寿光召开的全国性的农村农业社区教育会议，调研走访了潍坊市的诸城、安丘、寿光等地。

2. 理论研究和现实观察相结合得出的初步结论

随着课题研究的深入，课题组成员深切感受到北部新区的发展步伐。中共中央、国务院发布的《国家新型城镇化规划（2014—2020 年）》，北京市、海淀区"十三五"规划，加快了北部新区的建设步伐，高科技园区和包括华为在内的许多企业加快了在北部新区的落户和扩张。如，用友的三期、永丰产业园、中关村环保园、北部四镇的"一镇一园"（包括温泉镇的创客小镇）、未来整个海淀北部产业带的科技产业中心——中关村壹号等高科技园区的建设使海淀北部新区的"新型城镇化"与海淀打造全国科技创新中心核心区、中关村科学城的建设同步进行，特别是海淀区在整个区域范围打造中关村科学城，由四镇构成的海淀北部新区也更名为中关村科学城北区，在这个过程中既有地域的特点，也是北京发展模式转变的现实推动的范例。以高科技产业为主轴、以高科技园区为平台，山前的"中关村西区"、连接带的"马上清西"、山后的北部新区，构成了围绕高科技企业布局、全力推进中关村科学城建设的海淀发展新版图。伴随着政府主导的产业园开发建设快速推进的"城镇化"，这些地区农村居民的身份、居住、从业状况等都发生了根本性的转变，同时也给课题组的研究提供了更为丰富的素材和需要解决的问题。在这个背景下，在课题已有的研究成果的基础上，著者一方面注重对办学实践进行总结反思，另一方面再次回到理论研究中，开展深入的文献梳理，寻找新的理论视角，在有关"人的需要"的经典理论、各类资本理论、产业集聚理论和空间社会学理论等的研究过程中，对"新市民"的学习需求和相应的教育功能发挥有了新的"理论之根"和"方法之镜"。总之，著者和研究团队以课题研究为发轫，在理实互动中不断拓展研究视野，提升研究层次，深化研究内涵。

通过调研观察、文献梳理，早期研究发现"新市民"的学习需求除了围绕个人城市融入、利益保护、技能提升三大生存需求的假设分析之外，"新市民"大多数也关注公共生活、社区建设，产生了环境保护、邻里沟通、社区人际交往等方面的归属需求，同时也有比较强烈的提高生活品质、创业等发展需求，对照有关"人的需要"的经典理论，研究团队进行了理论梳理，总结出研究区域"新市民"在产业园"社区化"进程中推进新型城镇化而产生的围绕人的生存、归属、发展需要以及因之引发的与这些需要相关的学习需求。

（二）产业园"社区化"进程中"新市民"学习需求变化

虽然转居"新市民"所处的外在空间形态（一般是物理空间）发生了明显的改变，即由传统的农村空间向城市空间转变，但是他们的生活空间、文化空间却变迁缓慢，甚至是停滞，带有极强的空间惯性，呈现出农村空间的乡土性和城市空间的城市性并存的特点，具有明显的过渡色彩。产业园周边的这种城乡混合的空间特性随着时间迁移会发生改变，如果生活空间能够跟上物理空间的变迁，那么城乡混合的空间特性将会逐渐减弱，但不会完全消失。但如果无法同步跟进，那么城乡混合的空间特性就会转变为城乡错位，导致空间与空间之间不协调。忽视上述"三大空间"建设会造成一些不和谐的因素，给"新市民"的转岗就业、社会适应、人际交往、精神文化等方面带来困扰。

1. 产业园"社区化"带来的多元学习新需求

在产业园"社区化"进程中，工业化和城市化带来了生活品质的提高，随之而来的是精神文化生活的丰富、休闲娱乐的增加、健康养生养老的强烈需求……这些都引发了所在区域居民多元化的学习需求。学习的目的已经不仅局限在只是完成学业、获取学历文凭，还出现了至少以下几类与园区现代化生活工作有关的学习需求：第一类是上岗、转岗、创业这些与职场有关的学习需求；第二类是已经有学历及职业资格证书的人，他们需要通过再学习、再发展，调整和丰富自己的人生，这主要与创业、文化修养、养老养生有关的需求；第三类是已经接受过或者正在进行高等教育需要学习新专业的需要；第四类是精神、文化需求，需要在相关艺术或者人文专业进行短期培训和学历学习；第五类是学历提升、职业技能培训和综合素质方面的学习需求。比如，"产业集聚空间"融入的新产业和传统的农村产业之间产生的差距对这些"新市民"带来冲击，使其产生一些心理焦虑。这种不确定性的动机使其出现一种矛盾，既有要提升自己技能和知识的要求，又担心这种提升过程中对他原有的一些传统的方式和传统的技能不利。

2. 理实结合总结出的三个层次的学习新需求

通过学习马克思主义创始人和西方哲学家、心理学家的"人的需要"理论，结合上述在海淀北部新区（中关村科学城北区）四镇和包括北京市房山区等地组织的各类调研所获得的信息资料，本书得出初步的结论是：随着新型城镇化、乡村振兴战略的推进，产业园的规划与开发，城市郊区的经济社会结构发生了较大的变化，随之带来区域内的居民特别是由农民"转居"而来的"新市民"的一些新需要，包括：由从事传统农业而满足基本的生存（生理）层面的需求转化为从事新型小区的物业管理、产业园园区（高科技产业园、经济开发区、工业园区）的配套服务的高品质就业的需求，由原来以满足生存（生理）层面的需求为主提升为基本的生存（生理）层面的需求满足后的归属、发展层面的需求。为了适应和满足这些新的需求变化，"转居"后的"新市民"需要培养自身的学习能力、加强理论知识的学习以及相关专业和技能的培训，将会产生因为人的新的需要引发相关新的学习需求，这是对人们要求提高自身素质以便更好地生产生活的体现，这些学习需求就相应地对区域教育特别是区域成人、职业、社区和文明市民教育功能发挥提出了新的要求。

本书主要围绕"转居"后"新市民"的学习需求展开，总结为下面三个层次：

（1）第一层次是为满足生存需要而形成的学习需求

马克思主义创始人认为人的三个层次需要中最低级的是生存需要，也就是最基本的需要[①]，而按照马林诺夫斯基的"需要三层次"理论，属于第一级的生理需要，是直接满足机体需要，例如营养、生殖、保护、安全，以及衣食住等身体上的需要[②]，也属于马斯洛"需要五层次"理论的第一个层次——生理需要，就是人生存中最原始、最本能、最基本、最强烈的一种需要，是维持个体生存和种族发展最起码的前提，例如空气、吃饭、穿衣、住所、睡眠等等的需要[③]。著者及研究团队调研中发现，因为这一层的需要而产生的学习需求，主要包括转居后适应新的工作岗位和环境以及职业要求的基本的工作技能的学习。比如，新型农村社区物业管理的相关工作岗位，与高科技园

[①] 牟新云. 基于需要理论的进城农民工行为分析与管理研究 [D]. 西南交通大学，2007.

[②] 牟新云. 基于需要理论的进城农民工行为分析与管理研究 [D]. 西南交通大学，2007.

[③] 罗道友. 需要——人的发展的内在动力：从马斯洛需求理论看人的发展 [D]. 湘潭大学 2007.

区"营商环境"有关的一些新的岗位，包括到周边的高科技园区工作需要的学历提升和技能培训、能力和素质提升，这相当于从个人层面和区域层面对人力资本提升的需求。

(2) 第二层次是为满足归属需要而形成的学习需求

按照马林诺夫斯基的"需要三层次"理论，是属于第二级的归属需要，是间接满足人类的欲望的，也是团体生活所加于各个人的一种迫切的要求[①]，在马斯洛"需要五层次"理论中主要在第三个层次——归属和爱的需要。当生理和安全的需要都满足得很好时，对归属和爱的需要就会开始支配人的行为，成为人们新的问题中心。随着产业园的加速开发建设，工业化和城市化引起频繁的迁徙，加大了人口流动性，传统社群解体、乡村式亲密关系消失、友谊变得肤浅等让人空前强烈地感到缺乏根基、没有朋友、缺少爱，人们极度渴望亲密接触、团结互助、成为朋友，融为一个整体。换言之，人都渴望同别人有一种深情的、亲密的、彼此需要的友谊关系、伙伴关系或同事关系[②]。我们认为，围绕这一需要产生的学习需求，包括提升社会尊重、家庭亲情、社会交往、业余生活、消极情绪调节等个人层面的积极交往、沟通交流等素质和能力学习的需求，同时在区域层面包括通过培育区域的社会资本，达成区域共识、区域共同行动网络的"共同学习"需求。

(3) 第三层次是为满足发展需要而形成的学习需求

按照马克思主义创始人关于人的发展需要的论述，发展需要处于人的需要的最高级，包括三个方面：其一是指自己体力和智力得到充分实现的需要。其二是要求全面发展自己的才能。人的多方面才能与社会分工对人的束缚是相矛盾的。随着劳动时间的缩短，人们还可以通过业余时间部分地满足全面发展的需要。其三创造和超越的需要。人往往不满足于先天遗传的体力和智力，有一种超越"自我"的需求，人在接受教育和继续教育的过程中，不断地增长知识和才干，满足自身的创造性需要[③]。在马林诺夫斯基的"需要三层次"理论中属于第三级需要，代表了个人方面对完成"人格精神"的要求或团体方

---

① 牟新云. 基于需要理论的进城农民工行为分析与管理研究 [D]. 西南交通大学，2007.

② 罗道友. 需要——人的发展的内在动力：从马斯洛需求理论看人的发展 [D]. 湘潭大学，2007.

③ 牟新云. 基于需要理论的进城农民工行为分析与管理研究 [D]. 西南交通大学；2007.

面对缔造"社会一团"的要求……是一种"文化愿望"①。在马斯洛"需要五层次"理论中主要在第五个层次——自我实现的需要。自我实现者是"更真实地成了他自己，更完善地实现了他的潜能，更接近于他的内在核心，成了更完善的人"②。具体来说，"自我实现也许可大致被描述为充分利用和开发天资、能力、潜能等。这样的人似乎在竭尽所能，使自己趋于完美"③。"转居"而来的"新市民"在事业方面创新创业，在生活方面丰富精神文化生活、实现人文情怀所产生的学习需求，这是从个人"自我实现"角度。而从区域角度就是涵养区域文化资本的学习需求，比如在海淀区就是以社会主义核心价值观为代表的道德和价值观的培养和以企业家精神为重要组成部分的中关村创新创业精神培育的需求。

要把握成人学习的特点。在反映学习需求的学习动机方面，成人虽也可能由外在力量而引导，如寻求较好工作、升迁、增加收入等，但大多数的动机来自内驱力，加上希望把工作做好，提升自我、提高生活品质、追求生长与发展等④。

当然，还需要特别关注数字化时代的"新市民"的学习需求。由数字"赋能"的学习者也是教育的一部分，通过对其学习内容、动机、互动等维度上的数据的捕捉、挖掘、分析等，可以更加清晰地把握学习者的学习需求。

这些对应着人的不同层次需要产生的不同学习需求，是产业园"社区化"带来的新型城镇化过程中农民"转居"为"新市民"的一些较为特殊的学习需求。随着产业园"社区化"和新型城镇化的推进，各地在集聚产业的同时也引进一些高层次的人才，在政策的引导和各类外来人才的示范引领和辐射带动下，将会不断产生比较高的需求层次即自我实现、价值认可、过有尊严生活的需求，"转居"后的"新市民"需要培养自身的学习能力、加强理论知识学习以及相关专业和技能培训，将会围绕人的新需要产生配套的新的学习需求，由此引起教育功能发挥的内外在条件和体制机制也将发生转变，对区域教育

① 牟新云. 基于需要理论的进城农民工行为分析与管理研究 [D]. 西南交通大学.

② 马斯洛. 存在心理学探索 [M]. 李文湉，译. 昆明：云南人民出版社，1987：88.

③ 马斯洛. 存在心理学探索 [M]. 李文湉，译. 昆明：云南人民出版社，1987：176.

④ 程凯，李如密. 成人教育教学论 [M]. 开封：河南大学出版社，1999：299.

特别是区域成人、职业社区和文明市民教育功能的发挥提出一些新要求，需要相应地创新区域教育的内容、途径和形式。

第三节　创新内容、途径和形式：区域教育功能充分发挥的保障

产业园"社区化"进程中传统农民正逐步"转居"为"新市民"，那么如何不被这种转变"边缘化"，在服务产业园主导产业、转型现代"生态涵养"产业和"现代农业"中，拥抱数字科技，从事现代形态的产业，参与构建区域共同行动网络、提升自身价值、实现全面发展，为满足这些在"转居"为"新市民"过程中逐步产生的一些学习需求，需要在区域范围内构建一个全方位的教育服务体系，特别是区域高等继续教育院校应担当起引领、组织和集聚教育资源的角色，通过一系列的学历教育、非学历培训、社区及文明市民教育项目及活动等多元的教育服务，促进"新市民"不只是停留在身份和居住区域、环境的改变，而是要从思维方式、生活方式、行为方式、价值观念、文化素质进行全面改善，充分发挥区域教育功能，以实现产业园"社区化"促进的"新型城镇化"的关键即"人的城镇化"的目标。

一、区域教育功能发挥的着力点

过去的城镇化及传统产业园开发建设是工业化（工厂化）先行，带动城市（镇）化的发展，农村人进厂当工人，职业世界即是其在城市的全部，将生活世界留在乡村。区域教育的功能集中在职业技能的培养、城市基本生活常识、文明礼仪等的训练。而由产业园"社区化"促进的新型城镇化，转居的"新市民"进入产业园大社区后，不仅工作在这里，还要在这里开始新的城市生活，成为这个大社区的一员，堪比社区有机生命体的一个"细胞"，"新市民"与产业园是共同成长的。其中，教育赋能给这些"细胞"，在满足其新的学习需求

实现"市民化"的同时，也促进产业园的"社区化"转型升级。

在组织教育资源、实施教育干预的过程中，提供有针对性的学习资源是促进"新市民"开展与自己的需求层次相适应的"有意义的学习"的关键。因此，区域教育只有对应需求层次提供符合"新市民"学习动机的教育供给，找到准确的着力点，以提高教育的针对性和实效性，才能更加充分地发挥自身的教育功能。

（一）满足"新市民"学习需求的教育功能

一个区域内整体布局产业园的功能不仅包括生产功能，还有生活、生态等功能。在产业园向"社区化"转型升级过程中，人的积极性的发挥是关键。这不仅包括园区内部的高素质、高收入、高学历人群，也包括很多周边的"转居"的当地农民即本书所定义的"新市民"。这些人为整个园区"社区化"提供生产、生活服务，同时区域共识达成和区域文化涵养也需要他们的全力参与。

正如本书前面对"新市民"这一核心概念的界定，这一个群体处于中间状态，促使其完全"市民化"需要多重力量联合推动，包括区域教育功能的充分发挥。

1. 教育功能的内涵

教育功能是教育活动和系统对个体发展和社会发展所产生的各种影响和作用。按教育的作用对象，划分有个体发展功能和社会发展功能；按教育功能呈现的形式，划分有显性功能与隐性功能；按教育作用的性质，划分有正向功能与负向功能、保守功能与超越功能。本书重点从个体发展功能和社会发展功能来论述。

教育的个体发展功能指教育对个体发展的影响和作用。它由教育活动的内部结构特征所决定，发生于教育活动内部，也称为教育的本体功能。教育的个体发展功能表现为促进个体社会化的功能和促进个体个性化的功能。教育促进个体社会化的功能包括促进个体思想意识和行为的社会化、培养个体的职业意识和角色。

教育促进个体个性化的功能包括教育促进人的主体意识的形成、主体能力的发展、个体差异的充分发展，形成人的独特性；开发人的创造性，促进个体价值的实现。

教育的社会发展功能指教育对社会发展的影响和作用。现代教育的社会功能包括人口功能、经济功能、政治功能、文化功能、科技功能等。教育的社会发展功能是教育的本体功能在社会结构中的衍生，是教育的派生功能。

教育的社会功能主要是推动社会变迁与促进社会流动。教育的社会变迁功能通过开发人的潜能、提高人的素质、促进人的社会化，引导人的社会实践，不仅使人能够适应社会的发展，而且能够推动社会的发展。教育的社会变迁功能表现在社会生活的各个领域。教育的社会变迁功能包括教育的经济功能、教育的政治功能、教育的生态功能、教育文化功能。教育的社会流动功能是指社会成员通过教育的培养、筛选和提高，能够在不同的社会领域、社会层次、职业岗位、科层组织之间转换、调整和变动，以充分发挥其个性特长，发挥其智慧才能，实现其人生抱负。教育的社会流动功能，按其流向可分为横向流动功能和纵向流动功能。横向流动功能是指社会成员因受到教育和训练而提高了能力，可以根据社会需要，结合个人意愿与可能，更换其工作地点、单位等，做水平式流动。教育的纵向流动功能则是指社会成员因受教育的培养与筛选，能够在社会阶层、科层结构中做纵向的提升，包括职称晋升、职务升迁、薪酬等级等，以提高其社会地位及作用，亦称垂直流动。

2. 教育功能发挥的内涵：个体与社会功能的统一

"新市民"学习和受教育的特点是为解决现实的问题而学习，"三大空间"提供了学习平台和学习资源，在应对外在的环境变化的过程中不断地增加知识和技能、提升综合素质和能力，同时也通过自身的努力对"三大空间"的再造起到反作用。所以，区域教育功能的发挥，对个人来说是个体综合素质能力提升，对区域来说是区域整体能力的提升，体现为基于"生存"需求的职业转化和提升产生的学习需求，促进区域人力资本提升；基于"交往""安全"需求的人际能力提升的学习需求，有利于区域社会资本积累；基于"尊重""自我实现"需求的创新能力提升的学习需求，服务于区域文化资本涵养，从而全面推进产业园"社区化"转型升级。

首先是教育功能发挥的新目标，聚焦在个人和区域两个方面，区域教育的个体功能与社会功能是统一的。

产业园"社区化"转型升级进程中，对产业园高质量发展和对产业园人才同样提出了更高要求。其中重要问题是产业园如何营造一个很好的营商环境。在推进周边的城镇化过程中，本地农民转居为"新市民"后进入产业园周边"转居"安置社区共建一个大的产业园社区，"新市民"需要提升自己的综合素质。人的需求反作用于园区的发展，这是基于学习需求的区域教育功能发挥的社会功能方面。三个层次需求——对应于产业园"社区化"的区域发展三大层级的追求：要素集聚—社群共识—文化融合，产业园功能不断升级，逐步实现产业园"社区化"的成功转型。

第一是从"新市民"个体需求角度，满足在产业园"社区化"转型升级促进的新型城镇化进程中由于人的需要层次的丰富和提升而引发的新的学习需求，提供实现其高质量就业（创业）所需的技能和素质，以及过高品质生活和实现"自由而全面发展"所需的综合素质的各项教育服务。

第二是从区域需求角度，主要集中在以"新市民"需求满足为基础，培育区域各种资本、达成区域共识、涵养区域文化精神等整体优化区域发展环境方面。

在区域层面，教育功能发挥体现为以下三个方面：

要素集聚—产业集聚空间—区域技能积累—人力资本提升；

社群共识—人际交往空间—区域行动网络构建—社会资本积累；

文化融合—文化涵养空间—区域价值观增值—文化资本涵养。

伴随产业园"社区化"转型升级，新型城镇化快速推进，人力资源对城镇化后产业园周边的新型安置社区的经济社会发展起着越来越重要的作用。人力资源素质的形成受先天影响，但更多是靠后天接受教育形成，教育既可以提高人力资源个体的素质，也可以提升人力资源群体的素质，整体提升区域人力资本水平。通过较高素质的人力资源教育转化为对新技术、新工具、新工艺的应用，从而更快地转化为生产力，增加产出。教育功能的实现"物化"为容易看得见的人力资本积累与知识积累。而通过教育所构建的区域共同行动网络、植入的主导价值观、倡导的主流文化、营造的区域文明风气等更深层次的影响，却因为其非物质性的特性被深藏在区域外在的经济社会活动之下，成为区域特定的人文历史境遇和基本的人文特色，构成这个区域特有的文化遗传密码，积聚为区域共同行动的动力，涵养为区域共有的文化精神。因此，在产业园"社区化"转型升级进程中，发挥区域教育功能除了个体和区域人力资本的提升之外，还需要努力促进区域共识的形成和区域文化精神的认同，从个体的行为模式到群体文化精神的气质上改变区域的整体运行模式，优化发展环境，提升产业园发展质量。通过努力营造产业园大社区良好的人际关系网络和精神文化（文明）氛围，促成一种"三大空间"融合一体的创新、创意、创造"场"——区域"创新空间"，进而将区域教育功能发挥延伸为区域的"黏合剂"和"倍增器"，提高核心竞争力，促进区域全面发展。

（二）基于"新市民"学习需求的三大着力点

产业园"社区化"转型升级进程中，"新市民"面临更深层次的挑战，必须面对更高标准的要求。这些要求产生了不同方面的新需要。

第一是生存需要——提升"新市民"的就业能力和素质，实现职业的有序转换和户籍的合理转移。其中最根本的就是通过发挥区域教育功能，从自给自足的小农经济进入分工明确、"朝九晚五"的规律性的现代工作职业世界、对"新市民"进行转岗的岗前培训，包括"新市民"新的工作职业世界的劳动技能的获得、现代产业职业规范的训练和职业道德的熏陶、新的职业行情和前景的了解，达到增强"新市民"在"产业集聚空间"的就业竞争力和自我保护力的目的。

第二是归属需要——培养角色意识，帮助"新市民"转化角色。产业园"社区化"进程中，随着产业集聚而来的是各种要素特别是人口的集聚，乡村熟悉而稳定的"熟人社会"关系模式被"转居"社区的"邻里不相往来"的多变的陌生人的日常生活环境所替代，从角色转化开始，培养"新市民"在现代化城市社区——"人际交往空间"生活的素质和能力，就必须培养和提高"新市民"由原来的农民角色转化为市民角色的转化意识和转化能力。

第三是发展需要——植入主导价值观，促进"新市民"文化转变。古老乡村的文化传统不断被产业园现代化产业（企业）文化和城市文明所替代，"新市民"是带着对城市生活的憧憬转居到新的居住地的。一方面对现代化产业的工作和城市化的生活充满了期待，愿意学习和吸收现代产业和城市的先进思想和文化，另一方面隐藏于"新市民"内心的传统乡村文化则在很大程度上决定着"新市民"的人生观、世界观、价值观，甚至影响着"新市民"的日常行为习惯和思维方式，可以说，"新市民"只有文化观念尤其是其价值观等实现深层次转变并融入区域主体文化精神，才能真正彻底地实现"市民化"转化。因而区域教育功能发挥必须在价值观培育上下功夫，涵养出具有鲜活的群体特色和广阔的文化蕴涵的区域主体文化精神，促进"新市民"全面自由地发展。

无论是不同类型的"新市民"群体和组织，还是处于不同生存阶段与状况的"新市民"个人，都能寻找到他们所需要的教育类型，以应对产业园"社区化"转型升级带来的各种困难与挑战，这是区域教育功能充分发挥的目标和任务。

产业园开发建设导致"新市民"工作职业、日常生活、精神文化这三大世界都发生了不同程度的变化。为了让研究更加清晰聚焦，本书对产业园"社区化"再造的"三大空间"对"新市民"的世界转换的作用做了一个简化的对应，即：

"产业集聚空间"——工作职业世界；

"人际交往空间"——日常生活世界；

"文化涵养空间"——精神文化世界。

而且产业园"社区化"再造的"三大空间"，也是区域教育功能发挥的三大载体，对应的"新市民"的三大世界也就是区域教育功能发挥的三大主要着力点。

1. 着力于满足工作职业世界新要求而产生的学习新需求

对每一位"新市民"来说，产业园开发建设带来的人生变化首先是"产业集聚空间"带来的工作职业世界变化。具体的就是还需要或者还有意愿就业创业的一批"新市民"面临职业转换，一般会出现转岗/转业、岗位晋升、就业领域高移等从业形态的变化，还有在从业和创业之间不断进行的切换，包括一产中从种养殖等狭义的传统农业转到休闲农业、高科技农业等广义现代农业的转岗，从农业转到园区二、三产特别是现代生产性和生活性服务业的转业。而且在产业园"社区化"进程中园区从单一生产功能扩展生产、生活、生态的综合功能，推进的新型城镇化对人的关注和重视，与人相关的服务业迅速发展。在围绕生活性、生产性服务业不断增加新型劳动岗位的同时，与居民生活服务、精神文化、健康养生、养老有关的社区新型就业创业也层出不穷地出现，结合互联网等新型企业产业生态，形成了一些新业态。

为了满足自身在新环境中"安身立命"的生存需要，"新市民"需要应对职业生涯变化，更好地适应新工作，从而会引发一些相关的学习需求，包括在现代工作职业世界的工作意识、在职场的工作知识技能以及对整个工业文化和现代城市文明的认同等，这是区域教育特别是区域职业和继续教育以及社区、文明市民教育发挥功能的一个着力点。

2.着力于满足日常生活世界新变化而产生的学习新需求

在"人际交往空间"中，需要与来自五湖四海的各类人群打交道，"新市民"需要处理好公领域和私领域生活的分界。同时需要具备处理社会生活中一些问题也就是"人情世故"的能力。要求"新市民"提高自身的道德修养，同时要有规则意识，形成一个自身修为和外在监督两者共同作用的区域共同行动规范体系，在"人际交往空间"再造的日常生活空间中去学习训练和人特别是和产业园区里的人才打交道的技巧。发挥自己淳朴和优良的品质，以增加本地生活的"人情味"，使产业园的年轻人更愿意留在本地工作。这是区域教育特别是区域职业和继续教育以及社区、文明市民教育发挥功能的又一着力点。

3.着力于满足精神文化世界新追求而产生的学习新需求

"文化涵养空间"再造是继承创新传统文化、涵养锻造区域新文化的载体和平台。"新市民"不仅是一个劳动群体，也是一个带有文化特色的群体，需要弘扬其本身所带传统文化印记中的优秀成分，克服其中不符合区域主体文化精神、现代文明的部分，使其快速尽多地融入其中，传承传统文化中的优秀部分，并在现实中创新利用，从而以传统优秀文化的注入使整个园区的文化更具特色，以增加本地特色文化对产业园年轻人的吸引力。科技和人文融合，在涵养区域文化的过程中形成区域主导价值观和主体文化精神，这也是区域教育特别是区域职业和继续教育以及社区、文明市民教育发挥功能的一个着力点。

二、区域教育功能发挥的内容、路径、形式

区域教育功能发挥是一个系统工程。针对"新市民"在产业园"社区化"转型升级进程中再造"三大空间"时的各种机遇和挑战，根据产业园"社区

化"的转型目标，立足"新市民"的学习需求，结合其文化、素质、心理的特点，遵循教育客观规律和对新型城镇化不可或缺的重要作用，找准发挥功能的着力点后，区域教育功能发挥的成效就取决于其内容优化、路径选择、形式创新等方面的努力。

（一）区域教育功能发挥的内容优化

产业园"社区化"进程中区域教育功能发挥的内容十分丰富，其中心内容是围绕产业园"社区化"进程中的"新市民"的生产生活、精神文化实际展开的，应该以其生存、归属和发展的现实需求为出发点，结合产业园"社区化"的未来发展趋势，确定发挥区域教育功能满足"新市民"学习需求应提供的教育内容。

1. 传授现代生活知识

通过教育，帮助"新市民"掌握在产业园开发建设带来的现代社会环境下，生产、生活的基本文化知识，这是推进"新市民"开始现代化转变的基础。学习并掌握识字、算术和读写等方面的基本文化知识，以及与现代文明相结合的各种科学文化知识，将为其开启通向现代化和城镇化的大门。这些现代文明意识下的新知识学习，帮助其与全新世界建立密切的联系，赋予其自我学习的能力，从而使其获得更多的学习和接受教育的机会。

2. 培养现代生存技能

产业园"社区化"进程中，过去被限制于乡村和土地的农民，可以自由流动和迁徙，拥有了越来越多的就业创业的选择权。而各种专业技能的培训和农业科技培训，使"新市民"具备一门或几门专业技能。有的地方要求"新市民"掌握"双证"（即文化科学文凭和职业资格证书），这是保障其从事现代农业或者在二、三产自主择业、主动就业的必要条件。懂市场、会经营、勇开拓、敢创新、能创业，这是对"新市民"在学习掌握一般生存技能基础上的进一步要求。特别是在各种先进要素集聚、担当经济发展"引擎"和作为新型城镇化重要推手的产业园，"新市民"需要掌握更加全面的生存技能。掌握一定的职业知识技能，是人们谋生谋职的基本条件，而进一步掌握市场经营能力，特别是具有创业创新的能力，才能有更大更好的发展能力和机会，才能够为其他人提供就业机会，为国家和社会作出更大贡献，助力产业园的整体发展。

在新的信息文明冲击下，还应培养"新市民"现代信息知识和数字化能力，使其有机会和能力接触到更多先进科技信息和发展理念，帮助他们开阔眼界，以提高其在择业和选择生活空间时的成功率和有效度，增加他们的自我效能感和竞争力。

3. 提升市民素养

在产业园"社区化"带来的现代文明冲击下，"新市民"面对更加复杂的社会结构和更加多元的角色定位，将会不断融入产业园"社区化"构筑起来的现代市民社会，需要拥有相应的市民素质。

首先，要树立民主意识和法治观念，促使他们在现代政治体系中，学法守法，依法谋求自身权益，同时自觉履行法律规定的各项义务，成为维护法纪、遵守纪律的园区共同建设者。比如，在产业园开发建设拆迁过程中获得的补偿使"新市民"短时间内拥有大量的资金和房产等财富，新的财富也会带来一些新的矛盾，如何理财、解决家庭的财产、遗产纠纷等问题也需要学习一些知识。

其次，培养其参与政治活动和遵守社会规范的能力，使其掌握现代民主政治的参与方式和社会和谐的交往准则，拥有现代生活环境下的新习惯。比如，区域范围内对一些"正式和非正式的基础规则"达成共识是社会资本的重要组成部分，因此，需要在教育中贯穿规则意识和制度建设的内容。

最后，树立权利义务意识、社会责任意识，以及体现现代文明的规则意识、交通意识、卫生意识、生态意识以及现代人际关系意识，重点是一种共同体意识与市民的责任感的培养，使其积极参与社会生活，顺利向市民转变。

4. 陶冶道德情操

在产业园"社区化"进程中，工业化和城镇化"双轮驱动"的新文明蕴涵着新的道德标准、行为准则，对传统的农村文明产生了较大的冲击，传统"熟人社会"下的道德标准和行为准则逐步淡出人们的生活，代之以新的社会公德、职业道德、家庭美德和公民基本道德规范。要树立社会主义核心价值观，把中华传统美德、当代先进道德观念不断注入广大"新市民"头脑中，具体到经济发展引擎的产业园需要蕴含社会主义核心价值观的创新创业精神的教育与践行，使"新市民"在价值认同上与区域主导价值观保持一致，为"新市民"群体的全面现代化转化奠定坚实的思想基础。

提高职业道德水准。结合"新市民"面对的新的生存境遇和从事的行业特点，进行职业道德教育，宣传贯彻社会行为准则和各行各业的职业道德规范，帮助"新市民"逐步形成正确的价值观念、劳动态度和良好的性格习惯以及相互合作的团队精神，提升"新市民"的职业道德水平。

5.丰富精神文化生活

人们的需求是多种多样的，除了基本生存层面上物质条件的需求之外，还需要在群体中实现与他人的交往需求以及更深层次上的精神文化需求。可以通过对"新市民"群体的示范引导与教育提升，不断丰富他们的精神文化追求，使"新市民"群体的生存更具文化内涵与文明品位。通过提供贴近"新市民"群体的文化、体育和休闲需求的精神文化产品和服务，尤其是文明市民教育，促进"新市民"群体从物质层面向精神层面的现代化转化。

产业园开发建设过程中"新市民"所面临的新的遭遇和他们对往日生活的怀念，是我们需要关注的。对于这些产业园区域的原居民，作为区域教育机构应该如何一方面帮助他们保留原有的一些关系和依恋，包括在新的社区中如何利用原有的关系、邻里关系和家族关系构建新的社群关系，是我们值得考虑的问题。同时也应考虑如何推进他们的"再域化"，让他们能够形成新的社群和在新的环境中与现有的外在环境进行融合，适应现代高科技生活，包括在现有的地区就近就业，无论是物业岗位还是高科技服务行业需要培训的技能都是区域发挥教育功能的新领域。

总之，在产业园"社区化"进程中，需要区域教育从以上5个方面提供满足"新市民"学习新需求、提升其素质的教育服务与项目，经由整合优化，最终达成充分发挥区域教育功能，促进"新市民"自由而全面地发展的目标。

（二）教育功能发挥的路径选择

在"三大空间"中，区域教育功能发挥应该相应地采取符合自身区域特点的路径。通过调研和教学实践的总结，本书将基于"新市民"学习需求的教育功能发挥的路径归纳为以下3条：

产业集聚空间—产教融合—区域技能积累—人力资本提升；

人际交往空间—人教融合—区域行动网络构建—社会资本积累；

文化涵养空间—文教融合—区域价值观增值—文化资本涵养。

下面针对这三条路径展开论述。

1. 通过"产教融合"提供新的就业岗位工作技能的教育和培训，助推区域主导产业发展

在产业生态体系中，通过"产教融合""工学结合"提升与生存需要的素质和能力。要不断拓展培训形式，使其适合"新市民"的学习特点。如采取产学结合的方式，在生产过程中让"新市民"学习，训练他们的工作技能；采取现场培训法，让"新市民"在与培训内容有关的场所，通过观察、调查或实际操作，使理论知识与社会实践相结合；根据"新市民"的已有工作经验，采取经验学习法，使他们产生新的学习经验；采取职业轮换法，有计划地让"新市民"在预定的时期内变换工作岗位，获得不同岗位的工作经验。

正如前文所述，像海淀北部新区（中关村科学城北区）四镇这样的大城市城郊在产业结构上已经发生了很大的变化。在海淀区全域打造中关村科学城、积极营造良好的"营商环境"的过程中，农民"转居"为"新市民"的就业环境和岗位都发生了改变。为此，北京市海淀区职工大学进一步加大了开放办学的力度，深化学校非学历培训、社区教育的模式创新，更好地服务区域产业发展所需要的高技能人才需求。"校企一体化"和"校镇（村）一体化"人才培养模式渐成气候，增强了培训的针对性、实效性、实践性，在教学中增加参观考察、现场教学、拓展训练、行动体验等模块的比例，初步形成了具有学校特色的模块化、体验式的培训课程体系。比如，服务海淀区北部新区新型城镇化进程的物业管理技能培训和学历教育就是比较成功的尝试。在总结2013年到2016年为海淀区西北旺镇村民开展物业管理基础知识技能培训经验的基础上，2017年学校与四季青镇镇政府联合举办了物业管理技能培训，并根据该镇物业管理人员的情况，举办了物业管理专业成人大专班。通过学校的深度介入，了解到物业企业及人员的需求，通过开设专业课程，逐步提高了该镇本地农村劳动力的专业技能和就业竞争力。这种紧贴区域发展需要的培训，同时满足了居民转岗就业和学历提升的需求，受到了各级领导的赞赏和当地居民的欢迎。

2. 通过"人教融合"开展各类社区教育培训和活动，服务区域共同行动网络建设

在日常生活中，通过构建学习共同体，新市民的规则意识等市民素养，通过规则熟悉规则，通过沟通学习沟通。

由此，区域高等继续教育院校可以通过开展培训和组织各种活动、社团，消除或者减少"转居"后传统社会的以血缘、亲缘构建的人际关系削弱后的"隔膜感""缺失感"，在新型安置社区中营造新的人际关系，在区域范围内建设区域共同行动网络，促进区域共识的形成。特别是在新的互联网——微信、抖音等社交工具盛行的当今社会，将线下的实体社团组织、活动、培训和线上虚拟的人际互动沟通有机结合起来，从而利用好高科技技术为人与人之间的交往服务，构建新型的人际关系，服务新型社区建设。

就拿北京市海淀区职工大学组织承办的海淀区文明市民艺术节来说，截至 2019 年，已经连续举办 10 届，2018 年和 2019 年的两届通过培训"赋能"每位参赛者，2017 年（第八届），报名人数 3571 人，参加人数 2894 人；2018 年（第九届），报名人数 3633 人，参加人数 2913 人；2019 年（第十届），报名人数 4228 人。随着艺术节影响逐步扩大，居民参与度逐年提高，参加决赛的参赛选手 2017 年就覆盖了海淀包括北部新区四镇在内的 29 个街道（镇）中 24 个，2018 年就实现了 29 个街道（镇）的全覆盖。在培训过程还非常好地运用了"中关村在线""中关村学堂"等微信 App，发布艺术节的相关信息，加强参加者的沟通交流。

3. 通过"文教融合"融通科技和人文教育，涵养区域主体文化精神

马克思的"人的自由而全面发展"的教育功能理论，指明了教育的本真功能是促进"每个人的自由而全面发展"。为了产业园"社区化"进程中推进的新型城镇化而"转居"的"新市民"实现"自由而全面"发展，就需要平衡科技和人文两大教育系列。

针对"新市民"在城市生活的现状，可以考虑在"新市民"聚居区创办"新市民学校"或"社区学院"，通过成人高考、自学考试等方式，向"新市民"传授人文知识和学科知识，促使"新市民"形成完整的知识体系。"新市民"可以根据自身条件，选择各所大学举办的网络学院，或者参加所在城市的广播电视大学，亦可利用国家搭建的远程教育平台，进行远距离学习，努力提高科学文化素质和知识文化水平。

通过文明市民教育，组织社区与园区融合性的文化生活教育和活动。通过蕴含教育内涵的文化活动增强"新市民"城市生活的满足感和幸福感。充分利用产业园大社区的文化馆、图书馆、文化广场等公益文化场馆举办的周末广场音乐会、周末讲座、周末艺术沙龙和周末剧场演出活动，或者利用各文化事业单位开展的流动演出、流动图书、流动讲座、流动展览等活动，开展健康有益的文化活动，提高"新市民"的文化水平和审美情趣。通过普及各类文化娱乐项目，特别是传统农区各具特色的文化体育传统项目等，丰富"新市民"的休闲娱乐方式。特别是强调创业素养、能力的培养，鼓励围绕"转居"安置社区开展社区创业。而对于区域层面，重点在文化资本的积累，这也是包括"新市民"在内的区域居民共同创造的，区域高等继续教育院校有责任、有担当，服务继承区域的文化精神——文化资本的涵养与积累。

对于北京市海淀区职工大学来说，就是发扬光大中关村创新创业精神。由此，学校首先开展了"产教融合、校企合作"科技教育。学院成立的"中关村创新教育基地""课件工厂"等学习硬件环境也对中关村科学城北区四镇开放，接待"新市民"的参观学习。同时还开展人文教育，在地处北部新区的学院温泉校区建立体验学习中心，主要向中关村科学城北区的"新市民"开放，提供包括茶艺、插花、蜡染、西式糕点制作等人文教育体验活动。

（三）教育功能发挥的形式创新

为了更好地发挥区域教育（特别是区域成人、职业、社区和文明市民教育）的功能以服务"新市民"的学习需求，在教育形式上要进行变革，从单一的灌输式的教育形式转变到多主体之间的交互学习（合作、双向、引导等形式）、正式的学习（学历与非学历）与非正式交流学习（流动中学习体验、俱乐部式的交流体验等）相结合。基于"新市民"学习需求的教育功能发挥的新形式有以下几种。

1. 营造交互学习的良性环境，促进多元互动

在为"新市民"提供教育服务时除了提供正式的教育之外，还要提供"新市民"之间非正式交流的机会和环境，便于"新市民"的学习提高。"新市民""转居"而且一般都是整建制的"转居"后基本上都生活在同一个"转居"安置社区，地域上的相邻性，使传统的人际关系还没有彻底割裂，有可能彼此熟悉并在工作、生活之外发生较多面对面的交流，来分享自身的相关知识、技能，形成社区共同的价值观。这个方面的重点是通过一些措施加强产业园

两类主要行动主体的交流互动。区域高等继续教育院校需要提供良好条件，营造学习氛围，构建一个多元的"新市民"学习网络体系，为"新市民"正式与非正式学习提供平台和载体。

2. 创新学习形式，强化体验环节

在学习中，强调体验式学习，实际上就是学习者自组织、自教育的过程。以体验为核心的学习方式，旨在唤醒、开掘与提升学习者的潜能，促进学习者的自主发展。把体验作为教育的一种方法或途径，让受教育者通过自己设计的有目的的活动来丰富自身的体验，并在体验过程中感悟人生、反思自身、获取知识、促进发展。学习者对知识的理解过程，并不是一个"教育者传授—学习者聆听"的传递活动，学习者获取知识的真实状况是学习者在亲自"研究""思索""想象"中领悟知识，在"探究知识"中形成个人化的理解。正是在这种充满"研究""思索""想象"的"探究知识"过程中的个人化的理解，成为区域创新体系的创新冲动和活力，使各类主体具有创新能力和素质。在体验学习过程中，本地默会知识、人文及社会背景等非经济、非贸易的相互学习、交流、浸染、陶冶，区域习俗、规范和价值，涵养公共文化（精神、价值观）同时传播、推广。在体验学习中，无论非知识、非技能还是知识与技能的学习，更多是进行情感的交流、兴趣共同体的培育，这种互动性、情景性的体验学习所获得的学习成果可以历久弥新。

体验式的学习方式，尤其以非正式交流体验学习模式效果最为显著。随着"转居"安置社区的建立和不断完善，文化体育社团（俗称"文体队"）也在产业园周边整个区域大量出现，而且著者在历次的社区调研和深度式体验考察中深切地感受到，"新市民"的这种学习需求非常强劲。在一种非正式交流中，一群有共同爱好和学习需求的人在一起，通过学习共同体中的体验学习，不断熟悉和掌握相关的知识和技能，形成一种集体共识和区域共同行动网络，涵养区域立体文化精神。

第六章 "三大融合"：区域教育功能发挥的 "落地生根"

本章对产业园范围内区域教育功能发挥"三大融合"的路径选择做进一步剖析，主要是要解决在区域内如何集合教育资源，通过教育与各方的协同，形成服务"新市民"终身学习的集成能力，使区域教育功能能够得以充分发挥、"落地生根"。具体表现为以下三个方面。

第一，以"产教融合"调动产业教育资源，构建提升人力资本的教育功能发挥的新生态，培育"新市民"转岗就业的能力，实现高质量就业，满足其第一个层次需要（生存需要）引发的学习需求。

第二，以"人教融合"促进区域"学习共同体"建设，构建提升社会资本的教育功能发挥的新生态，培育"新市民"融入新城市人际交往的沟通交流能力，建立城市新型人际关系，满足其第二个层次需要（归属需要）引发的学习需求。

第三，以"文教融合"挖掘城市的文化资源，提炼城市的精神元素，构建涵养文化资本的教育功能发挥的新生态，培育"新市民"的自我发展能力和素质，逐步认同和树立区域主导价值观，满足其第三个层次需要（发展需要）引发的学习需求。

在"产业集聚空间"的学习，通过"无缝对接"的"产教融合"围绕园区的主导产业构建起来的产业生态圈，精准对接"新市民"转岗转业从事的现代农业以及生产性和生活性服务业，培养其应用型技术技能，满足"新市民"因生存需要引发的学习需求，提升区域人力资本水平，服务区域产业发展；在"人际交往空间"中的学习，是通过"人教融合"构建学习共同体，引导人与人之间特别是"新市民"与产业园外来的人才这两类主体之间相互为师，互相传授各自拥有的知识和技能，满足"新市民"因归属需要引发的学习需求，积累区域社会资本，促进区域共同行动网络的形成；在"文化涵养空间"的学习，通过"文教融合"涵养区域主体文化精神，给"新市民"植入区域主导价值观，满足"新市民"因发展需要引发的学习需求，锻造区域文化资本，营造区域发展的精神文化氛围。

第一节 教育功能发挥之一：深化"产教融合"，助推区域主导产业发展

一、"产教融合"的现实背景及内在机理

（一）"产教融合"的内涵

"产教融合"这一概念是由产学研结合、校企合作、产教合作逐渐演变而来，它是产业系统与教育系统相互融合而形成的有机整体。

"产"是产业的简称，是指社会专业分工基础上形成的相对稳定、相对独立的国民经济部门或行业。相应地，"教"是教育的简称，作为政策性术语，主要是用来解决职业教育发展中的一些问题，因此这一提法更多的是用于有关职业教育发展的文件中，本书借用来指以区域高等继续教育院校为"主力军"的成人、职业、社区和文明市民教育等多种类型区域教育的集合体。"融合"就是通过融入、合作等方式实现一体化。我们可以从多重视角考察产教的相互关系，比如，从人才输送顺序上看，二者的关系是上下游的关系，产业是人才进口单位，教育机构是人才出口单位，两者既相互合作又相互促进。"产教融合"是紧紧围绕人才培养这一目标，上游主动下沉，下游提前介入。从效益和工作对象上看，产业追求经济效益，而教育追求社会效益。产业的生产对象是产品，而教育机构的培养对象是学生。"产教融合"要实现"五个对接"：一是专业设置与产业需求对接。建立专业跟随产业发展动态调整的机

制，优化专业设置。二是课程内容与职业标准对接。建立推动课程与产业技术的同步机制，根据产业技术水平和职业资格标准设计课程结构和内容。三是教学过程与生产过程对接。建立职业教育教学过程机制，按照生产工作逻辑重新编排设计课程序列，同步深化文化、技术和技能学习与训练。四是毕业证书与职业资格证书对接。建立与完善职业资格证书与学历证书的"双证融通"制度，将职业资格标准和行业技术规范纳入课程体系，使职业院校合格毕业生在获得学历证书的同时取得相应职业资格证书。五是职业教育与终身学习对接。建立职业教育体系的开放性机制，使人们能够在职业发展的不同阶段根据个体需要灵活选择合适的教育和培训。陈年友等提出："产教融合本身不是目的，目的是提升人才培养质量和企业生产效率。"[①] 因此，产教融合并不意味着学校和行业企业要在组织上融为一体，而是业务上相互补充和融合。对于职业院校来说，就是上述五个对接。总体上是将教育发展的链条"内置于产业链的过程，内化于产业链价值形成的过程"[②]。

（二）"产教融合"的现实背景

1. 政策要求

从 2014 年《国务院关于加快发展现代职业教育的决定》首次在国家层面文件提出，到 2017 年国务院办公厅印发《关于深化产教融合的若干意见》，再到写进党的十九大报告，加上《国家职业教育改革实施方案》《关于推动现代职业教育高质量发展的意见》等政策文件，"产教融合"成为国家教育改革和人才开发的整体制度安排，迈入了新阶段[③]。同时，各地政府也就《关于加快发展现代职业教育的实施意见》中的"产教融合"做出了明确的工作部署。《意见》已经成为行政领域自上而下的总体行动纲领，政策的导向和倾斜也带动社会各界特别是教育界的积极参与，形成了"政产学研社"联动全面推进的局面。

深化"产教融合"，促进教育链、人才链与产业链、创新链有机衔接，是

---

① 陈年友，周常青，吴祝平. 产教融合的内涵与实现途径 [J]. 中国高校科技，2014(08)：40—42.

② 杨士龙. 产教融合探路 [J]. 瞭望，2014(23)：26—30.

③ 陈锋. 产教融合：深化与演化的路径 [J]. 中国高等教育，2018(Z2)：13—16.

当前推进人力资源供给侧结构性改革的迫切要求，对新形势下全面提高教育质量、扩大就业创业、推进经济转型升级、培育经济发展新动能具有重要意义。"产教融合"作为一个政策性术语，代表一个国家的发展意志，同时也是经济社会发展的现实要求。归纳其上升为国家战略的原因如下：一是高等教育和职业教育自身发展面临问题；二是我国进入了创新驱动发展的新阶段；三是技术革命的加速和新技术的集群突破。

"产教融合"有三个基本点：第一，是以创新为核心的价值链重组；第二，以技术进步为融合发展的主轴；第三，建设技术技能积累创新共同体。

"产教融合"是教育与产业的融合，由于各有各的属性，二者会融为一体，但不会产生新的产业，而只是二者的相互渗透、相互支持，是一种深度合作。这种合作从理论上有两条实现途径，一是要素整合，二是契约合作。要素整合包含如下三种方式：(1) 企业对职业教育的投资，形成校企合作办学模式；(2) 学校为企业提供土地、劳动力，形成校中厂模式；(3) 学校为企业提供劳动力、技术，形成厂中校模式。契约合作要满足以下要求：(1) 契约合作的关键是学校与企业在业务领域的全面合作；(2) 保障契约合作的关键是校企双方的能力[①]。

"产教融合"的实现方式有如下几种：(1) 构建"政府主导、行业指导、企业参与、学校主体"的四方联动的产教融合体制机制；(2) 深化专业课程体系改革，推动校企协同育人；(3) 建立"人才共培、责任共担、成果共享"的双赢合作保障机制。

教育和产业要形成统筹融合、良性互动的发展格局。人才培养模式需要采取需求导向，只有更好地解决人才教育供给与产业需求重大结构性矛盾，才能增强职业教育、高等教育对经济发展和产业升级的贡献。

本书所界定的区域教育以区域高等继续、职业、社区和文明市民教育为主。产业园是先进产业的集聚地，将产业界丰厚的教育资源挖掘利用，开展深度的"产教融合"，对于区域教育功能发挥至关重要。

---

① 陈年友，周常青，吴祝平. 产教融合的内涵与实现途径 [J]. 中国高校科技，2014(08)：40—42.

2．"新市民"从业形态转变的需要

产业园周边产业形态带来的"新市民"从业（就业／创业）形态的变化，使其更多地围绕园区主导产业构建起来的产业生态圈，但由于产业园的产业特点和"新市民"的知识技能结构以及从业经历之间的差异，"新市民"一般会处在外围辅助层，主要从事与园区自然、生产、人文环境建设有关的设施农业、景观农业、休闲农业、高科技农业等现代农业以及生产生活性服务业，区域教育功能发挥的成效与其参与这些产业的密切程度相关。

第一是"新市民"就业／创业主要领域的仓储物流等生产性服务和园区生活性服务业。这些领域多为中小企业，很多是小微企业，只有通过深度的"产教融合"，才能挖掘到岗位工作场域中专业基础能力的细致结构以及综合能力的组成要素，也才能做到区域教育功能发挥得有的放矢。

第二是产业所需要的人才的知识技能以综合的通识能力为主。在数字化时代，以传统知识建构模式的学历评价体系，不断被工作情境中的软能力所替代，这些软能力一般是结构化程度低、难以编程化的默性知识和技能，与工作场域紧密连接，需要到产业中才能领会和掌握。

第三是"新市民"的学习资源需要行业企业的参与。"新市民"为主的企业培训中的专业基础能力的培训模块组合优化为学习领域的"课业"资源是产业和企业一线的最新知识、技能。这些知识、技能更新迭代比较快，需要行业企业一线的合作，才能符合产业的现实需要，增加区域教育功能发挥的实效性。

因此，区域教育机构特别是区域高等继续教育院校需要与行业企业加强多方面的合作，在"新市民"知识技能培养的内容、形式、教学管理、评价等方面融入产业元素，充分发挥行业企业在"新市民"培养中的第二主体、第二资源和第二导师的作用，既符合政策文件的要求，也能更好地满足产业园"社区化"进程中"新市民"生存需要而引发的新的学习需求。

（三）"产教融合"的内在机理

进入知识经济时代，知识生产出现了新的方式，正从模式 1 向模式 2 转变（见表 6-1），模式 1 是传统的知识生产模式，即学科内主要是认知背景内知识生产方式，模式 2 是在更广泛的跨学科的社会和经济背景下的生产知识方式。

表6-1 知识的两种生产模式对比表[①]

	模式1	模式2
知识类型	观点、方法、价值和标准的复合体，基本等同于科学	观点、方法、价值、标准和技术的复合体
产品特征	同质性、等级性和保守性	异质性、非等级性和可转换性
产品成分	术语或公式表达，编程成分较多	意会或默性的成分比较多
生产标准	符合该类知识的认知和科学标准，具有科学惯例的同侪评议	具体的、地方化的背景特色，由知识需求方进行评议
生产范围	某一科学和认知标准内	跨学科的、多样性的组织
生产者	科学家等	科学家、专业人员和技术工人
生产动力来源	具体社团的兴趣推动	市场为主的应用动力拉动
生产机构	学院、研究所、企业研发机构	生产和应用的各种知识团队
知识的适应性	适应环境的能力比较弱	适应环境能力强、社会责任感
生产时代	前信息时代	信息时代

产业园生态化产业体系中要素化的知识是由多元主体交融创生的，以行业企业为另一主体的众多力量参与其中，进行知识的学习与创新，其中产业（企业）是重要的一环。在产业园范围构建一个以行业企业为主体、科研机构和院校为另一主体的"双主体""双芯"为核心，以地方政府和中介机构为支撑的知识创新网络，才有利于产业园内的知识交流和知识创新。

由于默性知识的重要性的增加，学院、政府研究机构与企业之间以知识为基础的经济联系越来越多，共同合作为一个区域网络，进行地方性知识技能的生产、传播、应用，并形成一种理实互动的闭环系统，这是基于知识技能维度的"产教融合"的内在机理。

---

① 张林. 学习型区域发展理论及其应用研究 [D]. 东北师范大学，2005.

二、区域产业的教育资源情况——以企业大学为例

企业大学作为终身教育体系、知识创新体系的重要组成部分，自诞生之日开始，就深度融入所在的区域，服务区域居民的素质提升和职业技能培训，发挥其产业与教育、实践与理论的密切联系的优势，推进整个区域范围的知识扩散、循环、创新，助力区域学习型社会的建设。因此，本书将企业大学作为区域产业教育资源的重要组成部分，通过研究这类教育机构，为推进"产教融合"、服务"新市民"的生存需要引发的学习需求探寻主体、环境、师资的支撑。

（一）企业大学的缘起与职能

1. 企业大学的缘起

企业大学是当今人力资源开发及管理领域最热门的话题之一。1956 年，美国通用电气公司成立了全球第一个"企业大学"——克劳顿学院；1981 年摩托罗拉大学在美国伊利诺伊州创办后，国内外企业纷纷开始建立自己的企业大学。诸多企业大学的成功，用实践证明了企业大学为企业带来诸多实质性的好处[①]。企业大学提供的知识生产服务是以生产实践逻辑为基础，不同于传统大学的学科专业逻辑，同时又是与母体企业的生产实践相融合，是其他高教机构所无法替代的。企业大学以求善求用的知识观为指导；以发展企业学习能力、增长企业智慧为使命；以专业化的知识生产服务为支撑；以全员全面全程学习为基础；以服务发展战略为核心；以改善工作绩效为导向；以最优化最大化知识效能为宗旨；以增强企业核心竞争力、实现企业可持续发展为目标[②]。比如，腾讯公司在业务高速扩张的同时，深切地感到人才特别是中高级管理和技术人才成为最稀缺的资源之一，为了打造一个更为全面支撑企业战略及业务发展要求的培训管理体系，在 2007 年 9 月成立了自己的企业大学——腾讯学院。

2. 企业大学的职能

调查表明，企业大学有 5 个方面的核心职能：一是提高员工工作绩效和

---

① 赵静．腾讯企业大学建设实践和发展模式研究 [D]．华中科技大学，2009.
② 刘春雷．高等教育视野中的企业大学研究 [D]．南京大学，2013.

生产率；二是通过提供正式学习课程，提升企业组织内部教育的重要地位；三是向员工传播企业愿景和理念；四是在整个企业组织内建立统一的教育培训项目；五是支持整个企业组织的文化变革[①]。但总结起来，企业大学职能主要有三类：其一，作为企业教育组织的基本职能。包括围绕企业战略整合、协调、统筹、共享、集约管理学习资源与过程，实现最大化、最优化的学习效率和知识效能。满足组织日益增长的学习需求，促进个人与组织的学习能力创新能力的增长，满足员工终身学习和职业发展需要，满足组织学习的个性化多样化需求，为企业组织和员工提供专业化的知识生产服务，以应对知识经济发展、知识更新乃至经济全球化所带来的挑战，适应变化日益加剧的企业发展环境。其二，企业大学职能不仅仅局限于内部教育培训，其在企业的日常经营管理中发挥着重要作用。企业大学以服务发展战略为核心，为企业战略决策、变革转型、组织发展、知识管理、文化建设、政策制定、制度设计、人力资本开发、职业生涯管理等提供持续的全方位支持，还能有效改善工作绩效，吸引留住优秀员工、提升盈利能力、带来可衡量的经济效益等。其三，社会职能。为了实现企业可持续的健康发展、实现企业的长远战略，企业大学不仅要服务价值链成员，建立合作联盟、发展伙伴关系，而且要积极传承企业文化精神、恪守企业道德规范、树立企业价值观、承担社会责任。同时，企业大学作为终身教育体系、知识创新体系的重要组成部分，促进了产业与教育、实践与理论的密切联系，从而促进整个社会范围的知识扩散、知识循环、知识创新和知识发展[②]。

（二）企业大学的运行特点

通过对用友新道、百度营销大学和淘宝大学三所典型的企业大学的运行模式的分析，可以很清楚地发现，现在的企业大学都具有较为明显的特点，这些特点既有大家所具有的共性特点，也有各个企业大学所具有的独特性。对此，主要将其归纳为以下几方面。

1. 人才培养目标明确、专业化

用友集团是亚太本土最大的管理软件提供商、中国领先的企业云服务提

---

① 刘春雷. 高等教育视野中的企业大学研究 [D]. 南京大学，2013.

② 刘春雷. 高等教育视野中的企业大学研究 [D]. 南京大学，2013.

供商，用友新道结合其母公司用友的优势及特点，强调自身办学的人才培养目标就是提供管理与信息化人才。百度营销大学则植根于自身较强的网络营销能力，以让营销人都懂互联网营销为使命，致力于推动中国营销人员互联网营销水平的不断提升，让互联网营销的理念、方法成为广大营销人员的常识，强调培养具有较强互联网营销能力的网络营销人才。淘宝大学是中国最大网络电商淘宝的企业大学，网络销售正在逐步成为卖家以后必备的一项生存技能。淘宝大学的主要目标群体则是淘宝商户，助力帮助淘宝商家的全方面成长。

可以看出，企业大学的人才培养目标定位非常清晰、确定，不是笼统而论，而是确定了具体的专业领域和专业能力。企业大学人才培养目标的明确化专业化具有以下几方面的优势：一是企业人才的确定与企业大学所依托的企业公司紧密相关，企业大学的人才培养目标与企业公司的长项主要业务领域相挂钩。这样在人才培养的过程中，也更具针对性和特殊性，能够以此为背景提供有效且充分的教育资源和支持环境，为人才培养的质量提供了保证。二是与传统正式学历教育定位不同，企业大学的教育强调专才的培养，其教育目标更加聚焦。三是企业大学培养后的人才就业也具有较大优势。企业大学依托企业的庞大资源能够为人才培养后创造更多的、更优质的就业机会，高水平的专业型人才也是就业市场所迫切需要的。

2. 教学方式多样化、信息化

在信息网络技术迅速发展的今天，信息化社会中的互联网极大拓宽了教育的领域和范围，让更多人有更多的机会来选择学习自己所需要的东西。在通信技术、微电脑技术、计算机技术、人工智能、网络技术和多媒体技术等所构成的电子环境中进行的学习，是基于技术的学习。通过深入企业内部的互联网络为企业员工提供的个性化、没有时间与地域限制的持续教育培训方式，其教学内容是已经系统规划的、关系到企业未来的、关系到员工当前工作业绩及未来职业发展目标的革新性教程。随着知识经济的到来，我们的学习模式受到了前所未有的冲击，各种新的学习模式如潮水般涌现，在所有学习模式中，在线学习是通过在网上建立教育平台，学员应用网络进行在线学习的一种全新方式。这种在线学习方式是由多媒体网络学习资源、网上学习社区及网络技术平台构成的全新的学习环境。相对于其他的学习模式来说，它具有无可比拟的优势。一是在线学习更容易实现一对一的学与教之间的交流，让企业大学的服务对象能够有机会接受具有针对性的特殊专门指导，弥补其缺陷和不足。二是在线学习能够充分尊重学生的个性、激发学生的学习动机，打破传统教育中灌输的低效学习模式。三是在线学习能够不受时间、地点、空间的限制。许多在职员工由于工作的实际需要，无法抽出专门的时间来到专门特定的地点学习培训，因而在线学习的高效便捷有力能够解决这一难题。

无论是用友新道，还是百度营销大学、淘宝大学，都十分关注线上课程等信息化的教育方式，它能够有效解决实际问题，也能够提供个性化的培养方案并切实提高培养质量，同时能够达到学员用户无论在任何时候任何地点只要想学就能学的效果。这种线上学习的方式，能够更大范围地扩大受众面，使学习资源惠及更多的社区居民。

3. 课程设计与实践紧密结合

课程内容方面，不少企业大学已经摆脱了以往的以课程知识为中心的办学模式，打破了以往学科理论知识的核心地位，强调通过活动实践项目的方式来达到人才培养的目标。以百度营销大学为例，它在营销能力教学中强调实践的支撑。它的实训中心依托于百度互联网营销实验室建立，有完全基于网络的互联网营销仿真训练系统，就像使用"飞行模拟器"培训飞行员一样。通过这一系统的模拟营销训练，学员快速掌握了相关基础操作，加速积累实战经验。

将课堂从理论知识的传授转向以实践、实战为基础的课程教学是现代企业大学办学的重要特点。专业型人才的培养，除了理论知识的传授，更强调个人专业能力水平的综合性提高。

4. 办学富有创新性，综合利用各种资源

无论是用友新道，还是百度营销大学、淘宝大学，这些现代企业大学的办学根本都是企业自身的优质资源。它们在办学上积极创新，通过各种各样的制度创新来整合各类优质资源，为企业大学的人才招聘、人才培养、人才就业创造了得天独厚的条件。例如，用友新道"人找人"平台，将学员的信息资料组成目录，与公司的合作伙伴分享，合作项目的公司能够精确地选择、确定自己想要招聘的对象，充分发挥了学校办学的创新性。而百度营销大学则自主设立了以营销为主题的内部资格认证制度，学员必须通过百度组织的正规考试才能拿到相关领域内不同等级资格认证证书，这不仅规范了营销领域内能力水平层级，也进一步明确了百度在此领域的领先地位。

（三）发挥企业大学职能，推进"产教融合"发展

产业园集聚的企业科技含量高，知识、人才密集，信息资源丰富，已经不仅仅停留在知识的"消费者"的层面，而是逐步成为知识的生产者和传播者。伴随着企业的创新、研发实践和学习型组织建设，这种趋势愈发明显，而且在深刻地改变着产业园产业及企业的运营模式、组织管理机制。比如，企业的管理者从传统的"管理者"升级为"引领者"，管理者身份转化为现在的导师、教练，成为"教练式"领导。比如，2009 年 4 月，腾讯学院启动了推动全部层级领导辅导员工技能提升的"Coaching Year"项目，自上而下地推动各级干部对下属的辅导，并且邀请更多高管走进课堂，走上讲台，结合自身经验亲自面授如何辅导下属。该项目赢得公司所有管理干部的积极参与，并得到了一致好评。"Coaching Year"项目的成功实施，有效地探究了自上而下全员推广领导力培养的模式[1]。

在企业内部逐渐扎根、不断升级后，企业大学开发的公司内训项目也开始走出企业的自身范围，扩展和深入社会各个领域。曾经风行的摩托罗拉公司的"六西格玛"就是一个典型案例。"六西格玛"是最先由摩托罗拉于 1987 年提出并实施、后被许多国际性商业机构相继采用并发展，不断成长为国际上炙手可热的管理模式。2005 年，摩托罗拉大学继在汽车、金融等行业推行"六西格玛"后，全面展开与更多电信行业伙伴的合作，并首次将"六西格玛"引入范围更广的电信企业。摩托罗拉公司不仅自身深深受益，还将"六西格玛"理念和方法带给了它的供应商和合作伙伴。与此同时，摩托罗拉大学在由内部人才培训向外部客户服务转型后，又将这一理念带给了更多的企业[2]。

---

① 赵静. 腾讯企业大学建设实践和发展模式研究 [D]. 华中科技大学，2009.

② 二十年精研六西格玛 摩托罗拉又迎新挑战，http://tech.sina.com.cn/t/2005-04-06/1800573886. shtml.

三、推进"产教融合"发挥区域教育功能

这一部分在认真分析产业园"社区化"带来的区域产业形态变化的基础上，结合"新市民"从业领域的变化和区域教育改革的需要，以典型案例分析，从区域教育的专业建设、课程开发、教学组织等方面，提出通过"产教融合"使区域教育功能"落地生根"的具体策略。

（一）产业园"社区化"进程中"新市民"从业的新领域

一方面，在产业园所在区域农业注入新要素。园区所在地过去是农村地区，随着产业园开发建设主导整个地区的发展方向，传统农业形态也在逐步实现向现代农业的转型，并被纳入产业园的整个产业体系中，成为园区产业生态的一部分。由于"新市民"来自传统农村，对种植有一定的从业基础，转向设施农业、景观农业、休闲农业、高科技农业等现代农业相对比较容易。保留与乡村生活有关的产业元素，可以留下传统的乡村生活、农耕文化、农村手工技能等优秀遗产，既能增加园区文化的多元性，优化园区的人文环境，也可以保护园区自然生态环境。因此，为了留存产业园周边农区的特色文化和景观，使园区有更好的自然与人文环境，在园区周围还需要保留一些特色经营村，以"农家乐"、特色种养殖为主要经营范围。比如，北京市海淀区苏家坨镇的车耳营村，虽然村民的户籍已经转为居民，但他们还基本保持着原有的居住和生活形态，只是很多人家重新装修翻建了房屋，可以运用自家院落和少量的土地，开展休闲农业、林下经济等，服务于产业园的主导产业，如"农家乐"可以接待园区的年轻人。

另一方面，从土地上转移出来的"新市民"，主要从事与园区相关的生活性、生产性服务业。首先是产业园产业结构决定了园区内人口的就业结构，而就业结构影响了人口构成和规模，人口构成和规模决定了园区内配套设施的数量和种类，进而影响服务设施配套类型和消费方式。从前文可以看到产业园特别是高科技产业园集聚了各地的优秀人才，产生了许多为这些人提供商务、生活配套服务的从业岗位，还有园区周边的公益性岗位和新型安置小区的物业管理岗位等，这些都是"新市民"融入"产业集聚空间"的从业领域，融入产业园的产业生态体系，特别是参与整个行业的运营，"新市民"为园区

的生产生活提供各种服务。

随着数字技术不断向人类生产生活渗透，平台经济成为现代经济的主要产业形态。现在很多平台企业都在现代产业园中，由于"新市民"也生活在园区周围，地理上的"就近性"给其提供了从业的便利条件，比如与平台企业相关的仓储、物流等岗位，也可以从事快递外卖等依托平台的生产性服务业。

区域教育功能发挥的一个重要方面就是要提高"新市民"从事这些职业的知识技能素质，使其具有符合能够在现代职业世界从业的基本素质。

链接

平台经济的"产教融合"

平台经济提供的就业就是典型的新就业形态。在政策扶持和市场推动下，平台经济快速发展，带来就业形态的变化。根据中华全国总工会的调查显示，进入2023年，送外卖、送快递、开专车等新型就业形态群体人数已经高达8400万，占全国城镇适龄劳动力人口的20%左右。

顺应这一产业形态的发展趋势，早在2021年10月，北京市就业工作领导小组就印发了《关于促进新就业形态发展的若干措施》，提出"要为新就业形态劳动者创造技能提升条件。建立线上线下课时衔接、直播点播课程互补、知识技能跨界学习的灵活培训模式，鼓励平台企业组织新就业形态劳动者参加职业技能、创业指导、法律知识、职业道德、安全生产和职业卫生教育等培训。经认定的平台企业开展相关职业培训，可以享受职业培训补贴"。

这些政策希望调动快递、网约车等平台企业参与教育的积极性，整合自身的内部培训资源，开展产教融合、工学结合，鼓励"干中学"，促进"知行合一"，在知识技能提升的过程中不断升级智能化服务水平。

这方面的"产教融合"可以采取学历教育和短期培训结合，进行职业知识和技能的综合培养。长的学历教育可达3~4年，短期培训可以是一两周，甚至一二天。针对这类从业者工作繁重、闲暇时间少的特点，注重"微时间"的运用，利用现代信息技术，开发网络 MOOC、微课、手机移动课程和 App 等"微学习"的学习资源和载体，结合线上与线下环节优势开展"混合教学"，对从业者进行数字化和智能化时代的技能弥补，在给人们的生活提供更多的愉悦方便快捷体验的同时，也能促进平台企业从业者的生产率和业务量。平台企业在开展"产教融合"时要对"新市民"有所倾斜，把"新市民"纳入其培训范围之内。因为这些人和外来务工人员相比有自身的优势，比如，他们是本地"转居"的"新市民"，在本地住房等方面的保障。

（二）推进"产教融合"发挥区域教育功能的具体策略

在产业空间、场所、岗位上推进"产教融合"，开展适应新产业的能力素质培养，提高"新市民"在相关领域的专业技能和综合素质。以下针对区域教育的专业建设、课程开发、教学组织等方面提出通过"产教融合"使区域教育功能"落地生根"的具体策略。

1. 专业建设模式方面的"产教融合"

在专业建设上，打造一系列适合"新市民"就业的专业，培养技能、提升学历。根据区域重点发展的产业来设置专业，使区域高等继续教育院校的专业群、人才培养链、人才培养规格和区域经济发展的产业群、产业链、企业岗位需求相匹配，推动产业链、人才培养链的融合发展。构建区域高等继续教育院校与区域行业和企业发展的"共同体"，进一步强化"产教融合"的深度与广度，更好地满足"新市民"生存需要引发的学习需求。

产业园一般是在全国乃至全球范围内集聚和整合各种要素，园区的活力来自频繁的互动交流，因此，各种商务性的活动比较多，合作方的代表来到园区，需要餐饮、住宿等配套服务。比如，北京市海淀区在全域范围建设中关村科学城，打造科技创新中心核心区，园区的营商环境正在不断优化，需要培养一支与此相适应的应用型技术技能服务者，为高层次的人才提供配套的生活服务、商务助理等方面的服务，与园区相关商务往来、生活服务等有关的管理类专业成为在这个领域从业的"新市民"培养技能、提升学历的学习选择。

同时，酒店行业经过多年的发展，有一套自身的从业规范和标准，也是现代服务业成熟的标志。与人沟通交流的基本礼仪规范、礼貌用语代表人类的现代文明进步，其中蕴含产业先进文化、城市现代文明，这些也是在产业园"社区化"进程中"新市民"需要养成的基本素质。

北京市海淀区职工大学在酒店管理专业建设中推进"产教融合"、培育"新市民"的具体做法具有代表性（见下面链接）。

链接

推进"产教融合"，创新专业建设
——以北京市海淀区职工大学酒店管理专业建设为例

北京市海淀区职工大学（中关村学院）是海淀区教育生态中一所独具特色、极具活力的高校，作为海淀区唯一一所区属高校，学校伴随区域发展60余年，一直将满足老百姓的各种学习需求作为己任，积极参与中关村科技园区的营商环境的打造，其中，建设酒店管理专业就是一项重要举措。本专业是在产教融合、校企合作的过程中，应需求而产生的。自2016年开始，以商务管理专业（酒店管理方向）与稻香湖景酒店进行合作，各方反应良好，2017年又招一届新生并与昆泰酒店成功合作。结合校企合作实践，教学团队完成了相关校级课题申报和研究工作，在实践课题研究和校本教材编写的基础上，2017年成功申报了新专业——酒店管理专业。

根据北京市海淀区职工大学的实际情况和专业特点，酒店管理专业以培养酒店基层、中层管理者为培养目标，深度推进"产教融合"，培养应用型人才，做好人才培养的质量管控和评价，不断提高专业人才培养质量。

一、按照产业要求确定培养目标

以职业核心能力与专业能力发展为导向，根据学生就业岗位群的任职能力要求，参照相关职业资格标准，通过与企业相关人员的共同研讨论证，进行课程设置。课程体系构建。明确了培养酒店基层、中层管理者的培养目标，以"酒店入职和基础从业素质培养→酒店核心岗位职业能力培养→酒店管理者的职业能力与素质培养"为教学主线，培养过程充分体现了酒店从业者从入职成为酒店员工，到发展成为管理者的职业生涯轨迹，体现了酒店从业者岗位晋升规律。

二、融入企业元素开发系列课程

对接职业标准、行业标准和企业岗位规范，紧贴企业生产实际，以企业岗位职业能力作为配置课程的基础，形成了以工作过程为导向的新的课程模块化体系。课程体系共分为4个教学模块，即公共基础课模块、专业核心课模块、专业拓展模块、职业实践模块。各模块在职业分析的基础上，根据某一岗位或岗位群所需要的知识、技能、态度为目标设计课程。特别重视将企业的培训和学历教育的课程进行融通，对接企业的各种标准和规范，将酒店企业新员工入职培训的内容有机融入学历教育的培养方案中，尤其注重相关服务标准规范比如酒店形象和礼貌用语规范等的训练。

酒店企业新员工入职培训内容

序号	课时	培训主题	具体内容
1	2	酒店行业介绍	酒店的优劣势、主要竞争对手、市场划分和酒店近来营运状况
2	2	酒店经营理念和发展目标	酒店宗旨、特征和运行模式
3	2	酒店管理架构和运作机制	酒店组织结构、各级管理人员、制服介绍、各部门基本工作程序
4	2	员工活动	员工有哪些培训学习机会
5	2	酒店产品知识	服务项目、设备设施及周边旅游资源知识
6	2	酒店的背景	投资、规模、背景、声誉与影响
7	2	酒店基本规章制度	员工餐厅管理条例、员工宿舍管理条例、员工手册等各项管理制度
8	1	员工上下班的规定	打卡规定、请假流程
9	2	消防安全知识培训	安全生产、治安保卫、消防安全
10	2	食品卫生培训	食品卫生法、救护常识
11	2	参观酒店	行政酒廊、客房、康乐中心、商务中心、会议室、宴会厅、咖啡厅、中餐厅、大堂
12	2	合同与薪资激励	劳动合同签订，保险办理；员工薪金、福利、激励方法

序号	课时	培训主题	具体内容
13	2	素养培训项目	仪容仪表，沟通技巧，服务意识，社交能力，电话接听技巧
14	2	沟通培训	新员工遇到困难时怎样与领导、同事沟通
15	2	入职培训考试	
16	1	上岗安排	

酒店入职人员形象和礼貌用语规范

第一部分为酒店员工仪表。其中，酒店员工仪表，分男女员工从头发到鞋袜整体提出了详细的员工仪表要求。

第二部分为酒店基本礼仪。从举止仪态礼仪、迎来送往到电话沟通等方面都提出了非常具体的要求。

第三部分为酒店服务礼貌用语。

1.称呼语：小姐、夫人、太太、先生、同志、首长、那位先生、那位女士、那位首长、大姐、阿姨、您好。

2.欢迎语：欢迎您来我们酒店、欢迎您入住本楼、欢迎光临。

3.问候语：您好、早安、午安、早、早上好、下午好、晚上好、路上辛苦了。

4.祝贺语：恭喜、祝您节日愉快、祝您圣诞快乐、祝您新年快乐、祝您生日快乐、祝您新婚快乐、祝您新春快乐、恭喜发财。

5.告别语：再见、晚安、明天见、祝您旅途愉快、祝您一路平安、欢迎您下次再来。

6.道歉语：对不起、请原谅、打扰您了、失礼了。

7.道谢语：谢谢、非常感谢。

8.应答语：是的、好的、我明白了、谢谢您的好意、不要客气、没关系、这是我应该做的。

9.征询语：请问您有什么事？（我能为您做什么吗？）需要我帮您做什么吗？您还有别的事吗？你喜欢（需要、能够……）？请您……好吗？

10.基本礼貌用语10字：您好、请、谢谢、对不起、再见。

11.常用礼貌用语词11个：请、您、谢谢、对不起、请原谅、没关系、不要紧、别客气、您早、您好、再见。

通过岗位调研、企业调研、从业者调研等途径，全面了解本专业的人力资源市场需求情况，确定本专业就业岗位对人才在知识、技能、能力及素质方面的具体要求，然后经过专业建设和完善，形成了以市场为导向，应用为宗旨，能力培养为核心，符合高等教育教学规律和本专业人才培养目标的课程教学体系。见下图。

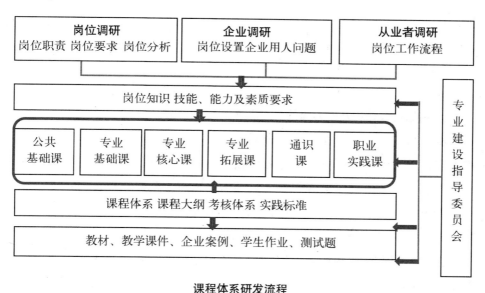

课程体系研发流程

三、嵌入酒店现场创新教学组织形式

酒店管理专业采用"校企合作、送教上门"的教学组织形式，延聘酒店的中高层管理者担任客座教授，讲授"前台服务""客堂管理"等一线实践的实战课程，同时对行业的大致概况、基本业务要进行讲解，并对专业建设、课程改革、产教结合、实习基地建设等献计献策，参与制定指导性人才培养计划、修订和完善实施性教学标准，确保专业教学的前沿性、可实施性和市场化。

根据各个酒店的实际情况进行课程的安排。比如说有些酒店提出"星期一买卖稀",就把送教到企业的课安排在星期一,有些酒店因为是商务型酒店,周六、日没有会议,员工可以在这个时间进行学习。总之,就是根据产业(企业)的具体情况安排课程,编制课表。

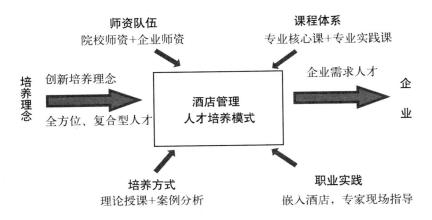

2. 精品培训课程开发方面的"产教融合"

相比传统区域,产业园是一个更加综合而复杂的经济社会体系,市场化程度高,动态多变,不仅需要专业化程度高的技术知识,同样需要有相关的辅助知识和社会人文社会知识。而且随着技术进步和社会的变革,要求除了表面看上去比较"硬"的专业领域的知识技能之外,以综合性知识技能为主的"软"能力越来越重要。这一点在"新市民"的人力资本方面也同样存在。

因此,相关从业领域的通识知识、通用技能、行业趋势了解等培训课程开发,需要重点考虑将相关内容纳入学习资源。通过一系列的课程改革举措,将不同项目、不同层次的课程和学习资源有机整合,创新课程框架体系,在"区本"知识资源的建设上进行一系列尝试。产业园"社区化"进程中,围绕"产业集聚"空间区域教育发挥功能比较常用且相对简单的措施,一般是提供转岗再就业/创业的职业技能类培训。

比如,围绕园区和企业衍生出来的一些服务型岗位所需要的技能,开展有针对性的培训,培养"新市民"服务园区和企业的知识技能素质,满足其因生存需要引发的学习需求。

第一是提高"新市民"参与职业技能培训的意识。"新市民"承接过去已有技能，在现代农业以及休闲农业方面注入新要素；使从土地上转移出来的"新市民"符合现代职业从业人员的基本素质，培养相关领域的专业技能。

第二是提高培训的针对性。包括针对不同人群提供不同的培训内容；加强现代服务业能力素质的培养，立足服务业技能所需技能素质的特点，重点开展沟通技能、标准意识、规则意识等方面的培训；将数字化素质作为基本素养的培育。

第三是合理设置培训内容。职业技能培训还应与创业培训相结合，通过开设企业管理、市场营销、风险评估等与创业相关的培训内容，提升"新市民"的创业能力。

第四是注重资格认证培训。职业技能以资格证书为标准组织开展培训。

下面分析一下中关村学院在中关村科学城北区苏家坨镇开展的两个项目。

（1）"转居"安置社区的物业管理职业技能培训

因为"转居"安置社区的物业管理是"新市民"转居以后就地就业的较好选择，相关的技能培训针对性强，参与的人较多。举办了两大类培训：

一是物业企业岗前培训。项目课程包括：职业道德与服务意识、物业与物业管理概述、物业管理企业的组建与运作、物业前期管理、物业的专业服务、物业设备维修与管理和接管验收的工程基础知识、物业管理专项服务、物业行业法规常识及纠纷案例解析（如何规避物业公司风险）、管理要素与管理基本方法等。

二是物业企业停车管理员岗前培训项目。课程有：停车场及其管理、停车场管理员职责及服务规范、停车场管理员应具备的素质、停车场设施设备使用与保养及紧急事故处理等。

（2）车耳营村乡村旅游接待户培训项目

产业园"社区化"带来产业园所在地区传统农区的产业形态的变化，对现代农业从业者的基本素质提出的新要求。中关村学院农村发展与教育研究中心的核心骨干老师，经过认真研究，开发出原创性的"管理提升与创新思维模块"的培训课程。在课程设计、教育教学组织方面，都取得了较好的效果。

"管理提升模块"共 80 课时，培训内容包括：

第一模块——基本知识。包括"农家院"经营申办程序、乡村旅游基本要素、"农家院"经营过程主要环节、"农家院"的服务观念与经营原则、"农家院"服务的基本要求与质量等。

第二模块——创新技能。包括创新思维方法、饮食文化打造经营特色的方法、民俗文化打造经营特色的方法、地域特色文化打造经营特色的方法、服务过程打造经营特色的方法、经营项目打造经营特色等方法。

第三模块——管理技能。包括计划管理、人员管理、采购管理、成本管理、质量和安全管理方法。

表 6-2 "管理提升与创新思维模块"课程安排表

课程内容	课 时	备 注
乡村民俗旅游的发展与建设	8	
管理方法与管理原则 1	8	
管理方法与管理原则 2	8	
农家院的经营与管理 1	8	
农家院的经营与管理 2	8	
创新思维与创新方法	8	
农家院的特色服务与创造	8	
文化与特色服务的打造 1	8	
文化与特色服务的打造 2	8	
文化与特色服务的打造 3	8	

以这套培训课程为依托，中关村学院组织校内外的专家和优秀教师，构成"管理提升与创新思维模块"的教学团队，通过老师授课、小组学习、案例剖析、村民参与、共同评价等形式，增加了此模块课程的吸引力。由于课程安排在周一至周三——接待户闲暇时间，通过适当的考勤管理，村民到课率

达到 90% 以上。还设计了评价反馈表，通过收集到的村民评价和意见，力求对培训的成效有一个总体的把握，分析"新市民"通过培训获得的成长与进一步的学习需求，目的是想通过严格的培训程序把控，将这一模块打造成示范样板，争取提炼出一些具有典型意义的理论成果，使其对类似的教育实践更具借鉴价值。

中关村学院对海淀北部新区（中关村科学城北区）农村地区的教育服务努力打造"项目群"。围绕产业园"社区化"进程中由新型城镇化而产生的"新市民"学习需求，形成实验性和实践性项目群，包括以下几类培训：村基层干部、镇中层干部、企业干部（员工）培训（职工素质培训）、文体骨干、社区管理干部、"新市民"专项培训（对"新市民"综合素质的培训）、学生（对农村学校的服务）等。

3. 人才培养模式创新方面的"产教融合"

充分运用企业大学的教育资源，在校企"双环境"下，实行"产教融合、工学结合、能力递进"的人才培养方式，建立产业（平台企业）和院校"双主体"、企业高级管理、技术人员和学院教师"双导师"的育人机制。在理实一体化课程实践的基础上，根据技术应用型人才的技术技能的形成、发展和提高的规律，采取由浅入深，将人才能力培养划分为 4 个阶段（见图 6–1），引导学生按照能力递进的规律提升自身的技能水平，产教融合，循序渐进地开展相应技术技能训练胜任典型的职业（工作）岗位，满足岗位对学生的技术技能要求。

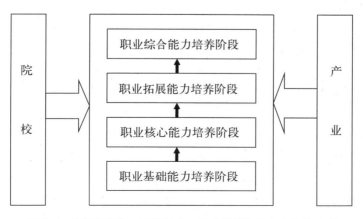

图 6–1 "产教融合、工学结合、能力递进"的人才培养方式

在不同的能力培养阶段，都提供有针对性的培养内容，见表 6-3。

表 6-3　每个能力阶段的培养内容表

	培养的主要能力	理论学习	实习实践
职业基础能力培养阶段	单项技术能力	学习相应专业基础知识，训练基本技能，如计算机应用能力、英语能力、语言表达能力，培养学生的职业道德和基本能力	企业认识实习、行业专家讲座，参加企业技术和商务活动等。熟悉企业的实际工作情境，对关键岗位的知识、技能、素质的要求有全方位的了解
职业核心能力培养阶段	知识与技能的运用能力	相应的职业（岗位）的设计、加工、安装、调试以及策划、营销、服务等关键技能	具体参与到企业生产运营环节，真正掌握工作岗位的程序和技能，提高实际工作中的应变能力和实用技巧
职业拓展能力培养阶段	知识技能与实际项目相结合的能力	在掌握职业（岗位）关键能力基础上，进一步掌握一个或多个专业方向上的具体工作能力，掌握完成大型专业综合项目所需的必要能力	取得相应职业（岗位）的资格证书，为学生全面发展奠定基础
职业综合能力培养阶段	实际工作中的技术能力和职业素质	对一个完整的工作项目进行整体设计和实施，通过小组合作将工作项目分为若干工作任务共同完成	强化学生对知识和技能的掌握，促进知识、技能与实际工作任务的融合

总之，作为区域教育主要力量的区域型高等继续教育院校，针对"新市民"从业以中小微企业为主的实际，要组织建设区域中小微企业教育联盟（企业学习中心或者企业大学），将现有的专业建设和产业园企业的发展需要、产业园自身的知识建设结合起来，挖掘、整合区域内产业的教育资源，发挥产业教育资源的另一"主体""环境""导师"作用，扩大区域教育供给，拓展区域教育功能，结合"新市民"在"产业聚集空间"中出现的就业问题来设计相应的"产教融合、工学结合"内容，使区域教育功能得到更加充分的发挥。

第二节 教育功能发挥之二：依托"人教融合"，构建区域共同行动网络

"人际交往空间"的再造增加了产业园的各类行动主体特别是本书所重点研究的两类人群的交流沟通，这种频繁的互动构建了区域共同行动网络，它既是区域创新网络，也是一种重要学习形式，所形成的各种"学习共同体"将实现各种知识主要是默性知识的学习和创生。因此，再造的"人际交往空间"是区域教育发挥功能的又一个载体。在这一载体上通过"人教融合"构建起各级各类学习共同体，人与人之间相互为师，互相传授知识和技能，满足"新市民"因归属需要引发的学习需求，形成区域共识（"社会资本"）和共同文化（"文化资本"），促进"新市民"与外来人口等各类行动主体的和谐共处。

一、"人教融合"的现实背景及内在机理

"人教融合"概念的提出，是在认识到终身学习时代个人学习和人与人互动学习等多种学习形式并存的现实下提出的，每个人既是学习者也是教育者，这可以调动每个人的内在潜能，丰富人类知识技能的来源。产业园"社区化"进程中，需要以学习为纽带，通过"人教融合"构建学习共同体满足"新市民"因归属需要引发的学习需求，促进区域共同行动网络的形成，而"人教融合"是其基础。下面分析"人教融合"的内涵、现实背景及内在机理。

（一）"人教融合"的内涵

"人教融合"概念是本书根据终身学习时代"人人可为师"的特点提出的。人类在技术进步、社会发展的同时也将整个文明不断提升到一个又一个新水平。作为生活于其中的每个个体，每个人身上都或多或少地携带着经过长期习得积淀而成的不同领域的专业资本（知识、经验、技能），这种自带专业能力的个人能够实现学习者和教育者统一。特别是进入互联网时代，随着人工智能、大数据、云计算等技术的广泛运用，各种技术手段赋能给每个人，强

化和提升了学习资源（课程）的开发建设能力，并能够通过集体学习实现各自学习资源互换。

1. 产业园主要行动主体的"人教融合"

知识既具有个人私有性，更是社会的，而知识的社会转化与个人的现实经验有关，新的经验可以是个体的经历也可以是在与他人的交往中产生的。"个体依据经验来变化、适应概念和重新阐释知识，而系统知识也会因个人带入的东西变得丰富"[①]，因此，原则上每个人都可以为社会贡献新知识。

产业园主要行动主体主要有两类，两类主体具有各自的专业特点，都能在一定领域不同程度地实现"人教融合"。

第一类是前文分析过的园区工作人员。他们具有高学历、高素质、高技能，这既是园区发展重要的人力资源，也是一笔教育财富。这些人在产业技能方面可以通过"产教融合"，担任区域教育机构的兼职教师，开展与生产有关的知识讲座、技能传授，而在"人教融合"的集体学习中也就可以帮助"新市民"提高生活中运用数字技术手段的数字素养，在行为习惯等方面，通过行为示范，也可带动"新市民"自觉养成良好的文明修养。

第二类是"新市民"。产业园的开发建设使所在地区具有城乡交融的存在状态，而作为兼具城乡特点、联系产业园与传统乡村的行动主体，"新市民"肩负着传承与创新农村优秀传统文化和技艺、汲取与融合产业现代知识和技能的使命。

传统乡村文化和技艺在产业园"社区化"进程中需要进行创新性继承，特别是有些采取师徒相传的独门技艺都是中华文明和传统文化的重要内容与精华，在我国广大农村地区流传了千百年而不衰。然而，随着时代的变迁和经济的发展，尤其是产业园的开发建设，这些农村技艺后继乏人，很多濒临失传。但是从一些观察中看到这些文化和技艺在一定时期对一部分猎奇复古的产业园年轻人还有一定的吸引力。现在各个产业园里高科技公司的高学历、高收入、高素质的职员，为了缓解工作压力，想出很多回到自然中解压的方式。如果"新市民"能够就地挖掘本地域的特色，和创意团队分析这群年轻人的需求，设计合适的休闲活动项目，在创业盈利的同时，也加强了和"三高"

---

① 张林. 学习型区域发展理论及其应用研究 [D]. 东北师范大学，2005：25.

人员的交流沟通。

2. 数字化强化了"人教融合"

当人类不可避免地进入数字化时代，尤其是人工智能（AI）广泛运用，学习的本身不只是软件本身，还有数据的驱动。学员在学习中所产生的数据经过 AI 学习后，可以推动课程的创新和学习（教学）方式的变革，以及教育（学习）品牌的迭代，学员将成为学习链条中的核心驱动者。学习者也是教育的一部分，通过对学员学习数据的捕捉、挖掘、分析等，使其学习需求更加清晰化，这样不仅在内容维度上需要实现智能化，也需要在动机和互动维度上的智能化。作为三个维度智能化基础的"人教融合"在数字化时代的学习中起到了越来越重要的作用，体现了数字化对"人教融合"的强化。

（二）"人教融合"的现实背景

1. 区域创新网络的构建

当今，产业园已经进入挖掘内在潜力、打造核心竞争力的高质量发展阶段，需要将园区各项工作、各类行动主体联结起来，进行系统推进。产业集聚作为产业园的发展基础，它的竞争优势有很多部分要依赖于个人、企业、政府等各种机构相互间信息的自由流动和共享，即产业集聚是融入巨大的社会系统中的一种经济网络，它能否正常运转并保持良好的竞争力，在很大程度上取决于园区各类行动主体之间各项关系的构筑。各类行动主体之间"人教融合"的互相传授，或者共同学习知识技能的学习共同体的构建，是达成"各项关系的构筑"的一项有效举措。

区域创新在当今时代采用了一种新的知识生产模式，强调团体或者群体在知识生产过程的地位，强调知识交融对知识生产的重要性。这种强化场景化和团队化的新模式，对基于"人教融合"区域学习共同体的构建提出了更多的要求。

2. "新市民"归属需要的满足

人类的归属需要是其社会化的内在动力。社会化是指人融入社会组织的整个过程，这一过程从出生后就已经开始，无论是家庭生活与学习经历，还是工作实践，无时无处不包括社会化过程。社会化过程是一个学习和融入的过程，包括语言、习俗、规范和文化，都需要人们学习和适应，这个过程贯穿着人们的工作生活。美国组织行为学家沙因在 1968 年首次将"社会化"概念的适用范围扩展到组织领域，试图用来解释员工从"组织外部人"如何发展为"组织内部人"的过程。组织社会化可以定义为：员工获得工作技能，理解组织功能，获得同事支持，接受组织行为方式的全过程。组织社会化过程，就是员工从"外人"变为"成员"的过程。"新市民"在产业园"社区化"进程中的归属需要就可以被看作是一种再组织化、再社会化的要求，即从传统的乡村社会的组织转化到产业园"社区化"构筑的新型组织的需要，实现其与区域同频共振完成社会化协同，促进区域共识和共同行动网络的形成，满足"新市民"的归属需要。

3. 地方实践的示范

全国各地的产业园及周边区域各级政府致力于学习型组织的创建，通过确立目标、制订计划、建立实施方案、敦促落实、监督检查、评估表彰等举措，在这些组织内部建立起完善的"自学习机制"，不断提高组织的学习力，以学习力带动创新力，也能发挥区域教育功能满足"新市民"因归属需要引发的学习需求。

在全域打造中关村科学城过程中，北京市海淀区重视学习型组织建设，并划分了 10 个创建系列，分别由区委、区政府的有关部门牵头实施。在 10 大系列之中，又重点加强政府机关的学习型组织建设，发挥其示范带头作用。区领导班子和区各级单位一把手带头学习，落实学习制度。紧贴海淀实际，重点加强科技园区学习型组织建设，发挥其创新示范作用。重点加强北部新区学习型组织建设，夯实建设工作城乡均衡发展的基础。

表 6-4 海淀区学习型组织创建类型及牵头部门

创建类型	牵头部门
学习型党组织	区委组织部
学习型机关	区直机关工委
学习型街道	区社会建设办
学习型镇（乡）、村	区农工委

创建类型	牵头部门
学习型企业	区发改委
学习型社团	区民政局
学习型科研院所大专院校及其他各级各类学校	区政府教育督导室
学习型医院	区公共委
学习型家庭	区妇联
争当知识型职工标兵	区总工会

这种学习型组织建设就是一种"人教融合"基础上的学习共同体构建。

（三）"人教融合"的内在机理

本书运用学习的社会理论来解释"人际交往空间"通过"人教融合"达成的学习共同体中相互学习的内在机理。相关理论认为，所有的学习都是情景性的，即它在某个具有社会和人际交往特性的情景中发生，通过与学习者（们）的互动，成为学习不可或缺的一部分。通过这种方式，学习反映了可能性的社会和人际条件。在学习共同体的学习实践中，如果学习者在互动中投入更多的活动和责任，学习的可能性就会越大，也就可以从同化学习跃迁至顺应学习，甚至到转换学习层次，从而对自身的改变也就更大。

针对这种社会参与式的学习和认识，伊列雷斯[①]总结了4个方面的构成要素：

第一是意义。通过这种方式探讨我们个体的和集体的，从而有意义地体验我们的生活和世界的能力（变化着）。

第二是实践。通过这种方式探讨共同拥有的历史和社会资源、框架以及能够支持行动的相互承诺的视角。

第三是共同体。通过这种方式探讨社会结构，在其中我们的事业被定义为值得追求的，我们的参与作为一种能力被承认。

---

① ［丹麦］伊列雷斯. 我们如何学习：全视角学习理论［M］. 孙玫璐，译. 北京：教育科学出版社，2010：119—120.

第四是身份：通过这种方式探讨在我们共同体的情景下，学习如何改变了我们，如何创造了个人成长历史。

人类进入信息时代，虽然编程知识更易传递，但是大多数知识尤其是附着于每个行动主体身上即"人教融合"的知识技能依然是默性的、非编程的，它与学习和运用的具体活动紧密联系、根植在具体的组织和社会背景中，交流与传递具有较强的地域特性，需要在特定的地理空间中进行；而复制和重建是基于直觉的，需要面对面地交流。这种知识的传递既是一个主观性的个体性过程，也是一个集体性的过程，即"当我们作为个人获得经验的时候，我们也在通过一个社会建构起来的意识来获得经验"[①]。可以说，学习不仅发生在个体行动遭遇环境时，也发生在学习者之间的互动，"人教融合"的学习者各自成为对方的"学习情境"[②]，这种情境既影响学习，也是学习的一部分。

因此，通过"人教融合"的行动与共同参与构建区域"学习共同体"，也就是区域知识技能共同的创造"场"，为包括"新市民"在内的各类学习者营造了一种学习情境，既可以将共同体实践转变成为自身的经验和发展，增加了知识技能，并且"创造了意义和身份"[③]，满足了其归属的需要。

二、学习共同体：区域教育功能发挥的重要平台

学习共同体内不仅聚集了各个成员个体的人力资本及个体携带来的人力资本，而且通过"人教融合"，共同体的成员间共同参与社会实践，交流激荡、互动协商、共享观念和成果，实现认知的改变、经验的升华、技能的提升和知识的创生，从而成为区域教育功能发挥的又一重要平台。

在人际沟通交流方面，构建学习共同体，结合我国成人继续教育及社区

---

① ［丹麦］伊列雷斯. 我们如何学习：全视角学习理论 [M]. 孙玫璐，译. 北京：教育科学出版社，2010：136.

② ［丹麦］伊列雷斯. 我们如何学习：全视角学习理论 [M]. 孙玫璐，译. 北京：教育科学出版社，2010：102.

③ ［丹麦］伊列雷斯. 我们如何学习：全视角学习理论 [M]. 孙玫璐，译. 北京：教育科学出版社，2010：120.

教育的现实特色，发挥区域教育特别是社区教育的功能，以学习共同体的形式来推荐、培养"新市民"，在学习共同体中，通过规则演练学习规则、能力训练习得能力，培养其规范意识以及沟通交流的能力。比如，可以通过"赋能"基层的"人教融合"，将创新创业精神作为一种具有特殊禀赋和品质的区域文化，以培训及活动等社区教育形式，形成一种区域"共识"，从激发个体层面的创造力和群体层面的文化涵养两方面来营造一种区域创新创业氛围。

（一）学习共同体的内涵

1. 以"人教融合"为基础的学习共同体

学习共同体作为一种在共同实践中完成学习的形式，学者们从不同的角度进行了论述。汪国新等认为，它是一个自治共同体，是一个参与多元、动态对话与协商的自我管理、自我教育、自我学习、自我规范的自组织，有共享的价值理念和共同遵守的行为规范，其"同自觉—共做主—互为师—自评价"的自治性功能属性，可以创造一种共享的伦理规范和道德规范[①]。丁红玲则将学习共同体置于社区范围，提出社区学习共同体是指社区居民基于共同的兴趣爱好及学习需求，以自主、协商、交流、融通、共享为基本特征而形成的一种自我学习、自我管理、自我服务的自组织[②]。

总体看来，学习共同体是一种建立在"人教融合"基础上的专业共同体，由个体的人组成，而每个个体身上自带的专业资本使学习者同时也是教育者，个体在组织文化（共同体精神文化）的浸淫下引发自觉行为，在学习、管理、服务等方面都体现出自组织的特征。

2. 学习共同体的发展阶段

学习共同体的形成和存在形态经历了从认知同频到情感同频再到文化同频的发展过程，使共同体更加紧密，互动学习的效能更高。

第一是认知同频。共同的知识可以由具有共同历史、相似经验、同一观点或者生活在同一社区的人们共享，人们以相似的方式构建经验。比如，在

---

① 汪国新，项秉健，陈红彦. 社区学习共同体六个重要话题的讨论 [J]. 当代继续教育，2017，35(02)：63—69.

② 丁红玲. 社区学习共同体的社会资本属性与社区治理 [J]. 中国成人教育，2018(23)：133.

现代社会的产业园及周边地区生产生活中，科学文化知识、对数字技术运用的看法是形成区域共识的基础。

第二是情感同频。以情感作为纽带，形成对区域的归属感。比如，产业园区的员工有一些在新型社区购房或者租房，他们内心希望建立一种有"温情"的现代"熟人社会"，减少外来人员对社区的抽离感、隔膜感，需要通过学习共同体的建立，扩大这个"熟人社会"的边界，避免各类行动主体之间的隔膜，增加产业园内的人际交往的半径和频次，加深各类行动主体之间的感情。

第三是文化同频。共同的价值观的锻造。个人在组织中的经历能够影响主观感受，进而改变个人的行为，因为个体加盟组织的底层心理基础是对组织的目标、价值观的认同。

上面论述的3个同频是学习共同体不断进化的过程，能够做到3个同频的学习共同体的组织化程度很高，表面看它是自发性的，实际却是将组织化与自发性有机结合，在一定区域范围内，具有共同的意识和利益、在情感上相互认同、在心理上有归属的共同体基础，既有组织效率，又保持一定活力。

这3个同频分别对应于本书所设定的产业园"三大空间"，这一部分主要是从人际互动的认知同频和情感同频的层面，论述区域学习共同体的构建，而文化同频层面作为"文教融合"的基础，在下一部分重点论述。

（二）学习共同体构建的典型案例

通过实践的不断历练、完善，国内外都形成了各类学习共同体，比如，瑞典的"学习圈"等就是其中的代表。

1. 瑞典的"学习圈"

瑞典的"学习圈"是比较典型的学习共同体。特别是它采取的"铁三角"模式值得产业园"社区化"进程中的学习共同体借鉴。"铁三角"由训练有素的领导者（而不是主导者）、催化性的材料（而不是教本）、主动积极的参与者（而不是被动接受的受教者）组成。

自1902年瑞典第一个"学习圈"创立，这一模式形成以下的特点：

遵循平等、民主的原则。每位公民都有权力参与到"学习圈"中，并承担相应的责任。"学习圈"的成员享有平等的发言权，每个人的观点都应该被接纳，每个人都是积极的参与者而不是被动的接受者。"学习圈"的领导者只能对学习圈进行主持，而不是主导。

具有自发性和自愿参与性。公民因相同的兴趣爱好或者相近的地域、教育背景而自发组成"学习圈"。人们也可以从报纸等媒体上获得各种"学习圈"的信息，根据自己的需要自主选择，每个人都能够参与其中。

具有高效性。"学习圈"的规模一般控制在 5 到 10 人，这确保了成员获得均等的参与机会，更好地与其他成员进行互动与合作，分享彼此的观点、收获，共同承担责任；还使成员们能够深入地学习、探讨。此外，"学习圈"是成员自主组成的，所以具有较高的学习积极性。

成本较低，资金来源范围广。"学习圈"的地点选取较为灵活，多选在成员的家中进行学习，其花费一般用在购买学习资料上，是一种低廉的学习形式。同时，"学习圈"受到政府、企业及各类社会组织的支持，有较广泛的资金来源。

2. "新市民"从事现代农业的各种合作社

国外以荷兰温室生产地区的"园艺学习俱乐部"为例（图 6–2[①]）。它是传播花卉种植技术的组织，通过高效的专业化协作、完善的组织网络、示范、互助，使知识技能在网络体系不断创新生成、广泛传播，形成自主自助的学习系统。花农自己能够办到农技推广人员做不到的事。利用互相之间的就近性、信任度、示范性等，方便有效地学习有关花卉种植的知识和技术技能，促进了区域产业的竞争力，形成了相关专业生产的品牌效应。

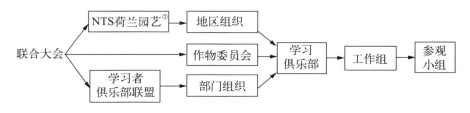

图 6–2 荷兰温室生产地区的"园艺学习俱乐部"

---

① 纪宝成，杨瑞龙. 城乡统筹发展中的中国"三农"问题：中国人民大学中国经济发展研究报告（2005）[M]. 北京：中国人民大学出版社，2006：105.

② NTS 为"荷兰花园基金会 Nederlandse Tuinenstichting"的首字母的缩写。

国内以西安高新区集贤镇建立樱桃产业合作社为例[①]。近年来，为了帮助农民致富增收，该镇积极引导农民发展樱桃产业，建立樱桃产业合作社，通过培训，提高了果农的专业技术。同时采取"支部＋合作社＋农户"模式，统一培训、统一管理、统一技术服务，使樱桃产量逐年提高，品质不断提升。吸引着西安市民观光采摘，果农收入一年比一年高。

三、促进"人教融合"构建区域学习共同体的具体举措

伊列雷斯对集体学习的前提提出了以下假设：

首先，当前的集体必须处于一个共同的情景之中；

其次，在学习相关范畴中的参与者必须拥有广泛共同预设；

最后，情景必须进行有关具有一种共同的情绪性困扰的性质，存在着一种清晰的基础，并作为一种规律，使得所有人都可以动员要进行该情景的共同性质的意义和顺应学习所必需的心理能量[②]。

也就是说，集体学习需要共同情景、共同预设、共同动机（积极参与学习的冲动）。因此，以下因素对于学习非常重要：更为重要的互动形式，更具一般性的实践和学习环境的共同体框架，积极参与和共同决定的可能性，与问题有关的主体性转入，批判性反思和自反性，以及社会责任[③]。

上述的因素正是区域教育功能发挥在促进"人教融合"构建区域学习共同体时的着力点

（一）培植"人教融合"内核，夯实学习共同体基础

1. 加强学习型组织的创建

学习型组织是区域教育迸发活力的基本细胞，要通过培育和发展众多的学习型组织来激发产业园各类行动主体的学习热情和活力。

---

① 西安高新技术产业开发区管理委员会官网，http://xdz.xa.gov.cn/xwzx/bmdt/5ebd11c9f99d651c426b0f98.html.

② ［丹麦］伊列雷斯. 我们如何学习：全视角学习理论 [M]. 孙玫璐，译，北京：教育科学出版社，2010：129.

③ ［丹麦］伊列雷斯. 我们如何学习：全视角学习理论 [M]. 孙玫璐，译，北京：教育科学出版社，2010：131.

首先，要积极加强三类正式学习型组织的创建，包括学习型机关、学习型单位、学习型家庭。这是学习型组织的样板、"标杆"。其中，区域政府对学习共同体的支持尤为重要。区域政府要成立学习型城市建设领导小组，以教育部门为主导，相关职能部门配合，出台区域学习型组织建设发展规划和具体实施工作指导意见，以引领学习型组织发展方向，同时建立健全学习型组织建设的制度体系。在前文所举北京市海淀区的典型做法中，该区域重点创建 10 大系列的学习型组织就是一个亮点。通过建设 10 大系列的学习型组织、开展包括科研论文和优秀项目在内的各类先进的评比表彰等举措，发挥示范带动作用。其间全区涌现出 558 个"海淀区建设学习型组织先进单位"；990 个"学习型家庭"、120 个"海淀学习品牌"、516 个"海淀学习之星"（其中，2011—2016 年共有 29 人被评为"首都学习之星"）、60 个争做"知识型职工标兵"、51 个"创建学习型组织示范单位"，形成不同系列的创建样板，推动全区创建工作向更高水平、更高层次迈进。组织了 9 届"海淀区社区教育科研成果优秀论文、社区教育培训优秀项目评选活动"，116 篇论文获奖，评选出 80 个优秀项目。通过一系列理实互动的举措，丰富了建设内涵。

海淀区的教育资源有"学校式、家庭式、机构式、企业式、社区式"等多种类型，通过政策引导、制度规范、构建学习型城区创建的体制、机制、服务体系、公共学习平台，提供全面服务。海淀区服务终身学习的教育资源不仅仅局限在教育系统，而是拓展到整个区域，特别是海淀区众多的高新技术企业（园区），通过构建相应的沟通平台、机制，促进互相融合，构成一个学习型区域。通过社区教育、学习型组织建设，以其渗透性、过渡性、多样性的特点，把各种传统的教育板块黏合成一个有机整体，形成了一个区域的资源共享联盟体。

其次，以正式学习型组织为引领，积极建设学习型民间自组织。

相较于自上而下设立、结构明确、管理完善的正式组织，学习型民间自组织是建立在地缘关系和共同爱好基础上形成的一种关系松散的非正式组织。这种自发性组织包括学习型民间社团和学习型民间自由学习圈。民间社团是指不以营利为目的的自发成立的自愿者组织，如各种群众组织，包括专业协会、文化协会等。学习型民间自由学习圈是指因志趣爱好相投而自愿走到一起共同学习、共同提高的各种专业兴趣小组和学习小组，是以学习为核心理念和主要实践活动，以自主、协商、共享为基本特征，如社区的晨练队、舞蹈队、徒步队、书法小组、象棋小组、诗歌朗诵队等。由于这些统称为"社区文体队"的民间自由学习圈是基于熟人关系自发聚集而成的，因此每种类型的团体在社区中一般都不止一个，每个小团体有自己的活动场地和固定时间，互相之间是独立共存的关系。在学习型组织的创建过程中，既要有一批一批的正式的学习型组织的创建，又要有一批一批的非正式学习型民间自组织的创建。

链接

基于"人教融合"建设"学习圈"，促进居民自主学习
——北京市海淀区积极推进各街镇"文体队"建设

北京市海淀区在多年发挥区域教育功能、开展社区教育过程中，不断总结反思，认识到社区教育的群众性、自主性特点，注重从多方面提供学习支持方便社区居民灵活地自主学习，服务各基层居民建设各种学习团队。通过各种类型和层次的团队建设，在居民的积极参与中，充分调动居民的主动性和创造力，使居民达到以自主能力进行自助学习服务实现自发展，共同创新活动形式，锻造活动品牌，提高社区教育的参与度和有效性，使区域教育更好地服务中关村科学城——这一全域产业园的建设。

海淀区居民的自主学习多以"文体队"形式开展。下辖的29个街镇基本上在街道层面都有两到三支"文体队"，比如香山街道有"红色香山"宣讲团、古筝队、合唱队、舞蹈队、葫芦丝队等；万寿路街道朗诵、舞蹈、模特队，街道下辖的各个社区也都建立了具有自身特色的各种团队，开展了丰富多彩的社区教育活动；西三旗街道各个社区都建立了书法、摄影、模特队等具有自身特色的团队。

这些自发形成的民间活动团体，是在共同爱好的基础上形成的一种关系松散的非正式组织。各街镇采取各种方式支持各种群众性自组织团队。各个社区都有文教专干和基层文化组织员两支队伍，帮助基层更好地开展文化体育教育活动。

各街镇的市民活动中心依托社会组织孵化基地，培育扶持地区社区社会组织。培养文体骨干安排文化组织员、社工、志愿者对团队进行定点帮扶，海淀街

道定期对文艺骨干进行培训，群众文化队伍日益壮大，有各类文体队伍10余支；提供平台、资金、引进公益组织不断孵化新组织、评优奖励、比赛激励这些组织提高水平。八里庄街道的社区教育志愿者队伍则更加壮大，建立了文化教育资源库，实行以优秀带一般的队伍建设，使地区文艺团队发展到132支。

各街镇通过制定规章制度的方式加强对基层团队的管理，规范团队的行为。比如，八里庄街道制定了《八里庄街道文体团队管理办法》，对社区文化体育团队统一管理。

驻区的各单位也发挥自身优势，组织各种专业文体队伍。玉泉路街道航天二院的文艺队、青龙桥街道的军事科学院将军合唱团，都是水平比较高的团队。

这些举措，充分发挥群众的积极性、创造性，坚持贴近实际、贴近生活、贴近群众的原则，社区教育活动基本上满足了居民群众的学习需求，居民参与的程度、深度和自觉性不断提高，促进了区域共同行动网络的形成，积累了区域社会资本，营造了良好的人际关系。

2. 大力培育学习共同体的核心成员

核心成员是学习共同体的设计师、规划师、组织者、协调者和服务者，具有培植团队学习文化、规划引领组织开展团队学习活动、凝聚团队学习力、提升团队创新能力和服务能力、协调团队内外关系、把握团队发展方向等多方面的积极作用，是共同体成员的精神领袖。

在发挥教育功能过程中，需要广泛开展社区居民基层摸底调研，掌握辖区内各类人才基本情况，发现"种子"，注重孵化和赋能给这些"种子"，并对其进行精心培育，发挥典型的感召和引领作用。进行宣传发动，调动其投身于公益事业、志愿服务的积极性。利用好传统乡村社会亲近信任的熟人关系，有意识地引导转居"新市民"中有话语权、影响力的代表，鼓励其倡导和传承优秀的传统文化和技能，积极融入产业园及城市的现代文明，在教育培训和活动组织过程中利用好这种"人力资源"和"场域"的能量，以影响更多的人。鼓励这些"种子"开发出具有区域共同信任基础、"新市民"广泛参与的各种学习资源。

建立核心成员能力提升的保障机制：一是建立常态化的定期培训制度，对核心成员进行基本素质与能力培训、专业实务培训与辅导；二是建立经验交流制度，提供交流服务平台，如开展专题研讨交流、举办共同体精英骨干论坛、组织核心成员之间的交流沟通和联系、提供活动观摩展示平台、组织外出考察等。北京市海淀区在培养新型农村社区骨干力量能力素质方面就有比较成功的实践。

链接

"海淀区新型农村社区骨干力量素质提升"系列教育活动

"海淀区新型农村社区骨干力量素质提升"系列教育活动（以下简称"教育活动"）是基于终身教育（学习）理念，顺应国家城镇化的发展趋势，紧贴海淀区产业园和城镇化整体推进实际，以服务海淀区新型农村社区经济社会发展、基层社会治理和骨干力量素质全面提升为目标设计并不断完善优化的。它是以北京市海淀区职工大学（中关村学院）为主体的区域教育发挥教育功能的集中体现，主要是要从教育角度应对由于产业园开发建设带动而不断增多的新型农村社区出现的矛盾和问题对社区管理者和工作者的素质提高的要求，推出了一系列的"教育活动"。

一、"教育活动"实施的背景

随着海淀区全域建设中关村科学城，加速推进了区域城镇化，新型农村社区不断增多，同时出现的矛盾和问题也在增多，对社区管理者和工作者的素质要求也在逐步提高，对区域教育功能发挥提出了新的要求。作为海淀区政府设立并管理的公立教育机构，北京市海淀区职工大学（中关村学院）一直将服务海淀新型城镇化、新型农民培训、农村劳动力转移作为自身的一项主要工作。在整体关注海淀区产业园建设和新型城镇化协同发展、以教育服务区域发展的过程中，创新工作思路，改革教育供给模式，总结、摸索大都市郊区在产业园开发建设推进新型城镇化进程中区域教育功能发挥的新内容、新途径、新方式，特别关注新型农村社区出现的新问题、新矛盾、新需求，重点抓住这些新型农村社区的"核心成员"——社区管理者和工作者的"骨干力量"的素质提升，进行相关的研究和项目设计和实施。

二、"教育活动"实施的过程和内容

在相关调研和理论研究的基础上，项目团队制定了详细的可行性方案，并在实施过程中不断调整完善。分为以下三个阶段实施和检验。

（一）初步研发和实施阶段（2013年）

这一个阶段主要以温泉镇和苏家坨镇为主，在成功举办温泉镇新型农村社区工作者基础培训（2012年7月2日—5日）的基础上，项目团队总结经验，完善了温泉镇新型农村社区工作者提升培训的设计，确定了培训内容，启动了"教育活动"的实施工作。以"提升回迁安置小区的社区管理干部和行政村主任实施新型农村社区的社会化管理能力和水平"为目标、以"新型农村社区发展建设与治理能力"为主题，具体的培训内容设计为：

课 程	课 时
新型农村社区面临的机遇与挑战	4
新型农村社区社会化治理要点与途径	4
新型农村社区文化建设与管理	4
新型农村社区环境建设与管理	4
新型农村社区民众教育与学习	4
民事纠纷调解的法律原则	4
新型农村社区干部经验交流（参观考察）	8

具体实施：温泉镇新型农村社区管理工作者中级培训班，培训时间为2013年5月23日—24日共两天，培训人员为温泉镇社区管理干部56人，培训地点：温泉镇政府，培训内容见下表。

日 期	课 程	课 时
5月23日上午	心理疏导	4课时
5月23日下午	社区管理服务意识	4课时
5月24日上午	团队建设	4课时
5月24日下午	公共危机处理	4课时

2013 年 7 月 11 日—13 日，举办了苏家坨镇社区工作者培训，历时 3 天，5 门课，共 165 人次。

（二）理论研究和体验教学阶段（2014—2015 年）

在 2013 年温泉镇、苏家坨镇两个镇初步实施的基础上，2014—2015 年主要做了以下几方面的工作。

1. 丰富教学形式，开展多种形式的体验式教学

通过调研，团队了解到新型农村社区居民普遍有提高生活品质的愿望，依托北京市海淀区职工大学（中关村学院）承办的北部新区社区教育体验中心，首先从提升社区管理干部生活素质入手，开展了包括茶艺、插花、中西面点等体验式教学活动，并开展了心理辅导、应急信息、养生等方面的培训，还以读书会的形式组织社区的女性管理和工作人员进行读书分享活动。这一系列教育活动从引领新市民提高生活品质的角度入手，丰富了"教育活动"的内涵，实验了一些新的教育活动形式，扩大了相关教育活动的影响。

2. 坚持理实互动，丰富"教育活动"内涵

在服务海淀区农村地区过程中，项目团队分别承担了相关课题，逐步形成了立足区域发展需要、发挥区域教育功能的研究"课题簇"，包括 1 个国家社会科学基金"十二五"规划课题的子课题、1 个 2013 年度北京市教育科学规划重点课题、4 个北京市成教学会成人教育科研课题，特别是"农村城镇化中新市民学习需求分析与教育功能的研究——以海淀北部新区为例"的北京市教育科学规划重点课题，重点研究农村城镇化过程中学习需求基础上如何发挥教育功能的问题，坚持实践导向。这些课题研究与全国社区教育实验项目——城镇化进程中农村两委干部素质提升的实验项目协同开展，把研究和实验的成果不断融入"教育活动"中，从理论和实践两个方面提供养料，使其在研究和实验中不断完善、成熟。

3. 加强多元交流，在推广中提高

首先，多次向海淀区农委汇报"素质提升教育活动方案"的设想和实施情况，并提出了在区农委领导和支持下举办一系列全区范围的"教育活动"的计划，得到了区农委领导的认可和支持。其间，参加了教育部、中国成人教育协会组织的有关会议、活动，不断丰富体验、加深认识。项目团队负责人还在"北京市农村成人教育干部培训班"上做了典型发言，介绍学院紧贴海淀区发展、全面发挥区域教育功能的一些做法，并且与北京市房山区阎村镇成人职业社区学校、延庆区职业技术教育中心等兄弟单位进行了多次交流，扩大了研究和推广的范围。

（三）集中实验阶段（2016 年）

2016 年，海淀区委办、区政府办出台了《关于做好腾退回迁安置社区治理工作的指导意见》，提出了"大力加强社区工作者队伍建设"的要求，其中"加大业务培训力度"是重要举措之一。在区农委的领导和支持下，项目团队对前期的"教育活动"的方案进行了适应性的优化，完善为"'推进社区农民市民化试点工作'骨干力量学习成长营"，在精选了自身优秀师资的基础上，邀请农业部原领导、中国农业大学、北京农业职业学院专家，精心编制了教育活动方案。授课形式采用专题讲座、情景模拟、群体分享、分组操作（设立学习分组，开展小组学习）、教师点评、体验式学习、参观考察等形式相结合。整个活动历时三天（2016年 12 月 7 日—9 日），由 1 个开班（营）式、1 个讲座培训模块、1 个参观考察学习模块和 1 个自我总结模块构成。

讲座培训模块的时间安排与主要内容

12 月 7 日	专题讲座	建设田园城镇是海淀农村社区的发展方向
12 月 7 日	专题讲座	城郊村的乡村治理与乡村建设
12 月 7 日	团队建设	以"提升自我、奉献社区，做有影响力的服务者"为主题结合自身工作实际进行讨论。 分组，选出小组负责人
12 月 8 日	专题讲座	分析党的十九大前国内政治形势及对基层社区治理工作的建议
12 月 8 日	行动学习	新型农村社区环境建设的思路与方法
12 月 8 日	行动学习	养鱼养水·养树养根·养人养心：新型农村社区参与式治理的途径和对策

参观考察学习模块聚焦农村社区发展建设的体验学习，参观考察了北京市房山区阎村镇和拱辰街道北关东路社区。

三、"教育活动"的教育特色与创新点

"教育活动"从理论研究和实验项目等方面不断完善优化，逐步形成为一个比

较系统化的教育活动方案,形成了一些教育特色与创新点。

（一）教育特色

第一,从教学指导思想和培养目标角度,树立了终身教育（学习）理念,坚持服务区域发展的定位,兼顾社区干部自身发展需要和区域新型农村社区发展需要而提出。

第二,从教育内容与形式角度,多种教学模块有机统一,互相逻辑关系比较强;教学形式多元,通过参与性、体验式的教学形式,增加了教育活动的吸引力。

第三,从师资角度看,搭配合理,来源多元、高端。由区域高等继续教育院校骨干教师团队与外聘高水平教师队伍联合实施,确保教育活动高品质完成。

第四,从教育活动保障角度,一是"政学社"联合共同打造,保证充足的经费和有力的基层发动组织;二是"理实互动"的成果指导了"教育活动"方案的研发和实施。

（二）创新点

1.理念创新:坚持终身教育（学习）理念和服务区域发展的定位,根据区域的发展和学习者的成长需求,动态调整、不断优化内容和形式,增强了针对性与实效性,符合"生成性"的课程研发和实施的新理论,这些都贯彻了最新的教育理论和思想。

2.方法创新:通过理实互动、教学相长、过程管理等教学促进与管理的方法,不断增加"教育活动"的内涵,及时反馈调整,提高"教育活动"实施的成效。

3.功能创新:兼顾教育的社会功能和个人功能,在满足国家与社会需求的同时,从核心素养角度满足骨干力量的个人成长和素质提升的需求。

4.模式创新:体现在资源组合、教学内容、教学形式等方面。区域范围内的"政学社"资源优势组合,保证了充足经费和有力的基层发动组织;模块化的教学内容设计和组织、以情景模拟、群体分享、分组操作等方式,保证了良好的教学效果。特别是以逐步完善的体验式社区教育模式,来开展现代生活素养的体验式教学,是模式创新的一大亮点。

四、"教育活动"模式的应用推广

通过研究和实践互相促进,"教育活动"模式不断成熟,它虽然是基于一个区域的实际需求,却蕴含着当今一个普遍性问题的解决答案,即伴随着城镇化而大量涌现的新型农村社区的基层社会治理而提出来的人才素质提升问题，因此，具有较好的推广应用效果。

（一）在区域范围，通过"教育活动"长期的教学实践，提升了骨干力量的素质

海淀区 7 个镇的大多数新型农村社区的社区管理和工作人员中的骨干力量有 200 余人参与，接受了近 5000 课时（人均超过 24 课时）的教育。参与者表示，通过学习不仅增长了知识，也转变了观念，对社区的建设与发展有了基本的认识，对今后实际工作有帮助。

（二）在一定程度上对全市乃至全国有示范和引领作用

城镇化是未来中国的大势所趋，新型农村社区将在全国大量出现。基层的社会治理能力和治理体系建设，是整个中国社会治理的基础，社区工作人员特别是其中的骨干力量的素质提升将是普遍的要求。"教育活动"在实施和实验过程中总结的经验、出现的问题，值得其他区域借鉴，这是在区域范围之外具有普适性的应用推广价值。

（二）鼓励各类行动主体的学习互动

产业园"社区化"发展不仅需要企业内部各部门之间建立起紧密联系的网络，而且在企业与企业之间、企业与政府之间、企业与社会之间都应有一个相互沟通的网络，通过正式的和非正式的联系，营造出交流信息、刺激创新的区域环境和社会氛围。产业园在全球范围集聚各种优质资源，是人才的"聚合源"。针对产业园周边的新型安置社区各类居民来自不同区域、素质高低不一的现实，产业园管委会可以协调企业，使其明确作为"社区人"参与社区服务、社区事务的责任、权利和义务，利用这些企业丰富的资源（包括人才和场地设施），使其开放资源，服务于区域学习共同体活动的开展。产业园周边农村的一些传统技艺还被部分"新市民"所掌握，这些传统技艺对园区里具有猎奇或者复古心理的年轻人还具有一定的吸引力，因而，可以通过一些措施鼓励园区两大类行动主体之间的学习交流，比如，在产业园工作生活中的技能互换，还有通过互联网各种攻略的互相学习，建立各种以共同兴趣为驱动形成的学习共同体，一起集聚智慧，共同成为新时代知识和技能的创造者。本地转居"新市民"在提供餐饮、租住、休闲娱乐等创业／就业生活服务中，也应该注意在园区环境和配套服务性岗位就业时利用与园区人才交往的机会学习新知识、新技能。特别是在互联网的信息社会，一方面园区的高科技人才，要充分利用自身的数字化能力，"赋智""赋数"给园区周边的人群；另一方面，本地转居的"新市民"也要保持包容心态，主动服务外来人员特别是高科技人才，为园区留住人才出力。

产业园的开发建设使所在地区具有城乡交融的存在状态，而作为兼具城乡特点、联系产业园与传统乡村的行动主体，"新市民"肩负着传承与创新农村传统技艺、汲取与融合产业现代技能的使命。而区域教育应该以"新市民"学习需求为着力点全面服务"新市民"学习、推动产业园城乡技能互动，具体表现在以下两方面：

第一，在数字化时代，数字素养、数字技能已经成为现代人必备的基本生产生活能力，因此，在人力资源和社会保障部、教育部等部门联合印发的《"十四五"职业技能培训规划》中提出了"加强全民数字技能培训"的要求，并做出"适应数字经济发展，加快培养全民数字技能，实现信息服务全覆盖。加大人工智能、云计算、大数据、数字营销等新技术培训力度。引导企业加强数字工作场所的职工技能培训"的具体部署。《北京市提升全民数字素养与技能行动纲要实施方案》则提出：到 2035 年，市民数字素养与技能达到更高水平，为全球数字经济标杆城市建设提供有力人才保障和智力支持，为北京率先基本实现社会主义现代化奠定坚实基础，并从丰富数字资源供给、提升数字生活普惠水平、提升数字工作能力、构建终身数字学习体系、激发数字创新活力、提高数字安全保护能力、强化数字社会法治道德规范等 7 个方面明确了 24 项任务。

产业园更应该重视社区居民特别是"新市民"的数字素养的提高，整合社区内外的教育资源、人力资源、组织资源、信息资源和科技资源，采用多种手段和形式，组织开展配套的培训。园区具有这方面的人才资源优势，大量在园区工作的年轻人都是数字化时代的"原住民"，天生就具有比较高的数字素养，可以利用这些人才作为核心骨干，通过"人教融合"成立相应的学习共同体，既能向"新市民"传授相关的知识技能，也能加强两类行动主体的互动交流，满足"新市民"归属需要引发的学习需求，构建区域共同行动网络。

第二，通过传统技艺、技能的继承和创新，实现城乡技能的连接。传统农村技艺在产业园"社区化"进程中需要进行创新性继承，有些独门技艺比如农村手工业技术一般是采取师徒相传的，对于产业园部分年轻人还具有一定的吸引力。

随着高技术产业和现代服务业的快速发展，大量的高端技术人才被配置到产业园，大量的科研院所、孵化基地、交流平台和各类中介服务组织也纷纷落户产业园，使得人口集聚效应和规模不断扩大，促进了园区配套的生产型设施和生活性设施的不断完善。这些掌握高端技术的从业人员不同于一般的劳动力，他们的收入水平高、消费水平高，热衷于休闲娱乐活动，带动了周边地区服务业的发展。

"新市民"要平衡好传统农业社区历史文化传承与产业园区现代文化的关系，挖掘和利用好周边以前农村社区遗留的文化遗存及传统项目、技艺，在继承中进行现代化改造，更新和改良这些技艺，取其精华、去其糟粕，使其符合现在年轻一代的需求，使农村传统技术经过现代化的包装和全方位的创新后，继续在城市化进程中发光发热，力争将其转化为凝聚新社区的元素。

总之，产业园周边传统农区拥有各种地方性的物质和非物质的遗产，比如：传统的手工艺、传统技艺等。区域教育可以将各种乡村传统技艺比如非遗等传承教育作为服务"新市民"学习又一项举措。挖掘区域的传统技艺、发现、扶持、推广传统技艺手艺人、设立艺人工作室、组建相关技艺的学习共同体、组织相关技艺的展示和比赛活动等。

"新市民"中的传统技艺手艺人也可利用自身的传统工艺开发学习资源，比如海淀区北部新区四镇上庄镇的曹氏风筝制作等。

通过产业园区以两类行动主体为主的各类人群长期社会互动，可以形成"共同的语言、共同的兴趣爱好以及相似的思维模式等"[1]，作为一个较为长期的社会化的历史积累的结果，它又成为互动学习的环境背景发挥重要作用。在这种相互沟通和交流中，形成区域共识，可以消除包括"新市民"在内的各类行动主体之间的隔阂，提升区域社会资本水平。

---

① 张林. 学习型区域发展理论及其应用研究 [D]. 东北师范大学，2005.

第三节　教育功能发挥之三：推进"文教融合"，涵养区域主体文化精神

本节讨论立足"文教融合"，充分发挥区域教育功能，使"新市民"的文化资本提升与区域主体文化精神涵养统一，将文化资本的积累贯穿于城市发展的全过程，使城市精神内化于每个城市居民的内心。在满足"新市民"发展需要引发的学习需求的同时，园区各类人群共同涵养区域主体文化精神，营造园区整体的精神氛围。

而这种对区域文化资本的影响、塑造和培育正是区域教育发挥功能的又一个应有之义。

一、"文教融合"的现实背景及内在机理

在产业园"社区化"进程中以"文教融合"涵养区域主体文化精神，以充分发挥区域教育功能有其现实的运作路径和内在的实现机理。

（一）"文教融合"的内涵

"文教融合"是指地方文化传承创新与区域教育的相互促进、良性互动。文化与教育的关系尤为密切，文化是教育的本性，教育是文化传承与创造的重要手段。文化与教育相互影响、相互作用的关系为其融合发展提供了可能性。一方面，文化是教育的母体，教育的内容来源于文化，所有的教育者和受教育者都受到不同文化的熏陶和影响，其价值观、教学内容和方法、言行举止、管理体制等都折射出不同的文化内涵；另一方面，教育是传承文化的重要手段，优秀文化的传承是教育的基本职能。以文感人、以文化人、以文育人、以文塑人体现了文化的教育功能。中国传统文化特别强调自身的"教化"功能。比如，儒家文化对民众的教育，孔子就兼有文化大师和教育大家的身份。孔子"弟子三千，贤人七十二"就属于教育人才的成果，而孔子在文化方面的成果《论语》，更是对我国乃至于全世界都产生了极大的影响。

"文教融合"也是地方高校发挥其功能的一个主要的举措。翁颖萍认为，地方高校作为地方的"文化高地"，聚集了区域内众多资源，在地域文化传承方面具有明显的优势，可成为地域文化传承链中的主要阵地[①]。作为一类特殊的地方高校，区域高等继续教育院校在产业园"社区化"推进城镇化过程中将发挥其满足"新市民"精神文化方面的需要及因之引发的学习需求。发挥区域高等继续教育院校的文化传承与创新功能，并将其锻造为区域文化高地，将产业园周边传统农区的优秀传统文化和产业园的先进产业文化及城市现代文明有机结合，深度融入区域教育中，不但要为区域发展培养出综合素质较高的人才，还要将优秀传统文化传承下去，从而促成以这类院校为主要力量的区域教育的文化向心力和凝聚力。

在区域高等继续教育院校转变为地域性文化高地过程中，也要以涵养区域主体文化精神为教育导向，将其作为文化创新目标，不断深化区域主体文化精神的内涵。

在产业园"社区化"进程中，"新市民"面对农村传统文化与产业园产业文化及城市现代文明的碰撞和冲突，迫切需要一种正确的价值观来引导。而区域教育在发挥功能时能根据"新市民"生产生活发展变化的需要，选择、整理和传递文化，通过树立区域主导价值观，将与之不符合的文化予以筛选和摒弃，保留和弘扬符合的成分，汲取和吸收先进产业文化和城市文明，继承和发扬农村优秀传统文化，增进城乡文化融合，共同涵养出区域特有的主体文化精神。

"文教融合"涉及文化和教育这两大领域，两者本身内涵的极大包容量再加上两者组合的各种形态和各个方面，造成这个概念的内涵和外延都极其丰富。但正如前文所做的说明，为了聚焦研究领域，深化各方面的研究，本书将"文教融合"整体浓缩在市民的文明素养提高（个人层面）与区域主体文化精神涵养（区域层面）上。

（二）"文教融合"的现实背景

"文教融合"的推进是基于城市发展的．当今城市发展已经超越了单纯的经济发展，拓展到环境发展、社会发展、文化发展、民主发展、人类发展等各方

---

① 翁颖萍．地方高校如何与地域文化互动 [N]．光明日报，2015-09-22．

面。结合本书的研究，将这些综合发展与产业园"社区化"进程中的"文化涵养空间"再造结合起来，使区域主体文化精神涵养成为"文教融合"的现实背景。

1. 产业园"社区化"的底层是文化涵养

当今社会更加注重社会现代化、生态现代化和人的现代化，物质生活质量可能趋同，但精神文化生活高度多样化[①]。同样，城市的发展应该包括环境的和谐、自然资源的可持续性和文化资源的不断积累，甚至有人说一个城市的发展一定意义上是文化的发展[②]。布迪厄常常使用"炼金术"这一概念。根据他的逻辑，创造"城市文化资本"就是一种"文化炼金术"，各个区域都在总结提炼自身的主体文化精神。比如，北京市海淀区以创新文化为内核的中关村精神。

2. 产业园"社区化"的"短板"是文化建设

产业园"社区化"进程中，"转居"安置社区存在居民文化背景趋向多样化、本土文化与外来文化汇聚、血缘凝聚力逐步消解、人际关系转型、生活方式多元化等一系列变化，增加了社区文化建设的难度。

因为早期产业园开发建设推动的城镇化带来的仅是空间的转移和物质条件的改善，而非"新市民"作为人的现代性的转化，这就不是真正意义上的共享现代化成果。由于产业园一般推进速度较快，社区文化建设多数时候不能紧贴园区周边的社区实际，未能兼顾"新市民"的文化需求，短期内很难形成新的健康稳定的社区文化氛围，造成区域整体的主体文化精神欠缺。

构建"转居"安置社区文化离不开"新市民"文化素质的提高。若"新市民"不能积极参与或者存在明显的文化素质"短板"，产业园也就难以实现"社区化"转型升级，即使转型，水平也不高。

3. "文教融合"推进区域的主体文化精神建设

需要通过"文教融合"推进区域的主体文化精神建设，以教育的形式吸引"新市民"的广泛参与，满足其对文化的强烈诉求，形成以区域主导价值观为主要内容的区域主体文化精神。

---

① 赵西君. 基于二次现代化理论的苏南地区现代化发展路径研究 [J]. 理论与现代化，2015(2)：5—9.

② 赵丽娜. 城市发展中的文化资本研究 [D]. 哈尔滨工业大学，2006.

城市是一个发展有机体，与外在的环境之间存在强烈的互动，城市主体是发展的内因，环境是外因，城市主体的能动性和创造性决定区域的发展方向。产业园"社区化"进程中，"新市民"的积极参与对产业园的主体文化精神涵养尤为重要。

首先，需要加大区域文化宣传教育力度，调动"新市民"参与文化建设的积极性，从而形成涵养主体文化精神的合力。

其次，要加大区域制度文化的执行力度，让"新市民"在制度的规范中习惯成自然，变为自觉行为；

最后，要尊重"新市民"在区域文化建设中的主体地位，充分听取其意见和建议，采用其喜闻乐见的文化方式，以吸引更多的"新市民"参与到建设中来。

（三）"文教融合"的内在机理

本书所论述的"文教融合"的内在机理主要表现在以下两个方面：一是总体反映在文化上的教育与城市有机融合，以一种"教化"形式对城市文化环境施加影响；二是"新市民"的"文化同化"对其融入产业园大社区的作用。

1. 浓缩于文化的区域建设

本节将产业园"社区化"的转型升级浓缩于文化上，是因为文化环境是人类生产和创造出为自身物质文化和精神文化活动的基础文化条件，是一个地域文明最直观的表现，是该地域的无形资产，对城市发展和产业园的产业都有积极作用。它不仅有利于展示城市特色，增强城市魅力，还有利于吸引城市建设所需要的人才和资金等发展要素。城市文化环境的营造是一个多层次的复杂环境体系建设，正确的文化取向和文化定位可以帮助城市加快建设和发展的步伐。浓厚的文化环境可以提高市民的文明素养，提高居民的生活品位。将传统文化与现代文化、外来文化与本地文化有机融合，可以塑造文明的城市形象，提升城市的文明程度，构建和谐的社会关系网络。对于产业园而言，文化反作用于生产力，可以转化为经济生产力。文化中孕育着很多商机，是一笔巨大的财富。

2. 同化于文化的"新市民"融入

布赖恩·贝利在考察特定团体的成员被同化进入周围原住社会的程度时

提出了一些可以测量变量，分为阶段和次过程①。

	同化类型或阶段	次过程或条件
1	文化或行为同化	文化模式朝向原住社会发生改变
2	结构同化	大规模地进入原住社会的各种圈子、俱乐部和社会
3	婚姻同化	大规模的通婚
4	身份同化	特别基于原住社会的民族意识的发展
5	观点接纳同化	偏见消失
6	行为接纳同化	歧视消失
7	市民同化	价值观或者武力冲突消失

他还指出，"先前作为城市外部社会实体而存在的团体，当新的文化、价值观和规范被确立时，扩张的城市系统内部出现的新团体在信仰、价值观和凝聚力等方面得到增强"；还认为"城市里不同文化的冲突，可能否定一切价值观，但内部的凝聚力却因接触而引发的冲突得到了增强"②。分析上表及相关的观点，可以认为"新市民"作为"城市外部社会实体"，但是因为与外来人员的"不同文化的冲突"，"凝聚力却因接触而引发的冲突得到了增强"，该书作者虽然是在研究城市"亚文化"时提出的这一观点，但产业园及周边地区因为"三大空间"再造而在一定区域形成了一个多种来源人群汇聚而成的"新团体"，"在信仰、价值观和凝聚力等方面得到增强"。

上表中明显列出了新成员"同化"的多个阶段，其中"文化或行为同化"是关键的一个阶段。

基于以上两个方面，本书将"文教融合"的内在机理归结为教育拥有的文化宣传和文明传承的功能，与努力构建的教育之城、学习之城的城市，这两

---

① [美]布赖恩·贝利. 比较城市化：20世纪的不同道路[M]. 顾朝林，译. 北京：商务印书馆，2008：63.

② [美]布赖恩·贝利. 比较城市化：20世纪的不同道路[M]. 顾朝林，译. 北京：商务印书馆，2008：68.

者的有机融合，区域教育可以从涵养区域主体文化精神与区域主导价值观植入相统一的角度充分发挥自身的功能。

二、通过"文教融合"涵养区域主体文化精神的具体策略

区域应以主导价值观为重点的"主体文化精神"为核心去全面提升和改造当前的相应地区（新建城区）整体文化。具体到教育层面来说，区域教育除了通过相应的课程、活动与社会服务等方式在"新市民""主体文化精神"培育方面有所作为之外，还应该通过自身的文化优势，在相应地区的"主体文化精神"的涵养方面起到社会教育作用，即通过宣传教育、组织大型活动等方式组织，将"主体文化精神"以一种新建城区喜闻乐见的方式，寓教于乐，使广大民众从中获得教育和启迪。这方面，我国各地一直开展的文明市民教育具有较大的优势。

虽然在涵养区域主体文化精神方面，各种教育形式都起着作用，本节重点论述文明市民教育在其中的重要作用，这也是区域高等继续教育院校的重要职能。

（一）市民文明素质与文明市民教育

市民素质，是市民的价值信仰、道德心理、知识能力等因素复合而成的一种集体人格状态，即一个城市的居民在其人格构成、社团构成和文化构成的相互作用关系中形成的整体人格倾向。"文明市民"是中共中央对国民素质的一种要求，"文明市民教育"在其中承担着重要的作用。市民文明素质是指生活在同一个城市的绝大多数人的心理、性格和行为的基本特征和文明程度。文明市民教育是指整合利用区域内各种教育资源，旨在提升居民整体素质，提升社会文明水平的非功利性教育。全面提升市民文明素质是其应有之义和必要前提。

文明市民教育被纳入社会主义现代化建设总体布局，全面展开精神文明建设各项工作，先后提出了"建设社会主义核心价值体系"的重大命题和"建设社会主义文化强国"的战略目标。精神文明建设为经济建设、政治建设、社会建设提供精神动力、文化环境和智力支撑。加强精神文明建设，就是要把

社会主义核心价值观融入社会发展各方面，转化为人们的情感认同和行为习惯，注重落细、落小、落实，成为百姓日用而不觉的行动准则。而遍布全国的各级文明市民学校，已经形成体系。它作为提升市民文明素质和城市文明程度的重要基地，是市民教育的重要载体，在促进辖区居民认同社会规范、养成文明习惯、丰富业余生活、改善社区文化建设、弘扬时代主旋律等方面发挥着重要作用。

市民的价值信仰在市民文明素质占据着核心地位，这一点也正是"文化涵养空间"再造的重要内容，通过文明市民教育给"新市民"植入区域主导价值观，满足其自我实现的发展需要引发的学习需求。

（二）文明市民教育涵养区域主体文化精神的具体策略

产业园的开发建设对周边传统农区以及"转居"安置社区的文化产生冲击，涵养区域主体文化精神需要每个社区、每类行动主体的共同努力。整个社会的精神面貌和文明风气，也正是由无数个社区和个体的文化思想所汇聚融合而成的。从包括"新市民"在内的每类行动主体的社会心理和真实需求入手，开展文明市民教育，推动区域精神文明的重建，符合时代要求、具有现实意义。

下面以北京市海淀区文明市民学校总校（中关村学院）的实践为例，以这一区域型教育机构的各种创新务实的实践探索，来总结分析文明市民教育在涵养区域主体文化精神方面的一些具体策略。

1. 充分发挥"科技明星"在文明市民教育中的作用

"公众明星"泛指具有社会影响力或知名度，并与社会公共利益密切相关的人物，也可称作"公众人物"。公众人物的言行对社会有着不同于一般民众的影响力。公众人物在文明市民教育中有非常重要的价值，是一笔非常丰富的"无形资产"。本书结合北京市海淀区科技企业、科技创业者众多，集聚了一些"科技明星"形成的该区域的人才特色，选取"公众明星"中具有典型性的"科技明星"作为论述重点。

（1）利用"科技明星"开展文明市民教育的背景

"大众创业、万众创新"是充分激发亿万群众智慧和创造力的重大改革举措，是实现国家强盛、人民富裕的重要途径。随着国家多项政策的出台，各地各部门认真贯彻落实，业界学界纷纷响应，"双创"成为舆论的热词，"双创"行动方兴未艾，各种新产业、新模式、新业态不断涌现，先进事迹和成功案例层出不穷，有效激发了社会活力，释放了巨大创造力，成为当今中国经济社会发展的一大亮点。北京市在京津冀协同发展国家战略中定位于全国科技创新中心建设，而海淀区更是立志成为全国科技创新中心核心区。在海淀区"十三五"规划中，明确指出"深入实施京津冀协同发展战略，牢牢把握首都中心城区功能定位，大力推进'大众创业、万众创新'"，强调"把创新摆在发展全局的核心位置，不断优化创新创业生态环境，大幅提升自主创新和产业化组织能力，加快发展动力转换和新业态培育，不断壮大'高精尖'经济实力，进一步发挥海淀在创新型国家建设、全国科技创新中心建设中的引领示范和辐射带动作用"。创新创业作为不同于传统创业的新型创业，是指基于技术创新、产品创新、品牌创新、服务创新、商业模式创新、管理创新、组织创新、市场创新、渠道创新等进行的创业活动。创新是创业的基础和前提，创业是创新的体现和延伸。创新是创新创业的特质，创业是创新创业的目标。而企业家是创新创业的关键要素，是重要的推动力。海淀区为了推动经济结构调整、打造发展新引擎、增强发展新动力、走创新驱动发展道路，同时在全国起到示范引领的作用，就要发挥区位优势不断地推进创新创业。这就需要培育区域创新创业氛围，营造创新创业良性环境，需要挖掘区域企业家创新创业的典型事迹、特色成长模式和成功案例，并通过各种形式，让企业家现身说法，以自己的事例阐释中关村精神、丰富中关村文化，以这些企业家为中关村创新创业鲜活的宣传载体和形式，有助于宣传中关村品牌、传播中关村文化、弘扬中关村精神。把树立典型、宣传典型作为践行社会主义核心价值观、发扬创新创业精神的重要手段。对于先进的个体进行表彰与宣传，成功树立了一大批先进模范形象，甚至形成了"科技群星"的喜人现象。广泛而深入开展评选与表彰科技创新创业模范的活动也是一个开展文明市民教育的重要载体和手段。

广泛学习宣传典型，把文明市民教育的重点聚焦到学习正面榜样的方向上。一方面利用海淀区丰厚的科技创新创业资源、正面积极的精神力量，通过一些实例来诠释、传播社会主义核心价值观；另一方面利用媒体的力量高效传播正能量，使人们通过方便快捷的方式学习先进事迹，提升区域市民的全面素养。

总之，根据"新市民"自身发展需求，开展成功典范教育、就业创业教育等，用身边的成功的"科技明星"实例为"新市民"提供效仿的榜样，从而动其心、激其情、促其行，进一步激发"新市民"群体的创新创业的拼劲和闯劲。

(2)"科技明星"的特殊社会影响力

一提到中关村，也许我们首先更多想到的是一些高科技企业，还有企业所处园区的幽雅环境，当然还有一些创新产品和科技带给我们生活的改变，这林林总总的"外在"见证了中关村这个代表我国科技创新和改革发展的典型区域40年来锻造的辉煌。而若我们往深探寻，随着产品和技术一次次迭代，各个时期的风云人物、时髦产品和时尚科技或许被时代的浪潮荡涤，洗去了铅华，而一批又一批创业者在中关村这片创新创业沃土上留下的独特生命印记、被传颂的一个个创新创业故事，却凝练为独有的"中关村精神"，成为中关村的"遗传密码"。虽然这些也许隐藏于深层次的背后，作为中关村的"底色"，并不光鲜亮丽，然而它将永远留存下来，影响一代代中关村的创新创业人。时至今日，'四十不惑'的中关村已成为我国深化科技体制改革的一个符号，成为中国创新精神的一大象征。而在这个地域的"弄潮儿"——"科技明星"是信息化社会的精神品牌，是区域主体文化精神的代表，其身上蕴藏着非常大的社会价值。应该充分利用科技明星的社会价值，使他们的良好品质和正面形象成为整个社会的榜样。文明素质作为构成社会正面形象的重要方面，如果受到公众明星的重视，必然会引起大众尤其是他们的"粉丝"对创新创业素质的关注，从而使提高创新创业素质成为区域民众的共同选择。因此，这类"科技明星"的社会价值在以创新创业为主要内容的文明市民教育过程中具有非常重要的作用。

作为科技和教育大区、强区，海淀区努力打造"全国科技创新中心核心区"，应该承担起大力推进"大众创业、万众创新"、引领产业升级的责任，积极推进创新创业是必经之路。其中，需要宣传中关村的品牌、传播中关村文化、弘扬中关村精神，把"科技明星"作为教育样板，使企业、园区、各类职工、院校学生及社区居民通过这些"科技明星"强化创新创业的体验和认识，全面提升全区市民的创新创业素质，促进学习型海淀的建设。

（3）发挥企业家类型的"科技明星"的教育作用

海淀区作为中关村科技园区的示范区，为了推动经济结构调整、打造发展新引擎、挖掘发展新动力、走创新驱动发展道路，同时在全国起到示范引领的作用，就要发挥区位优势不断地推进创新创业。这就需要培育区域创新创业氛围，营造创新创业良性环境，而企业家特别是园区内成长起来的高科技企业的企业家作为创新创业要素的集中人群，他们的典型事迹、特色成长模式和成功案例正是滋养园区不断创新发展的丰厚养料，也是以创新创业为主要内容的文明市民教育的重点"教材"。基于中关村精神的创新创业精神的培育，区域的文化资本的重要组成部分就是创新创业精神，这也是企业家精神的重要部分，文化资本通过教育的方式或通过影响管理者而提供不同的制度安排影响企业家精神，从而提升区域整体的文化资本。

2. 以"艺术节"为抓手，大力开展群众性文明市民教育

北京市海淀区通过建立健全海淀区文明市民学校总校、街（镇）文明市民学校中心校、社区（村）文明市民学校分校三级教育网络体系，打牢了工作基础，丰富了多元化和体系化的文明市民教育载体，为海底区的广大市民提供了喜闻乐见的各种教育培训和活动。自 2010 年起，为纪念海淀区创建文明居民区（文明社区）20 周年，推动第八个公民道德日和"做文明有礼的北京人"实践活动深入开展，海淀区创办了首届文明市民艺术节。自首届开始以后的每年都举办，到 2021 年已经举办了 12 届，经过 10 余年的创新发展，文明市民艺术节得到了海淀区广大市民的喜欢，实现了海淀区 29 个街镇的全覆盖，成为海淀区群众性精神文明创建工作的一个创新亮点和品牌活动。

（1）认真筹划，精心制定方案

为举办一届富有海淀市民特色的文明市民艺术节，总校本着"百姓舞台大众化"的思路，坚持走群众路线，着力把文明市民艺术节打造成百姓的舞台、快乐的舞台和文明的舞台。为此，中关村学院和区文明市民学校总校相关负责人员组成艺术节组委会，加强对艺术节活动的组织领导。在活动准备阶段，艺术节组委会坚持"三个贴近"，即贴近形势任务需要、贴近市民精神文化需求、贴近普通市民兴趣爱好和特长，进行了认真策划，精心制定出了

《海淀区文明市民艺术节实施方案》。与此同时，各街镇文明市民中心校和社区（村）文明市民学校分校，按照区文明办下发的《海淀区文明市民艺术节实施方案》要求，也分别成立了艺术节活动的专项工作领导小组，并做出了具体计划和安排，确保了文明市民艺术节各项比赛活动顺利进行。

（2）广泛宣传，营造浓厚氛围

为了更好地烘托艺术节氛围，组委会历年共制作艺术节宣传海报2000多份，分发到区域所有街镇和居民社区，并组织工作人员深入海淀公园、紫竹院公园、双榆树公园、玉渊潭公园和100多个社区进行宣传推广，进一步扩大了文明市民艺术节的知晓率和影响力。同时，为了激发广大市民参与热情，增强比赛自信心，区文明市民学校总校为报名参赛选手开办专题培训，传授专业知识和比赛技能，提高参赛选手竞争能力。在各项比赛实施阶段，在比赛现场悬挂了标语横幅，制作了比赛项目相应内容的背板，营造了良好的赛事氛围。

（3）激励引导，市民参与踊跃

为了充分发挥艺术节的导向引领作用，海淀区隆重举办文明艺术节闭幕式颁奖典礼，对获得文明市民艺术节比赛项目一等奖、二等奖、三等奖的参赛团队和个人进行表彰并颁发荣誉证书，让更多的市民逐步认识了文明市民艺术节，使艺术节参与人数不断提升，艺术节水准不断提高，艺术节影响力不断增大。

（4）取得的成效

根据海淀区文明市民学校年度工作计划，为丰富区域广大市民的精神文化生活，进一步培育和引领社会文明风尚，提升广大市民的文明素养，扎实推进海淀区精神文明工作的深入开展，海淀区于2017年7月上旬至12月上旬，历时6个月，组织举办了"海淀区第八届文明市民艺术节"活动，第八届艺术节活动共设置厨艺、书法、国画、摄影、唱歌、舞蹈、讲海淀故事、趣味运动8项比赛内容，本届艺术节决赛报名人数3571人，决赛参加人数2894人。

2018年"海淀区第九届文明市民艺术节"设置了唱歌、舞蹈、书法、国画、趣味运动、厨艺、讲家风故事、摄影、生活实用小发明等9个比赛项目，其中，生活实用小发明比赛，是第九届艺术节新增的一项比赛项目，旨在通过这项比赛，引导海淀市民从日常生活的节能、环保做起，倡导绿色健康生活方式，提升公民科技素养。参与 2018 年进入总决赛人数达 2913 人，刷新了历届进入决赛人数新纪录，海淀区 29 个街镇全部选派选手参加比赛。

参赛者中，有 80 多岁的耄耋老人，也有年仅 4 岁的学前儿童；有从事 IT 行业的白领，也有在校学生，还有科研工作者等，充分体现了市民参与的广泛性。大家在艺术节活动中，既感受到了艺术节给自己带来的快乐，也感受到了文明传递给自己的力量，有效调动了投身海淀经济社会建设的积极性，增强了自觉维护海淀文明城区荣誉的责任感。

自 2010 年海淀区首次举办"文明市民艺术节"以来，已经成功举办了 10 余届，每一届都紧紧围绕"文明绽放、幸福人生"这一主题，大力开展群众性精神文化活动，培育和践行社会主义核心价值观，提升广大市民的文明素养，大力营造向善向好的社会氛围，产生了良好社会效果，提升了海淀文明新形象，促进全国科技创新核心区建设，营造一个良好的社会环境。

3. 组织文明市民学校校长培训，打造核心支撑

在"十三五"期间，落实中央总要求，契合北京市及海淀区发展，在区文明办的具体部署下，文明市民学校总校对全区 29 个文明市民学校中心校及 660 多所文明市民学校分校的校长进行集训，成为每年都进行的一次统一发展思路、交流建设经验、提升履职能力的高端培训项目。在海淀区精神文明建设的工作中，各级文明市民学校结合自身特点，积极发掘自身潜力，着力推进社会主义核心价值观教育，在促进区域经济发展与社会文明提升的进程中，发挥着不可替代的积极作用。在这些工作中，各级文明市民学校的校长是关键。为了能够统一发展思路、交流建设经验、提高履职能力，海淀区文明办及区文明市民学校总校组织开展了海淀区文明市民学校校长培训班，是落实中央总要求，契合北京市及海淀区发展的具体举措。

区委和区政府有关部门和中关村学院有组织、有计划地对管理干部和工作者队伍进行系统培训，包括有关政策法规、职业道德、专业知识和综合能力等培训，重点培养开展文明市民教育所需要的沟通策划能力、组织服务能力、教育教学能力等，不断提高他们的管理水平和业务能力。在培训中既有大师讲座，也有参观见习，采取多种形式，增加培训的实效性。还有国学教育、心理建设、家庭教育等与文明市民教育密切相关的教学内容,受到广大学员的一致好评。

4. 数字化时代的文明市民教育

学校可以充分利用产业园技术集聚效应,结合"新市民"的知识技能储备和需求,丰富"新市民"终身学习资源,促进"新市民"智能学习和云上学习,以人工智能、大数据、移动互联网等新技术应用为支撑,以科技创新中心的核心功能为依托,积极探索"互联网 + 学习型城市"模式,丰富市民终身学习资源,促进市民智能学习和云上学习,提升市民信息素养,增进信息互通与广泛连接,助力构建智慧城市。

以学习型城市智慧化发展为引领,形成政府、企业、学校等多元主体的合作机制,协同高精尖企业共建学习资源,认定一批区域市民智慧学习体验中心,优化多场景学习和个性化学习,提升区域市民沉浸式学习体验。打造数据驱动、跨界融合的终身学习平台,便捷市民获得线上线下融合的学习资源,增强区域学习资源的互联互通,形成开放发展的新动能。

线上线下结合,构建"互联网 + 文明市民学校"网络平台。在"互联网 +"的时代背景下,通过"互联网 + 文明市民学校"网络平台的建设的研究与实践,探索"互联网 + 文明市民学校"的建设经验,更好地顺应当下零散化、碎片化、移动化学习的发展趋势,满足广大市民日益多样化、个性化的学习需求,为区域精神文明建设和经济社会发展提供有力精神支撑。同时也为其他区域的在"互联网 +"时代中如何做好文明市民学校的建设提供一定的经验。海淀区文明市民学校总校(中关村学院)申报了"互联网 + 文明市民学校建设的研究与实践之网络平台建设"的专项课题,将工作实践中的问题和难题,转化为课题研究的主题,将理论研究和思考与工作实践的推进有机结合起来,并达成了良性互动。

链接

构建线上学习平台,开启云端文明市民教育模式

海淀区文明市民学校总校(中关村学院)大力建好网络课程平台。利用学院

社区市民网上教学平台，既为居民提供了终身学习的良好机会，也延伸了文明市民教育的服务半径，扩大了影响力，提升了知名度。

通过不断完善"中关村学院选课平台"，实现了海淀区范围内学员的全覆盖。中关村学院利用"中关村学院选课平台"在海淀区范围内公布"公益课"菜单，市民通过手机 App 进行选课和报名，更多的市民朋友有机会走进总校，实现了线上学习和线下培训有效结合的混合式教学模式。

第七章 对策建议及研究结论

本章将在前面系统研究的基础上，综合"三大融合"，针对产业园"社区化"推动形成的新城的整个区域，从区域政府及区域教育的主要力量——区域高等继续教育院校两个方面提出对策建议，并就整个研究提出研究结论，分析研究不足，并提出后续研究的大致方向。

第一节 对策建议

服务于产业园"社区化"转型升级、新型城镇化建设的区域教育（特别是成人、职业、社区和文明市民教育，以下同）功能发挥，需政府、院校、企业、社会的通力合作。政府应为区域教育功能发挥提供全面支持。区域教育自身也应加强内部整体设计，调整与优化教育结构，突破全日制教育与非全日制教育、学历教育与非学历教育的界限；加强院校与企业、镇/村的深度合作，营造终身学习氛围，创建"学习型"社会。现在分别从政府决策和办学主体发展提出建议。

一、政府需综合发力，给区域教育功能发挥提供全面支持

对政府的政策建议主要有以下几个方面。

第一，加大政府统筹协调的力度。在区域党委、政府领导下，设立区域"新市民"教育领导机构，全面负责区域"新市民"教育的统筹协调、宏观指导和贯彻落实。开展区域"新市民"教育规划和顶层设计、研究和制定任务分

解方案、发布和审批区域"新市民"教育年度重点工作和项目、指导教育机构建设等工作。通过制定、颁布、施行相关的政策法规，引领区域各部门举办"新市民"教育的努力方向、规范"新市民"教育办学机构的办学行为，统筹协调各方关系和利益。

第二，整合资源，解决"多龙治水"效率不高的问题。由区域政府主导，将与"新市民"教育有关的各个部门的资金进行统筹，将区域相关教育资源进行重新布局、配置，通过优化组合盘活存量资源，理顺体制机制，调动区域一切与"新市民"教育相关的资源，达成多部门沟通共享、协同发力的目标。

第三，创新办学体制。在强化政府责任的同时，加大政府管理体制改革。发挥专业中介组织作用，成立相关教育集团。进一步简政放权，把一些指导、评价的权力交由专业中介组织承担，逐步把教育培训、学历教育、社区教育的组织考核交由专业中介组织负责，使政府、市场和第三方组织的优势充分发挥、有效整合，提供更为优质的教育服务，更好地发挥教育服务"新市民"学习需求的功能。

第四，持续推动"新市民"教育与产业园区融合发展。结合研究区域的新型农村社区与产业园区交错并存的实际，通过区域"新市民"教育共同体、教育基地等载体的建设，推进"新市民"教育与园区发展深度融合，深化在职业技能和转岗"再就业"能力培养领域的校企合作、产教融合和产学研合作，不断提高"新市民"职业技能和转岗"再就业"能力的培养质量，持续提升"新市民"职业教育的规格和素质，逐步提高"新市民"的就业和创业能力，使其更能满足产业发展、企业需求和"新市民"素质提高的要求。加强社区与园区在文化体育活动方面的合作，尝试联合建立相应的文体组织，形成区域共识。探索利用园区的创新创业精神，熏陶影响"新市民"，宣传区域主导价值观。

第五，设立区域"新市民"教育专项基金，提供稳定持续的经费保障。这笔专项基金的来源主要包括：政府的专项投入、企业失业保险返还和企业职工教育培训经费提取、企事业单位、社会团体和公民个人特别是新进驻项目和企业的资助和捐赠。加大政府对"新市民"经费的统筹力度。建议"新市民"教育专项基金，以"教育券"形式分发给"新市民"，由他们选择周边的相关教育机构满足自身的学习需求，以提高经费的使用效率和效益。

第六，区域政府组织专业人士制定"新市民"教育的统一规划和各类标准。通过区域课程、教学设备、实训实习、专业设置、教材建设、师资队伍等方面的集中布局和打造，建立教育培训、课程学分的互认等机制，整体提高区域"新市民"教育的质量，打造区域教育的"集群力"。

第七，对接区域产业，构建区域"新市民"教育生态系统。构建以区域高等继续教育院校为重要"节点"，中、高、本衔接，职、成、普一体化，专科和本科学历教育与高端职业培训及社区教育相结合，将学历教育、中短期培训及单项强化集训相结合以满足"新市民"的个性化学习需求，全方位服务新型农村社区经济社会发展和社区治理的需要，有针对性地满足"新市民"的多样化学习需求。

第八，统筹布局培训机构，扩大培训规模。利用区域高等继续教育院校扎根新型农村社区、贴近百姓的优势，形成区域学习中心、文化活动中心。大力开展各类实用技术培训，大力发展社区教育、农民教育和老年教育，培养和培训基层党组织建设管理人才和社区、乡村管理人才。引导市场和社会力量重点发展以职业技能培养培育、职业技术教育训练、专业资格考试培训、高端国际认证培训等为重点的职业教育培训业态，积极引进一批国内外优质培训课程和职业资格证书，重点支持一批职业培训学校和社会培训机构。针对"新市民"出台一些优惠政策，吸引他们参与各种与新技术、新业态有关的新技能培训，促进区域的高质量就业。通过区域主体文化精神打造、家风传承等营造氛围，"以文化人"，肩负起涵养区域文化的使命与责任，发挥建设学习型社会重要载体的作用，普及与推广优秀的文化资源，以促进区域共识形成和区域主体文化的涵养。政府出台配套政策，鼓励产业园外来的人才与"新市民"加强沟通，互换技能，特别是要组织引导区域范围的传统技艺的挖掘、整理、数字化"赋能"等工作。使这些具有地域特色的技艺在数字化时代能够创新发展，焕发出新的生命力，成为"三位一体"的三大空间融合发展的"创新空间"的一大激发创新的"爆发点"，也能够打造成产业园"社区化"转型升级的一大"亮点"。

第九，建立区域"新市民"教育远程学习平台，实现更大面积的覆盖。整合各行政主管部门的联网教育资源，利用广播、电视、网络、卫星网、现代互联网的社交媒体，公众号、App等远程教育手段，结合各个部门建立的教育基地，构筑线上线下融合的"新市民"教育的公共学习平台，大规模、大面积开展"新市民"教育。采用传统与现代相结合的有效的教育服务方式以及学习支持方式来"送教上门"，在利用面对面教育方式去调动学习者学习动力的基础上，加强信息技术以及学习支持系统有效作用，协调解决新型农村社区信息技术学习支持系统的建设，更便于教育在城镇化进程中满足"新市民"学习需求发挥出应有功能。

第十，出台配套的激励政策，营造终身学习氛围。在产业园"社区化"转型升级推进的新型城镇化进程中，由于拆迁而"一夜暴富"的"新市民"主动学习意识并不强，激发他们的学习热情，在面临经济社会快速发展以及日益进步的技术环境下，依然有能力"择业"甚至"创业"，这就需要促使他们不断学习。区域政府应该从社会治理的角度营造居民终身学习的氛围，激发全民积极主动的学习意识，进一步努力建设学习型社会。

二、区域高等继续教育院校改革体制机制，提供全面的终身学习服务

区域高等继续教育院校作为一类深耕区域、全面服务区域各类行动主体的教育机构，面对产业园"社区化"转型带来的区域居民学习需求的变化，需要发挥自身比普通高等院校灵活、开放的优势，整合区域内的一切教育资源，联合区域政府、高校、研究机构、企业、社会团体等，构建"政产学研社"合作的联合体，创新体制机制，采取多种形式，为包括"新市民"在内的各类行动主体提供社区化、个性化的终身学习服务。考察欧美特别是美国、加拿大等北美社区学院的发展历程，结合我们在办学实践中的观察，借鉴国际先进经验，推进区域高等继续教育院校的战略转型和体制机制改革。

（一）北美类似院校的发展经验
总结美国、加拿大的社区学院发展经验，可以从 6 方面加以借鉴。
1. 全方位开放办学
美国和加拿大的社区学院体现"面向人人"的办学理念，实行开放的招生政策，社区学院分布广、收费低廉。比如，美国社区学院除实行开放招生政策外，在学籍管理、学分互认、项目设置及教学模式等方面也充分体现开放

和以学生为中心的理念。

2. 服务社区，依托社区

美国和加拿大的社区学院都以社区为本，把自己看作是社区的一部分，为本社区发展服务是其最高宗旨。社区学院基于社区的建设和发展以及社区公众关注的问题，还不断更新课程设置、系科设置，从教育服务的视角，提高社区民众素养，为社区培养专业人才。社区学院向社区民众提供具有开放性和公平性的高等教育机会，成为社区经济社会发展以及社区居民不可缺少的重要的文化教育中心。比如，地处美国硅谷的山麓学院，有一个在全世界范围内得到高度评价的半导体技术人员的培训课程，学生在这个课程中获得的教育对硅谷绝对重要。由美国政府与半导体行业协会合办的专注于半导体制造研究和技术的西马泰克公司发现，在他们为全国从事半导体制造业地区的社区学院所开办或复制的课程中，山麓学院的半导体技术培训课程是最佳的基础课程，为美国从事半导体制造行业培养了极具特色的人才。

3. 全方位的政府调控与支持

美国和加拿大等发达国家对于社区学院的法律、政策及经费供给给予充分的支持，中央政府立法和拨款，明确社区学院的教育经费投入机制。各级各类地方政府加强规划指导和管理。比如，美国联邦政府和州政府及一些地方政府都为社区学院提供办学资金，由于相当一部分经费来自州内财政，所以各州的社区学院收费"内外有别"，对来自州内的学生收费较低，对来自州外的学生收费较高。

4. 上下衔接、融通的课程设置和学分互认

美国和加拿大的社区学院课程多样、综合、开放、可选，能够较好地与其他类别教育进行衔接和融通。学院的课程项目设置有副学士学位课程、各类证书课程、订单培养课程等多层次、多类别、多形式的课程。社区学院课程不仅与四年制学院对接，还可以在学校不同的项目间对接，甚至与高中对接。学分互认灵活多样，向上向下均可衔接。比如，美国加州地区大学系统对 21 个专业领域的社区学院转学课程做出相应的规定，这些规定包括所修课程的类别或具体的课程科目、绩点成绩要求、先修课程要求等，这些使一些四年制高校的毕业生大约三分之一是从社区学院学习的学生转学来的。

5. 共有、共享，横纵联合的资源整合

美国和加拿大的社区学院注重社区教育资源整合，学校教育与社区双向开放，充分利用、拓展和开发社区教育资源，做到横向联合、纵向沟通，最大限度实现教育资源共有、共享，从而最大限度地发挥作用。例如，与美国波音公司处于同一个城市的芒腾胡德社区学院，因地理位置较近，利用波音公司的生产设备，培养波音公司所需的专业技术人员。

6. 深度融合式的校企合作

美国和加拿大的社区学院通过多种方式开展产学研的合作模式，具体包括以下几种。

(1) 社区学院通过与区域内的教育机构和用人企业合作，通过学徒制、共同开发课程或聘请企业专业技术人员指导或授课等为合作教育整合更多的资源。

(2) 在政府的倡导和政策支持下，社区学院与大学和产业企业及其他组织合作成立的"高级技术中心"。

(3) 以社区学院为主体，与各类别各级别学校、机构、公司多方合作。尤其是美国，无论是"从学校到工作法案"的推行，还是"学校和产业伙伴计划"的实施，都充分说明了社区学院教育与产业发展的密切联系。

（二）推进区域高等继续教育院校的战略转型

1. 发展目标的转型

所谓区域高等继续教育院校发展目标的转型，是指从单一注重提供人力资本积累与知识积累，转型为将促进区域人力资本积累、知识积累和服务区域共同行动网络构建、促进区域社会资本的培育以及涵养区域主体文化精神、提升区域文化资本相结合。

(1) 构建区域性的学习网络，服务区域主导产业

区域高等继续教育院校有其就近性的优势，更便于本地知识和信息的交流，能够更好地促进"政产学研社"多元主体之间的互动作用、动态协同、知识积累与空间扩散，也就便于将区域内长期积累形成的深深根植于地方文化之中的各类主体共享的一些默性知识、地方文化等进行有效整合，开展有效的知识管理。

作为区域重要的知识创造与学习的载体，区域高等继续教育院校应该超越单一学校的经营管理战略，打破学校围墙，在区域层面整合资源、安排课

程、发挥功能。其发展目标的核心是构筑一个区域性的学习服务网络，并力争成为这一网络的重要"节点"，与不断累积的区域人力资本与知识资源网络、极具活力的区域创新网络、良性运转的社会管理网络、积极向上的区域精神文化网络达成互动，促进区域全面发展。

(2) 优化区域发展环境，培育区域社会资本和文化资本

随着人类经济社会的发展，教育功能的实现"物化"为容易看得见的人力资本积累与知识积累。而通过教育所营造的区域文明风气、倡导的文化意识这些更深层次的影响，塑造为区域的主体文化精神，营造出"产城人融合"的整体和谐环境。在知识经济和经济全球化进程的背景下，区域发展中这些非物质性资源愈发重要，一些结构性资源与主体间的合作能力及协同效应等成为区域形成竞争优势的关键。

2. 功能实现的转型

所谓区域高等继续教育院校功能实现的转型，是指从单一地传授知识，转变到知识的创新（创造）、传授（传播）和服务（应用）的有机结合。

(1) 挖掘区域资源，进行"区本"知识的创新（创造）

在知识的创新（创造）方面，注重对本地性、区域化的"原生态"经验和体验的默性知识的吸收和整合，形成具有区域特色的知识创造。

在创新过程中，要特别加强对区域知识的显性化、标准化的优化。知识资源通常划分为显性知识与默性知识。显性知识又称编码化知识，可以较容易地整理、编码具有单一的含义和内容。相对于显性知识来说，默性知识是知识中更重要的部分，包括管理或技术上的专业知识或诀窍等，具有个人属性较强、无法具体化、不易传播与转移的特点。区域各类行动主体在非正式交流中建立稳定和持续的关系，学习与分享默性知识，使得知识资源在区域各类主体间广泛的人际关系网络中快速流动、转移。在学习机制中通过非正式交流，扩大了知识资源流动和技术传播的渠道，使得知识资源转移和扩散的范围变得更加广阔和畅通。区域教育资源，最显性的是教育机构的教育资源，其次是非教育机构（比如高科技企业作为学习型组织）的教育资源，还有就是弥漫在区域中、在长期历史发展的过程中逐渐形成的无形的区域教育资源，诸如区域主体文化精神等。

　　区域高等继续教育院校由于在一定区域里特有的文化认同、地缘的邻近等优势，更容易发现这些知识资源并找到其内在的特点，通过运用相应的知识理论，整合为具有区域特色的"区本"知识资源。

　　（2）突破传统桎梏，扩展知识传授（传播）的渠道

　　区域高等继续教育院校应顺应教育终身化、学习社会化的趋向，把为区域发展提供各种教育服务作为办学的宗旨，唯有此才有利于增强学校自身活力，由封闭、保守走向开放、灵活，便于对外部资源的整合。但是，目前各地的区域高等继续教育院校，基本上依然与其他类型的高等院校雷同，将自己作为一个普通的教学单位来看待，在全面服务区域教育的发展上，仍处于将学校教育延伸到区域的初级阶段，各种资源基本围绕学校的教学、培训任务来配置，无法适应对区域教育资源整合的任务要求。为此，需要围绕学校经营战略的转移，加快内部教育资源的重新整合，在一定的区域内，突破传统的全日制、校园概念的桎梏，尽快形成强大的外部服务与辐射功能，成为区域创新的源泉和学习的核心。在服务对象上，除了原有的针对个人的学习服务，还开发针对组织学习和区域学习的服务。不仅仅局限于传统的正式教育（学历教育和非学历教育），还要引入非正式教育的概念，并注意研究正式和非正式的区别。同时，要构建以社区为中心，聚合、结网、优化多种资源，秉承"立足区域、为了区域"的宗旨，推进"学在区域、教在区域"的战略，做到区域教育的"自主性"和"自组织"，探讨一种机制以适合区域各类行动主体的"自我导向学习"的需求。

　　3. 学习形式的转型

　　所谓区域高等继续教育院校学习形式的转型，是指从传统的学习形式转变到多主体之间的交互学习（合作、双向、引导等形式——根据不同的主体类型采取不同的方式）、正式的学习（学历与非学历）与非正式交流学习（流动中学习体验、学习共同体的交流体验、文明市民教育的大型活动等）相结合。

　　（1）营造交互学习的良性环境，促进多元互动

　　区域学习本质上是区域内各创新主体通过交互式学习来增加知识资源存量，产生知识资源积累和转移的社会化过程。交互式学习是区域创新体系学习机制的核心。因此，结合区域高等继续教育院校的开放性、就近性、多元

化、社区化等特点，以体验式学习为核心，采取多种学习形式，其中包括各类院校与中介机构之间的交互学习、院校与企业之间的合作学习、院校与客户双向学习、与地方政府之间的引导学习、产业园各类主体特别是"新市民"与外来人才的互补学习等。

通过区域高等继续教育院校的建设，在一定的地域空间中有机融合各种教育资源，完善学习基础设施的建设，为区域内各类主体的终身学习和学习能力的提高，提供良好条件，营造学习氛围，构建一个多元互动学习的网络体系，为正式与非正式的学习提供载体。

（2）创新学习形式，强化体验环节

在学习中，强调体验式学习，实际上就是学习者自组织、自教育的过程。以体验为核心的学习方式，旨在唤醒、开掘与提升学习者的潜能，促进学习者的自主发展。正是在一种充满"研究""思索""想象"的"探究知识"过程中的个人化的理解，成为区域创新体系的创新冲动和活力，使各类主体具有创新能力和素质。在体验学习过程中，本地默性知识、人文及社会背景等非经济、非贸易的相互学习、交流、浸染、陶冶，传播、推广区域习俗、规范和价值，形成公共的意识（精神、价值观）。在体验学习中，非知识、非技能或者是在知识与技能学习中，更多地进行情感的交流、兴趣共同体的培育，体验学习（互动性、情景性）所获得的学习成果历久弥新。

总之，区域高等继续教育院校要以学习为核心，以区域知识的创新（创造）、传授（传播）和服务（应用）为纽带，在区域政府的主导下，通过区域层次的教育与培训体系及政策等的配套，促进本地劳动力素质的提高和"区本"知识资源的累积；以区域内个体、组织、制度学习等学习方式的合作，促进区域创新网络的构建和区域社会资本、文化资本的培育；进一步加强与本地区域发展的联系，为区域发展提供区域的公共知识，为区域知识的交流与区域内各类主体学习能力的提高提供公共载体，从而成功实现自身发展的全面战略转型。

（三）推进区域高等继续教育院校的体制机制创新

为了实现战略转型的目标，区域高等继续教育院校在体制机制上要进行一系列的改革，在教育外部的关系处理和教育内部的整体系统构建上要采取一系列的有力措施。主要体现在学历培训和非学历及社区教育、市民文明教育之间的关系处理等方面。

借鉴国内外先进经验，在理论研究、实践总结反思基础上，适应产业园"社区化"推进新型城镇化带来的经济社会新发展、新需求、城市功能的新调整，区域高等继续教育院校应进一步明确功能定位，发挥自身"扎根区域，服务区域"的优势，创新发展模式，加快向职业型和应用型转变，全面提升服务区域经济和社会发展的能力。

1. 创新办学模式，通过"合纵连横""产教融合"提升办学层次，丰富办学类型

要提高办学层次，根据区域经济及产业发展需求，举办普通专科和本科高等职业教育，有针对性地培养区域紧缺的高端技术应用型人才和技术技能人才。整合区域普通高等教育和职业教育资源，深化"产教融合"，与区域高端企业联合建设特色技术创新中心和培训基地，为区域产业发展提供人才和智力支持。以中关村科学城这一大的产业园区域内的中关村学院为例，创新办学模式体现为图7-1。

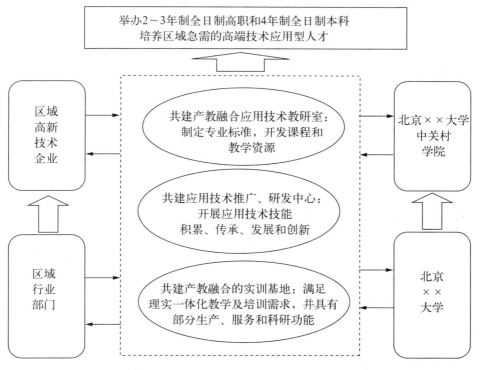

图7-1 "合纵连横""产教融合"的办学模式

2. 创新人才培养方式，对人才实行"校企互动、工学结合、能力递进式"培养

实行企业和学校"双主体"、企业工程师和学院教师"双导师"的育人机制。并在校企"双环境"下，实行"工学结合、能力递进式"人才培养方式。

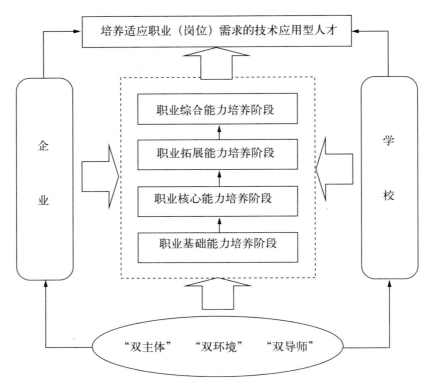

图 7-2 "校企互动、工学结合、能力递进式"的人才培养方式

3. 创新教学管理制度，建立纵横贯通的网状教学管理系统，试行学分认证、转换、累计制度

适应区域产业生态和居民生活形态的变化，满足从业者的工作状态不断变化所产生的多元化、灵活性、开放性、综合性的学习需求，区域高等继续学院应进行一系列的学习管理系统和教学模式的改革和创新。借鉴发达国家以及我国上海市的成功经验和做法，院校必须尽快改变单一的纵向学历教育管理系统，建设方便社区各类从业人员及市民学习、以学分累计制度为基础的，建立纵横贯通的新的网状教学管理系统。

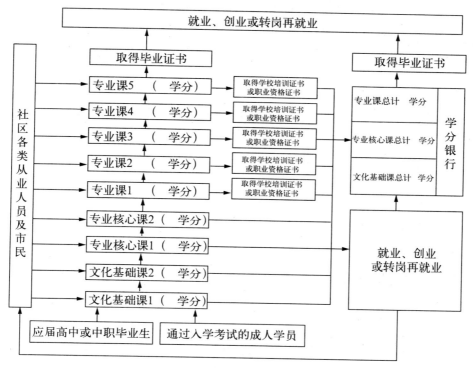

图 7-3 纵横贯通的网状教学管理系统

4. 创新学习方式，融通正式和非正式学习，构建区域终身学习服务体系

以满足区域各类行动主体的"自我导向学习"需求为目标，通过"产教融合""人教融合""文教融合"，将企业的组织学习、街镇（乡）、社区/村的各类文体队等学习共同体纳入区域终身学习服务体系，以兴趣爱好为纽带，通过孵化、引领实现专业赋能，提升层次；将企业大学等高端培训，以精品的学习资源和参与式学习方式引入区域终身学习服务体系，深化学习内容、丰富学习形式；开展诸如文明市民艺术节等大型活动，给各类学习共同体提供交流和展示的机会。

5. 创新教学方式，推广线上、线下相结合的混合式教学

要进一步打造互动、开放、共享的数字化教育资源服务学习平台，开展远程课堂教学。加强微课程、企业课程、MOOC 课程的研发，将丰富的课程资源和系统化管理经验整合为具有自主知识产权的网络课程。

当然，还要加快在成人学历教育方面的招生方式、管理方式、课程建设、教学组织以及学分银行等方面的改革。

第二节　研究分析及结论

本研究前期的设计是以大量的文献研究及实地调研、教育服务项目开展为基础的，受当时的综合条件的影响，以"转居"后的生存和与本地经济有关联的乡村旅游、物业管理等生产就业的素质要求和学习需求调研为主；进入研究的后期，随着调研的深入和教育项目进一步贴近以中关村科技园区为代表的产业园服务的需求，加上观察分析了"转居"后"新市民"对高品质就业创业、社会交往以及精神文化生活的需要，本书在前期课题的研究基础上将教育功能的发挥目标和农民的学习需求逐步增加了围绕产业园区提供园区服务所需要的素质技能和"转居"后"新市民"的人际交往生活的归属需要、"全面发展"的发展需要等所引发的学习需求上，既丰富和深化了课题研究的内容，也彰显了本书研究所针对的地域与对象的特殊性。

本书的微观典型案例是基于中关村科学城的建设进程和区域高校——中关村学院服务区域经济社会发展的实践探索，既有现实的操作性，也有未来的引领性。中关村地区具有先行先试优势，赋予这些实践探索一些示范效应。在日新月异、谋求不断发展的中国，虽然各个区域都有自身独特的禀赋，但是其中的一些符合历史演化逻辑和规律性的区域经验对全国类似地区的实践还是有一定的借鉴意义的。

由此，本书以课题研究为基础，在充分的文献梳理、深入的调研观察、扎实的实验推进基础上，通过深度分析，提出以下几点发现和结论：

一、以北京市海淀区北部新区（中关村科学城北区）四镇这个具有典型性的地域为例，探讨了产业园"社区化"转型升级进程中城镇化的特殊性，即以现代化产业为支撑的"就近就地"城镇化，是新型城镇化的一种类型，以"人的城镇化"为核心，需要教育特别是区域成人、职业、社区和文明市民教育充分发挥自身的教育功能，有针对性地满足"新市民"的学习需求。

二、以"人的城镇化"为核心的新型城镇化使教育的功能发挥上升到更为重要的地位。新型城镇化作为一种全新的城镇化模式核心定位在"人的城镇化"，体现了"以人为本"的发展理念，因而教育的作用有更为重要的地位。本书认为以海淀北部新区（中关村科学城北区）为典型的产业园"社区化"进程中，其周边农村的城镇化也同样是新型城镇化，而且还是就地城镇化的"新型城镇化"。以"人的城镇化"为核心是以农业经济为生存基础、以乡村社区为生存环境、以乡土文化为主体意识的农民向现代化城市市民（即"新市民"）的转变过程，是农村原住民的素质向适应现代化城市社区环境需要的改善过程。农村城镇化不仅只是农村外在可见的客观条件的城镇化，更为重要的是更为深层次的"人的城镇化"，也就是作为生存主体——农民的城镇化，而且这种农民城镇化尤为重要的是农民改变身份和居住环境后思维方式、生活方式、行为方式、价值观念、文化素质的全面改善和提高，而不仅只是身份和居住区域的改变。

三、特殊地域的城镇化有其自身的特点和内涵，并由此带来"新市民"特殊的学习需求。正在迈向"社区化"的产业园也分为各种类型，本书研究的基础——北京市教育科学"十二五"规划 2013 年度立项重点课题"农村城镇化中新市民学习需求分析与教育功能的研究"，对类似于北京市海淀区这样以科技产业为发展强大引擎和巨大"增长极"的大都市近郊的新型产业园进行了深入研究，并对一类"新市民"特殊的学习需求进行了比较细致的分析。课题得出的结论认为，由产业园区带来的土地的匮乏，带动了让农民集中居住，集约发展，而腾出大量土地的发展模式。这个地域的城镇化，既与早期大量农村剩余人口主动走进城市、在城市中生存发展后改变自己的农村居民身份的"城镇化"不同，也与时下一些非都市型的地方政府主导的"城镇化"不同。与前者的不同，体现在农村居民的"就地城镇化"，这体现了一种城镇化的未来大趋势；与后者的不同，体现在不能像后者的农村居民在失去土地"上楼"后还有一些就近到产业园区从事中低端岗位就业或者临时性、分包型劳动获取报酬的机会，因为进驻的"高大上"的与世界接轨或者站在世界前沿的高科技企业，所提供的岗位是本地"转居上楼"后的"新市民"基本无法从事的岗位。

这些就带来学习需求的不同，与以学习技能提升就业为主不同，"新市民"更多的是学习社区创业、金融理财、休闲娱乐、社群生活、公益性服务、社区和谐、文体生活等有关的知识和素养，为现实"生存"压力而学习的需求被为提升生活品质和发展自我的"体验"型的学习需求所替代。本书在进一步沿着这个研究思路向前探寻中，正逢数字经济大发展，以平台经济为主体构架起来的区域产业生态体系，提供了不同类型和层次的就业／创业机会，作为本地化转居的"新市民"有一些优势和机会进入这个体系的相应链条的环节，比如仓储物流等生产性服务和住宿商务等配套的生活性服务产业，丰富了产业园"社区化"进程中就业形态。另外，产业园"社区化"进程中对创新发展的重视，发展模式的转换，使得园区周边的自然和人文环境对创新越发重要，在提供一些园区环境维护等公益性岗位之外，也有人际互动关系和文化氛围营造等方面的要求。新时代国家推出的乡村振兴战略为"新市民"立足传统农区不断注入数字技术与现代文化元素，改造传统农业为现代高科技农业、休闲农业、创意农业等。从这些方面本书对课题的研究进行了拓展和深化，对"新市民"的学习需求有了更加现实和细致的把握，丰富了区域教育功能发挥的领域和范围。

四、产业园"社区化"推动的新型城镇化进程中教育功能发挥需要兼顾成人受教育者特点和现实经济社会发展的需要。伴随着产业园开发建设起来的高楼大厦、拓展出来的各种功能"园区"，在悄悄地转变着"新市民"的就业形态、生活形态，还有更为深层次的心智模式转换。在逐步弱化生产功能的前提下，"新市民"就没有被赋予那么多的"工具化"的职能，区域教育功能在兼顾引导和培养这些人学习适应城市生活的本领、习惯和为产业园建设提供配套服务的能力等，同时更多关注其作为一个"人"本身的全面发展的教育，这是区域教育功能发挥的又一重要的着力点，也是社会形态转型影响下，提供给区域教育兼顾成人受教育者需要和现实经济社会发展而实现自身本真功能的机会。

五、"新市民"的学习需求不再只停留在为满足生存需要而形成的学习需求，还有为满足归属、发展需要而形成的学习需求，而且逐步以后者为主。

六、产业园"社区化"推动的新型城镇化进程中，有一种是在课题研究区域——大城市城郊城镇化过程中成人、职业、社区和文明市民教育功能发挥有自身特有的目标、内容、途径、形式。在途径方面有以下三条，即深化"产教融合"提供新的就业岗位工作技能的教育和培训助推区域主导产业发展、依托"人教融合"开展各类社区教育培训和活动服务区域共同行动网络建设、推进"文教融合"融通科技和人文的文明市民教育引导区域主体文化精神的涵养。

七、面对"新市民"的新学习需求和教育发挥功能的较大变化，区域政府层面需要出台配套政策，进行区域资源整合，在加大投入的同时确保精准投放，以提高资金使用效率。办学主体应该积极有为，转变体制机制，拓展功能，力争以自身为重要"节点"，联合区域内外的相关资源，构建起能够满足"新市民"新的学习需求的区域终身学习服务体系。在传统的学历补偿和技能提升的功能之外，要多开发一些文化、科技体验项目，组织一些文体活动，满足"新市民"归属、发展需要带来的学习需求，进而在区域共同行动网络编织、主体文化精神涵养方面发挥自身应有的作用。

第三节　问题与思考

一、存在的问题

鉴于研究时间、经费及研究团队精力和能力有限，本书的研究虽然取得了一定的成绩，但还存在很多不足之处。

（一）研究过程可以进一步精细。比如，可以增加重点访谈对象的数量，也可以增加研究团队内部及主体研究对象研讨会的次数，这样可以弥补问卷样本少、覆盖面有限的缺点。虽然从一个侧面能够分析"新市民"的一部分学习需求，可以起到"以一斑窥全豹"的效果，但是难免在一定程度上存在着"以偏概全"、不够系统全面的问题。

（二）相关的理论可以进一步研讨。在理论研究上对经济学和社会学的相关理论包括空间社会学理论、几大资本理论、"人的需要"理论等要进一步深入研究，特别是几类资本的相互关系的研究，从而更好地为区域教育功能的综合发挥提供理论支持。

（三）研究的适切性可以进一步加强。本书在相关课题研究基础上的总体研究是针对特定区域的实证研究，很多研究结合教学实践都是局部性的，虽然有一定的代表性，但对不具备同样禀赋的地区的适切性有必要加强，从而提高其对其他地区的借鉴价值。

（四）研究成果可以进一步凝练。比如，部分未公开发表的成果可以发表或以其他形式向社会公开，增加研究成果的价值。

二、今后研究的思考

产业园"社区化"转型升级是未来一段时间里我国推进新型城镇化建设的主要形式，特别是在大都市郊区，在现代产业的推动下，会以比较快的速度推进。如何真正实现以"人的城镇化"为核心的新型城镇化，在这种政府主导的宏大"工程"中，被城镇化的农民"转居上楼"为"新市民"后产生的新需要以及由此带来的学习需求的个性和共性、显性和隐性方面的精细化、精准化把握，是区域教育功能得以发挥且充分发挥的关键，这需要继续不断研究加以细化和完善。在产业园"社区化"转型升级的不同阶段，学习需求如何发生阶段性变化、政府和办学主体如何相应地进行调整、如何针对产业园"社区化"转型升级过程中不同阶段中"新市民"的典型性学习需求与其日常生活更加紧密结合所实施的教育活动、在实验性的项目中如何总结出带有规律性的模式、如何对区域教育功能满足"新市民"学习需求的有效性进行测量和评价等，这些问题只有留待今后有机会、有能力可以针对以上研究不足和新出现的问题做更加深入细致、系统、全面的研究，以弥补本研究的不足和缺憾。

附　录

海淀北部新区乡村社区居民学习需求调查问卷

调查说明：本次调查对象是海淀区北部新区从业与未从业的农村社区居民。

调查时间：_____ 年 ___ 月 ___ 日

调查地点：_____ 镇 _____ 村（　　　）社区

一、基本情况调查

1. 被调查人姓名：_____　　年龄：_____ 周岁　　性别：□ 男　　　□ 女

2. 户籍：　　□ 城镇户口　　□ 农村户口

3. 是否在本村（社区）管理机构任职：□ 否　　　　□ 是

（如任职，请注明任职岗位：_____）

4. 从业情况：□ 从业　　□ 未从业　　□ 失业　　□ 其他

5. 从业领域：□ 一产　　□ 二产　　□ 三产　　□ 自我创业

6. 文化程度：□ 初中　　□ 高中、中专　　□ 大专　　□ 本科　　□ 本科以上

7. 政治面貌：□ 党员　　□ 团员　　□ 群众

8. 婚姻状况：□ 未婚　　□ 已婚

9. 配偶姓名：　　　　年龄：_____ 周岁

　　从业情况：□ 从业　　□ 未从业　　□ 失业　　□ 自我创业

　　就业地点：□ 本村　　□ 本区　　□ 外区　　□ 外地　　□ 自我创业

文化程度 □ 初中　□ 高中、中专　□ 大专　□ 本科　□ 本科以上

10. 子女情况：

　　子女数量　□ 1 人　　　□ 2 人　　　□ 2 人以上

　　从业情况：□ 从业　　　□ 未从业　　　□ 失业　　　□ 自我创业

　　就业地点：□ 本村　　　□ 本区　　　□ 外区　　　□ 外地　　　□ 自我创业

　　文化程度 □ 初中　　□ 高中、中专　□ 大专　　□ 本科　　□ 本科以上

11. 您是否了解社区教育：□ 非常了解　□ 一般　□ 听说过　□ 不了解

　　请您描述社区教育都做什么？

二、学习需求调查

1. 您有无学习需求：　　　□ 有　　　　□ 无

2. 你学习的主要目的（可多选）：

　　① 改变观念□　　　② 提高素质□

　　③ 提高技能□　　　④ 获得技能证书□　　　⑤ 增加收入□

　　⑥ 自我创业□　　　⑦转岗就业□　　　　⑧ 获得学历□

　　⑨ 得到别人尊重□　⑩ 丰富精神生活□

3. 你希望学习知识的类别是（可多选）：

　　① 专业技能知识□　　② 提高综合素质的知识□　　③文化娱乐知识

4. 你通过学习所希望得到的学历是：中专 □ 大专 □ 本科□ 本科以上□

5. 你期望接受哪些专业技能培训？

　　①家政服务□ ②农家院经营□ ③康体健身□ ④计算机网络知识□

　　⑤医疗保健□ ⑥汽车维修□ ⑦烹饪□ ⑧自我创业知识□

　　⑨法律知识□ ⑩其他

6. 您期望接受那些提高综合素质的培训（可多选）？

　　①能改变价值观念的□ ②能改变生活观念的□ ③能改变政治观念的□

　　④能提升文化修养的□ ⑤能提升综合处理问题能力的□

　　⑥能提升教育子女能力的□

7. 您希望接受哪些文化娱乐知识的培训（可多选）？

　　①歌唱声乐知识□ ②舞蹈韵律操类□ ③体育活动□ ④健身武术类□

　　⑤书法绘画□　　　⑥美化家居类□　　　⑦其他

8. 现社区各种培训班能否满足您的学习需求？

　　①满足 □　　　②部分满足 □　　③不满足 □　　　④很不满足 □

9. 您认为在农村城镇化后，转型后的居民还有没有学习需求？

　　①有 □　　②没有 □

10. 您认为在村落拆迁后，对需要再就业的居民应实施哪些技能教育服务？（可多选）

　　　①金融投资教育 □　　②家庭理财教育 □　　　③烹饪技术教育 □

　　　④农业种植教育 □　　⑤各种养殖类技术 □　　⑥创业技术 □　　⑦其他

11. 您认为在村落拆迁后，对不需要再就业的居民应实施哪些文化教育服务？（可多选）

　　　①法律知识教育 □　　②文化艺术教育（如书法等）□　　③电脑知识教育 □

　　　④环境保护教育 □　　⑤人生规划教育 □　　　　　　⑥人际关系教育 □

　　　⑦老人照顾教育 □　　⑧家庭健康教育 □　　　　　　⑨休闲娱乐教育 □

　　　⑩安全类教育 □

12. 你认为当前居民教育培训存在的主要问题是什么？（可多选）

　　①没人管 □　　　②不方便 □　③内容不切合实际 □

　　④费用太高 □　　⑤说不清 □　⑥其他

13. 你希望接受培训的费用：自费 □　半自费 □　政府支持 □

三、信息网络使用情况调查

1. 家里可以上网吗？　①可以 □　②不可以

2. 您经常上网吗？　①经常 □　　②偶尔 □　③不上 □

3. 家里其他成员其他人员上网吗？

4. 上网的主要目的：

　　①娱乐（看电影、电视剧、游戏等）□　　②信息交流（E-mail，QQ 等）□

　　③学习 □　　④看新闻 □

5. 您获取信息的主要途径：

　　①互联网 □　　②电视 □　　③报刊 □　　④图书馆 □

　　⑤人际交往 □　　⑥其他：＿＿＿＿＿

6. 请写出三个自己最常登录的网站：①＿＿＿＿＿　②＿＿＿＿＿　③＿＿＿

7. 如果现在有整理好的和您兴趣相关的网络资源，您利用电脑或者手机就可以随时随地进行查看和学习，您愿意参与学习吗？

①是□ ②否□

8. 如果现在有一个关于您所在村的网络平台，在上面您可以查看村里的最新消息，并可以很方便与其他建立联系，您是否愿意使用这个平台？

①是□ ②否□

访问结束，再次感谢您的支持和协助，祝您全家生活越来越好！

海淀北部新区社区工作者学习需求调查问卷

调查说明：本次调查对象是海淀区北部新区从事于社区管理工作的人员。

调查时间：_____ 年 ___ 月 ___ 日

调查地点：_____ 镇 _____ 社区

1. 被调查人姓名：_____ _

2. 年龄：□ 30 岁及以下 □ 30—40 岁 □ 40—50 岁 □ 50 岁及以上

3. 性别：□ 男 □ 女

4. 户籍：□ 城镇户口 □ 农村户口

5. 任职岗位：

6. 文化程度：□ 初中及以下 □ 高中、中专 □ 大专 □ 本科 □ 本科以上

7. 政治面貌：□ 党员 □ 团员 □ 群众

8. 您是否了解社区教育：□ 非常了解 □ 一般 □ 听说过 □ 不了解

您认为社区教育都能做什么？

9. 本次培训所开设的三门课您认为最有意义的是哪门？为什么？

10. 下列课程中您想学习哪些课，请在方块中画钩。

□ 社区公共服务及其管理（社区公共服务概述、社区公共服务的维系、社区社会保障管理、社区公共服务的比较、我国社区公共服务的展开与展望）

□ 社区公共事业管理（社区公共事业概述、社区教育管理、社区文化管理、

社区卫生管理）

☐ 社区公共安全与社区矫正（社区公共安全概述、社区治安综合治理、社区警务、社区矫正）

☐ 社区分析（社区信息采集、社区概况信息处理、社区信息分析、社区分析报告撰写）

☐ 社区人口管理（社区常住居民管理、社区流动人口管理、社区计划生育管理）

☐ 社区组织建设与管理（社区党组织建设与党员管理、社区政府组织建设与管理、社区居民自治组织建设与管理）

☐ 社区文化管理　☐ 社区环境管理　☐ 计算机与网络应用技术

☐ 公文写作　☐ 数码相机实用技巧　☐ 管理的要素与基本方法

11. 下列课程是"社区管理与服务"专科课程，请您在认为有意义的课程上画钩。

☐ 管理学　☐ 社会学概论　☐ 社会心理学　☐ 社会调查方法与统计学

☐ 社区规划与发展　☐ 公共政策　☐ 社区行政与管理　☐ 社区政策与法规

☐ 民事争议与调解　☐ 社会保障体系　☐ 管理信息系统　☐ 社区管理实训

12. 您有获取社区管理与服务专业专科学历的愿望吗？为什么？

13. 如果你已有大专学历，是否有读相关专业本科的希望？

☐ 有，为什么？　　　　☐ 无，为什么？

14. 您所管理社区居民的性质：

☐ 城镇居民　☐ 农转非居民　☐ 农民　☐ 以上都有

15. 从您工作岗位的角度，你认为该社区的居民需要提升哪些素质？为此应学习哪些知识？所在社区应该举行哪些学习活动？

16. 您认为农转非的居民应主要提升哪些素质？为此应学习哪些知识？所在社区应该举行哪些学习活动？

根据调研收回问卷，对被调查者的学习需求进行相关分析。

1. 受访者教育需求

针对受访者对于拆迁后应该实施什么教育的意愿，调查问卷分别针对"以就业为目标的教育意愿"与"无就业目标的教育意愿"开展调查。具体结果如下：

"以就业为目标的教育意愿"的调查结果显示，家庭理财教育、金融投资教育以及创业投资培训位于三甲，反映出受访者投资与创业的强烈需求，这与拆迁补偿款不无关系。

不以就业为目的的教育需求的调查结果显示，受访者对于营造和谐、宜居的社区环境的需求以及健康的需求较为突出，法律知识、安全教育、家庭健康教育、环保教育位于前四位；此外，电脑知识教育、老人照顾教育、人际关系教育位于其次，也折射出现现代社会的特征，诸如信息技术、人际关系的改变以及养老问题等。

就具体培训需求，位于前四位的分别是网络知识、自我创业知识、康体健身以及法律知识；医疗保健、民俗旅游服务、烹饪以及民俗旅游服务、家政服务。

对于期望接受的教育层次进行了解，结果显示，在短期培训、证书培训、专业技能培训以及大专以上教育等4个层次中，专业技能培训的需求最为强烈，占比达到66%；其次是短期培训、证书培训，占比分别是14%、12%；仅有8%的被调查者有大专以上学历教育需要。

2. 主观题回答的总结分析

通过对问卷的主观题回答的梳理，总结提炼出以下的调研结果。

当被问到第14题："从你的工作岗位的角度，你认为，该社区的居民需要提升哪些素质？为此应学习哪些知识？所在社区应该举行哪些学习活动？"时，被调查者做出了以下回答：

西北旺镇六里屯的D女士，37岁，高中：

"首先，居民需要了解社区工作的目的，支持我们的工作，社区（居民）应该学习法律知识、安全知识，加强防范意识。社区可以举行安抚老年人的一些活动，让他们的生活丰富多彩。"

西北旺六里屯的L男士，36岁，高中：

"居民应该提高文化素质，法律及环保意识，为此应学习一定的法律知识、自我安全保护方面的知识，还有环境保护方面的知识。可举办一些文化休闲娱乐等方面的活动，寓教于乐。"

西北旺六里屯W女士，35岁，高中：

"提升卫生环境维护意识，让普通老百姓进入社区后对社区管理有深入了解，举行一些让居民能够互相更加体谅、团结的活动。"

西北旺镇唐土社区的Z先生，38岁，高中：

"个人财产保护安全意识，人生观、世界观的培养。"

西北旺镇辛店社区的 L 女士，33 岁，大专：

"第一，环境保护素质，养狗遛狗的良好修养，文明用语，爱护小区环境从我做起的个人素质；第二，学习法律知识、物业管理知识，了解物业公司应该提供的服务；第三，业主应该知道遇到事情情况，如电梯故障、烟雾器失火以后的措施，如何停止如何安装疏散等问题。"

西北旺镇 Q 先生，30 岁，高中：

"全面提升服务意识和精神。"

西北旺镇六里屯 W 女士，30 岁，大专：

"和睦相处、良好沟通（语言平和）。举办一些文化娱乐活动，丰富多彩生活。"

西北旺镇六里屯 X 女士，30 岁，本科：

"第一，需要提升文明修养，环境保护安全防护，法律法规知识；第二，人身安全的知识，学习环境保护、循环利用的知识，学习法律法规方面的知识；第三，社区应举行科普知识和法律知识的宣传和学习，增加居民的交流沟通。"

西北旺镇六里屯的 C 先生，35 岁，大专：

"先要提升个人的素质，要有大局观（整个社区），康体活动、热爱小区环境的相关学习活动。"

西北旺镇唐士社区的 L 先生，43 岁，中专：

"法律知识，公共道德，与邻里相处，安全消防知识。"

除了以上的典型个案，总结填写的回答总体上学习需求集中在包括健身操和广场舞、唱歌跳舞、健康饮食、康体健身等内容和文体技能、自我安全防护和各种法律知识、小区环境营造和环境保护，包括老人沟通和子女教育在内的人际关系的知识和活动，提升职业道德和素质。

可以看出，大家更多的是关注与"生活品质"有关的健康、安全、利益保护等方面的学习需求，还有发展新型的社会关系的邻里关系、文明礼仪等，而对与技能提升有关的方面提的人并不多。

当被问到第 15 题"您认为农转非的居民应主要提升哪些素质？为此应学

习哪些知识？所在社区应该举行哪些学习活动？"时，被调查者做出了以下回答：

西北旺镇六里屯 W 女士，30 岁，大专：

"邻里互助，互敬互爱，提高居民文化、礼仪教育。"

西北旺镇六里屯 X 女士，30 岁，本科：

"第一，主要提升文明以及安全防护素养；第二，学习文明用语，礼貌待人，团结邻里；第三，应该举行文化节，通过大家参与交流，加强文明礼仪学习；第四，请专业消防人员讲解知识。"

西北旺镇六里屯的 D 女士，37 岁，高中：

"农转非居民应该清楚，转出后自己应享受的待遇、应尽的义务。社区，可以举行关于医疗保险养老的知识讲座。"

西北旺镇六里屯 W 女士，35 岁，高中：

"个人环境卫生，爱护公物，互敬互爱，团结意识，简单的体育竞赛、厨艺大比拼、手工制作等。"

西北旺镇六里屯的 L 男士，36 岁，高中：

"文化素质。学习一些专业技能。社区应举行各类技能培训讲座，让居民根据自己的能力和兴趣选择适合自己的项目进行学习。"

西北旺镇六里屯的 L 男士，35 岁，高中：

"体育活动、科普教育、安全知识。"

西北旺镇辛店社区的 L 女士，33 岁，大专：

"第一，安排居民的保险医疗等待遇问题的学习提升；第二，爱护、保护、维护小区公共设施及各种突发事件的应急处理；第三，定期给老年人宣传法律知识，防止手机、电视、上门诈骗；第四；如何更好地协助物业工程，及时发现问题，解决问题，给小区居民提供更好的服务，服务于人，服务于自己。"

西北旺镇唐土社区的 L 先生，43 岁，中专：

"第一，提升素质：自身文化、技能、与时俱进的素质；第二，应学习：安全与消防、法律、公共道德、与邻里相处（等方面的知识）；第三，开展与生活相关的学习。"

除了以上的典型个案，总结填写的回答总体上和前面一题有一定的区别，主要是诸如烹饪和汽车修理的再就业的技能、电脑和网络专业知识、家庭理财、整体语言文明、提高人文素质，文明北京人的素质、"创新创业教育"。

从以上两道开放性问题的回答，可以看到，更多的受访者希望拥有一个积极活跃的社区，也希望能多做一些沟通交流的互动性活动，并通过社区教育满足他们各种学习需求，最终构建互助互爱的和谐社区。生活在同一个社区，居民希望通过社区教育进一步营造一个积极向上、开朗和谐的社区氛围。提高融洽邻里关系的能力实际上已成为社区居民迫切的学习需求。

总体来看，"转居"后，在大城市郊区这个特定的区域，"新市民"除了再就业的技能，特别注重小区和谐环境和人际关系方面相关知识的学习，还有与现代信息技术有关的相关知识的学习，特别是不满 30 岁的年轻受访者比较关心创业方面的知识和技能。

参考文献

一、著作类

[1] [美] 加里·贝克尔. 人力资本理论：关于教育的理论和实证分析 [M]. 郭虹，译. 北京：中信出版社，2007.

[2] [美] 西奥多·舒尔茨. 改造传统农业 [M]. 梁小民，译. 北京：商务印书馆，1987.

[3] [美] 西奥多·舒尔茨. 论人力资本投资 [M]. 吴珠华，译. 北京：北京经济学院出版社，1990.

[4] [美] 布赖恩·贝利. 比较城市化：20 世纪的不同道路 [M]. 顾朝林，译. 北京：商务印书馆，2008.

[5] [美] 曼纽尔·卡斯特. 网络社会的崛起 [M]. 夏铸九，王志弘，等，译. 北京：社会科学文献出版社，2006.

[6] [美] 盖尔·约翰逊. 经济发展中的农业农民农村问题 [M]. 林毅夫，等，译. 北京：商务印书馆，2004.

[7] [美] 格雷戈里·曼昆. 微观经济学原理 [M]. 梁小民，梁砾，译. 北京：北京大学出版社，2012.

[8] [美] 马歇尔，塔克. 教育与国家财富：思考生存 [M]. 顾建新，译. 北京：教育科学出版社，2003.

[9] [美] 福山. 信任：社会道德和繁荣的创造 [M]. 呼和浩特：远方出版社，1998.

[10] [美] 戈布尔. 第三思潮：马斯洛心理学 [M]，吕明，陈红雯，译，

上海：上海译文出版社，2006．

[11] [美] 亨廷顿，劳伦斯，哈里森．文化的重要作用：价值观如何影响人类进步 [M]．北京：新华出版社，2002．

[12] [美] 詹姆斯•科尔曼．社会理论的基础 [M]．邓方，译．北京：社会科学文献出版社，1999．

[13] [美] 亚伯拉罕•马斯洛．动机与人格 [M]．许金声，等，译．北京：华夏出版社，1987．

[14] [美] 亚伯拉罕•马斯洛．马斯洛人本哲学 [M]．成明，等，译．北京：九州出版社，2003．

[15] [美] 雪伦•梅里安．成人学习理论的新进展 [M]．黄健，等，译．北京：中国人民大学出版社，2006．

[16] [法] 皮埃尔•布迪厄．社会资本与炼金术 [M]．包亚明，译．上海：上海人民出版社，1997．

[17] [法] 皮埃尔•布迪厄．资本的形式 [M]．武锡申，译．北京：社会科学文献出版社．2005．

[18] [法] 列斐伏尔．日常生活批判：第 1~3 卷 [M]．叶齐茂，倪晓辉，译．北京：社会科学文献出版社，2018．

[19] [法] 孟德拉斯．农民的终结 [M]．李培林，译．北京：社会科学文献出版社，2010．

[20] [日] 速水佑次郎．发展经济学：从贫困到富裕 [M]．李周，译．北京：社会科学文献出版社，2003．

[21] [日] 青木昌彦，奥野正宽．经济体制的比较制度分析 [M]．魏加宁，译．北京：中国发展出版社，1999．

[22] [丹麦] 伊列雷斯．我们如何学习：全视角学习理论 [M]．孙玫璐，译．北京：教育科学出版社，2010．

[23] [英] 安东尼•吉登斯．社会的构成：结构化理论大纲 [M]．李康，李猛，译．北京：生活•读书•新知三联书店，1998．

[24] [英] 大卫•哈维．希望的空间 [M]．胡大平，译．南京：南京大学出版社，2006．

[25] [德] 盖奥尔格·齐美尔. 社会学：关于社会化形式的研究 [M]. 林荣远，译. 北京：华夏出版社，2002.

[26] [德] 斐迪南·滕尼斯. 共同体与社会 [M]. 林荣远，译. 北京：商务印书馆，1999.

[27] 包亚明. 现代性与空间的生产 [M]. 上海：上海教育出版社，2003.

[28] 蔡昉，等. 中国农村改革与变迁：30 年历程和经验分析 [M]. 上海：上海人民出版社，格致出版社，2008.

[29] 陈曦. 劳动力非农化与经济增长 [M]. 哈尔滨：黑龙江人民出版社，2005.

[30] 陈映芳. 都市大开发：空间生产的政治社会学 [M]. 上海：上海古籍出版社，2009.

[31] 程凯，李如密. 成人教育教学论 [M]. 开封：河南大学出版社，1999.

[32] 费孝通. 乡土中国 [M]，上海：上海人民出版社，2007.

[33] 费孝通. 中国士绅 [M]. 上海：上海三联书店，2009.

[34] 侯玉兰. 城市社区发展国际比较研究 [M]. 北京：北京出版社，2000.

[35] 孔祥智. 中国农业社会化服务：基于供给和需求的研究 [M]. 北京：中国人民大学出版社，2009.

[36] 乐国林. 文化资本与企业成长关系研究 [M]. 北京：经济科学出版社，2009.

[37] 梁漱溟. 乡村建设理论 [M]. 上海：上海人民出版社，2006.

[38] 李清娟. 产业发展与城市化 [M]. 上海：复旦大学出版社，2003.

[39] 李建民. 人力资本通论 [M]. 上海：上海三联书店，1999.

[40] 路明，城乡统筹的理论与实践 [M]. 北京：民主与建设出版社，2005.

[41] 陆学艺. "三农"新论 [M]. 北京：社会科学文献出版社，2005.

[42] 陆根尧. 经济增长中人力资本效应 [M]. 北京：中国计划出版社，2004.

[43] 马克思，恩格斯. 马克思恩格斯全集：第三卷 [M]. 北京：人民出版社，1960.

[44] 马克思，恩格斯. 马克思恩格斯选集：第一卷 [M]. 北京：人民出版

社，1960．

[45] 卜长莉．社会资本与社会和谐 [M]．北京：社会科学文献出版社，2005．

[46] 孙立平．社会学导论 [M]．北京：首都经济贸易大学出版社，2001．

[47] 王章辉，等．欧洲农村劳动力的转移与城市化 [M]．北京：社会科学文献出版社，1999．

[48] 吴晓川，马仲良．建设学习型城市 [M]．北京：北京工业大学出版社，2008．

[49] 吴晓川．当代职业教育管理 [M]．北京：北京工业大学出版社，2008．

[50] 吴峰．企业大学研究：基于学习创新的视角 [M]．北京：北京大学出版社，2013．

[51] 谢文蕙，邓卫．城市经济学（第 2 版）[M]，北京：清华大学出版社，2008．

[52] 徐远．从工业化到城市化 [M]，北京：中信出版集团，2019．

[53] 燕继荣．社会资本与国家治理 [M]．北京：北京大学出版社，2015．

[54] 杨海燕．城市化进程中的职业教育发展研究 [M]．青岛：中国海洋大学出版社，2008．

[55] 袁卫民．园区规划理论与案例 [M]．北京：经济管理出版社，2013．

[56] 张晓山，等．转型中的农村发展：城乡协调发展的新战略 [C]．北京：社会科学文献出版社，2009．

[57] 张钟汝．城市社会学 [M]．上海：上海大学出版社，2001．

[58] 中国教育和人力资源问题报告课题组．从人口大国迈向人力资源强国 [M]．北京：高等教育出版社，2003．

[59] 中国（海南）改革发展研究院．中国农村改革路线图 [M]．北京：世界知识出版社，2010．

二、学术论文类

[1] 陈忠祥，李宗录．试论区域文化对区域经济发展的影响 [J]．人文地

理，1995(4)．

[2] 陈年友，周常青，吴祝平．产教融合的内涵与实现途径 [J]．中国高校科技，2014(8)．

[3] 陈广汉．产业升级和发展方式转变的一种模式：基于南海都市型产业社区的研究 [J]．学术研究，2010(11)．

[4] 丁红玲．社区学习共同体的社会资本属性与社区治理 [J]．中国成人教育，2018(23)．

[5] 程洪莉．京津冀协同发展背景下建构职业教育新生态的对策建议：以北京新材料行业技能人才培养为例 [J]．中国职业技术教育，2019(6)．

[6] 程洪莉，徐文新．成人高等教育校企合作创新研究：以"工作场学习"为视阈 [J]．北京宣武红旗业余大学学报，2016(3)．

[7] 程洪莉．产业升级过程中北京市海淀区的职业教育发展研究 [J]．教育与职业，2013(17)．

[8] 冯占辉，张国强．论中国失地农民问题 [J]．经济研究导刊，2011(10)．

[9] 傅红岩．吉布莱特定律与西方企业成长理论评述 [J]．经济学动态，1998(8)．

[10] 淦宇杰．乡村振兴战略背景下的乡村创新创业研究 [J]．理论探索，2021(6)．

[11] 高波，张志鹏．文化资本：经济增长源泉的一种解释 [J]．南京大学学报（哲学·人文科学·社会科学版），2004(5)．

[12] 郭泓，马莉．人力资本概念辨析及其投资的意义 [J]．延安大学学报（社会科学版），1997(4)．

[13] 郭勇．产业发达地区建设都市型"产业社区"的新探索：以广东省佛山市南海区为例 [J]．中共银川市委党校学报，2015(1)．

[14] 郭莉莉．浅谈新时代下的文教融合发展：以传统文化为例 [J]．大众文艺，2022(16)．

[15] 何雪松．社会理论的空间转向 [J]．社会，2006(2)．

[16] 和震．提高职业教育吸引力　助推经济社会高质量发展 [J]．工会信息，2020(17)．

[17] 花敏洁，金玉萍．基于"三元空间理论"的地铁空间研究 [J]．西北民族大学学报（哲学社会科学版），2021(6)．

[18] 蒋小佩，张棉好，刘颖．美国社区学院新发展：特征与趋势 [J]．职业技术教育，2016(12)．

[19] 贾根良．第三次工业革命与工业智能化 [J]．中国社会科学，2016(6)．

[20] 江飞涛．技术革命浪潮下创新组织演变的历史脉络与未来展望：数字经济时代下的新思考 [J]．学术月刊，2022(4)．

[21] 厉以宁．论中国的双重转型 [J]．新华文摘，2013(8)．

[22] 李祝明．浅谈城市化进程中的"新市民"教育 [J]．中国农村教育，2005(12)．

[23] 李丽．农业地区地方高校开展农民继续教育研究：以黑龙江省绥化学院为例 [J]．成人教育，2019(5)．

[24] 李朝晖．文化科技融合与特色小镇建设 [J]．开发研究，2018(2)．

[25] 李丹，郭丕斌，周喜君．工业园区与城镇化互动发展研究：以山西为例 [J]．经济问题，2014(6)．

[26] 李力行，申广军．经济开发区、地区比较优势与产业结构调整 [J]．经济学（季刊），2015(3)．

[27] 刘奉越，郭燕燕．提升新生代农民工培训效益摭论 [J]．职教论坛，2011(36)．

[28] 刘奉越，孙文杰．新型城镇化视域下成人教育的功能及其实现 [J]，职教论坛，2015(12)．

[29] 刘亚臣，周健．基于"诺瑟姆曲线"的我国城市化进程分析 [J]．沈阳建筑大学学报（社会科学版），2009(1)．

[30] 罗浩．文化与经济增长：一个初步分析框架 [J]．经济评论，2009(2)．

[31] 陆大道．我国的城镇化进程与空间扩张 [J]．城市规划学刊，2007(4)．

[32] 彭都君，邓智团．高新技术产业发展的城市人口规模效应研究 [J]．城市观察，2020(6)．

[33] 沈正平．优化产业结构与提升城镇化质量的互动机制及实现途径 [J]．城市发展研究，2013(5)．

[34] 苏尚锋．论学校空间的构成及其生产 [J]．教育研究，2012(02)．

[35] 王缉慈．中国产业园区现象的观察与思考 [J]．规划师，2011(9)．

[36] 王政武．中国新型城镇化建设应通过产城融合来保障人的生存和发展 [J]．改革与战略，2013(12)．

[37] 王兴平，许景．中国城市开发区群的发展与演化：以南京为例 [J]．城市规划，2008(3)．

[38] 王志辉．专业村产业电商化转型升级驱动因素与过程研究 [J]．商业经济研究，2019(11)．

[39] 王新越，秦素贞，吴宁宁．新型城镇化的内涵、测度及其区域差异研究 [J]．地域研究与开发，2014(4)．

[40] 王翔，戴桂斌．新型城镇化背景下的专业镇可持续发展研究：基于珠三角产业社区的视角 [J]．贵州社会科学，2014(3)．

[41] 汪国新，孙艳雷．成员即资源：社区学习共同体内生发展规律探析 [J]．职教论坛，2013(12)．

[42] 汪国新．社区学习共同体发展策略研究：以杭州为例 [J]．当代继续教育，2015(4)．

[43] 吴成骏，范水生．城市化进程中失地农民再就业问题研究：以漳州招商局经济技术开发区为例 [J]．台湾农业探索，2014(5)．

[44] 吴穹，仲伟周，张跃胜．产业结构调整与中国新型城镇化 [J]．城市发展研究，2018(1)．

[45] 吴艳丽，李亚平．我国成人教育的文化自信与创新 [J]．中国成人教育，2017(22)．

[46] 谢呈阳，胡汉辉，周海波．新型城镇化背景下"产城融合"的内在机理与作用路径 [J]．财经研究，2016(1)．

[47] 徐文新．提升农民工素质的职业教育创新策略探析：基于对近 5 年《全国农民工监测调查报告》的分析 [J]．中国职业技术教育，2016(9)．

[48] 徐文新，等．乡村振兴战略背景下农业劳动力精准培训策略研究 [J]．职教论坛，2018(7)．

[49] 徐文新，张学兰．基于成人经验学习的新型职业农民教学策略探究

[J]．职教论坛，2015(22)．

[50] 徐文新．产业园"社区化"的内涵解读 [J]．中关村，2023(4)．

[51] 徐文新，等．产业园"社区化"背景下区域知识创新网络的新变化 [J]．中关村，2022(10)．

[52] 徐文新，等．"生活空间"再造：产业园"社区化"的重心 [J]．中关村，2022(8)．

[53] 徐文新．"社区化"：我国产业园的发展趋势 [J]．中关村，2022(7)．

[54] 徐文新．依托企业大学，加快构建区域职业教育新生态 [J]．中关村，2020(12)．

[55] 徐文新，任卫红，赵静．我国"学分银行"制度研究述评：基于成人教育视角 [J]．北京宣武红旗业余大学学报，2020(Z1)．

[56] 徐文新．"工匠精神"：创新发展的又一关键性精神支撑 [J]．中关村，2020(11)．

[57] 徐文新，张学兰．刍议"互联网＋大背景下成人高等教育转型升级" [J]．北京宣武红旗业余大学学报，2016(01)．

[58] 徐文新，等．服务区域全面发展　推进社区学院战略转型：以北京市海淀区职工大学的创新实践为例 [J]．北京宣武红旗业余大学学报，2015(1)．

[59] 徐文新，刘满生．大城市城郊城镇化过程中成人高校功能发挥研究：基于对北京市海淀区北部新区四镇"新市民"学习需求研究 [J]．北京宣武红旗业余大学学报，2021(3)．

[60] 杨进，张行才，冯佳，等．国际社会构建学习型城市　推进终身学习策略综述 [J]．天津电大学报，2012(2)．

[61] 杨士龙．产教融合探路 [J]．瞭望，2014(23)．

[62] 阳镇，许英杰．产城融合视角下国家级经济技术开发区转型研究 [J]．湖北社会科学，2017(4)．

[63] 姚俭建，岑文忠．试论文化资本的积累机制 [J]．社会发展论坛，2004(3)．

[64] 叶涯剑．空间社会学的方法论和基本概念解析 [J]．贵州社会科学，2006(1)．

[65] 俞启定. 深化职业教育产教融合校企合作若干问题的思考 [J]. 高等职业教育探索, 2022(1).

[66] 俞启定. 高等职业教育的性质定位及高职教师队伍建设问题探讨 [J]. 当代教师教育, 2020(4).

[67] 俞启定, 喻忠恩. 对职业教育发展改革的思考: 基于终身教育视野 [J]. 广东技术师范学院学报, 2019(2).

[68] 张道刚. “产城融合”的新理念 [J]. 决策, 2011(1).

[69] 张丹, 赵金龙. 文教融合中地方高校推动区域非遗传承的实践: 以武汉纺织大学为例 [J]. 服饰导刊, 2020(6).

[70] 张雪梅. 拆迁安居型社区的社区文化建设研究: 基于对苏州工业园区的案例调查 [J]. 党史博采 (理论版), 2012(8).

[71] 赵静. 城镇化中农民的学习需求分析: 以北京市海淀区北部新区为例 [J]. 职业, 2013(15).

[72] 赵琪龙, 郭旭, 李广斌. 开发区主导下的苏南乡村空间转型: 以苏州工业园区为例 [J]. 现代城市研究, 2014(5).

[73] 赵西君. 基于二次现代化理论的苏南地区现代化发展路径研究 [J]. 理论与现代化, 2015(2).

[74] 郑杭生, 黄家亮. 论我国社区治理的双重困境与创新之维: 基于北京市社区管理体制改革实践的分析 [J]. 东岳论丛, 2012 (1).

[75] 郑震. 空间: 一个社会学的概念 [J]. 社会学研究, 2010(5).

三、学位论文类

[1] 安继磊. 新型城镇化视角下县域高等教育的发展研究 [D]. 渤海大学, 2016.

[2] 安瑞瑞. 基于产城融合视角的新型城镇化高质量发展研究: 以郑州市为例 [D]. 河南财经政法大学, 2019.

[3] 白涛. 文化资本与经济发展: 理论分析与实证研究 [D]. 复旦大学, 2013.

[4] 白正府. 经济转型期新生代农民工教育培训研究 [D]. 华中师范大学, 2014.

[5] 陈榕. 城镇化进程中新市民社区教育模式研究 [D]. 福建农林大学，2010.

[6] 陈杰. 新型城镇化进程中兰州市产城融合发展问题研究 [D]. 兰州财经大学，2018.

[7] 陈析浠. 产城融合理念下的产业社区布局设计研究 [D]. 哈尔滨工业大学，2016.

[8] 程程. 新型城镇化背景下开发区产城融合研究 [D]. 浙江工商大学，2018.

[9] 范双涛. 中国新型城镇化发展路径研究 [D]. 辽宁大学，2015.

[10] 樊宁宁. 高等职业院校信息产业人才能力培养研究 [D]. 天津大学，2017.

[11] 顾伟忠. 数字经济背景下经济增长路径转型研究 [D]. 吉林大学，2021.

[12] 郝琼. "农转居"社区共同体意识的社区营造研究 [D]. 西北农林科技大学，2019.

[13] 贾凡. 城市化进程中农民学习需求研究：以上海郊区 B 村为个案 [D]. 华东师范大学，2007.

[14] 姜玉砚. 四化同步进程中的产城融合研究 [D]. 山西财经大学，2016.

[15] 马捷. 我国农村剩余劳动力转移的内生技术进步模式研究 [D]. 西南交通大学，2006.

[16] 马思宇. 开发区主导下新旧镇区协调发展评价 [D]. 苏州大学，2019.

[17] 牟新云. 基于需要理论的进城农民工行为分析与管理研究 [D]. 西南交通大学，2007.

[18] 李冰. "以人民为中心"视角下拆迁安置社区的协商治理研究：以郑州航空港区拆迁安置社区为例 [D]. 河南农业大学，2021

[19] 李光辉. 我国产城融合发展路径研究 [D]. 安徽大学，2014.

[20] 李清波. 新型城镇化下的产城融合评价研究 [D]. 天津大学，2016.

[21] 李艳. 列斐伏尔都市社会理论研究 [D]. 西南大学，2020.

[22] 李鑫. 国家级开发区产城融合发展问题研究：以南昌市为例 [D]. 江

西财经大学，2017．

[23] 李建军．硅谷模式及其产学创新体制 [D]．中国人民大学，2000．

[24] 刘笑冰．北京市创意农业需求分析与发展预测 [D]．北京林业大学，2013．

[25] 刘宏伟．社会资本视域下的阶层分化问题研究 [D]．大连理工大学，2014．

[26] 刘春雷．高等教育视野中的企业大学研究 [D]．南京大学，2013．

[27] 罗道友．需要——人的发展的内在动力：从马斯洛需求理论看人的发展 [D]．湘潭大学，2007．

[28] 吕然．城镇化背景下的农村职业教育的新使命 [D]．陕西师范大学，2014．

[29] 邱平．城市化进程中的"新市民"教育研究 [D]，江西师范大学，2010．

[30] 孙文杰．新型城镇化视域下成人教育促进失地农民城市融入研究 [D]．河北大学，2016，

[31] 汤海明．宁波"村转居新市民"的社区教育研究：以江北姚江社区为个案 [D]．宁波大学，2009．

[32] 唐晓宏．上海产业园区空间布局与新城融合发展研究 [D]．华东师范大学，2014．

[33] 唐昕．高新区产城融合研究 [D]．华南理工大学，2020．

[34] 唐亚维．产城融合视角下襄阳市襄州区新型城镇化建设研究 [D]．华中师范大学，2018．

[35] 王梦珂．面向产业新城的开发区转型研究 [D]．华东师范大学，2012．

[36] 王亚丹．"产城融合"视角下产业集聚区空间规划研究 [D]．山东建筑大学，2015．

[37] 王乾猛．新型城镇化"两区同建"模式与搬迁农民就业问题研究 [D]．山东大学，2018．

[38] 王玫婷．园区开发安置型社区的人口行为变迁研究 [D]．东南大学，2019．

[39] 王文林．农村城镇化与学校教育服务功能的拓展 [D]．苏州大学，2008．

[40] 王晓雪．新型城镇化背景下农村职业教育目标定位及功能定向的个案研究 [D]．陕西师范大学，2017．

[41] 吴成万．新型城镇化进程中提高农民素质的对策研究 [D]．江苏大学，2017

[42] 武国丽．城镇化进程中失地农民的社区成人教育研究：以昆明市呈贡区吴家营乡为例 [D]．云南师范大学，2018．

[43] 席晓丽．产业融合视角下的现代农业发展研究 [D]．福建师范大学，2008．

[44] 夏羿．平台组织的自发演进与主动构建：基于结构化的经济方法 [D]．中国社会科学院大学（研究生院），2020．

[45] 邢蕾．成人非正式学习的研究 [D]．华东师范大学，2011．

[46] 殷广卫．新经济地理学视角下的产业集聚机制研究 [D]．南开大学，2011．

[47] 袁雅．园区开发安置型社区的文化之变：在棋牌室的参与式观察 [D]．东南大学，2019．

[48] 赵静．腾讯企业大学建设实践和发展模式研究 [D]．华中科技大学，2009．

[49] 赵丽娜．城市发展中的文化资本研究 [D]．哈尔滨工业大学，2006．

[50] 张琳．新型城镇化背景下产城融合发展研究 [D]．浙江师范大学，2017．

[51] 张锴．"人的需要"的"实践人本质论"解读：兼评马斯洛的需求层次理论 [D]．西南大学，2010．

[52] 张林．学习型区域发展理论及其应用研究 [D]．东北师范大学，2005．

[53] 张馨月．产城融合模式下新型产业园社区化设计策略研究 [D]．华南理工大学，2020．

[54] 周利利．城市化进程中失地农民学习需求研究：基于上海市闵行区浦江镇的调查 [D]．华东师范大学，2010．

[55] 周丽娟. 马斯洛需要层次理论视野下的企业职工体面劳动研究 [D]. 南京师范大学，2008.

[56] 周彦兵. 生命历程理论视域下新生代农民工继续教育需求与供给研究 [D]. 西南大学，2016.

[57] 朱剑文. 园区开发型"农转居"社区政治参与的研究 [D]. 东南大学，2019.

四、报告类

[1] 中华人民共和国国家发展和改革委员会. 中国开发区审核公告目录（2018 年版）[R].

[2] 西安市第七次全国人口普查公报 [R].

[3] 打造以"有效整合国际资源"为核心的全球第四代产业园区 [R]. 2011.

[4] 刘敏华. 北京人才发展报告（2017）[R]. 北京：社会科学文献出版社，2017.

五、报纸类

[1] 李霞. 武汉东湖高新区全力打造创新高地、产业高地、人才高地 不断塑造发展新动能新优势 [N]. 人民日报，2022-10-31.

[2] 赵永新，谷业凯. 十年生产总值增长二点八倍 国家高新区实现高质量发展 [N]. 人民日报，2022-12-01.

[3] 翁颖萍. 地方高校如何与地域文化互动 [N]. 光明日报，2015-09-22.

[4] 王子元，园区公布最新人口普查数据 [N]. 苏州日报，2021-06-11.

[5] 国家发改委研究所. 我国实行有区别的城市化方针 [N]. 扬子晚报，2010-09-24.

[6] 廖文根. 新型城镇化的难点是人的城镇化：访民建中央副主席辜胜阻 [N]. 人民日报，2013-01-16.

[7] 徐文新. 实现职业教育的"蓝金领"转向 [N]. 光明日报，2017-11-10.

[8] 徐文新. "大农民工教育观"助推人的城镇化 [N]. 光明日报，2013-

07–31.

[9] 张桃林．集团发展：现代农职教的新路 [N]．光明日报，2015–02–17.

后　记

随着一个字一个字地打磨、一个关口一个关口地突破，一本书逐渐"长"成现在的模样。相比"十月怀胎"，本书的这一过程却花了三年多时间。当即将付梓成为铅字时，掩卷沉思，在一种愉悦感油然而生的同时，也心存忐忑，担心起自己作品的"成色"问题。

本书延续了作者一直以来对农村、农业、农民"三农"发展问题的关注，以北京市教育科学规划立项重点课题"农村城镇化中新市民学习需求分析与教育功能的研究"为基础，开启了这场学术之旅。回首一算，从课题申报成功至今已近 10 年，经过 6 年多的努力，到 2019 年年底，终于成功结题，并获得"良好"的评定。没有片刻的停歇，旋即进入了本书的写作，力求对课题成果进行提升和扩充，希望将作者所在区域——北京市海淀区即中关村科学城和所在单位——中关村学院（北京市海淀区职工大学）作为研究的典型区域和案例，争取取得"以一斑窥全豹"的效果。

生在地地道道的农村、长在一座不知算"几线"的南方小县城，对农民的生产生活、精神文化状态，作者一直非常关切和关注。在三年攻读博士期间以及工作后的前两年参与教育部和农业部组织的国家重点课题"新型职业农民教育培养重大问题研究"的相关工作中，很关心农民的状态，特别是农村种养殖也就是"地由谁来种、猪由谁来养"的问题。进入到现供职单位后，来到世界著名的产业园——中关村地区，观察到园区的开发带动了周边农区短期内的迅速发展，当地农民转居为"新市民"后的生产生活、人际交往和精神文化的变化也就成为作者的又一关注重点。在承担所在单位的一系列工作和开展课题研究时，区域教育功能的发挥便成为"理实互动"的工作重心。结合自身10余年来在实践一线的观察、感悟和思考，以及服务区域政府和所在单位的一些课题研究，利用从攻读博士学位期间一直坚持的理论学习的积累，将实践和理论进行印证，形成本书的初步结构。身处改革前沿的中关村产业园区，园区开发建设与城市化推进交融在中关村北部地区一片山水之间，其中的变化和需要研究的问题很多。这本书中，集中研究了基于"新市民"转居进入产业园周边新型安置社区后的新需要以及由此产生的新的学习需求，区域政府如何综合发力提供全面保障，区域高等继续教育院校如何从办学模式、人才培养方式、教学管理制度、教学方式等方面推进体制机制创新等问题。

在本书的写作过程中，几经辗转和纠结，不断修改、聚焦，从早期一种宏大思路和情怀，到研究的"切口"越来越小，问题逐步精准和深化，通过学术、政策、实践这三种话语体系的融合和转化，力求体现出对各方面的关照。

写作虽然煎熬，却是不断丰富和提升自己的过程。这期间所遇到的一个个的难题、障碍的克服，在码字的过程中，也是一种自我修行——自身成长进阶的过程。既锤炼了文字，也修炼了内心，那种不断自我更新突破的过程，是痛苦同时也是快乐。在这种痛并快乐中，享春华秋实，承夏风冬雪，特别是经常凌晨三四点醒来，看见窗外中关村产业园东升科技园的点点灯光和浩瀚夜空的晨星交相辉映，体会到整个中国随着产业园推进的城市化进程，一路走来不觉已过了三年多的时光。

感谢作者所在单位——中关村学院的领导和同事，这些年学院不断的创新努力，给本书提供了鲜活的实践案例。

感谢慈父、岳母和爱妻的无私支持，还有太多的领导同道、师友亲朋的帮助和支持，在这里就不一一列举，一并表示由衷的感谢。

感谢资深出版人李正堂老师，还有九州出版社的姬登杰老师，这本书的顺利出版得益于他们的指导和帮助。

今年我母亲离开这个世界已经20年了，作为中国广袤大地上众多默默无闻的农村妇女的一员，她的坚毅和忍耐一直陪伴和支撑我前行。年迈的父亲这三年来的自我修行，使我进一步见识了教育或者学习对一个人的作用，其中最关键的也许不仅是对职场生活的影响，更重要的是对人际关系处理以及内在精神依托的一种开悟和调整，这些也使我更加坚定了本书的基本逻辑和立场。

　　谨以此书的出版，向我父母坚忍的生活态度表示致敬，希望他们的这种精神能够激励我继续努力，通过不断修炼自身，进一步提升学术能力、丰富学术成果。

徐文新

2023 年 5 月